U0058159

學習評量

（第二版）

李坤崇◎著

作者簡介

李坤崇

現職

泉州海洋職業學院常務副校長

南華大學校務顧問

黑龍江職業學院校務顧問

學歷

國立政治大學教育研究所博士

國立彰化師範大學輔導研究所碩士

國立彰化師範大學輔導系學士

省立臺南師專國校師資科畢業

經歷

教育部主任祕書

國家教育研究院籌備處主任

南臺科技大學學術副校長、教育領導與評鑑所教授

南華大學講座教授兼學術副校長、教務長

國立成功大學教育研究所教授兼所長、博士生導師

臺北縣丹鳳小學教師

香港教育學院「成果導向學習」專案研究計畫顧問

香港中文大學學生活動教育文學碩士課程外審委員

香港教育大學學位教師教育深造文憑課程外審委員

澳門大學附屬學校教師長期培訓講座

黑龍江職業學院校務顧問

廈門華天涉外職業學院校務顧問

福建黎明職業大學IEET之TAC/AD認證顧問

武夷學院玉山健康管理學院講座教授

出版專書

李坤崇（2018）。成人成才成功的成果導向教育。臺北：高等教育出版社。

李坤崇、王曉典、柏定國（2018）。成果導向教育與工程教育認證（簡）。哈爾濱：哈爾濱工程大學。

李坤崇（2018）。成果導向教育與工程教育認證實務。臺北：高等教育出版社。

李坤崇（2017）。成果導向：大學課程發展。臺北：高等教育出版社。

李坤崇（2016）。學業評價：多種評價工具的設計及應用（簡）。上海：華東師範大學出版社。

李坤崇（2011）。大學課程發展與學習成效評量。臺北：高等教育出版社。

李坤崇（2011）。教學評估：多種評價工具的設計及應用（簡）。上海：華東師範大學出版社。

李坤崇（2010）。班級團體輔導（簡）。北京：中國人民大學出版社。

李坤崇（2009）。認知技能情意教育目標分類及其在評量的應用。臺北：高等教育出版社。

李坤崇（2006）。教學目標、能力指標與評量。臺北：高等教育出版社。

李坤崇（2006）。教學評量。臺北：心理出版社。

李坤崇（2004）。綜合活動學習領域概論。臺北：心理出版社。

李坤崇（2001）。綜合活動學習領域教材教法。臺北：心理出版社。

李坤崇、歐慧敏（1999）。統整課程理念與實務。臺北：心理出版社。

李坤崇（1999）。多元化教學評量。臺北：心理出版社。

李坤崇（1998）。班級團體輔導。臺北：五南圖書公司。

吳鐵雄、李坤崇（1997）。師資培育與法令變革的省思。臺北：師大書苑。

作者序

翻轉主體、學生中心、一起成長

1999年出版《多元化教學評量》一書，2006年出版《教學評量》一書，感謝兩岸四地師生的支持，不僅後者四刷出版，成為臺灣、香港、澳門各大學的教科用書外，更蒙大陸華東師範大學出版社出版簡體版的《學業評價》一書。隨著兩岸四地的教育改革，教學主體由以教師為中心轉為以學生為中心，由教師的教轉為學生的學，順應此趨勢，乃將本書名更改為《學習評量》。

教育改革強調「多元評量」，卻讓中小學教師誤以為多元評量就是廢除紙筆測驗，誤以為多元評量就只是實作評量或檔案評量，誤以為多元才對一元不對，誤以為多元評量是主觀的評量，誤以為多元評量可以解決所有教學與評量的問題。為釐清誤解，提出「多元化」、「人性化」、「精確化」、「統整化」教學評量的趨勢。「多元化」教學評量強調專業多元、內涵多元、過程多元、時機多元、情境多元、方式多元、人員多元、計分多元及結果呈現多元化；「人性化」教學評量著重評量中心學生化、教學評量計畫化、評量內涵同理化、結果呈現增強化及結果解釋正向化；「精確化」教學評量強化編製歷程標準化、題目編擬通則化、題目分析質量化及結果解釋定錨化；「統整化」教學評量則重視課程與評量計畫化與統整化、教學與評量統合化與適性化及學期評量計畫化與精緻化。

2006年有感於中小學教師普遍缺乏編製紙筆測驗、實作評量、檔案評量、口語評量、軼事記錄的基本素養，不會繪製雙向細目表、分析題目品質，使得紙筆測驗未必呼應教學目標、不能評量學生真正學習成果；有感於中小學教師對教學評量的誤解，對教學評量專業素養仍相當不足，及對多元評量理念與實作能力仍待加強，乃出版《教學評量》一書，期能減少上述現象。然而，十年過去了，走訪兩岸四地中小學卻仍存在上述現象。因而，納入十二年國民基本教育課程核心素養的學習表現，更名後再度彙整成書。

本書的實例乃源自臺灣各縣市數萬名中小學教師、主任、校長提供寶貴的教學與評量經驗，感謝他們的智慧得以讓理論與實務更為契合；感謝教育部、各縣市政府教育局（處）提供學習成長的機會，得以跟著實際推動的夥伴共同學習與成長；感謝綜合活動深耕種子團隊、臺南市後甲國中、臺南市勝利國小吳思穎老師提供實例；感謝心理出版社刊印成書。期能持續拋磚引玉，激起更多專家學者與中小學教師、主任、校長的迴響，進而改善學習評量，落實教育改革。

李坤崇　謹識

2019年7月於臺南

目 次

第一章 CHAPTER ONE
學習評量的理念

第一節　多元化學習評量

第二節　人性化學習評量

第三節　精確化學習評量

第四節　統整化學習評量

第五節　改善學習評量之行政配套

Miller、Linn與Gronlund（2013, p. 28）認為，評量（assessment）乃指經由觀察、表現與專題評定或紙筆測驗獲得學生學習訊息的各種程序，並對學生學習進展形成價值判斷（如圖1-1所示）。評量要回答的問題是：「這個人表現有多好？」兼顧量化描述（測量）與質化描述（非測量）。測量（measurement）乃獲得量化的過程，用以描述個人擁有特殊特徵的程度；測量要回答的問題是：「這個人表現有多少？」重點在量化描述。測驗（test）係指一種特定的工具或系統化程序，通常包括一組試題，在固定時間與合理可比較的情境下對所有學生施測；測驗要回答的問題是：「無論是與個人表現比較或他人比較，這個人表現有多好？」重點在個人表現或與他人表現之比較。

Airasian（1996）認為，教學評量（assessment in teaching）乃指教師將所得的訊息資料加以選擇、組織，並解釋之，以助於對學生做決定或價值判斷的過程，資訊乃教師在課堂上蒐集到的種種量的或質的資訊。其所指教學評量乃以學生為主體，加以評量近一、二十年發展漸趨以學生為主體，並呼應十二年國民基本教育課程綱要總綱強調：學生是學習的主體，教師的教學應關注學生的學習成效，重視學生是否學會，而非僅以完成進度為目標（教育部，2014）。因而，將教學評量改為學習評量（assessment in learning）。

Wiggins（1998）認為，評量不應只是了解學生的表現，更應教育與改善學生的表現。Miller等人（2013）強調，評量能提供學生目前的成就狀態與進展，以及教育品質相關的訊息；學習評量必須確認學生需要學習什麼（內容標準），並決定何時應達成何種程度的標準（表現標準），方能落實績效責任的標準本位

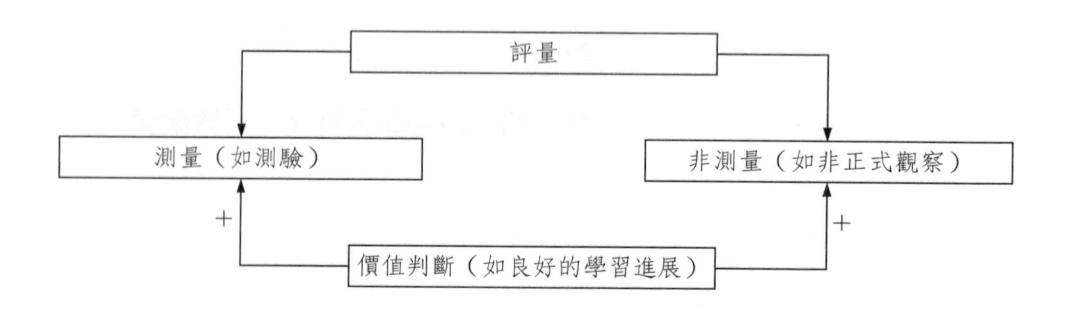

❊圖 1-1　評量過程

資料來源：*Measurement and assessment in teaching* (11th ed.) (p. 28), by M. D. Miller, R. L. Linn, and N. E. Gronlund, 2013, Boston, MA: Pearson.

評量。Airasian（1989）指出，教師依據學習評量結果，來實施行政、教學、綜合決策。「行政決策」為打分數、分組、評估進度、解釋考試結果、與家長會談、評斷需要特別安置或獎勵學生；「教學決策」為教師思維教什麼？如何教？何時教？用何教材？課程如何進展？及活動設計如何依學生反應而變化教學；「綜合決策」係了解學生學術、社交與行為特徵，增強班級教學、溝通與合作，及建立與維持有效的班級氣氛。

觀之國內學習評量現況，未來宜朝「多元化學習評量」、「人性化學習評量」、「精確化學習評量」、「統整化學習評量」等四個向度全力以赴。

第一節　多元化學習評量

紙筆測驗雖然能測量認知領域的學習結果，但在技能、情意領域則有其先天限制，如文章、圖畫、實驗報告、自然科學展覽設計、演講、握筆、打字、問題的形成、想法的組織、創意和小組合作學習能力等，均難以運用紙筆測驗評量（Miller et al., 2013; Wolf, Bixby, Glen, & Gardner, 1991）。教師教學必須兼顧認知、技能、情意之學習結果，評量不僅應分析「應該怎樣表現」（知識）與「真正表現行為」（實作）之間的差異，亦應兼顧「過程或程序效能」與「作業表現作品效能」，方能檢討教學成效與實施補救教學，教師宜善用「多元評量」方能適切評量學生真正的各項學習表現。

壹、多元化學習評量的意義

李坤崇（1999，2001a，2001b，2002a）認為，傳統以紙筆測驗為主的學習評量，具有計分客觀、批閱迅速、易於團體施測及激勵學生認知學習等優點，且能充分發揮公平、客觀、省時、省錢的功能，然卻衍生下列十二項問題：(1)評量目標較少顧及教學目標，形成教學與評量脫節；(2)評量內涵過於偏重認知，較忽略技能、情意；(3)評量方式過於偏重紙筆測驗，輕忽其他評量方式；(4)評量時機過於重視總結評量，較忽略形成評量；(5)評量規劃未能周延，未能營造公平、良好施測情境；(6)評量結果解釋過於強調缺失，較少鼓勵、增強學生；(7)評量結果解釋過於依賴量化測量，忽略質化描述；(8)評量認知過於強調記憶層次，忽略高層次認知層次；(9)命題觀念與技術延續偏差習慣，仍有待加強；(10)測驗試題編排以教師為中心，未以學生為中心；(11)評分缺乏客觀標準與自省思維，流於主觀；(12)家長分數至上觀念難以消除，升學主義持續掛帥。可見，傳統學習評量與人性化、多元化的學習評量相去甚遠。

Miller等人（2013）強調，評量過程包含各式各樣的程序，依據其採用的參考架構，可將程序分類成許多不同的方式，有關班級評量程序的描述，如表 1-1 所示。

☞表 1-1　班級評量程序的描述

分類基礎	評量類型	評量功能	工具舉例
測驗本質	最大表現（maxmum performance）	決定個人「能做」（can do）的最佳表現。即個人全力以赴時，能做到的最佳表現。	性向測驗、成就測驗
	典型表現（typical performance）	決定個人在自然狀態下「會做」（will do）的表現。強調個人具有代表性的表現而非最佳表現。	態度、興趣、人格量表、觀察技術、同儕評價
測驗形式	固定選項測驗（fixed-choice test）	知識、技能的有效測量，乃間接指標。即學生從既有的選項中選擇問題的答案。如選擇題、是非題或配合題，具有學生短時間能回答大量問題，計分客觀、信度高與高成本效益等優點。	標準化選擇題測驗
	複雜表現評量（complex-performance assessment）	測量在情境脈絡的表現和學生自身正確評估問題的表現。即學生建構延展性反應或回應複雜作業。旨在改善固定選項測驗過於強調事實知識與低層次技能之失，強調分析學生的複雜表現。	實驗室實作、專題計畫、論文式測驗、口頭報告
用之班級教學	安置評量（placement assessment）	決定先備技能、課程目標的精熟度及最佳學習狀況。即用之決定教學開始時的學生表現。	準備度測驗、性向測驗、課程前測、自陳量表、觀察技術
	形成評量（formative assessment）	決定學習進展、提供回饋以增強學習和更正學習錯誤。即用之於教學期間監控學習進度。	教師自編測驗、出版社測驗、觀察技術
	診斷評量（diagnostic assessment）	決定持續性學習困難的原因（心智、生理、情緒、環境）。用之於教學期間診斷學習的困難。	已出版的診斷測驗、教師自編診斷測驗、觀察技術
	總結評量（summative assessment）	分派等第以決定課程結束時的成就或認證目標達成的精熟度。即用之評估教學課程（或單元）結束時的成就。	教師自編調查測驗、表現評分量表、產品量表

☞表 1-1　班級評量程序的描述（續）

分類基礎	評量類型	評量功能	工具舉例
結果解釋方法	標準參照測驗（criterion referenced test）	以定義清晰學習任務的明確範疇來描述學生表現（如個位數加法）。解釋依據清晰定義或明確成就的範疇（標準表現），強調能不能達成學習任務。	教師自編測驗、出版社之測驗、觀察技術
	常模參照測驗（norm referenced test）	依據某個已知團體的相對地位來描述學生表現。解釋依據清晰界定的團體（常模表現），強調個體間的差異。	標準化性向測驗和成就測驗、教師自編調查測驗、興趣量表、適應量表

資料來源：修改自 *Measurement and assessment in teaching* (11th ed.) (p. 43), by M. D. Miller, R. L. Linn, and N. E. Gronlund, 2013, Boston, MA: Pearson.

Lazear（1999）認為，教師實施多元教學的意願高於多元評量，其因有二：一為教師較缺乏多元評量經驗與知能，實施較不易獲得家長與同儕支持；二為家長不習慣看自己與他人孩子的分數，更不習慣去分析與鑑定孩子的各項學習與關鍵能力。然而，身為教師應當為所當為，而非取決於個人意願。教師當務之急在於提升評量專業素養，而非迴避多元評量。

張稚美（2000）提出紙筆測驗、教師觀察（如真實或實作評量），及多元智慧成長檔案之三角檢核法，來評量學生成長歷程與學業發展，且此三項各占學年成績的三分之一。紙筆測驗以評量學生認知層面的學習結果。教師觀察係教師先系統建立評量知能與評量指標，再對學生實施有目的的「觀察」與「記錄」，此方式頗能評量學生技能、情意層面的學習結果。成長檔案評量可完整呈現學生整個學習歷程，提供學生自我評量與習慣性省思的機會，若再將家庭納入評量學生學習與成長歷程，更能為學生搭起學校與家庭的橋樑。張稚美（2000）雖然發展出系列的評量方式與具體策略，頗能兼顧紙筆測驗、教師觀察、成長檔案三種評量方式，然而評量方式與評量人員仍可更多元，且評量內涵不一定局限於多元智慧。

Gardner（1993）從不同的思考向度去看學生的學習成長，強調未來評量將具有下列的特色：(1)評量（assessment）重於測驗（testing）：通常測驗為幾個目的而實施，無法確實反映出外在環境實際的需求，而測量更可獲得個人技能或潛能，提供個人有效的回饋及外在環境有效的訊息。(2)評量乃教學歷程中，簡單、自然發生的措施：評量乃教學歷程中的一部分，應與簡單、自然的學習情境高度結合，而非外加。(3)評量應具生態效度（ecological validity）：評量宜在「真實工作情境」的相似狀態下進行，方能對個人的最終表現做出最佳的預測。(4)評量工具應具「智慧公平」原則：大部分測驗工具著重語文及邏輯—數學兩種智慧，然此兩種智慧較強者評量結果通常亦較佳，工具應顧及各種智慧強勢者。(5)利用多元測量（measures）工具：評量宜採取多元的測量工具，以測出不同能力的各種面向。(6)顧及個別差異、發展階段及各種不同的專業知識：評量時宜考量個體的個別差異、不同發展階段，及不同專業知識，所產生評量結果的差異。(7)評量素材趣味化：評量應利用一些有趣及能引起動機的素材，讓學生樂於進行。(8)以學生利益為前提：評量旨在幫助學生了解其學習優缺點，應將評量訊息回饋給學生。

田耐青（1999）提出符合多元智慧理念的評量，應具備下列五項原則：(1)評量長期化：長期評量可對學生的作品或表現進行連續性的觀察，並可提供學生對學習做持續性的反省。(2)評量多元化：評量內涵包含內容和技巧的評量，評量人員包括教師、家長與學生。(3)評量回饋化：評量結果應該能為教學提供資訊，回饋予學生、教師及家長。(4)評量兼顧非正式評量：學生在班級互動的參與度及日常表現，反應學習態度應予兼顧。(5)評量激勵主動的自我評量：學生有能力評估自己學習的優缺點，能清楚說出自己學到的知識或概念，更能確認自己應如何運用適當的思考與學習歷程。

綜合田耐青（1999）、李坤崇（1999，2001a，2001b，2002a）、張稚美（2000）、Airasian（1996）、Gardner（1993）、Lazear（1999）、Miller等人（2013, p. 28），以及Wolf等人（1991）之觀點，闡述多元評量的意義，多元評量係以教師教學與評量專業為基礎，依據教學目標研擬適切的評量方式、評量內涵、評量人員，及評量時機與過程，並呈現多元的學習結果，以提供更適性化的教學來增進學生成長。

貳、多元評量的迷思

以李坤崇（2002b）累積1996年參與高雄市開放教育改革，1998年參與臺南市教育改革，2000年起參與九年一貫課程改革，以及四度走訪各縣市高中職、國中小研討教育、課程改革等經驗，發現中小學教師或行政人員對多元評量有下列迷思：

一、多元評量並非廢除紙筆測驗

有極少數教師認為，實施多元評量即廢除紙筆測驗，此種思維乃極端且謬誤的思維。實施多元評量乃因以往傳統紙筆測驗定於一尊，紙筆測驗幾乎掩蓋所有評量方式。然而，實施多元評量乃基於適性化、目標化的理念，不僅讓每位學生的各種能力均獲得充分發揮，不限於紙筆書寫能力；更讓各項教學目標均得以最適當的評量方式，來檢核學生達成目標的程度。

二、多元評量並非一種評量

有甚少教師誤將檔案評量、實作評量或系列實作評量（遊戲化評量）等單一的評量方式，視為多元評量，此乃謬誤思維。多元評量顧名思義乃評量學生學習表現，使用兩種或兩種以上的評量方式，方能稱之。

三、多元評量莫為多元而多元

有些教師誤以為沒有實施多元評量就不叫課程改革，出現頗多為多元評量而多元評量的現象。實施多元評量必須呼應評量目標，依據評量目標選取最適切的評量方式，陷入紙筆測驗或多元評量的窠臼，均非理想。多元評量應考量學生、家長與教師負擔，若過於複雜、過多時間，將使得教師、學生在評量花費更多時間，而排擠到教學，使得過分重視評量而輕忽教學的亂象。實施多元評量亦不應造成家長困擾，宜顧及家長家庭背景、時間，避免對家長造成不必要的負擔。因此，教師設計多元評量應以簡易可行為原則。

四、多元評量並非目的

有極少數教師將多元評量視為目的，一味的盲從附和，而忽略多元評量實乃了解學生學習成效的工具，是手段而非目的。教師應秉持專業素養，考量教學目標，善用最適切的評量方式來衡量學生學習成果。

五、多元評量並非學習終點

國內有些教師或家長將評量視為學習的終點，僅作為獎懲的依據，而未深究其學習得失，更未提出補救或增強措施。教師實施學習評量並非是學習的終點，而係另一個更適性化學習的起點。實施多元評量覺察學生在各種學習內涵的成果後，應提出適性的教學策略，激發學生潛能與補救學生的學習缺失。

六、多元評量並非主觀評量

多元評量常用紙筆測驗、實作評量、軼事記錄、口語評量、檔案評量、系列實作評量（遊戲化評量）、動態評量等多種評量方式，除紙筆測驗的主觀性較少受質疑外，頗多人誤以為其他評量方式乃主觀的評量。其實嚴謹的實作評量、軼事記錄、口語評量、檔案評量、系列實作評量（遊戲化評量）及動態評量，通常會擬定評分規準作為計分依據，盡量減少人為的主觀干擾。因此，多元評量未必主觀，一份詳列評分規準的非紙筆評量，評分仍相當客觀。

七、多元評量並非萬靈丹

多元評量雖可避免單一紙筆測驗之失，但多元評量並非萬靈丹，仍有其先天的限制，如增加工作負擔、經費負擔。除了教師應不斷充實與提升自己的評量專業素養、持續研發各種符合教學目標的多元評量方式外，教師亦應獲得學校行政、家長、社會大眾的支持，不斷嘗試與修正，共同面對挫折並度過調適期，方能落實多元評量理念。

參、多元化學習評量的特質

參酌上述多元化學習評量的意義與迷思，多元化學習評量應必須具備下列特質：

一、專業多元

多元評量的專業素養，不僅應具學科專業素養與掌握教學目標，更應包括教學專業素養、評量專業素養。李坤崇（1999，2001b）認為，要達到評量專業化、目標化，學習評量宜加強下列八項重點：(1)掌握教學目標：為清晰明確的掌握欲評量科目單元的教學目標。(2)專業判斷知能：有些教師質疑一般出版社提供之「習作」或「學習評量單」不完全切合班級學生，因無一套評量工具適用於所有學生，而補救之道在於教師能否以評量專業素養，來分析坊間各項評量工具的優劣、評析是否適用於班級學生，了解現成評量工具是否需稍做修改以切合班級學生。(3)兼顧技能與情意的評量：評量不應限於低層次之認知，而應顧及技能與情意之評量、高層次之認知。(4)剖析教材內容：逐一剖析教材單元的重心，了解學生可能的學習問題。(5)設計細目表：依據教學目標、教材內容設計完善之雙向細目表。(6)規劃評量方式或慎選題目類型：採取適切的評量方式，如行為檢核表、態度評量表、觀察報告；若採取紙筆測驗，宜依據認知領域教學目標的層次慎選題目類型。(7)善用命題技術：命題必須符合命題原則，充分善用命題技術來適切呈現學生的學習結果。(8)適切解釋評量結果：有些教師解釋評量結果時，對學生施加不必要之分類或貼標籤，使得學生遭受挫折，產生負向自我觀念、悲觀的處事心態，因此，教師必須適切解釋評量結果，讓學生能從失敗中成長，能從挫折中重生。

二、內涵多元

教師實施學習評量時，評量內涵至少包括認知、情意、技能等領域內涵（Linn & Miller, 2005; Miller et al., 2013），展現評量內涵生活化、多樣化。以往學生考試只要抱著教科書死背，當個「貝多芬」（背多分）就可得高分，乃傳統學習評量內容多以教科書中認知層面之記憶、理解能力為主，較少顧及技能與情意、認知層面之高層次思考能力，或生活化的題材。李坤崇（1998）認為，推動教育改革除考慮認知、技能、情意外，尚需兼顧學生的學習歷程、生活世界與社會行為。「學習歷程」包括學生的學習方法、習慣、求知歷程或解決問題能力，學生以往限於書本記憶而疏於應用，且家長過度保護剝奪學生成長機會，使得學生自我解決問題的能力欠佳，故學習歷程應被納入評量之中。「生活世界」乃學生日常行為、待人處事能力，或許有人會說現今教育培養一群躲在象牙塔的書呆子，缺乏走入人群的待人處事能力，若納入評量將可引導學生注重此方面之學習。「社會行為」乃學生人際關係的社會行為或社交技巧，時下學生常拙於情感表達或社交技巧，導致此類犯罪事件層出不窮。可見，教師宜透過評量來強化學生的社會行為（李坤崇，1999）。

九年一貫課程基本理念在於養成學生「終身學習」的能力，而傳統學習單停留於抄寫、認知階段，若未能突破將難以達成九年一貫課程基本理念。教師為激發學生自主學習與培養終身學習的能力，學習單宜特別著重學習歷程的導引，設計學習單應掌握四大重點：(1)告知學習目標；(2)引導學習歷程；(3)告知評量重點；(4)記錄評量結果。另外，實施九年一貫課程之多元評量內涵，宜將各階段能力指標進行細項（概念分析結果），再分析能力指標細項與認知、技能、情意的關係程度，最後決定評量內涵。分析能力指標細項與認知、技能、情意的關係程度時，認知層次著重「知識理解」、「思考批判」，技能層次著重「技能表現」，態度層次著重「意願態度」。然實際學習活動評量內涵，仍視各能力指標細項內涵不同而異（李坤崇，2001c）。

評量內涵亦可納入Gardner的「多元智能理論」（multiple intelligence theory）。Gardner（1999）將智能定義為「個體處理訊息的生理、心理潛能，此潛能可用之解決問題或創作某種文化環境的重要作品」，此強調個體的主動性及文化價值。他對「智能」抱持的基本理念為：(1)智能並非與生俱來就是固定或靜態的；(2)智能可教、可學、可提升；(3)智能乃多向度的現象，展現於大腦、心靈、身體等系統的多種層次。

Gardner（1999）強調人類智能至少包含下列八項半智能：語文智能（linguistic intelligence）、邏輯—數學智能（logical-mathematical intelligence）、肢體—動覺智能（bodily-kinesthetic intelligence）、音樂智能（musical intelligence）、空間智能（spatial intelligence）、自然觀察者智能（naturalist intelligence）、人際智能（interpersonal intelligence）、內省智能（intrapersonal intelligence），以及半項智能——存在智能（existential intelligence）。他闡述八項半智能意義如下：

1. **語文智能**：係指能有效利用口頭語言（如講故事者、演說家、政治家等）或書寫文字（如作家、詩人、記者、編劇等）的能力，即對語言文字之意義（語意能力）、規則（語法能力），以及聲音、節奏、音調、詩韻（音韻學能力）、不同功能（語言的實用能力）的敏感性。
2. **邏輯—數學智能**：乃指能有效運用數字和推理能力，其包含對邏輯或數字型態的認知能力和高靈敏度；具有處理複雜前因後果的推理能力，以及巧妙地處理抽象分析的能力。

3. **肢體—動覺智能**：乃指運用身體來表達想法與感覺，以及運用雙手生產或改造事物的能力，其核心成分包括了巧妙地處理（包括粗略與精緻的身體動作）物體的能力，巧妙地使用不同的身體動作來運作或表達的能力。
4. **音樂智能**：能察覺、辨別、改變和表達音樂的能力；能創作並欣賞旋律、音節和音質的能力。即人對聲音的意義加以創造、溝通與理解，主要包括對節奏、音調或旋律、音色的敏感性。
5. **空間智能**：乃指對視覺性或空間性的訊息之知覺能力，以及把所知覺到的加以表現出來的能力。包含對色彩、線條、形狀、形式、空間及彼此間關係的敏感性，其中還包含將視覺和空間的想法在腦海中立體化及在一個空間矩陣中能很快找出方向的能力。
6. **自然觀察者智能**：乃指觀察自然界各種型態，辨認並分類物體，洞悉自然或人造系統，以及連結生命組織的能力。其核心乃經由五官觀察，以覺察、感受與省思的能力。
7. **人際智能**：乃指辨識與了解他人的感覺、信念和意向的能力，其核心成分包括了注意並區辨他人的心情、性情、動機與意向，並做出適當反應的能力。包含對臉部的表情、聲音和動作的敏感度，辨別不同人際關係的暗示，對暗示做出適當反應的能力，以及擁有同理心的能力和表現行為。
8. **內省智能**：乃指能對自我進行省察、區辨自我的感覺，並產生適當行動的能力，並能在複雜的情緒中區辨喜怒哀樂和自我定位、自律、自知及自尊的能力。此種智能也扮演著「智能中樞的角色」，使得個體能知道自己的能力，並了解如何有效發揮這些能力。其核心成分為發展可靠的自我運作模式，以了解自己的欲求、目標、焦慮與優缺點，並藉以引導自己的行為之能力。
9. **存在智能**：係指「對生命議題的終極關懷」，包含下列兩項核心能力：(1)在浩瀚宇宙中，定位自己的能力；(2)處理存在相關問題的能力，如尋找生命的重要性、認識死亡的意義、覺察身心世界發展脈絡的能力。

Gardner的「多元智能理論」已受國際重視，且廣泛用於課程、教學與評量，教師實施評量時可適切運用此理論。

三、過程多元

Miller等人（2013）強調，評量過程應顧及安置評量、形成評量、診斷評量、總結評量。評量不僅是預測學生未來發展、評定學習成果，更要協助學生在教學歷程獲得最好的學習。有些教師應調整僅重視教學後實施總結評量的做法，宜逐漸採取形成評量，將評量納入教學，亦以評量結果作為改善教學的依據。雖然形成評量漸受注視，但並非否定安置評量、診斷評量、總結評量的價值，因為一個完整的評量歷程包括安置評量、形成評量、診斷評量與總結評量（李坤崇，1998）。

四、時機多元

評量時機包括定期評量、平時評量，國中小一學期通常實施兩至三次的定期評量。國中大多數學校採集中考試方式，國中小則約有半數學校採隨堂考試方式，利弊得失難以論斷，然決定應充分考量學校願景、教師素養、學生特質、家長需求等因素。教育部、主管教育行政機關並未規定平時評量次數，平時評量則因各學習領域性質不同而異，此通常由授課教師依其專業判斷、學校沿革、家長要求、學生特質來決定。

五、情境多元

評量情境包括教室、教室外情境。以往評量情境限於教室，紙筆測驗一般均於教室實施。隨著評量方式的多元化，實作評量、軼事記錄、口語評量、檔案評量、遊戲化評量及動態評量等評量方式，常跳脫教室情境，在教室外實施。決定評量情境應依據評量目標、評量內涵及評量方式等因素權衡，不宜為室外而室外，亦不宜僅限於教室內。然若在教室外實施，通常學生遭遇安全問題較教室內為多，教師宜審慎規劃評量內涵與歷程，免於學生發生意外。

六、方式多元

多元化學習評量的多種特質中，以「方式多元」最重要。《國民小學及國民中學學生成績評量準則》（教育部，2017）第5條指出，國民中小學學生成績評量，應：「視學生身心發展及個別差異，採取下列適當之方式辦理：(1)紙筆測驗及表單：依重要知識與概念性目標，及學習興趣、動機與態度等情意目標，採用學習單、習作作業、紙筆測驗、問卷、檢核表、評定量表等方式。(2)實作評量：依問題解決、技能、參與實踐及言行表現性目標，採書面報告、口頭報告、口語溝通、實際操作、作品製作、展演、行為觀察等方式。(3)檔案評量：依學習目標，指導學生本於目的導向系統彙整或組織表單、測驗、表現評量等資料及相關紀錄，以製成檔案，展現其學習歷程及成果。」Miller等人（2013）認為，測驗形式包括固定選項測驗、複雜表現評量。

評量不限於單一的客觀紙筆測驗，評量方式至少包括：紙筆測驗（筆試）、實作評量（表演、實作、作業、鑑賞、實踐）、系列實作評量（遊戲化評量）、檔案評量（資料蒐集整理、書面報告）、口語評量（口試、口頭報告、晤談）、軼事記錄、動態評量等七項，顯現評量方式多元化、彈性化。

七、人員多元

《國民小學及國民中學學生成績評量準則》（教育部，2017）第7條規定：「國民中小學學生成績評量之評量人員及其實施方式如下：(1)各學習領域：由授課教師評量，且須於每學期初向學生及家長說明評量計畫。(2)日常生活表現：由導師參據學校各項紀錄，以及各學習領域授課教師、學生同儕及家長意見反應等加以評定。」此規定納入自評、同儕評量頗佳，惜未納入家長。評定學生學習成果的評量人員，應可包括教師、同儕、自己、家長等。

李坤崇（1998，1999）強調，參與學習評量人員除多元化外，更需互動化，只有經由教師、家長、學生、同儕之充分溝通與討論，才能更清楚了解學生的學習歷程與結果，挖掘學生學習問題與及時施予補救教學。尤其是現階段的臺灣教育「強化親子互動、鼓勵家長參與」乃當務之急，推動教育改革若無家長參與，系列實作評量（遊戲化評量）、檔案評量或其他多元評量將因教師負擔沉重而難以實施。

八、計分多元

評量計分包括直接給單一學習總分、經由基本分數與加權分數合計而得單一學習總分。一般教師較常「直接給單一學習總分」，相信多已了解不再贅述。「基本分數與加權分數合計而得單一學習總分」方面，在個別學習時，教師為鼓勵學生參與學習歷程，先給予基本分數，再視其學習歷程與結果給予加權分數，兩者合為個別學習的分數；在小組合作學習時，基本分數常為小組的分數，而加權分數則為組內個人的表現分數或組內人員互評所得的分數。

九年一貫課程強調培養學生「發展尊重他人、關懷社會、增進團隊合作」的基本能力，普通高級中學課程著重學生「增進團隊合作與民主法治的精神及責任心」，因此，小組合作學習將被更廣泛運用。以下分成小組基本分數、組員加權分數兩項說明之：

(一)小組基本分數

小組合作學習的小組基本分數，可由老師直接評分，亦可由老師和各組學生代表共同針對各小組的表現和作品，來評定各組基本分數，然為避免秩序紊亂與計分困難，不宜由全班學生當評審。若由老師和各組學生代表共同評分，先將所有評分者評定的分數加總，再依照各組總分的高低將各組排名次，最後由老師依照各組的排名前後，及考量其他因素，決定各小組的基本分數。

(二)組員加權分數

小組合作學習的組員加權分數，可由老師直接評分，亦可由學生自評、互評的結果來推算。若使用組內自評、互評的結果來推算加權分數，先將組內全體組員評定分數加總，再依照每位組員所得總分的高低排定組內組員名次，最後由老師依照組內每位組員的排名，及考量其他因素，決定組內組員的加權分數。

九、結果呈現多元化

Miller等人（2013）認為，評量結果的解釋方法有標準參照評量、常模參照評量，此兩種評量可視為一連續體的兩端，而非截然劃分，可兼採兩種解釋方法。除標準參照評量、常模參照評量外，亦可納入自我參照評量。教師呈現評量結果宜多元化、適時化、全人化，多數教師呈現評量結果時，僅呈現團體相對位置的常模參照分數或呈現及格與否的標準參照分數，而忽略自我比較的努力分數，僅呈現學業成績未提供人格成長，亦未適時提供學習進步或惡化狀況，致學生頻遭挫折或喪失立即補救時機，因此，學習評量結果之呈現宜多元化、全人化、適時化，如：兼採能力、努力的結果雙軌制，改善學習通知單。

國內學業能力較低的學生常須面對永無休止的挫折，因其再怎麼努力仍是班上學業成績的後段，教師呈現評量結果應兼採自我比較、常模參照或標準參照之方式，如批閱學生作業，可打「甲 60 或丁 95」，甲、丁指全班作業的高低位置，60、95 指學生的努力分數。李坤崇（1999）提出「能力、努力兼顧之各項符號與評語」（如表 1-2 所示），此種兼採能力、努力的結果雙軌制或可供教師參酌。

☞表 1-2　能力、努力兼顧之各項符號與評語

符號	評語	代表意義
答案的正確或內容的完整		
○	很好	答案完全正確，或完全符合老師的要求，而且比其他同學有創意，或做得更好。
√	不錯	答案完全正確，或完全符合老師之要求。
△	加油	答案部分正確，或有一部分沒有符合老師的要求。
?	改進	答案內容完全錯誤，或完全不符合老師之要求。
×	補做（交）	未作答或未交。
努力的程度		
＋	進步	代表比以前用心或進步。 （「＋」號愈多，代表愈用心、愈進步）
－	退步	代表比以前不用心或退步。 （「－」號愈多，代表愈不用心、愈退步）

第二節　人性化學習評量

學習評量不應只是著重評量學生的學習表現，更應在評量過程與結果充分展現人性化理念，方能讓學生獲得激勵、尊重與支持。

壹、人性化學習評量的意義

人性化學習評量的意義在於以學生為中心的評量觀，教師設身處地的站在學生角度思考研擬各項評量措施，重視學生應有權益，不應因為學生扮演「被評量」角色而剝奪其權益。

人性化學習評量宜掌握「尊重」、「個別差異」、「適性發展」三理念。

「尊重」乃將學生視為應被尊重的「人」，尊重其存在，更尊重其想法。「個別差異」乃允許、重視，並適切處理學生間的個別差異，不宜以劃一的標準、統一的規定來要求所有學生。「適性發展」乃確認學生是發展中的個體，有其發展階段與任務，教師評量不僅應尊重其發展階段與任務，更應接納發展的危機與挫折。

貳、人性化學習評量的特質

欲激勵學生正向思考，提升正向自我概念，人性化學習評量具有下列特質：

一、評量中心學生化

教師從研擬評量目標、擬定評量計畫、實施學習評量、呈現評量結果到進行評量解釋，由傳統以教師中心的思維轉換到以學生為中心，教師設身處地的站在學生角度來思考評量問題。研擬評量目標宜從學生角度來敘述，例如：將「學生能描述自己及相關人事物了解」改為「能描述自己及相關人事物了解」。擬定評量計畫宜讓學生了解整學期評量的全貌，讓學生知道如何做將可能獲得怎樣的評量結果，不宜模糊評量的歷程與結果。實施學習評量宜善用各種適切的評量方式來衡量學生的學習表現，不宜為紙筆測驗而紙筆測驗，亦不宜為多元評量而多元評量。呈現評量結果宜著重真實、多元呈現學生表現，不宜誤判、片段呈現。解釋評量結果宜著重鼓勵、支持學生，不宜指責、詆毀學生。

二、學習評量計畫化

有些教師實施學習評量不按計畫實施，隨興為之。缺乏評量計畫不僅讓教師學習評量缺乏整體性、多元性與階段性，更讓學生面對評量無所適從，例如不知整學期考試幾次？何時考試？配分如何？除了紙筆測驗外，出席率的配分，其他評量方式的內涵、時機與配分，學生均應有知的權利。因此，從人性化考量，教師應擬定周延的學期評量計畫，告知學生，並按計畫實施學習評量。

三、評量內涵同理化

教師編擬評量工具應以同理心的角度編擬，掌握「己所不欲，勿施於人」的理念來編擬評量工具。教師自編測驗時，試題指導語的明確化，試題編排由易而難，題目內涵的明確化，計分標準的公開化，均是人性化的基本要求，如有一教師命題為「香蕉是什麼顏色？」教師依據課本呈現的顏色「黃色」作為標準答案，但有些學生回答綠色、棕色或黑色亦應給分，因香蕉成熟度不同顏色亦不同，故教師給分應均予計分。

四、結果呈現增強化

分數是學生信心的來源，教師評分應打出學生信心，而非予以摧殘。教師評分應有各式各樣的一百分，如掃地一百分、服務同學一百分、上課專心一百分，不讓一百分窄化於國英數理化等學科評量。教師評分應顧及個別差異，優等生默寫三十個英文生字一百分，程度較差者默寫十個就可給一百分，學生的資質不同，為何要求一致的標準？教師呈現學生成績時，應充分顧及學生個別差異、努力情形、進步狀況，予以學生增強，提升學生信心。

五、結果解釋正向化

有些教師解釋評量結果時，偏向悲觀化、負向化、責備化，使得學生遭受甚多挫折，教師應多鼓勵、多支持學生，方能增進學生正向自我概念，強化其自信心。結果解釋涉及看問題的角度，有些人習慣從一百分往下看，有些人則從零分往上看；前者只要未滿的部分，當然悲觀負向，後者看到努力的部分，當然積極正向。教師若能從零分往上看學生表現，必然充滿著欣喜，衷心讚美學生；若從一百分往下看，必然充滿著失望，時時指責學生，因此，評量結果解釋皆在教師一念之間。

解釋學習結果不應局限於認知，應兼顧技能與情意的闡述，有些學生可能認知較差，但其技能、情意頗佳，因此，教師可盡量挖掘學生優點予以增強。

人性化的結果解釋除了兼顧常模參照或標準參照外，更強調自我參照，以引導學生自我比較、自我進步、自我實現。

第三節　精確化學習評量

隨著學習評量多元化、人性化，有人開始質疑評量主觀化、籠統化，可見欲提升學習評量信度與效度，學習評量宜邁向精確化。

壹、精確化學習評量的意義

精確化學習評量旨在強調測驗編製歷程、編擬題目、題目分析與結果解釋，呈現標準化、通則化、質量化與定錨化，提升評量結果的信度與效度。若學習評量能兼顧多元化、人性化時，更兼具精確化，則評量結果將更具有說服力。

由於電腦與網路技術的快速發展，題目分析與測驗結果更為快速，龐大資料的處理大幅節省時間，題庫建置更為容易，教師個人資料流通更為便捷，使得學習評量日益精確化。

貳、精確化學習評量的特質

欲提升學習評量信度與效度，精確化學習評量宜具備下列特質：

一、編製歷程標準化

學習評量常用的各類評量方式，如紙筆測驗、實作評量、檔案評量，均有其嚴謹、標準化的編製歷程。教師自編紙筆成就測驗通常包括決定測驗目的、設計雙向細目表、決定試題類型與題數、編擬測驗試題、審查與修改測驗試題，及編輯測驗試題六步驟，教師若能遵循當可提高信效度。

二、題目編擬通則化

教師編擬學習評量的題目，應遵循各類評量方式的題目編擬原則。適用於各類評量方式的題目編擬原則有八：(1)試題分布依據雙向細目表，且題目內容依據有代表性；(2)避免使用曖昧不明和易使人混淆的言詞或語句架構；(3)敘述扼要、直接切入重點；(4)使用字彙適合受試者；(5)試題答案必須是公認的正確答案，避免爭議性；(6)表達清楚，讓學生易於了解其任務或工作；(7)每個試題必須獨立存在，內容不宜相互重疊；(8)不要提供正確答案的線索。

三、題目分析質量化

題目的優劣不能全由主觀認定，宜兼顧質的分析與量的分析，「質的分析」重點為分析雙向細目表，分析題目內涵與所屬細目表細格的一致性，分析題目品質是否合乎命題原則，分析編製過程的嚴謹性。「量的分析」分傳統題目分析（含常模參照測驗題目分析、標準參照測驗題目分析）與試題反應理論（item response theory, IRT）題目分析。以常模參照測驗題目分析而言，主要分為難度分析、鑑別度分析，難度有三種算法：(1)計算全體受試通過或答對某題上通過的百分比；(2)計算高分組與低分組在某一試題上通過的百分比；(3)計算Δ（delta）難度指數；鑑別度可從內部一致性、外在效度分析。可見，學習評量的題目分析已逐漸邁向質量化。

四、結果解釋定錨化

學習評量的方式逐漸多元化之後，有些被批評評等過於主觀的評量方式，已逐漸發展出定錨評分（anchor score）或定錨評等的策略。教育部（2005）於「2006 年國民中學學生基本學力測驗」試辦加考寫作測驗，其評分方式採級分制，將學生寫作能力由劣至優區分為一至六等級，其評分規準如表 1-3 所示；另針對離題、重抄題目及缺考等考生，因無法判斷其寫作能力，給予其〇級分。可見，基本學力測驗試辦加考寫作測驗乃採定錨評等的方式。

第四節　統整化學習評量

以往學習評量只局限於評量，未能與課程、教材、教學相結合，未來發展趨勢乃四者充分統整。

壹、統整化學習評量的意義

統整化學習評量旨在著重教師實施學習評量時，宜統整課程、教材與教學，

☞表 1-3　國民中學學生寫作測驗評分規準一覽表

級分	評分規準
六級分	六級分之文章十分優秀，此種文章明顯具有下列特點： ・立意取材：能依據題目及主旨選取適當之材料，並能進一步闡述說明，以凸顯文章之主旨。 ・結構組織：文章結構完整，段落分明，內容前後連貫，並能運用適當之連接詞聯貫全文。 ・遣詞造句：能精確使用語詞，並有效運用各種句型，使文句流暢。 ・錯別字、格式及標點符號：幾乎沒有錯別字及格式、標點符號運用上之錯誤。
五級分	五級分之文章在一般水準之上，此種文章明顯具有下列特點： ・立意取材：能依據題目及主旨選取相關材料，並能闡述說明主旨。 ・結構組織：文章結構大致完整，但偶有轉折不流暢之處。 ・遣詞造句：能正確使用語詞，並運用各種句型，使文句通順。 ・錯別字、格式及標點符號：少有錯別字及格式、標點符號運用上之錯誤，不影響文意表達。
四級分	四級分之文章已達一般水準，此種文章明顯具有下列特點： ・立意取材：能依據題目及主旨選取材料，但不能有效地闡述說明主旨。 ・結構組織：文章結構稍嫌鬆散，或偶有不連貫、轉折不清之處。 ・遣詞造句：能正確使用語詞，文意表達尚稱清楚，但有時會出現冗詞贅句，句型較無變化。 ・錯別字、格式及標點符號：有一些錯別字及格式、標點符號運用上之錯誤，但不至於造成理解上太大困難。
三級分	三級分之文章是不充分的，此種文章明顯具有下列缺點： ・立意取材：嘗試依據題目及主旨選取材料，但選取之材料不夠適切或發展不夠充分。 ・結構組織：文章結構鬆散，且前後不連貫。 ・遣詞造句：用字遣詞不夠精確，或出現錯誤，或冗詞贅句過多。 ・錯別字、格式及標點符號：有一些錯別字及格式、標點符號運用上之錯誤，以致於造成理解上之困難。
二級分	二級分之文章在各方面表現都不夠好，在表達上呈現嚴重問題，除了有三級分文章之缺點，並有下列缺點： ・立意取材：雖嘗試依據題目及主旨選取材料，但所選取之材料不足或未能加以發展。 ・結構組織：結構本身不連貫，或僅有單一段落，但可區分出結構。 ・遣詞造句：用字、遣詞、構句常有錯誤。 ・錯別字、格式及標點符號：不太能掌握格式，不太會使用標點符號，且錯別字頗多。
一級分	一級分之文章顯現出嚴重缺點，雖提及文章主題，但無法選擇相關題材、組織內容，並且不能於文法、字詞及標點符號之使用上有基本之表現。此種文章具有下列缺點： ・立意取材：僅解釋提示，或雖提及文章主題，但無法選取相關材料加以發展。 ・結構組織：沒有明顯之文章結構，或僅有單一段落，且不能辨認出結構。 ・遣詞造句：用字遣詞有很多錯誤或甚至完全不恰當，且文句支離破碎。 ・錯別字、格式及標點符號：完全不能掌握格式，不會運用標點符號，且錯別字極多。
○級分	離題、重抄題目或缺考。

資料來源：九十五年國民中學學生寫作測驗試辦實施方案（頁 3）。教育部（2005）。臺北市：作者。

讓四者環環相扣。課程引領整體的計畫、目標、教材與教學，教材乃教學的工具，教學乃引導學生學習的藝術，評量乃檢核學生達成預期目標的程度與引領學生成長，若四者能緊密統整，則教師教學與學生學習成效將可提升。

貳、統整化學習評量的特質

隨著九年一貫課程的推動，統整理念逐漸萌芽，中小學教育現場已漸重視課程、教材、教學與評量的統整，具體的特質如下：

一、課程與評量計畫化、統整化

教育部（2003）公布的「國民中小學九年一貫課程綱要」規定：「學校課程計畫應含各領域課程計畫及彈性學習節數課程計畫，內容包含：『學年／學期學習目標、能力指標、對應能力指標之單元名稱、節數、評量方式、備註』等相關項目。」教育部（2014）公布的「十二年國民基本教育課程綱要總綱」規定：「學校課程計畫至少包含總體架構、彈性學習及校訂課程規劃（含特色課程）、各領域／群科／學程／科目之教學重點、評量方式及進度等。在遵照教學正常化規範下，得彈性調整進行跨領域的統整及協同教學。」可見，九年一貫課程、十二年國民基本教育課程已將評量納入學校課程計畫，此不僅是課程的突破，更宣示課程與教學統整的意涵。

二、教學、學習與評量統合化、適性化

教師為落實多元化、適性化的教育理念，教學、學習與評量應統合化、適性化。評量不僅是預測學生未來發展、評定學習成果，更要協助學生在教學歷程獲得最好的學習，教學、學習與評量之統合乃未來評量的發展趨勢（李坤崇，1998，2001a，2002a；簡茂發、李琪明、陳碧祥，1995；Kubiszyn & Borich, 1987; Linn & Gronlund, 1995; Miller et al., 2013）。

Miller等人（2013）以簡化教學模式（如圖 1-2 所示）來摘述教學過程的基本步驟，並說明教學、學習與評量三者的相互關係。

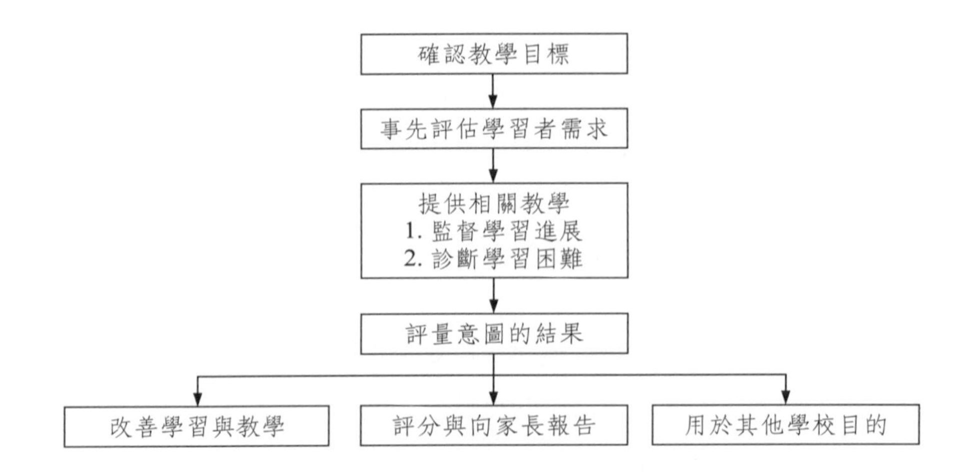

❇圖 1-2　簡化的教學模式

資料來源：*Measurement and assessment in teaching* (11th ed.) (p. 34), by M. D. Miller, R. L. Linn, and N. E. Gronlund, 2013, Boston, MA: Pearson.

三、學期評量計畫化、精緻化

有些教師評量學生學期成績時，往往提不出一套嚴謹的評量計畫，使得學生質疑教師評量的公平性與客觀性。整個學期評量的統整思維，宜包括：評量計畫目標、評量目標、教學目標類別與層次、評量範圍、評量方式與計分（含平時評量、階段總結評量）、各類評量方式、內容所占比例、評量運用方法、補救教學、補充說明及學習評量通知單。學期評量導向計畫化、全貌化、精緻化，將評量與課程、教學目標呼應，並將評量內涵詳細而精緻的呈現，不僅提升評量信效度，更可獲得家長與學生信賴。

第五節　改善學習評量之行政配套

經由十幾年來鑽研學習評量心得，訪談各縣市中小學教師、主任與校長，及推動課程改革的經驗，提出下列中小學實施學習評量的原則、條件與行政準備。

壹、實施學習評量應掌握原則

中小學實施學習評量，除了應兼顧專業多元、內涵多元、過程多元、時機多元、情境多元、方式多元、人員多元、計分多元、結果多元等九項多元理念外，更應掌握下列重要原則：

一、掌握活化教學與學習評量的趨勢

教學或學習活動設計應充分結合活化教學、創新教學與多元化、人性化、精確化、統整化的學習評量趨勢。學習評量視學生身心發展及個別差異，以獎勵輔導為原則，依領域內容及活動性質，採取口試、表演、實作、作業、報告、資料蒐集整理、筆試、鑑賞、晤談、實踐等適當之學習評量方式。

二、兼顧認知、技能與情意

學習評量內涵依能力指標或主題軸、學生努力程度、進步情形，兼顧認知、技能與情意等目標，引導學生全方位發展，不再僅局限於認知層次的學習。

三、納入小組長評量、同儕評量或自評

實施學習評量時，除教師評量外，設計時盡量納入小組長評量、同儕評量或自評。

四、兼顧平時評量與定期評量

中小學經常重視定期評量，卻較輕忽平時評量。平時評量之次數由任課老師依其課程需要自行訂定之。定期評量之次數與時間由學校各領域或各科課程小組訂之。《國民小學及國民中學學生成績評量準則》（教育部，2017）第 4 條規定：國民中小學學生成績評量原則，其對象應兼顧適性化及彈性調整，其結果功能應形成性及總結性功能並重，必要時應兼顧診斷性及安置性功能。可見，中小學實施學習評量應兼顧平時評量與定期評量。

五、適切結合學習檔案與學習成果紀錄

以往學習單只是讓學生抄抄寫寫，做完交給教師評閱後隨手丟棄或備而不用。各學習領域或各科不一定每項活動均必須運用學習單，但若運用宜結合學習檔案與學習成果紀錄，學習單對教師而言係教學檔案，對學生而言係學習檔案與學習成果紀錄。學生參與學習歷程的同時，也在累積其學習檔案與記錄學習成效，然為顧及過多學習檔案將造成師生的沉重負擔，因而，教師應衡量師生負擔，適切結合學習檔案與學習成果紀錄。

六、兼容能力與努力，兼顧質化紀錄與量化紀錄

以前教師評閱學習單通常以打「√」或打「×」來評定學生學習結果，此種方式不僅過於籠統，且過於消極告知對錯。為突破傳統評量紀錄之失，結合學習檔案與學習成果紀錄的學習單採取兼顧質化紀錄與量化紀錄，評量內涵兼顧認知、技能、情意，針對評量內涵給予量化紀錄，評定量化採等級制，而非百分制。等級制兼顧能力、努力向度，「能力」以符號「○、√、△、？、×」表示「很好、不錯、加油、改進、補做（交）」；「努力」以符號「＋、－」表示「進步、退步」。

貳、實施學習評量應具備條件

中小學實施學習評量前，若能了解應具備條件，作為規劃與落實之評估依據，將可事半功倍。

一、教師

教師是多元化、人性化、精確化與統整化學習評量的推動者、評量者，教師的專業素養、負擔與意願將是具關鍵的條件。

(一)教師專業素養

實施學習評量最基本、最重要的條件是教師的專業素養，若教師無學習評量專業素養，則遑論實施學習評量。因此，推動學習評量的第一要務為提升教師評量專業素養。

(二)教師負擔與意願

教師推動多元化學習評量的工作負擔必然會較紙筆測驗的工作沉重，心理負擔亦因家長質疑而加重。教師的推動意願則取決於教育理想與工作、心理負擔之拔河，若教師堅持教育理想，會克服工作、心理負擔，進而致力於推動學習評量。然若教師難以承受負擔，會向現實妥協，放棄教育理想。

二、行政

行政的精神支持、經費支援、場地或時間配合均係實施多元化、人性化、精確化與統整化學習評量應具備的充分條件。

(一)精神支持

教師實施學習評量意願與校長、主任的精神支持息息相關，若校長、主任能秉持教育理念，力抗家長的質疑，則教師累一點、辛苦一點都值得。若只是教師一頭熱，校長與主任在旁觀望，則教師在遭遇阻力後，通常會裹足不前或乾脆放棄。

(二)經費支援

實施學習評量必然較紙筆測驗耗錢耗力，教師為理想耗力心甘情願，但如果經費仍需由教師自行籌措，教師通常會回歸紙筆測驗。因此，實施學習評量時，校長、主任應積極主動協助教師解決經費負擔。

(三)場地或時間配合

紙筆測驗只要在教室即可實施，不限時間。但是實施系列實作評量（如過關評量）必須有適當的場地配合，評量時間亦必須審慎安排，才不會造成評量失真。

三、家長

甚多教師反映：推動多元化、人性化學習評量的最大阻力在家長，尤其是社會瀰漫升學主義、文憑主義氣氛，家長分數至上、分分計較的心態，使得實施學習評量困難重重。

(一)家長觀念與心態

家長觀念能否揚棄升學主義與文憑主義，心態能否拋棄分數至上與分分計較，將是能否落實學習評量的基本條件。因此，扭轉家長觀念與心態將是中小學校長、主任與教師努力的重點，亦為各縣市教育局（處）的奮鬥目標，更是教育部推動教育改革的重點。

(二)家長支持與配合

中小學有些領域比較不強調認知，而較重視技能與情意，如綜合活動學習領域強調實踐、體驗，藝術與人文學習領域強調聽覺藝術、視覺藝術與表演藝術，必然大量運用學習評量。實施學習評量有賴家長支持與配合，如何獲得家長的支持與尋求家長的配合，乃學校必須深思的課題。

參、實施學習評量準備工作

由上述具備條件，可知中小學實施多元化、人性化、精確化與統整化學習評量應準備工作頗多，茲闡述以供參酌，俾減少中小學摸索時間與提高行政效率，並避免徬徨失措。

一、宣導、溝通建立共識

參與九年一貫課程與高中課程改革發現：觀念宣導與共識建立是推動改革的基礎，觀念不改、沒有共識將是緣木求魚，推動遙遙無期。

實施學習評量必須「強化家長觀念溝通消弭疑慮」，評量變革必然衍生家長的疑惑、質疑，然而家長或許因不了解學習評量內涵，或許因智育掛帥作祟，或許因要求過高，或許對學校不信任，而抱持觀望、批判態度，唯有面對問題，方能解決問題；唯有消除疑慮，方能引發共鳴；唯有凝聚共識，方能發揮動力。因此，教育局（處）與學校行政人員、教師均宜循序漸進、分層負責來強化家長溝通，以凝聚共識，切實執行。家長的疑惑屬全年級共同問題者由學年主任出面協調溝通，屬全校性共同問題者由主任或校長解答疑惑，屬全縣市共同問題者由教育局（處）溝通化解疑惑。

家長共識凝聚需要一段時間，教育行政人員與教師必須以耐心包容家長觀念的轉變，若期待家長立即配合學校步調調整，將因急躁而適得其反。實施學習評量，可由校長、主任每個月或兩個月召開家長座談會解決家長疑惑、澄清問題，至少每個學期透過學校刊物告知課程與評量變革內涵與精髓，於學校網站設置學習評量討論區公告最新訊息與解答問題，出席社區或里民大會解說課程變革，以及教師善用家庭聯絡簿夾帶學習評量訊息予家長。另外，各縣市教育局（處）行政人員亦可透過網路直接與家長溝通，接受家長線上提問，解答疑惑，期能有效凝聚教改共識。

二、辦理實作專業研習

為推動多元化、人性化、精確化與統整化學習評量，各縣市教育局（處）或學校應積極辦理種子團隊教師產出型研習，讓種子教師人數逐漸多於非種子教師，以營造專業成長校園氣氛。研習重點在做不在聽，在想不在說，在善用電腦與網路資訊而非抄寫彙編。種子教師在團隊合作產出作品而非各自作戰，在學校共同推動而非孤軍奮戰，在學校共同抗壓而非獨自承壓。

教師專業循序漸進成長應「逐步推動滲透教師教學與生活」，實施學習評量必須正視現今中小學教師教學與行政負擔沉重之事實，於班級學生數未能大量減少、職員人數未能大幅增加、教材分量未能減少情況下，推動教師專業成長應採「循序漸進、相互觀摩、互助成長」的模式，循序漸進可採取「由認識而適應、由適應而試探、由試探而檢討、由檢討而改善、由改善而成長」的歷程；相互觀摩可採取讀書會、座談會、作品輪流展示、上網張貼成果之方式；互助成長可辦理產出型研習，經由腦力激盪、相互研討，開發成品供全市教師運用或修改。

教師專業循序漸進成長歷程亦應「激勵教師成長而非引發惡性競爭」，若學校只藉學習評量之名，以五花十色的資料來爭取大量資源，未顧及教師的身心負擔、未啟動良性成長、未避免惡性競爭，將使得學習評量在激情之後，衍生家庭溝通、身體適應或同儕關係之問題。校長應激勵教師成長，擬定階段性目標，引導教師逐步穩健、踏實的成長，留意教師的身心負擔，提供適時的必要協助，方能切實激勵教師逐漸成長。若實施評鑑，應以「鼓勵、溝通、建議」取代「批評、指責、懲處」，以鼓勵起點化與事實化，溝通多元化與深入化，建議具體化與積極化，避免評鑑只為批評、指責及懲處的傳統弊端。

三、體認由生疏到熟練的歷程

教師由精熟、慣用紙筆測驗到願意運用、正確使用多元化、人性化、精確化與統整化學習評量，並非一朝一夕可達，必須經歷由生疏到熟練的歷程。教師實施學習評量必須秉持「循序漸進」原則，而循序漸進包括「專業化、自主化、積極化、活潑化、合作化」等五化，均必須循序漸進成長與養成，茲說明於下：

1. **教師成長循序漸進專業化**：教師專業成長應採「循序漸進、相互觀摩、互助成長」的模式，循序漸進可採取「由認識而適應、由適應而試探、由試探而檢討、由檢討而改善、由改善而成長」的歷程。
2. **教師學習循序漸進自主化**：實施學習評量，教師應逐漸增進自主學習、逐步提升專業自主，必須逐漸體認終身學習的重要，化被動為主動，強化自主學習能力方能擺脫以往不當心態。
3. **教師心態循序漸進積極化**：教師心態由被動到主動，由消極到積極，由抗拒而接納，由接納而參與，由參與而主導，乃一循序漸進的自然歷程。推動教育改革不能違反人性，不能不了解教師處境，不能不讓教師有時間去調整自己的感受，推動學習評量必須有時間讓教師循序漸進調整心態。
4. **教學方法循序漸進活潑化**：教師面對教學的重大轉變，必須調整教學理念、教學方法、教學策略，然而此調整並非一朝一夕可成。教師或許產生相當大的壓力，但只要設定目標逐一調整，逐漸由嘗試錯誤中省思成長，逐漸由同儕觀摩中研討成長，逐漸從學生回饋中修正改善，相信以國內教師頂尖的資質必然可循序漸進調整。
5. **教學策略循序漸進合作化**：幾十年來國內中小學教師大多強調教好自己的科目，班級或學科間教師合作更少。然而，九年一貫課程、高中課程與學習評量若無協同教學將有如緣木求魚，若無教師合作將難竟全功。教師間合作並非一蹴可幾，由單打獨鬥到協同教學的轉折過程，除有「共通目的、溝通、合作意願」外，尚須高度耐心，克服過程的溝通困難甚至誤解，逐漸培養信任與默契，逐步邁向共同擬定的教學目標。

四、調整與研發評量辦法、表格簿冊

國小自90學年度、國中自91學年度開始自一年級實施九年一貫課程改革，「九年一貫課程」以三個面向、七大學習領域取代「國民中學課程標準」的二十二科、「國民小學課程標準」的十二科，以整合化、生活化的學習取代學習支離瑣碎，疊床架屋，以統整課程取代學科課程，來培養國中國小學生基本能力。因應課程改革，學校必須隨之調整、研發學習評量的表格簿冊。

中小學貫徹學習評量必須調整、研發學習評量的辦法及表格簿冊，李坤崇

（1999）提出改善學習評量通知單、表格簿冊的十點構想：(1)兼重學科表現、生活行為表現；(2)將學科或生活行為表現具體化、細分化；(3)兼含等級評定、文字補充說明；(4)呈現階段性結果；(5)兼顧能力、努力；(6)兼含教師、家長、學生；(7)發展學校教育目標與評量項目；(8)納入出缺席紀錄；(9)引導主題探索與自省；(10)著重激發成就、給予鼓勵。

肆、推動學習評量之策略

經訪談各縣市中小學教師、主任與校長，進行學習評量研究，及推動課程改革的經驗，提出下列中小學實施「多元化、人性化、精確化與統整化」學習評量的策略於下：

一、採用階段省思的「漸進推動」策略

李坤崇（2002b）強調，現階段家長與社區人士普遍缺乏學習評量的理念，教師在學習評量專業能力仍有待充實，此階段若亟欲完全落實學習評量，將如緣木求魚。實施學習評量初期，應從改善紙筆測驗著手，搭配評量表或檢核表；待教師學習評量專業逐漸成長，家長逐漸接納學習評量後，再納入實作評量、檔案評量及其他評量方式。實施過程教師必須設定短、中、長期目標，把握階段、省思的「漸進推動」策略。

二、提升專業素養的「學習機制」策略

陳明印（2002）指出，「教師評量的專業技術能否充分掌握學習評量精髓」乃推動關鍵，可見，教師教學與評量專業素養，將是推動學習評量的主要動力，若教師專業不足，則任何配套措施將大打折扣。李坤崇（2002b）認為，實施學習評量學校必須先營造學習型組織與建立學校學習機制，系統規劃教師所需補強評量專業的研習活動、讀書會或行動研究，提供各項自我學習的書籍或期刊，以及辦理校際觀摩、網路分享經驗或互助成長活動，以提升學校教師與相關人員的評量專業能力，方能以優秀專業素養為基礎，落實學習評量理念。

三、善用共同參與的「民主參與」策略

實施多元化、人性化、精確化與統整化學習評量最重要的首要工作，乃理念溝通、凝聚共識。實施學習評量須獲得教師的支持與家長的認同，凝聚學校、社區所有人員的共識，集思廣益共同參與和共同研討，遵循民主決策的機制來推動。李坤崇（2002b）強調，參與人員本應要求全體參與，但全體參與乃最終目標，初期構思與研發階段可請願意付出、願意學習成長者先參與，先參與者不斷坦然面對問題與解決問題，提出解決問題可行策略後，再逐漸邀請其他人員參與，採由少而多、部分到全體的參與方式。發展歷程校長、主任與領導人員應以耐心、信心，等待少數變成多數，有忍受批評責罵的雅量，逐步凝聚共識，逐漸增加參與人員。

四、激勵專業對話的「相互成長」策略

國內尚未營造教師間專業對話的情境，教師參與專業對話的意願較低，使得教師習於單打獨鬥，養成敝帚自珍心態。實施學習評量的參與人員若能透過專業對話，將自己對學習評量理念、構想、計畫與心得，提出與他人分享，不僅可釐清觀念，更可激勵相互專業成長。為提升教師評量專業素養，有賴提升教師專業對話意願與營造其情境（李坤崇，2002b）。

五、改善行為習慣的「提高效率」策略

因應二十一世紀資訊科技的發達，欲以傳統的工作與教學習慣處理日漸龐雜的工作，及落實學習評量理念，教師必須本著「毀滅創造」的理念，省思自己的工作習慣與教學策略，改善自己的行為習慣，善用資訊及網路資源，並作知識與資訊作業系統的管理，如將資料電腦化、資料規格化、資料系統化，方能提高工作效率與提高教學品質。

六、營造創造無懲罰的「願者成長」策略

推動多元化與人性化學習評量必然面對升學主義高漲，家長分數至上觀念的阻力，推動過程必然遭遇甚多疑惑挫折，教育局（處）、學校行政人員和參與研發人員均應抱持「支持鼓勵」、「包容嘗試錯誤」原則，相互扶持成長，方能共

赴目標。教育局（處）、學校行政人員應積極鼓勵與提供專業成長予有意願教師，讓其在專業成長中獲得信心及成就感，再逐漸匯集有意願者的力量，逐漸帶動無意願者。在有意願者帶動無意願者的歷程，有意願者逐漸增加且獲得成長喜悅，而無意願者逐漸減少，自然會給予無意願者適度壓力，故不宜直接指責無意願者，其將會受到自然懲罰。另外，教育局（處）、學校行政人員對無意願者也不宜過於保護，若處處為無意願者設想，一心一意想協助其成長，保留研習與成長機會予無意願者，將相對減少有意願者成長機會，因此，過度保護無意願者將阻礙學校發展動力。教育局（處）、學校行政人員應預先規劃各項學習評量之進修與成長系列活動，預先告知並逐一執行，不強迫不勉強，讓有意願者逐期參加，待此系列活動結束即終止，再規劃與展開其他主題之活動（李坤崇，2002b）。

伍、結語

數年來走訪臺灣各縣市與數十所高中職，發現中小學不僅漸能掌握學校本位課程、創新教學理念，更發展出頗具參考價值之實務成功經驗。然受限於家長升學主義觀念，及教師專業培育歷程較少涉及學習評量，使得中小學教師對學習評量仍深感力有未逮，遑論邁向多元化、人性化、精確化、統整化的學習評量。

多元化、人性化、精確化、統整化學習評量理念必須有良好的教育制度支撐，必須有優秀的專業教師推動，必須有關心的學生家長投入，亦必須有關心的社會大眾支持。可見，多元化、人性化、精確化、統整化學習評量是集體創作、共同成果，而非教師一人一事，更非學校一校之事。希望在此能拋磚引玉，激起大家共同實現學習評量的理念。

第二章 CHAPTER TWO

教學目標與能力指標、學習表現

Linn與Miller（2005, p. 53）強調，教育目標分成認知、情意、技能三個主要領域，認知領域乃知識結果、心智能力與技能，情意領域乃態度、興趣、鑑賞和適應的形式，技能領域乃知覺和運動技能。

第一節　認知教學目標分類與評量

Bloom、Englhart、Furst、Hill與Krathwohl（1956）將教學目標分成認知領域、動作技能領域、情意領域。認知領域教學目標由最簡單到最複雜的六個層次，依序為知識（knowledge）、理解（comprehension）、應用（application）、分析（analysis）、綜合（synthesis）、評鑑（evaluation）。

壹、原認知教學目標架構與修訂架構的結構比較

Anderson等人（2001）的《學習教學與評量的分類：Bloom教育目標分類的修訂》（*A Taxonomy for Learning, Teaching, and Assessing: A Revision of Bloom's Taxonomy of Educational Objectives*）一書，修訂Bloom認知分類為「認知歷程向度」（cognitive process dimension）（動詞）、「知識向度」（knowledge dimension）（名詞）。兩者提出的認知教學目標的架構比較，詳見圖2-1之「原架構與修訂架構的結構比較」。

Anderson與Krathwohl（2001）強調，新舊認知教學目標有三個層面，每個層面均有四個項目，計十二項的改變。三個層面為重點強調、使用術語、目標分類結構，其中項目分述如下：

一、重點強調

新舊認知教學目標在「重點強調」的差異，主要有四：(1)新版著重運用雙向細目表（如表2-1所示）來置入課程設計、教學活動與教學評量，並著重課程、教學、評量三者的連結；(2)新版著重適用所有不同年級的學生；(3)新版內容增列許多評量範例，使得此目標分類更易於應用；(4)新版更強調次類別的應用，而舊版較著重主類別的應用。

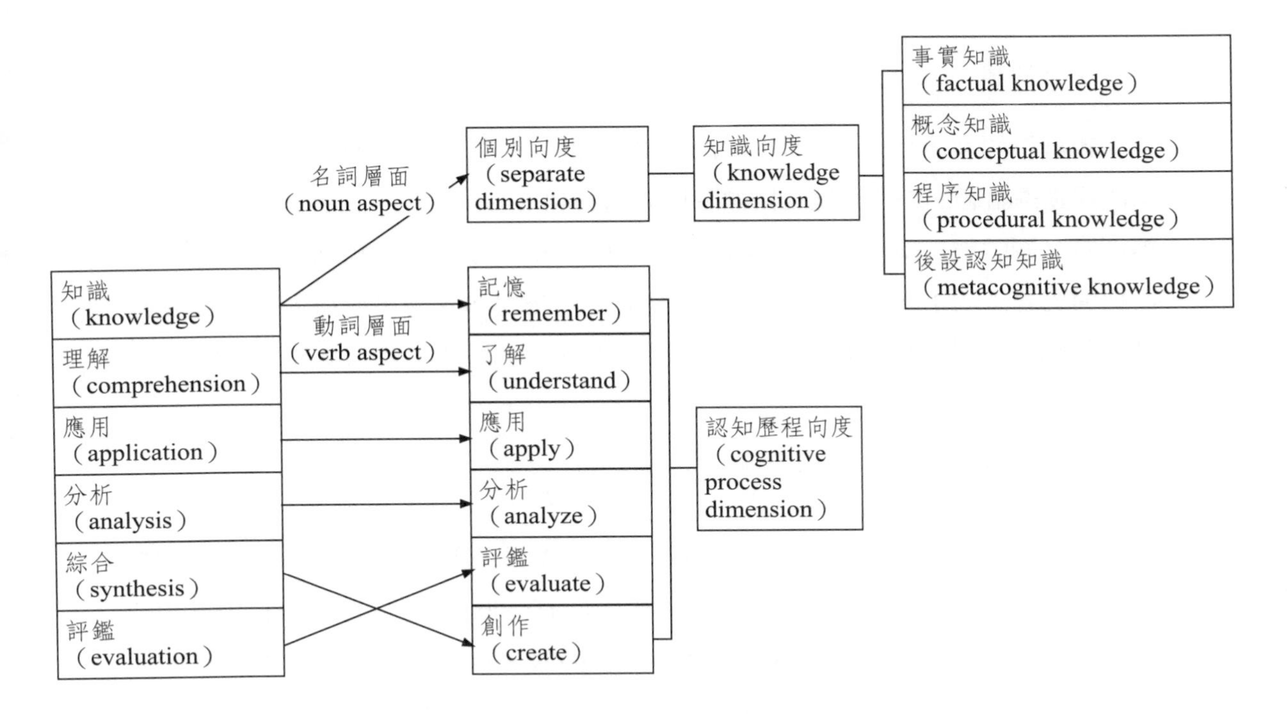

❊圖 2-1　原架構與修訂架構的結構比較

資料來源：修改自"Summary of the changes from the original framework," by L. W. Anderson, D. R. Krathwohl, P. W. Airasian, K. A. Cruikshank, R. E. Mayer, P. R. Pintrich, J. Raths, and M. C. Wittrock, 2001, in L. W. Anderson and D. R. Krathwohl, Eds., *A taxonomy for learning, teaching, and assessing: A revision of Bloom's taxonomy of educational objectives*, p. 268. New York: Addison Wesley Longman.

☞表 2-1　修訂 Bloom 分類表

	認知歷程向度					
知識向度	1.記憶	2.了解	3.應用	4.分析	5.評鑑	6.創作
A.事實知識						
B.概念知識						
C.程序知識						
D.後設認知知識						

資料來源："The revised taxonomy structure: The taxonomy table," by L. W. Anderson and D. R. Krathwohl, 2001, in L. W. Anderson and D. R. Krathwohl, Eds., *A taxonomy for learning, teaching, and assessing: A revision of Bloom's taxonomy of educational objectives*, p. 28. New York: Addison Wesley Longman.

二、使用術語

新舊認知教學目標在「使用術語」的差異，主要有四：(1)新版主類別的名稱改採動詞語態，以呼應建立目標時形成的動詞—名詞關係。而舊版主類別的名稱則為名詞語態；(2)新版知識次類別更名與重組，分成四類知識，此與舊版的名稱與內容不同；(3)新版以動詞語態說明認知歷程部分的次類別，異於舊版的名詞語態；(4)新版改稱舊版的「理解」、「綜合」兩個主要類別為「了解」、「創作」。

三、目標分類結構

新舊認知教學目標在「目標分類結構」的差異，主要有四：(1)新版將目標類別呈現分成名詞、動詞兩個向度，而舊版僅有一個向度；(2)新版採兩個向度構成雙向細目表（two-dimensional taxonomy table）的方式，舊版則無；(3)新版認知歷程向度為各類別排列成漸進複雜性階層（increasing complexity hierarchy），而舊版則為累積性階層（cumulative hierarchy）；(4)新版交換舊版「綜合」、「評鑑」的順序為新版的「評鑑」、「創作」。

貳、修訂Bloom分類的知識向度

Pintrich與Wittrock（2001）將知識向度分成事實知識（factual knowledge）、概念知識（conceptual knowledge）、程序知識（procedural knowledge）及後設認知知識（metacognitive knowledge）四項知識，並將四項分成十一個細項。茲綜合Flavell（1985）、Pintrich與Wittrock（2001）、張春興（1991）的觀點，說明知識向度類別其定義與示例，如表2-2所示。

☞表 2-2　知識向度類別的定義與示例

主類別／次類別	定義	示例
A 事實知識	學生學習科目或解決問題必須知道的基本元素。	
Aa 術語的知識	特定語文或非語文形式的術語或符號知識，即每個學科特定的符號、術語或詞句之知識。	字母、注音符號、科學術語、繪畫詞彙、重要的計算術語、圖表的標準代表符號、指出正確發音詞彙的符號。
Ab 特定細節和元素的知識	有關事件、位置、人、資料、資訊等個別事實之知識。包括精確性、特定性、約略性的資訊。	特定文化社會或事件的主要事實，健康、公民與其他人類需求的重要特定事實，重要新聞的人、地點與事件，重要人物事蹟，國家的主要產品與出口或重要的自然資源，消費的可靠資訊來源。
B 概念知識	凝聚出具功能性的較大結構的基本元素之相互關係；即從較複雜、較大結構的基本元素間抽取共同功能屬性，予以分類、類別與關係而成為一類事物全體的知識。	
Ba 分類和類別的知識	用於確定不同事物的類別、等級、劃分和排列情形的知識。	文章的文體、商業經營的型態、詞性（動詞、名詞、形容詞）、心理問題的種類、地質年代的不同時期。
Bb 原理和通則的知識	用於觀察現象總結摘要的知識，可用描述、預測、解釋、決定最適切行動，即為由觀察而抽象的普遍知識。	特殊文化的主要通則、物理基本法則、有關生命過程與健康的化學原理、學習的主要原則、生物遺傳的定律。
Bc 理論／模式／結構的知識	對複雜現象、問題、學科內涵提出清晰、完整、系統性觀點的知識。	解釋化學原則的化學理論、立法機關的完整結構、地方政府的基本結構組織、進化論的整體架構、遺傳基因模式。
C 程序知識	做某些事「如何的知識」（the knowledge of how），係如何完成某些事，探究方法，以及正確運用技巧、演算、技術和方法規準的知識。	
Ca 特定學科的技能和演算知識	指有固定最終結果，或具有固定順序或步驟的知識。	水彩畫的技巧、以文法結構分析為基礎來闡明言語意義的技巧、化解二次方程式的各種步驟跳高的技巧。
Cb 特定學科技術與方法知識	通常沒有固定最終結果，沒有事先決定的單一答案或解決策略。此知識大部分為意見一致、協議，或學科共同規準的結果，而非經由直接觀察、實驗或發現的直接結果。	社會科學適切的研究方法、運用科學家解決問題的技術、增進健康觀念的科學方法、文學評論的不同方法。
Cc 運用規準的知識	知道「何時」使用程序和過去使用該程序的知識，通常為歷史紀錄或百科全書形式。運用規準的知識具有情境性，在何種情境運用何種程序的知識，即面對幾種不同型態特定學科程序知識時，善用規準協助作決定。	決定幾種論文撰寫方式的規準、決定解決代數問題方法的規準、決定蒐集特定實驗資料統計程序的規準、決定運用水彩畫創作的規準。

☞表 2-2　知識向度類別的定義與示例（續）

主類別／次類別	定義	示例
D 後設認知知識	指認知和知覺的知識，及對自己認知的知識。若原來的認知是「知其然」，後設認知就是「知其所以然」。	
Da 策略知識	學習、思考、解決問題的策略，會因工作與學科性質而異。策略知識可用於許多不同的任務或學科主題，而非僅用於單一的任務或特別的學科主題。策略知識乃知術（方法）的知識。	了解資訊背誦係維持資訊的一種方法、不同記憶的策略、不同詳細討論的策略（如釋義、摘要）、不同組織的策略（如標示或圖解）、計畫的策略（如設定目標閱讀）、理解監控的策略（如自我檢查、自我質問）。
Db 認知任務知識	包括適當的背景脈絡與情境的知識；即何時正確使用和為何使用某知識的策略，其與當時情境、社會、傳統和文化規範有關。所有學習策略均無法適用於所有情境，學生必須發展適用於多數某些不同的情境和任務的不同策略。認知任務知識乃知事的知識。	認知不同任務的要求，要求從個人記憶系統完成回憶任務（簡答題而非選擇題），了解較難以理解的史料而非一般教科書或大眾書籍，要求完成熟記任務而非只是背誦，了解如何、何時與為何運用不同策略於社會、傳統、文化規範。
Dc 自我知識	包括自己對自我認知、學習優劣的知識與動機信念（含自我效能、目標與理由，及價值和興趣等信念）。自我知識乃知人的知識，以認識自我的知識為主，以了解別人為輔。	自己知道所知領域與不知領域，知道完成任務的目標，知道個人興趣、對工作價值做適切評價，自己學習的優缺點、學習動機、價值觀、興趣或其他，評析論文優缺點，以覺察個人知識水準。

參、修訂Bloom分類的認知歷程向度

Mayer與Wittrock（2001）將認知歷程向度（cognitive process dimension）分成記憶、了解、應用、分析、評鑑、創作六項歷程。認知歷程向度類別的意涵與示例，如表2-3所示。茲從主類別與次類別之意涵、測驗例題與各類別之能力指標說明，其中測驗例題乃南一書局研發團隊在筆者指導下完成之實例，特此致謝。

☞表 2-3　認知歷程向度類別的意涵與示例

主類別／次類別	相關詞	定義	示例
1.記憶（remember）	從長期記憶中提取相關知識。		
1.1 再認（recognizing）	再認（identifying）	找出長期記憶中和現有事實一致的知識。	指出中國歷史的重要事件。
1.2 回憶（recalling）	取回（retrieving）	自長期記憶中，取回有關知識。	回憶中國歷史重要事件的日期。
2.了解（understand）		從口述、書寫和圖表溝通的教學資訊中建構意義。	
2.1 詮釋（interpreting）	釐清（clarifying）、釋義（paraphrasing）、陳述（representing）、轉釋（translating）	由一種呈現資訊方式，轉換成另一種方式（如數值轉換成語文）。	翻譯重要的演講或文獻。
2.2 舉例（exemplifying）	舉例（illustrating）、舉實例（instantiating）	發現特定的例子來說明概念或原則。	舉出不同種類藝術畫的實例。
2.3 分類（classifying）	分類（categorizing）、歸類（subsuming）	決定將某些事物歸屬為同一類（如觀念或原則）。	觀察或描述心理疾病個案的分類。
2.4 摘要（summarizing）	摘要（abstracting）、建立通則（generalizing）	摘要一般性主題或要點。	從描述事件錄音檔摘出一段簡短的摘要。
2.5 推論（inferring）	推算（extrapolating）、插補（interpolating）、預測（predicting）	從現有資訊，提出一個具邏輯性的結論。	學習外語從例子推論文法。
2.6 比較（comparing）	對照（contrasting）、模比（mapping）、配對（matching）	檢視兩個觀點、事物或其他類似物中的一致性。	比較同時代情境的歷史事件。
2.7 解釋（explaining）	建構（constructing）、建立模式（models）	建立一個系統的因果模式。	法國十八世紀重要事件的原因。
3.應用（apply）		執行或使用某情境的程序。	
3.1 執行（executing）	進行（carrying out）	應用一個程序於已熟悉的任務。	應用習得的二位數加法來計算另外二位數加法問題。
3.2 實行（implementing）	運用（using）	應用一個程序於陌生的任務。	運用習得經驗解答一題陌生情境的應用題。
4.分析（analyze）		將材料分解成數個部分，指出部分之間與部分對整體結構或目的的關係。	
4.1 區辨（differentiating）	區別（discriminating）、分別（distinguishing）、聚焦（focusing）、挑選（selecting）	自現有材料中區分出相關和不相關或重要和不重要的部分。	從數學文字題中區辨有關或無關的數字。

☞表 2-3　認知歷程向度類別的意涵與示例（續）

主類別／次類別	相關詞	定義	示例
4.2 組織（organizing）	尋找（finding）、連結（cohering）、結構化（structuring）	決定要素在結構中的適切性和功能。	整理一歷史事件的證據，以駁斥不當的解釋。
4.3 歸因（attributing）	解構（deconstructing）	決定現有材料中隱含的觀點、偏見、價值觀或意圖。	從政治層面來解析作者論述的觀點。
5. 評鑑（evaluate）		根據規準和標準來判斷。	
5.1 檢查（checking）	協調（coordinating）、檢視（detecting）、監視（monitoring）、施測（testing）	檢視某過程或產品的不一致性或錯誤；確定某過程或產品的內部一致性；檢視實行程序的一致性。	檢查重力加速度實驗結果和該定律的一致性。
5.2 批判（critiquing）	判斷（judging）	檢視產品和外部規準的不一致性；確定產品是否有外部一致性；評論解決問題程序的適切性。	評論兩種解決問題的方法，何者最佳。
6. 創作（create）		集合要素以組成一個具協調性或功能性的整體，重組要素為一個新的模型或結構。	
6.1 通則化（generating）	提出假設（hypothesizing）	根據許多規準，建立可能的假設。	對觀察現象提出假設。
6.2 規劃（planning）	設計（designing）	設計一個程序以完成某些任務。	針對歷史論題計畫一篇研究報告。
6.3 製作（producing）	建造（constructing）	發明新產品。	為特殊目的建築一個棲息地。

資料來源：修改自"The revised taxonomy structure: The cognitive process dimension," by R. E. Mayer and M. C. Wittrock, 2001, in L. W. Anderson and D. R. Krathwohl, Eds., *A taxonomy for learning, teaching, and assessing: A revision of Bloom's taxonomy of educational objectives*, pp. 67-68. New York: Addison Wesley Longman.

第二節　情意教學目標

Krathwohl、Bloom與Masia（1964）將情意領域（affective domain）教學目標分為接受（receiving or attending）、反應（responding）、評價（valuing）、重組（organization）、形成品格（characterization by a value or value system）五大階層，此分類是連續的、螺旋型的結構，較低層次是單純、具體而特殊的行為，層次愈高愈屬普遍、抽象、一般化的行為。

茲以Krathwohl等人（1964）的論述為基礎，參酌Linn與Miller（2005）以及楊榮祥（1992a）的觀點，闡述情意教學目標分類如下。

壹、接受

「1.0接受」係學生注意特殊現象或刺激（班級活動、教科書、音樂等）的意願；即對某些現象和刺激的接觸、傾聽、知覺、感受、體會，和選擇性注意的能力，如認真聽課、意識到某事的重要性。本層次可再細分三個小層次，然並非截然劃分，三層次有連續的階層關係：

1.1 知覺（awareness）：知覺係感覺事物的存在，知覺與記憶無關，僅對現象或刺激產生知覺，感覺到現象或事物的存在而已，例如：準時出席活動、準時上課。

1.2 願意接受（willing to receive）：願意接受係願意對刺激注意，但保持中立或不作判斷，如：注意聆聽；願意聽課；願意聽同學發言；上課時，不講話，不會做其他事；上課時，能將所需的教材置於桌上。

1.3 控制或選擇注意（controlled or selected attention）：控制或選擇注意乃控制自己的注意，選擇自己所喜歡的現象或刺激。僅為主觀的喜好，未涉及判斷或評價，如：密切注意班級活動；接受種族與文化的差異；注意某些感興趣的學習活動。

貳、反應

「2.0反應」係學生主動參與的部分，學生不僅注意特殊現象或刺激，且以某種方式予以回應；即主動的注意、積極的參與活動，有做反應的意願，和參與活動中獲得滿足的能力。強調對特殊活動的追求或享受，可細分三個小層次：

2.1 默從的反應（acquiescence in responding）：默從的反應係學生默從的反應，屬於被動的反應，此種行為之初含有被動的性質，而且引發此一行為的刺激並不複雜，如：完成分派的家庭作業；被動願意回答教師所提出的問題；遵守校規；同意某事。

2.2 自願的反應（willingness to respond）：自願的反應係學生出於主動，自願和自動合作的反應，如：主動參與學習活動；志願承擔特殊任務；能專心聽別人發表意見，並記下重要的地方；提出意見及建議；主動參加小組討論。

2.3 滿意的反應（satisfaction in responding）：滿意的反應係學生反應的滿足感，由反應而產生愉快、興趣的結果，因而增加其反應。有關興趣的教學目標，通常屬此層次，如：對學科感興趣；喜歡幫助他人；獲得學習的喜悅，增強學習意願；完成教師交付的工作，贏得嘉許，強化工作意願。

參、評價

「3.0 評價」係學生喜愛某個特殊物件、現象或行為的價值判斷或評價；即對接觸到的事情、現象或行為感到有價值，進而表現出接納、偏好、承諾和認同等積極的態度和追求其價值的能力。態度與欣賞教學的目標通常屬此層次。此層次不含任何外來的指令或規定，完全由學生個人的價值觀念所引領的行為。可細分三個小層次：

3.1 價值的接受（acceptance of a value）：價值的接受係接受某一現象、行為或事物和價值，強調「價值接納」，如：欣賞好的文學作品；接納自己的學習成果；接納自己與他人外表的差異；認同自己的學習表現；欣賞他人的學習成果；表現對文學有興趣。

3.2 價值的喜好（preference for a value）：價值的喜好係對某一價值具有興趣與信心而加以追求，強調「價值喜歡」，如：熱心協助其他同學學習；積極主動關懷同學；追求自己感到有價值的學習活動；報名參加創作組。

3.3 信仰（commitment）：信仰乃有肯定的態度，希望別人信服，有強烈的行為動機，強調「價值持續喜歡或肯定，尋求他人接納」，如：刻苦學習外語；積極說服他人服從其意見；努力克服自己學習上的障礙；努力做到自己認為對的事；積極持續發展自己本身的興趣或專長。

肆、重組

「4.0 重組」係學生將不同的組織結合在一起，解決不同價值間的衝突，和開始建立一個內在和諧的價值系統；即評量分析有價值的活動內涵、歸納出推論的價值觀念，建立起個人的內在價值觀與發展個人價值體系，以及維持價值體系一致性和次序性的能力。重點在價值的比較、關聯與綜合。有關生命哲學發展的教學目標，通常屬此層次。可細分兩個小層次：

4.1 價值概念的建立（conceptualization of a value）：以口頭或文字概括價值概念，強調「單一價值建立」，如：形成一種與自身能力、興趣、信仰等協調的生活方式；指出所敬仰美術作品的特點；經由學習活動提出自己的觀念或完整想法；認同自己所屬的文化，並提出完整的看法；分享自己對文化所建立的意義與價值。

4.2 價值系統的組織（organization of value system）：將複雜的價值組成調和一致的系統，強調「個人多元價值、個人新舊價值、個人與團體價值的整合」，如：形成與自己能力、行為、信念一致的人生計畫；理解、接受自己的長處與限制；先處理團體的事，然後考慮個人的得失；先完成老師規定的作業，再找小朋友玩遊戲。

伍、形成品格

「5.0 形成品格」係學生典型的行為或特徵，即個人立身處世的一貫原則，個人依據其內化價值體系行事，並做到表裡一致的能力。學生能完全控制其行為（包含信仰、觀念、態度），亦能改變自己的行為，以適應自己的價值判斷體系。與學生一般適應組型（個人、社會、情緒）有關的教學目標，通常屬此層次。可細分兩個小層次：

5.1 一般化體系（generalized set）：一般化體系乃個人之行為處事，根據其價值系統，表現出相當一致的態度和行為；即建立自己的價值體系，並以一貫的態度判斷或行動。強調「短期、短暫的知行合一」，如：在獨立工作中展現出自力更生；工作一貫勤勤懇懇；會在展演會場遵守秩序；別人在表演中，我不會到處走動，影響表演者；養成飯後睡前刷牙的好習慣；保持良好的生活習慣。

5.2 品格化（characterization）：品格化是情意教育的最高目標，具有內部一致性的態度和信仰，已有自己的理想、和諧的人生哲學、做人處世原則。強調「長期、持久習慣的知行合一」，如：將教育視為終身志業；具備修己善群的情操；展現勤勉與自律；維持良好的健康習慣。

第三節　動作技能教學目標

動作技能領域教學目標係指身體行為與靈巧性的行為，Harrow（1972）將動作技能由簡單到複雜分成六個層次，依序為反射動作（reflex movements）、基本基礎動作（basic-fundamental movements）、知覺能力（perceptual abilities）、身體能力（physical abilities）、技巧動作（skilled movements）、協調溝通（non-discursive communication）。茲簡述於下：

1. **反射動作**：反射動作非隨意動作，亦非出生即具備，而是伴隨著成熟發展出的動作，包括環節反射、內環節反射、上環節反射。
2. **基本基礎動作**：此動作係指天生較複雜的動作，包括移轉動作、非移轉動作、用手操作動作。
3. **知覺能力**：此能力係指個體接受資訊後送入大腦解讀，進而影響肌肉動作的能力，包括運動感覺、視覺、聽覺、觸覺分辨和動作協調。
4. **身體能力**：此能力係指身體正常發展所產生流暢、有效的動作，包括耐性、伸縮性、彈性和敏捷性。
5. **技巧動作**：此動作係指複雜學習的結果，包括簡單、混合、複雜適應的技巧。
6. **協調溝通**：協調溝通係指經由動作達成的溝通形式，如面部表情、姿勢、表達性的固定舞步等肢體語言，包括表情動作、解釋動作。學校教育非常重視動作技能的實踐，如要求學生握筆、開鎖、拉拉鍊、穿戴整齊、個人衛生技能，或準備食物。

Harrow（1972）的觀點並未獲得廣大迴響，有關技能教學目標最常被引用者為Simpson（1972）觀點。Simpson將技能領域（psychomotor domain）教學目標分為感知（perception）、準備狀態（set）、引導反應（guided response）、機械化（mechanism）、複雜性的外在反應（complex overt response）、適應（adaption）、獨創（origination）等七個層次。

茲以Simpson（1972）的論述為基礎，參酌Linn與Miller（2005）以及楊榮祥（1992b）的觀點，闡述動作技能教學目標分類如下：

壹、感知

「1.0 感知」係運用感官獲得運動神經活動的引導線索。即用感覺器官去注意外在現象、刺激來源或關係過程的能力。可細分三個小層次：

1.10 感官刺激（sensory stimulus）：感官刺激即感知刺激（awareness of a stimulus），包括「1.11 聽覺」，如用耳朵辨別聲音來源；「1.12 視聽」，如用眼睛觀察星星；「1.13 觸覺」，如用手去摸海參；「1.14 味覺」，如用舌頭去嚐食物味道；「1.15 嗅覺」，如用鼻子去聞香味；「1.16 肌肉運動的知覺」，如肌肉拉傷的感覺。

1.20 線索選擇（cue selection）：線索選擇乃選擇與任務有關的線索，即依據提示，選擇恰當感官刺激，如：能分別指出顯微鏡調整光亮、焦距的部位；能知道使用觸覺選擇合用的木柴。

1.30 轉換（translation）：轉換係感知的轉換，將之知覺到的線索與表現的動作相連結，如：連結音樂和特殊舞步；連結食物的味道與香料的需求。

貳、準備狀態

「2.0 準備狀態」係採取某種特別類型動作的準備度，即對感知的動作或經驗，在心理、身體和情緒上預作適應的能力。可細分三個小層次：

2.10 心理狀態（mental set）：心理狀態乃心理認知的準備狀況，如：自己跳水前先聽他人的跳水經驗；認識粉刷木材的步驟順序。

2.20 生理狀態（physical set）：生理狀態乃身體生理的準備狀況，如：打擊時展現適當的擊球姿勢；參加球類比賽，先做預備體能訓練。

2.30 情緒狀態（emotional set）：情緒狀態乃喜怒哀樂等情緒準備狀況，如：跳水前先做深呼吸，下決心走上高跳臺；顯現出比賽獲勝的慾望。

參、引導反應

「3.0 引導反應」乃引導反應與學習複雜技巧的早期階段有關，即在有系統的教導下，開始學習、模仿或嘗試錯誤新的動作技能能力。可細分兩個小層次：

3.10 模仿（imitation）：模仿係學生在指導下的仿效反應或操作，如：能模仿教師或他人的動作進行學習；閱讀簡易電器組裝手冊，逐一操作組裝。

3.20 嘗試錯誤（trial and error）：嘗試錯誤係指在他人引導下進行試誤練習，直到形成正確的動作，如：嘗試各種不同工具，找出最適當的操作工具；跳遠用各種不同的腳步試，以找出最佳的起跳方式。

肆、機械化

「4.0 機械化」乃表現的機械化動作已變成習慣，此動作表現出某種信心與熟練度。機械化係學習到的動作技能經過模仿階段，已達到正確的程度，不假思索機械式地做出反應的能力，如：書寫流暢且清晰；正確設定實驗室設備；正確操作投影機；示範簡單的舞步；能正確地切片製作標本；能準確地打字。

伍、複雜性的外在反應

「5.0 複雜性的外在反應」乃涉及複雜的動作組型，透過快速、流暢、正確的表現其熟練度，且只需要花最少的時間精力。複雜性的外在反應係能操作高難度與複雜的反應，取其操作已達高度效率和熟練程度的能力，乃高度協調的運動神經活動。可細分兩個小層次：

5.10 解決不確定性（resolution of uncertainty）：解決不確定性乃毫不猶豫的履行，如：熟練地操作電腦；示範正確的游泳姿勢；迅速排除儀器的故障。

5.20 自動表現（automatic performance）：自動表現乃輕易的移動和良好的肌肉控制，如：熟練地拉小提琴；精確迅速完成解剖任務。

陸、適應

「6.0 適應」係個體可修正其動作組型，以適合特殊的需求或符合問題的情境。個體已練就的動作技巧具有應變能力，能適應環境條件及要求的變化，如：調整網球打法以對抗對手的風格；修正游泳游法以適合水的阻力；能根據已掌握的舞蹈技巧，編製一套現代舞。

柒、獨創

「7.0 獨創」乃創作新的動作組型以適合特殊情境或特定問題；即依據所習得的動作技能，開始創作新動作和處理新技能的能力，包括獨特性、變通性、精進性。強調高度發展技巧的創造性，如：創造一個舞步；創作一件音樂作品；創作一款新的衣服款式；能改進實驗操作方法、創作新的藝術表演方法。

第四節　能力指標、學習表現

「國民中小學九年一貫課程綱要總綱」運用基本能力、能力指標等詞，「十二年國民基本教育課程綱要總綱」則用核心素養、學習表現等詞，茲先說明基本能力與核心素養意涵，次闡述能力指標與學習表現的意涵、特質，最後呈現能力指標（學習表現）解讀、轉化的整合理念。

壹、基本能力與核心素養意涵

教育部公布的「國民中小學九年一貫課程綱要總綱」強調：為達成九年一貫課程目標，國民教育階段的課程設計應以學生為主體，以生活經驗為重心，培養現代國民所需的基本能力（教育部，2008，頁 6）。基本能力包括十項，依序為：(1)了解自我與發展潛能；(2)欣賞、表現與創新；(3)生涯規劃與終身學習；(4)表達、溝通與分享；(5)尊重、關懷與團隊合作；(6)文化學習與國際了解；(7)規劃、組織與實踐；(8)運用科技與資訊；(9)主動探索與研究；(10)獨立思考與解決問題（教育部，2008，頁 6-7）。

教育部公布的揭櫫：「核心素養」是指一個人為適應現在生活及面對未來挑戰，所應具備的知識、能力與態度。「核心素養」強調學習不宜以學科知識及技能為限，而應關注學習與生活的結合，透過實踐力行而彰顯學習者的全人發展（教育部，2014，頁 3）。十二年國民基本教育之核心素養，強調培養以人為本的「終身學習者」，分為三大面向：「自主行動」、「溝通互動」、「社會參與」。三大面向再細分為九大項目：「身心素質與自我精進」、「系統思考與解決問題」、「規劃執行與創新應變」、「符號運用與溝通表達」、「科技資訊與媒體素養」、「藝術涵養與美感素養」、「道德實踐與公民意識」、「人際關係與團隊合作」、「多元文化與國際理解」（教育部，2014，頁3）。核心素養的內涵，如圖2-2所示。

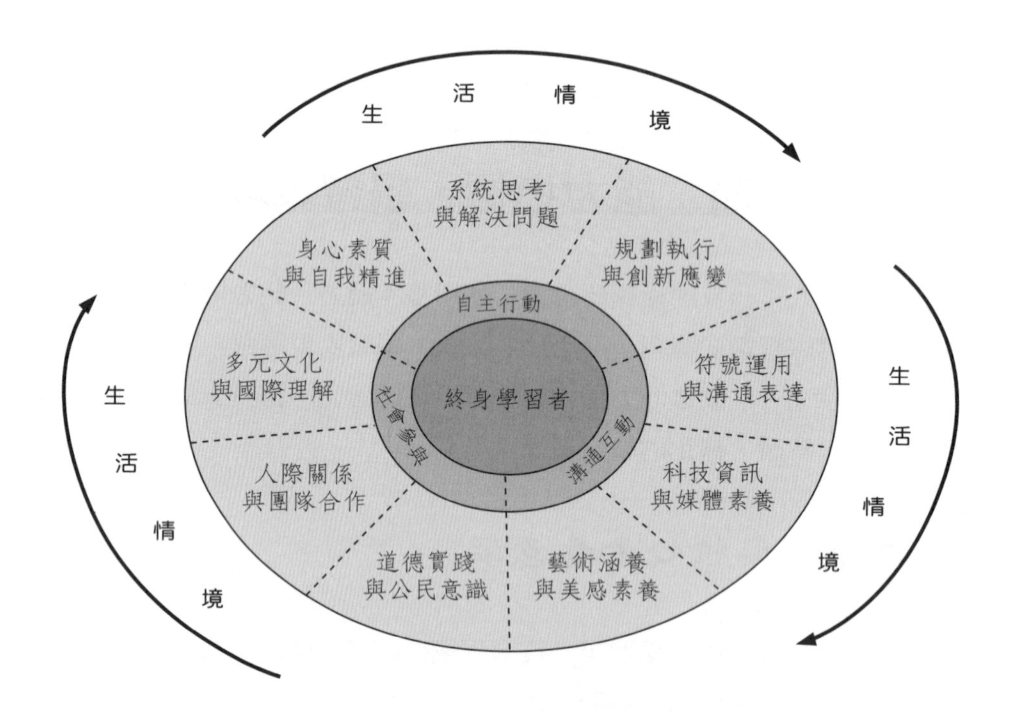

❊圖 2-2　核心素養的內涵

資料來源：十二年國民基本教育課程綱要總綱（頁3）。教育部（2014）。臺北市：作者。

由「國民中小學九年一貫課程綱要總綱」、「十二年國民基本教育課程綱要總綱」分別對基本能力、核心素養的定義及其內涵，由圖2-3的關係圖可知，兩者在本質、內涵層面，均強調「以學生為主體，必備的知識、能力與態度，生活經驗」等本質，十大基本能力與三大面向九大項目核心素養等內涵呈現高度呼應關係，其差異在於核心素養更強調「實踐力行」。

另外，林永豐（2012）指出，核心素養又稱為「基本能力」或「關鍵能力」，而素養（competence）或譯為能力一詞，在英語中常與「ability」、「ca-

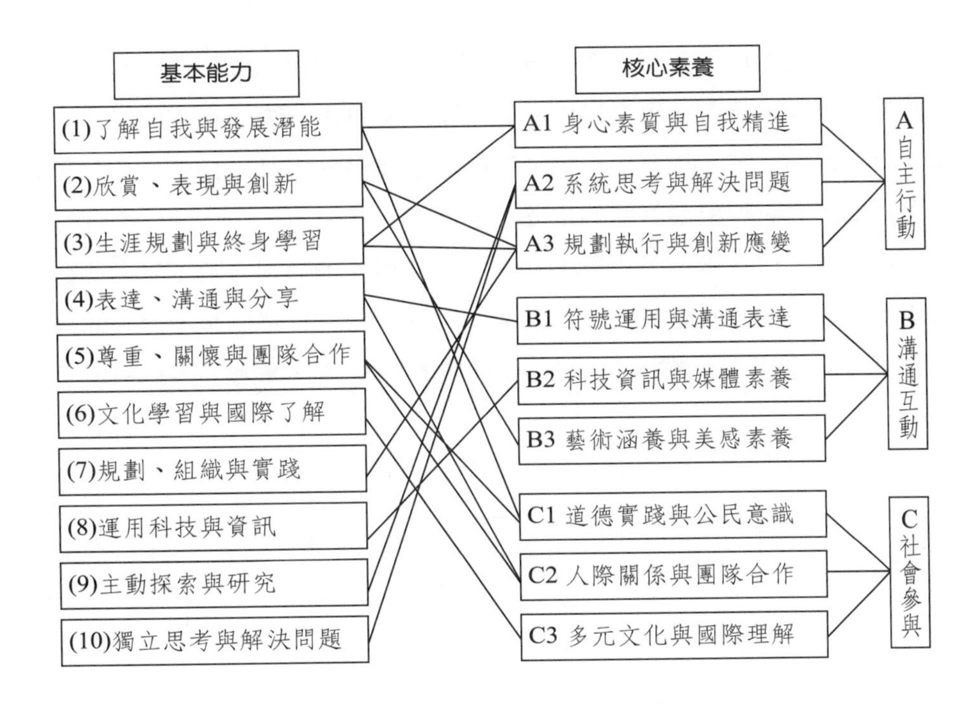

❋圖 2-3　十大基本能力與三大面向九大項目核心素養的關係圖

pacity」、「skill」及「proficiency」等詞互用。教育部全球資訊網（2018）訊息公告常見問答中，強調「核心素養豐富與落實基本能力的內涵」。國家教育研究院課程及教學研究中心、核心素養工作圈（2015）指出：核心素養強調其在生活中能夠實踐力行的特質。可見，基本能力與核心素養兩詞可互用，只是核心素養更強調實踐力行，乃豐富與落實基本能力的內涵。

貳、能力指標與學習表現的意涵、特質

九年一貫課程的課程目標衍生十大基本能力，七大學習領域與六大議題依據十大基本能力演化出其分階段能力指標。「能力指標」雖把學生應具備能力，轉化為可以觀察評量的具體數據，以實際了解學生的學習表現。然為求精確掌握各學習領域學習目標，宜將能力指標概念分析為細項能力指標，教師再依據細項能力指標，來擬定學習目標、設計學習活動及實施學習評量，依據學習評量結果來回饋學生習得的基本能力與能力指標狀況，省思學習目標與學習活動的適切性。

教師將分階段能力指標解讀與概念分析到實施學習評量的歷程，乃教師充分發揮專業自主的歷程，然若無可供參酌的評鑑指標衡量教師專業自主的結果，可能造成偏差而不知的情況。教育部必須依據能力指標發展出評鑑指標，作為教師自我檢核與基本學力測驗編擬試題的依據（李坤崇，2004）。

九年一貫課程以能力指標貫串九年，然其與學生學習、基本學力測驗、基本能力測驗的關係，造成基層教師相當困惑，以下試著將整個基本能力的演化與學習、評量、基本學力測驗、基本能力測驗的關係圖，彙整成圖 2-4（李坤崇，2004）。

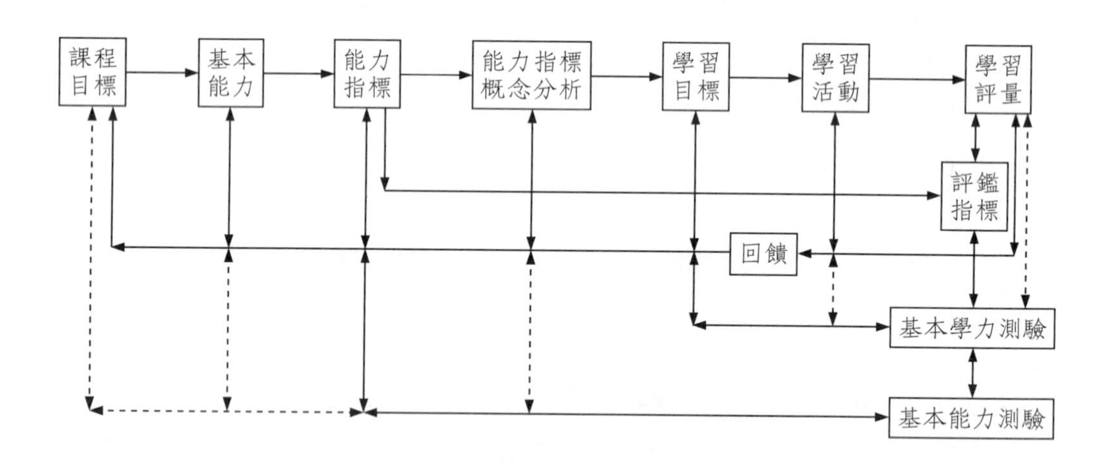

❊圖 2-4　能力指標、學習評量與基本學力測驗與基本能力測驗之關係圖

資料來源：綜合活動學習領域概論（頁 104）。李坤崇（2004）。臺北市：心理。

十二年國民基本教育課程以核心素養為發展主軸，提出三大面向九大項目的核心素養。總綱核心素養轉化到各教育階段之各領域／科目核心素養，各領域／科目核心素養發展為各領域／科目的學習重點（學習表現／學習內容），如圖 2-5 所示。

各領域／科目學習重點由「學習表現」與「學習內容」兩個向度所組成。學習表現是強調以學習者為中心的概念，學習表現重視認知歷程、情意與技能之學習展現，代表該領域／科目的非具體內容向度，應能具體展現或呼應該領域／科目核心素養；學習表現的內涵在性質上非常接近現行九年一貫課程中的分段能力指標，及高中職課綱的核心能力之非具體內容部分。學習內容需能涵蓋該領域／

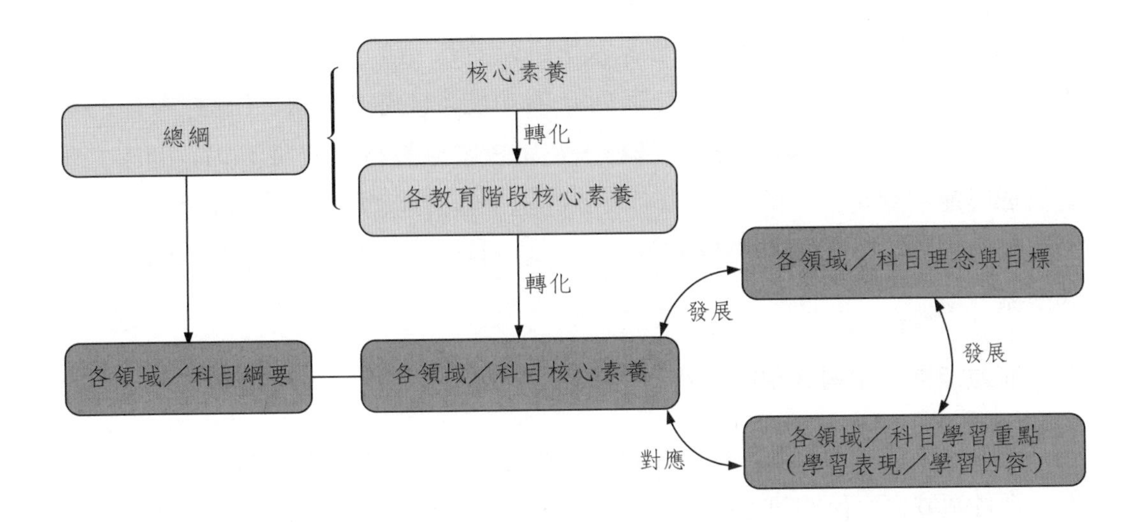

❊圖 2-5　核心素養在課程綱要的轉化及其與學習重點對應關係

資料來源：十二年國民基本教育領域課程綱要核心素養發展手冊（頁 7）。國家教育研究院課程及教學研究中心、核心素養工作圈（2015）。新北市：國家教育研究院。

科目之重要事實、概念、原理原則、技能、態度與後設認知等知識；學習內容的內涵非常接近現行九年一貫課程中各領域的「基本內容」、「分年細目」、「教材內容」，或是高中的「教材綱要」、高職的「教材大綱」概念（國家教育研究院課程及教學研究中心、核心素養工作圈，2015）。

十二年國民基本教育課程綱要雖然以「學習表現」一詞取代國民中小學九年一貫課程綱要「能力指標」，但仍是希望回歸能力指標的原意，希望強調教學目標中「認知歷程」、「非內容」的向度，著重透過課程培養學生能力，而不強調教材內容的學習（國家教育研究院課程及教學研究中心、核心素養工作圈，2015）。可見，「學習表現」乃希望回歸能力指標的原意，因此，學習表現與能力指標兩詞可互用。

一、能力指標、學習表現的功能

九年一貫課程各學習領域的課程綱要之分階段能力指標，乃編輯教材、設計教學、擬定評量及實施測驗的參照（李坤崇，2002a，2002b；李坤崇、劉文夫、黃順忠，2001），十二年國民基本教育課程各領域／科目學習重點（學習表現／學習內容）用以引導課程設計、教材發展、教科書審查及學習評量等，並配合教學加以實踐（國家教育研究院課程及教學研究中心、核心素養工作圈，2015）。因此，能力指標、學習表現具有下列七項功能：(1)學校發展、設計課程的參據；(2)出版社或學校發展、編輯教材，及學校審查教材的依據；(3)教師確立學習目標與運用學習方法的前提；(4)教師實施學習評量的準則；(5)教育部發展評鑑指標的根據；(6)教育部發展基本學力測驗的基準；(7)學校實施基本能力測驗的準繩。

二、能力指標、學習表現的特質

九年一貫課程各領域／科目的課程綱要之分階段能力指標，乃由十大基本能力配合各領域／科目的理念與目標衍生。十二年國民基本教育課程各領域／科目學習重點（學習表現／學習內容）乃由總綱、各領域／科目核心素養配合各領域／科目的理念與目標轉化。能力指標、學習表現的特質有五：(1)低標：能力指標、學習表現乃課程目標要求的最低要求，亦即城市、鄉村、山上、海邊、離島區域的學生可達成基本能力；(2)活化：能力指標、學習表現的本質是活的，學校可予以增加、補充或分化，然學校應依據學校願景與特色秉於專業自主來活化；(3)階段化：能力指標、學習表現依學生在各領域／科目身心發展的狀況，劃分為三或四個學習階段，具有區別身心發展階段，進行縱貫連繫與階段區隔的功能；(4)連繫化：能力指標、學習表現雖然分成數個階段，但各階段能力指標具有「循序漸進、連續不斷、統整合一」的特質；(5)適性化：學校可依學校情境、家長要求、社區特質與學生需要來研擬適性化的學習目標，落實能力指標、學習表現可能出現目標相同，但各校做法與要求互異的現象。

參、能力指標（學習表現）解讀、轉化的整合理念

十二年國民基本教育課程綱要雖然以「學習表現」一詞取代國民中小學九年一貫課程綱要「能力指標」，但仍是希望回歸能力指標的原意，因此，學習表現與能力指標兩詞可互用。以下所闡述的能力指標與學習表現視為相同、互用的用詞。

一、能力指標（學習表現）解讀的原則

九年一貫課程各學習領域能力指標、十二年國民基本教育課程的各領域／科目學習表現解讀，雖可獲得共通模式，但因領域特質差異會造成解讀的不同。能力指標解讀與轉化必須依據各學習領域之綱要內涵，尤其是綱要內提出的「分段能力指標與總綱十大基本能力之關係」，更是重要的依據。另外，教育部九年一貫課程各學習領域深耕種子團隊發展出的能力指標重點意涵，及 1993、1994 年修正發布的國中小課程標準均可參酌。

李坤崇（2003b）認為，能力指標概念分析若能掌握下列解讀原則，將更能得心應手。

(一)掌握核心概念循序漸進

能力指標概念分析必須經由練習、循序漸進，或經由教師間的專業對話，較能適切概念分析。

(二)評析左右同基本能力之橫向銜接

李坤崇（2003b）以綜合活動學習領域為例，指出在「伍、尊重關懷與團隊合作」基本能力的橫向五項能力指標中，「3-1-2 體會團隊合作的重要性，並能關懷團隊的成員」、「3-2-3 參與社會服務活動，並分享服務的心得」、「3-3-2 體會參與社會服務的意義」係由左而右逐漸加深加廣的能力指標。另外，「1-3-2 尊重與關懷不同的族群」、「3-4-2 關懷世人與照顧弱勢團體」亦同，國小高年級的 1-3-2 著重尊重、關懷，到了國中階段 3-4-2 則強調關懷與照顧的行動。

(三)分析上下同學習階段之縱向連貫

李坤崇（2003b）以綜合活動學習領域為例，認為在「陸、文化學習與國際了解」的第四學習階段中，「1-4-3 描述自己的文化特色，並分享自己對文化所建立的意義與價值」、「1-4-4 應用多元能力，展現自己對國際文化的理解與學習」，1-4-3 著重描述與分享，1-4-4 則強調展現理解，兩能力指標重心不同。另外，「1-4-2 透過各類的活動或方式，展現自己的興趣與專長」、「3-4-1 體會參與團體活動的意義，並嘗試改善或組織團體活動」，前者 1-4-2 著重從參與中展現興趣專長，而後者 3-4-1 則重視體會意義與嘗試改變或組織團體活動，雖有相關但重心互異。

(四)先分析學生達成該能力之過程，再思維教學過程

李坤崇（2003b）強調：能力指標概念分析必須以學生為中心，以學生學習為前提，輔以教師的教學。因此，國中國小教師進行能力指標概念分析時，應先分析學生達成該能力的過程，再思維教學過程。參與各縣市教師能力指標概念分析時有些教師先想自己如何教，而非學生如何學，使得分析結果難以滿足學生學習需求，且無法落實給學生帶得走能力的基本理念。

(五)細分能力指標宜大多數學生能達成者

李坤崇（2003b）指出能力指標細分之後，必須是大多數學生能達成者，而非少數學生達成即可。能力指標細分後亦應以八成學生達成為目標，方能呼應教育部能力指標的思維。

二、能力指標（學習表現）轉化的各家理念

Habermas（1984）以工具學習（instrumental learning）、溝通學習（communicative learning）來說明個體的學習。工具學習強調學習去控制和操縱環境或其他人，以任務取向解決問題來改善工作；溝通學習強調學習與他人溝通了解他人的意思，通常包括知覺、意向、價值或道德問題。Mezirow的轉化理論、Cranton的導向轉化學習歷程均深受上述理念影響。

(一) Mezirow 的轉化理論

Mezirow（1991）參酌Habermas觀點，從學習者如何解釋、確認，及重新組織其經驗來發展轉化理論（transformation theory），認為轉化理論應聚焦於如何學習去協商和執行個體秉持的目的、價值、知覺和意義，以獲得更佳社會反應、更深思熟慮的決定，而非無批評從他人吸收想法。強調學習轉化，並非時常自發性的發生，且並非一定有效率，因此，必須藉由教學、學習以達成預期或賦予意義。Mezirow（1991）以成人學習轉化理論，經由意義基模學習、學習新的意義基模、經由轉化意義基模來學習，及經由觀點轉化來學習等四種不同類型，融合Habermas論述，將學習分為三類（李坤崇，2004）：

1. **工具學習**：學習控制與操縱外在環境或人所需的知識，著重技術性知識的取得；工具學習經由預測或觀察事件、物理或社會情境，來學習控制與操縱所需的知識，選擇策略的適切性影響有效控制的程度。決定因果關係、任務取向解決問題乃工具學習的主要重點。工具學習與實證證據乃溝通學習的重要

依據。

2. **溝通學習**：學習獲得理解社會情境的知識，著重實踐性知識的取得；溝通學習經由演講、寫作、遊戲、動畫、電視或藝術來學習了解周遭人事物，並與他人分享所獲得的結果，以贏得認可。正確有效並非完全經由工具學習獲得的實證分析，而係經由理性對話的共識。溝通學習旨在釐清溝通情境、多數人能了解的知識或內涵，可能涉及心理的主觀、社會語言學的訊息或社會規範，而非完全客觀的控制或操縱。溝通學習與工具學習的主要差異在於工具學習過於著重共通的學習模式或二分法，溝通學習納入更多元的思維與獲得共識的對話，然而，多數學習均包括溝通學習與工具學習。

3. **解放學習**（emancipatory learning）：獲得理解自己、發展理性，並包含經驗與社會脈絡的知識，著重批判性知識的思考與詮釋；解放學習乃藉由批判性反省取得的知識，有別於客觀世界「技術性」學習或社會關係「實踐性」學習獲得的知識。解放的知識源自反省式學習，而反省式學習涉及假設的評估或再評估，只要假設出現扭曲、不真實或無效等現象，反省式學習就會變得具有轉化能力。

(二) Cranton 的導向轉化學習歷程

Cranton（1994）亦強調成人心理與認知發展，經常透過「反省」來逐漸增加先前的學習能力，並依據領悟來增強採取行動的能力。Cranton 衍生 Mezirow 轉化理論的概念，提出反省與意義觀點、學習範疇及導向轉化學習歷程。「反省與意義觀點」（meaning perspectives）著重內容（content）、過程（peocess）與前提（premise），反省內容以「什麼」（what）為核心，反省過程以「如何」（how）為核心，反省前提以「為什麼」（why）為核心。

(三)Yorks 與 Marsick 的行動學習

Mezirow（1991）主張「解決問題」的終極目的在於付諸行動（如圖 2-2 所示）。Clandinin 與 Connelly（1995）以及 Shulman（1986）強調實踐智慧，認為教師知識建構與呈現，只有在教室才能實踐。轉化學習未能化為具體行動，則學習將流於空談。Yorks 與 Marsick（2000）強調，組織學習目標在轉化組織，行動學習係以小團體成員針對有意義的問題，直接參與介入以促進組織學習。

(四)溫明麗的基模互動與知識形成之辯證關係

溫明麗（2002）闡述基模重組時，必須先有扮演外在客體「物質因」的表象基模（如辯證法的「正」）提供變動的素材，次有扮演主體行動「動力因」的過程基模（如辯證法的「反」）充當工具和動力，然後再操作基模的「自我規範」運作下，邁向知識的重建，形成一個新且更高層次的表象基模（如辯證法的「合」，另一個辯證「正」的）。操作基模的功能在於整合客體知識的表象基模與暫時性動態平衡的過程基模，乃形成新的表象基模的心智活動。在辯證的「自我規範」過程，知識重建目的為「增進理解」、「延續認知」，自我規範後的表象基模較基模重組前的心智結構，都會出現加深加廣的認知。因此，能力指標轉化或可參酌基模互動與知識形成「正、反、合」的辯證關係歷程。

(五)李坤崇的概念整合式分析與核心交錯式分析

李坤崇（2002b）蒐集國內綜合活動能力指標概念分析的方式，先提出「概念整合式分析」，後發現臺北縣（今新北市）與臺中市發展的「展開式分析」，及曾朝安研擬的「解析式分析」，可整合出「核心交錯式分析」。因而，發展出「概念整合式分析」與「核心交錯式分析」，兩者仍各有其優劣，教師可視其時間、能力、資源，採取個人分析、團隊分析，或建議由教育局輔導團分析供各校教師參酌。

1. 概念整合式分析

「概念整合式分析」由李坤崇（2001a，2002b，2003b）逐漸發展而成，此種方式強調整合理論架構、銜接新舊課程，以及所有能力指標的統整周延，優點為架構較嚴謹、概念較完整，及可彌補教育部所有能力指標的疏漏，缺點則係需高度專業素養，相當費時。

李坤崇（2003a，2003b）參酌李坤崇（2001a）之概念分析經驗，經歷「能力指標分析與資料分析階段」、「整合與概念分析後細分階段」等兩階段，重新進行「概念整合式分析」：

一為「能力指標分析與資料分析階段」，此階段包括下列步驟：(1)研析「青少年發展相關理論」與剖析現行課程標準內涵；(2)參酌相關學會建議之能力指標；(3)解析能力指標核心概念；(4)分析能力指標呼應的主題軸；(5)納入十項指定內涵與六大議題。李坤崇（2002b）強調，綜合活動學習領域有十大指定內涵，並應融入六大議題，概念分析應納入此兩項資料。

二為「整合與概念分析後細分階段」，李坤崇（2003a，2003b）認為彙整上述資料，進行整合與概念分析後，宜逐一針對個別能力指標進行細分，此階段的重點如下：(1)著重左右銜接上下連貫：評析左右同基本能力之橫向銜接、分析上下同學習階段之縱向連貫，強調能力指標概念分析必須左右橫向銜接、上下縱向連貫。(2)顧及青少年發展相關理論與現行課程標準之重要內涵：將各項能力指標的核心概念比對青少年發展相關理論與現行國小課程標準、國中課程標準之重要內涵，避免概念分析重疊或違反青少年發展相關理論。(3)進行專業對話：經由研習過程或主動與國中國小教師實施「專業對話」，獲取國中小教師教學的寶貴經驗，調整能力指標概念分析的內涵或順序。(4)綜合評析學習重點與選取最佳學習、教學策略後實施細分：將概念或重點聚焦到最適合學生學習、最能滿足學生需求，並能適切教學的重要概念，後將重要概念轉換為細項能力指標，作為教學、評量之依據（李坤崇，2004）。

2. 核心交錯式分析

李坤崇（2003a，2003b）強調「核心交錯式分析」主要係先找出能力指標的核心概念，再將核心概念剖析或擴展，次形成剖析圖，最後進行重點性與暫時性細分。此方式優點在於較省時省力、易於找出動詞與受詞之核心概念，易於以教師專業擴展，易於依據教學經驗掌握重點予以暫時細分，以及細分結果較適合學生學習與教師教學；但缺點在於若原先架構非完整或擴展無理論基礎，不僅易見樹不見林，且亦造成分析偏差。

李坤崇（2003a，2003b）指出，「核心交錯式分析」的分析步驟有四：(1)尋找核心概念：找出能力指標的動詞、受詞，作為核心概念，並予以分類。(2)剖析或擴展核心概念：將動詞、受詞之核心概念予以剖析或擴展；擴展可採心智地圖展開、動詞與受詞意義展開、理論概念展開，或教師經驗展開等方式，教師可自行決定最佳的方式。(3)形成剖析圖：動詞、受詞分別展開後繪製剖析圖，依據剖析圖選取切合學生、學校、社區需求之重要組合。(4)進行重點與暫行細分：依據重要組合，實施重點性、暫行性細分。雖然重點組合可作為擬定教學目標或學習目標的依據，但重點與暫行細分結果可能不限於負責細分教師運用，為讓師生有較自由發揮表達的空間，動詞敘述不宜設定太僵化。教師可參酌上述步驟進行概念分析，但應掌握原則與基本構想，不宜流於形式模仿（李坤崇，2004）。

(六)曾朝安的解剖式分析

「解剖式分析」係由臺北市格致國中曾朝安（2001）發展而成。將能力指標的動詞、受詞予以分析，並將動詞（活動）、受詞（場所）交錯形成所有學習與教學活動，後篩選適合學生學習與教師教學者。此方式的優點乃活動、場所交錯易於入手；缺點係若原先架構非完整，易見樹不見林（李坤崇，2004）。

(七)陳新轉的能力表徵課程轉化模式

「能力表徵課程轉化模式」係陳新轉（2002）針對社會學習領域發展而成，採取現象學直觀本質的方法，以能力的觀點轉化能力指標，從能力角度思考學生的學習成果，將焦點置於「培養能力」、「激發能力表徵」，而不宜局限在「行為表徵」的觀念，追求分化的認知、技能、情意學習結果。強調能力是面對問題或挑戰時，應用知識，採取有效策略與方法，達成目的或解決問題的行動。陳新轉強調「能力表徵課程轉化模式」乃著重於能力培養的一種課程轉化策略，目的在於將能力指標轉化成可用於培養學生面對問題或挑戰時，能應用知識，採取有效的方法與策略，進行表述、思考、操作或解決問題之能力的課程要素（李坤崇，2004）。

(八)林世華的學習成就指標式分析

Anderson與Krathwohl（2001）修訂Bloom的分類表；Pintrich與Wittrock（2001）將知識向度分成事實知識、概念知識、程序知識、後設認知知識；Mayer與Wittrock（2001）將認知歷程向度分成記憶、了解、應用、分析、評鑑、創作六項歷程，及認知歷程向度類別的意涵與示例。林世華（2003）依據上述分類將目標分類為「知識」、「認知歷程」二維向度，並納入「表現水準」（修飾副詞），形成知識（名詞）、認知歷程（動詞）、表現水準（修飾副詞）等三向度的能力指標解讀模式來解讀學習成就指標。

林世華（2003）三向度解讀學習成就指標的能力指標解讀模式，將用之解讀九年一貫課程語文學習領域、數學學習領域、社會學習領域及自然與生活科技學習領域（自然部分）能力指標，轉化為學習成就指標，作為發展基本學力測驗的依據。因此，此解讀模式將對基本學力測驗影響甚鉅。

三、能力指標（學習表現）解讀轉化整合模式的理念

分析能力指標轉化的各家理念，綜合近十年從事能力指標概念分析與鑽研多元化學習評量的實務經驗，提出兼顧能力指標詮釋與教學、評量的轉化歷程圖（如圖 2-6 所示），並以能力指標轉化概念表（如表 2-4 所示）說明轉化歷程圖。

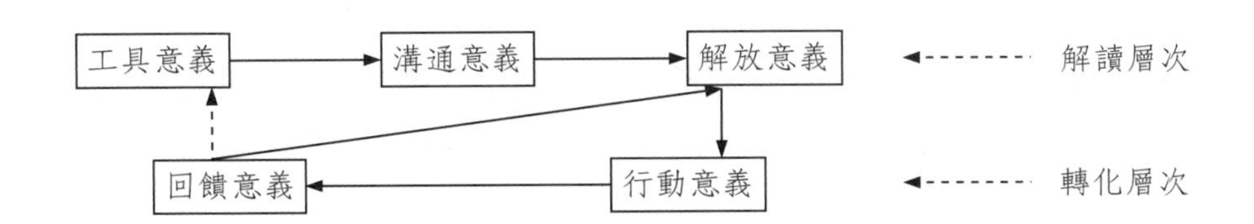

❇圖 2-6　能力指標解讀、轉化整合歷程圖

資料來源：綜合活動學習領域概論（頁 103）。李坤崇（2004）。臺北：心理出版社。

☞表 2-4　能力指標解讀、轉化歷程的核心內涵

順序	核心活動	活動內涵
工具意義	技術性的描述知識（理解意義）。	尋找能力指標核心概念：找出能力指標的動詞、名詞，作為核心概念，並予以分類。
溝通意義	實踐性的延展知識（延續意義）。	深度剖析能力指標核心概念：剖析動詞（學習策略）、剖析名詞（學習內容）、辨別重心及釐清領域關係。
解放意義	批判性的融入領域精神知識（批判整合意義）。 1. 基礎解放：僅深度剖析動詞、名詞。 2. 進階解放：廣度延展認知歷程、內涵與情境。	形成剖析圖（教學構圖），參酌各項要素實施批判性反省與暫時細分能力指標（學習與評鑑指標）： 1. 形成剖析架構圖，掌握領域精髓，區隔與其他六領域能力指標關係，研析相關理論，蒐集學術組織資訊，評析以往課程標準內涵。 2. 不限動詞擴展認知歷程，不限名詞擴展認知內涵，呼應情境省思學生、學校與社區需求，整體評析前後呼應，形成概念分析結果。
行動意義	計畫性的學習活動（展現意義）。	研擬學習目標與活動：依據能力指標概念分析或細分的結果研擬學習目標、設計學習活動。
回饋意義	檢核性的學習評量（評量意義）。	實施學習評量：依據學習目標規劃學習評量；教師實施學習評量直接依據學習目標，間接針對能力指標評量。

資料來源：綜合活動學習領域概論（頁 130）。李坤崇（2004）。臺北：心理出版社。

能力指標解讀轉化整合模式，以能力指標轉化歷程圖（如圖 2-6 所示）來闡述理念，其中之工具意義、溝通意義、解放意義乃轉化自 Mezirow 的轉化理論、Cranton 的導向轉化學習歷程與溫明麗的基模互動與知識形成之辯證關係，行動意義乃取自 Yorks 與 Marsick 的行動學習，回饋意義乃因能力指標轉化必須有其回饋機制，且教學與評量之統合乃未來評量的發展趨勢（李坤崇，1998，1999；簡茂發、李琪明、陳碧祥，1995；Kubiszyn & Borich, 1987; Linn & Gronlund, 1995）。

以能力指標轉化歷程的核心內涵（如表 2-4 所示）依據「能力指標轉化歷程圖」的歷程，由工具意義到回饋意義歷經五個轉化順序，每項意義的核心活動與活動內涵，均予以扼要概述。

四、能力指標（學習表現）解讀轉化整合模式的歷程解析

茲將能力指標解讀轉化整合模式的「工具意義、溝通意義、解放意義、行動意義、回饋意義」五項歷程，逐一說明之（李坤崇，2004，頁 130-140）。

(一)工具意義

能力指標轉化的第一階段在於探究能力指標的工具意義，理解能力指標的技術性的描述知識，重點在於尋找能力指標核心概念並予以適切分類，如找出動詞、名詞並依此分類，從核心概念來理解能力指標的工具意義。

(二)溝通意義

能力指標轉化的第二階段在於延展能力指標的溝通意義，思考能力指標於教師教學、學生學習實踐情境的具體策略，不僅有助於轉化能力指標者更清晰擴展能力指標內涵與他人分享所獲得的結果，更能協助他人延伸能力指標的內涵。此階段重點在於剖析或擴展能力指標核心概念，及辨別能力重心，有下列三項重點：

1. **剖析動詞**：思考達成能力指標動詞的重要學習策略或教學策略，轉化者的教學經驗將是擴展動詞的重要關鍵；另外，亦應評析動詞層次，分析與判別動詞在「記憶、了解、應用、分析、評鑑、創造」等認知歷程的層次，作為掌握動詞層次及往後廣度擴展之參考。
2. **剖析名詞**：剖析能力指標名詞的意義與內涵，轉化者的學理基礎、教學經驗仍是擴展名詞的重要關鍵；教師剖析名詞若難以解析時，解讀其學習內

涵可參酌 1993、1994 年修正發布的國中小課程標準及教育部九年一貫課程各學習領域深耕種子團隊發展出的能力指標重點意涵；另外，亦宜評析名詞類別，分析與判斷名詞在「事實、概念、程序、後設認知」等知識內涵的類別，作為掌握名詞意涵及往後廣度擴展之參考。

3. **辨別重心**：區別動詞、名詞闡述能力為先備能力或核心能力，辨別依據在於領域的基本理念與各領域精神的區別，轉化者對領域理念的掌握將是辨別重心的重要關鍵。

(三)解放意義

能力指標轉化的第三階段在於批判整合，進而解放能力指標的意義。藉由批判性反省與融入領域精神取得知識的解放意義，超越技術性描述知識的工具意義，實踐性延展知識的溝通意義。此階段著重批判性知識的思考與詮釋，重點在於形成剖析圖（教學構圖），參酌各項要素實施批判性反省，及暫時細分能力指標。茲從「形成剖析圖」、「基礎解放意義歷程」、「進階解放意義歷程」、「解放意義結果，予以暫行細分」四向度說明於下：

1. 形成剖析圖（教學構圖）

形成剖析圖旨在依據溝通意義動詞、名詞的剖析擴展結果，形成剖析架構圖，作為教學完整架構。剖析圖可採交錯分析圖、脈絡分析圖或其他方式。高雄市龍華國小老師施紅朱（2003）參酌交錯分析圖，發展出脈絡分析圖，如圖 2-7 乃參酌「2-4-2 規劃適合自己的休閒活動，並學習野外生活的能力」（此能力指標與十二年國教課綱綜合活動領域，學習表現「3a-IV-2 具備野外生活技能，提升野外生存能力，並與環境做合宜的互動」頗為相近）實施核心交錯式分析的內涵，修改而成的脈絡分析圖。除上述兩種方式外，教師可依專業素養與教學需要，發展其他方式的剖析圖。

2. 基礎解放意義歷程

基礎解放意義歷程旨在僅著重深度剖析動詞、名詞，分析各項解放重要因素，彙整解放歷程，利於形成暫行細分。基礎解放意義歷程，就內涵而言較偏重行為主義的理念，延續動詞、名詞剖析結果，探索能力指標的內部元素。帶領國中小教師進行能力指標解讀，發現解放意義必須思考下列要素，方能批判性反省與融入領域精神：(1)掌握動詞、名詞的剖析結

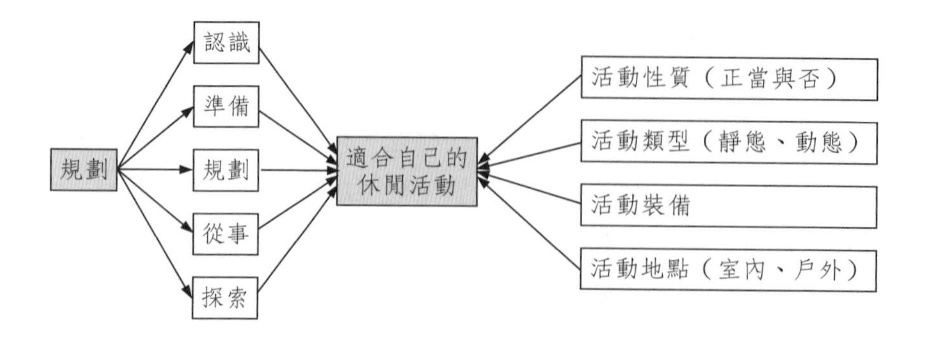

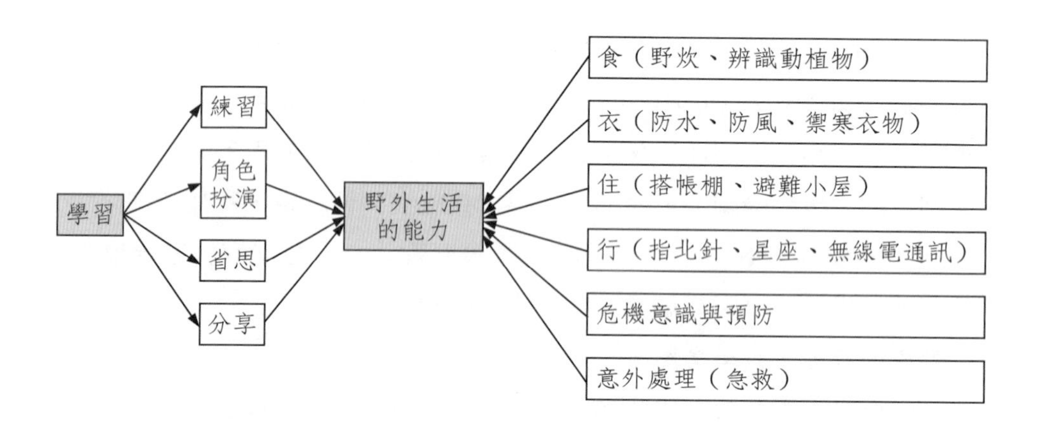

❁圖 2-7　綜合 2-4-2 之脈絡分析圖

資料來源：綜合活動學習領域「能力指標」的再概念化以第四學習階段為例。施紅朱（2003）。高雄市教育論壇。

果：根據工具意義、溝通意義所解析的動詞、名詞的剖析結果，較能精確掌握能力指標內涵。(2)掌握領域精髓：各學習領域均有其基本理念，未能掌握必將造成轉化偏差，如綜合活動學習領域若未能掌握實踐、體驗與省思理念，甚易與其他領域重疊。(3)省思並區隔與其他六領域能力指標關係：為免於與其他領域重疊，除掌握領域精髓外，更應省思、區隔其他各領域能力指標關係，進一步雙重確認。如綜合活動學習領域甚易與其他領域「重複認知學習」，宜反覆省思與區隔，同指標不同解讀內涵如表 2-5 所示。(4)研析青少年發展相關理論：各學習領域雖有其學習內涵，但學習仍不應與學生身心發展脫節，能力指標轉化更不應背離青少年發展，為呼應身心發展狀況，宜研析青少年發展相關理論。(5)納入 1993 年、

☞表 2-5　綜合活動學習領域「2-1-4 認識並欣賞周遭環境」的不同解讀內涵

某縣市教師解讀內涵	修正解讀內涵
2-1-4-1 評析自己的房間。 2-1-4-2 分析與比較家庭屋內外環境。 2-1-4-3 認識學校校園。 2-1-4-4 說明社區場所。 2-1-4-5 認識並介紹鄰居。	2-1-4-1 賞析自己的房間或家庭屋內外環境。 2-1-4-2 觀察、欣賞校園內環境，並描述自己的感受。 2-1-4-3 說明或分享利用學校各處室、教室或其他設施的經驗。 2-1-4-4 欣賞社區環境，分享使用社區環境的體驗。
評析：解讀重點均在於「認知」，且與社會學習領域內涵重疊甚多。	評析：較能掌握實踐、體驗與省思理念，較能區隔與其他六領域能力指標關係。

1995 年國中小課程標準重要卻疏漏的內涵：九年一貫課程雖經審慎研修，但課程改革難以完美無缺，且解放意義時不應假定九年一貫課程為完美課程，分析以往國中小課程標準的內涵，反省重要卻疏漏的內涵，於能力指標轉化時，將其納入力求學生獲得更完整學習。(6)參酌相關學會建議之能力指標：教師個人或團隊轉化能力指標，若能參酌相關學會建議，納入專家學者與專業組織意見，將更能周延的轉化能力指標。

3. 進階解放意義歷程

進階解放意義歷程旨在廣度延展認知歷程、內涵與情境，突破動詞與名詞深度剖析的意涵，從「記憶、了解、應用、分析、評鑑、創作」等認知歷程、「事實、概念、程序、後設認知」等知識內涵，以及學生學習與教學情境，來更進一步解放能力指標的意義，以形成暫行細分。進階解放意義歷程，就內涵而言較偏重完形心理學的理念，強調部分之和大於整體，以及認知情境的重要。帶領國中小教師進行能力指標進階解讀，宜思考下列要素，方能更進一步發揮批判性反省與融入領域精神。

(1)**不限動詞，由深入剖析學習策略，到廣度延展**：為求廣度延展，動詞進階解放應納入三項要素：①納入情意、領域精髓或達成程度；②採取認知論（cognitive theory）的歷程觀，將對事物的注意、辨別、理解、思考等複雜的心理活動歷程，納入解放意涵；③依據動詞所處層次來延展動詞層次，如動詞屬「了解」層次，思索向下延展到「記憶」，向上延展到「應用、分析、評鑑、創作」的必要性與重要性。

(2)**不限名詞，由深入剖析學習內容，到廣度延展**：為求廣度延展，名詞進階解放應納入四項要素：①呼應認知論的內涵觀，探索動詞或名詞之後設認知（隱含理念、中介變項）；②依據名詞所處類別來延展名詞類別，如名詞屬「程序」知識，思索向下延展到「事實、概念」知識，向上延展到「後設認知」知識的必要性與重要性；③採取完形心理學（Gestalt psychology），強調整體大於部分之和的觀點，以及場地論（field theory）著重人的行為與周圍環境的交互關係，納入思索學生展現能力的「情境」，尋求最佳解釋與規劃學習情境；④呼應場地論，省思學生、學校與社區需求，解放意義必須顧及學生身心發展狀況與需要，學校特色與軟硬體資源，社區資源與需求，批判反省不應脫離真實情境。

4. 解放意義結果，予以暫行細分

解放意義結果，予以暫行細分旨在利於溝通。解放能力指標意義後，若無暫行細分結果，將難以有效迅速與他人分享解放結果。細分宜掌握三項原則：(1)評析教學或學習時間，掌握重點，非無限細分：能力指標解讀後形成教學構圖，教學構圖的整體架構相當繁雜，無法於有限的時間全部完成，且若全部完成亦可能造成重複現象，因此，解讀在有限時間內掌握精簡扼要內涵予以細分。(2)選取切合學生、學校、社區需求之重要組合：此重要組合乃暫行細分結果，旨在協助教師初步掌握能力指標重點，並提供能力指標轉化歷程詳細資料，讓有興趣者能深入詳讀。(3)掌握最佳的教學脈絡，但不等於永久解讀結果：暫行細分重點在於協助教師初步了解、擴展教學設計，及增進教師專業自主，而非解讀結果；教師可能因學生改變、情境調整而重新細分結果，因此，細分乃教師解讀與運用時空的當下產物，而非永久解讀結果。

掌握重點並非如預期簡單，有些教師轉化能力指標時，出現動詞、名詞轉化偏差，較常見的偏差為：(1)動詞偏差；(2)名詞偏差；(3)細分能力指標偏離原能力指標內涵；(4)細分能力指標或與其他能力指標重複；(5)動詞敘述太僵化，如用說出或寫出，無法讓師生自由發揮；(6)細分能力指標過於細分，忽略整體或前後呼應關係。內容詳見李坤崇（2011）《綜合活動學習領域概論》（第二版）第四章。

(四)行動意義

能力指標轉化的第四階段在於研擬學習目標與活動，經由實際教學、學習行動，以展現能力指標。此階段重點在於依據能力指標解放意義獲得的暫行細分結果，來研擬學習目標、設計學習活動。

李坤崇（2001b）指出，確立學習目標的三個步驟為：(1)依據學習目標或能力指標來剖析學生在新設計學習活動中，待學習的重要內涵。(2)分析學生在學習前，會做什麼？知道什麼？可了解所設計能力指標與其他能力指標的關係或以安置性評量進行了解。(3)根據前兩項之預期能力指標或學習目標，學生現況，掌握綜合活動學習領域「實踐、體驗、發展、統整」之理念，注意同時學習原則，以決定認知、技能、情意等目標的層次。

設計學習活動時，可一項細項能力指標設計一至多個單元活動，亦可兩個或數個細項能力指標聯合設計一個單元活動。設計能力指標的活動順序不一定遵循細項能力指標的序號，且完整設計一個單元活動，而非一節課的活動。

各學習領域學習活動設計均可依其領域屬性決定內涵，如綜合活動學習領域學習活動設計的內涵，至少宜包括下列十一項基本項目（李坤崇，2004）：

1. **學習領域**：學習活動設計內涵必須能明確說明設計以何學習領域為重心，且應於顯著位置呈現。
2. **主題或單元活動名稱**：學習活動設計不應以節為單位，宜以「主題活動」、「單元活動」為單位，通常一主題活動包括數個單元活動。
3. **能力指標**：以主題活動所能達成的綜合學習領域能力指標為主，達成其他六大學習領域能力指標為輔。
4. **學習目標**：目標分為單元目標和行為目標（又稱具體目標），應盡量包括認知、技能、情意三方面，為強化基本能力，應著重行為目標之敘述。
5. **學習階段或年級**：指出實施學習階段或年級，實施為上學期或下學期，必要時可呈現班級或班群。
6. **學習節數**：指出整個主題活動共多少節，在各單元活動設計中再說明共幾分鐘，分多少節，必要時再說明每節幾分鐘，學習時間安排宜掌握及時、從容、完整原則，讓學生於活動後立即回饋、有從容省思分享時間，及獲得實踐體驗與省思的完整歷程。

7. **教學或學習準備**：說明運用之學習單或教具、教學資源、地點選擇，配合教學需要使用之補充教材或活用教科書之訊息，及其他行政準備事宜。

8. **學習活動**：一般學習活動雖分準備活動、發展活動、整合活動三段，各項活動項目因各科性質不同而異，故僅呈現三段概念而不直接引用三段之名稱，學習活動安排宜掌握動靜交錯流暢、多元創意的原則。

9. **學習評量與補救教學**：提出學習評量的原則或方式，參與評量人員，以及補救教學的具體做法。

10. **評量標準**：呈現評量的質量兩向度，兼顧能力與努力，給予積極評量。

11. **參考資料**：說明設計時，參考的教材來源，與引用的書刊資料。

(五)回饋意義

能力指標轉化的第五階段在於檢核學習目標與活動，經由實際教學、學習回饋，以評量能力指標的達成程度。此階段重點在於依據學習目標規劃、實施學習評量，依據評量結果來省思能力指標達成程度，作為教師改善教學、方法與內涵，對學生實施補救教學的重要參考。

教師實施學習評量直接依據學習目標，間接針對能力指標評量，綜合活動學習領域教學評量宜掌握多元化、人性化的原則，兼顧形成評量、診斷評量與總結評量，不僅著重學習、活動過程的形成評量，重視剖析學習問題的診斷評量，亦應注重學習狀況與成果的總結評量。評量方法應採取多元化評量，運用檔案評量、遊戲化評量（系列實作評量）、評量表或檢核表，及其他評量方法，但不應舉行記憶背誦內涵的紙筆考試。評量人員不限於教師，尚可包含同儕、自己、家長。呈現評量結果宜應對學生學習態度、意願、思考、表現、知識進行「質的描述」，對知識內涵進行適切的量化描述（李坤崇，2004）。

第三章 CHAPTER THREE

紙筆測驗編製歷程與原則

紙筆測驗是一般教師最常用的評量方式，但中小學教師的「命題技術」卻常出現下列四項缺失：(1)命題未編製細目表：有些教師以剪刀、膠水與影印紙進行剪貼式的命題，未顧及教學目標與教材內涵。(2)題目形式不當：教師最常出現是非題、選擇題、填充題或申論題，甚少嘗試其他題目形式，且不少錯誤世代相傳，未能適時更正或更新。(3)忽略命題原則：教師最常犯的命題問題為題幹中斷、題幹敘述不夠精簡、是非題是非不明、填充題空格甚多、配合題同質性欠佳，及指導語與作答方法未明確說明。(4)忽略教科書重要內容：有些教師出題忽略教科書重要概念，而考些枝節問題，如《馬關條約》賠償「多少元」，溥儀退位於「幾年幾月幾日」，〈出師表〉出現「幾次」先帝，朱自清的〈背影〉出現「幾次」背影（李坤崇，1999）。此外，極少數教師命題以「考倒學生為榮」心態，如一所學校數理資優班學生的數學月考平均分數 18 分，顯示此類教師心態有待導正。為落實多元化、人性化學習評量理念，中小學教師實施紙筆測驗不僅應避免命題缺失，更應精熟紙筆測驗的編製歷程與原則。

第一節　紙筆測驗編製歷程

教師實施學習評量前，應做好各項準備工作。Airasian（1996）認為，準備一個單元或一個章節的成就測驗，包括四個準備事項：

1. **決定評量目的**：測驗要評量什麼？教師依據課程目標、教學內容、教科書內涵、學生能力與努力程度、家長期待，或自己的教學風格來決定評量目的。依據教學目標與實際教學決定評量的資料、反應或技巧。若評量未教過的課程內涵，將會降低評量的有效性，無法真實公平地測出學生真正從教學中學到什麼。
2. **決定評量類型**：測驗採取哪一種評量方式，從紙筆測驗、觀察、口試、計畫、作業、實作、示範、成果展示、學生各項紀錄、量表、學生自我評量、同儕評量，或檔案評量等評量方式中，選取最能達成評量目的的方式。一份評量通常包括數項評量目的，每項評量目的均有其較佳的評量類型，如實驗必須使用哪些器材或許紙筆測驗較佳，實驗操作或許用觀察檢核表較佳，實驗成果或許用成果展示與作品評量較佳。
3. **決定評量時間**：即要花多長的時間來做評量？若教師利用課堂時間施測，常受限於學校節數時間的規定，教師除依據學生年齡、能力，選擇適切的評量長度外，尚須依據每一教學或評量目標重要性，來決定各個目標的時間與評量長度。

4. **決定自編與否**：由老師自行編製測驗還是用教科書或其他現成的測驗？教師實施評量通常必須面對上述抉擇，抉擇時思考教科書或其他現有測驗能否達成自己的評量目的，若能達成則因此測驗節省教師時間而廣受應用，若未能達成則必須自行編製測驗或其他評量工具。

Linn與Miller（2005）提出編製班級測驗與評量的基本步驟（如圖3-1所示），教師於班級實施測驗或評量的目標旨在改善學習與教學，為達此目標必須編製信效度頗佳的測驗與評量工具。編製的基本步驟依序為「決定測量目的」、「發展細目表」、「選擇適當的評量作業」、「準備相關的評量作業」、「編排評量工具」、「實施評量」、「評價評量」，以及「運用結果」等八項步驟。

參酌Linn與Miller（2005）觀點，再綜合余民寧（1997）、陳英豪與吳裕益（1991）、陳李綢（1997）、郭生玉（1988）、黃安邦（1991）、葉重新（1992）、Airasian（1996）、Anastasi（1988）、Anastasi與Urbina（1997）、Gronlund（1993）、Kubiszyn與Borich（1987）、Linn與Gronlund（1995）、Mehrens與Lehmann（1991），以及Miller等人（2013）等學者的觀點，教師自

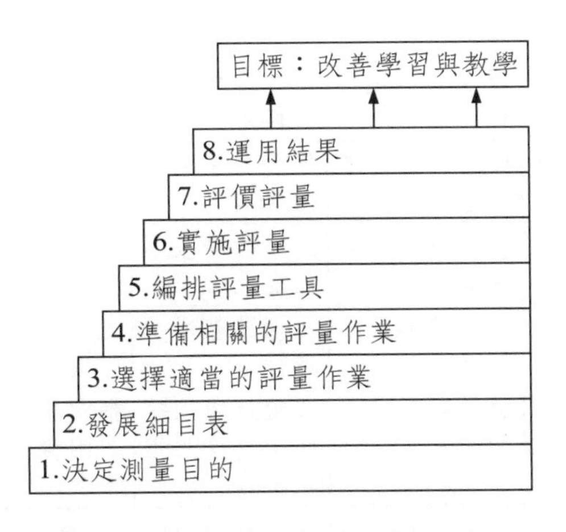

圖3-1　編製班級測驗與評量的基本步驟

資料來源：*Measurement and assessment in teaching* (11th ed) (p. 140), by M. D. Miller, R. L. Linn, and N. E. Gronlund, 2013, Boston, MA: Pearson.

編紙筆成就測驗宜包括下列步驟：(1)決定測驗目的；(2)設計雙向細目表（含決定試題類型與題數）；(3)編擬測驗試題；(4)審查與修改測驗試題；(5)編輯測驗試題。茲分別說明之。

壹、決定測驗目的

Linn與Miller（2005）以及Miller等人（2013）強調，教師決定班級測驗與評量的目的應顧及教學時程，教學前運用準備度、安置評量，教學中採用形成評量、診斷評量，教學後採用總結評量。各時程的測驗與評量在測量目標、測量重點、樣本性質、試題難度、施測時間、結果運用均有所差異，茲彙整Airasian與Madaus（1972）、Linn與Miller（2005），以及Miller等人（2013）的觀點，呈現於表3-1「班級測驗與評量的基本類型」。

☞表 3-1　班級測驗與評量的基本類型

	時程				
	教學前		教學中		教學後
功　能	準備度	安置性	形成性	診斷性	總結性
測量目標	是否具備教學所需的先備技能	學生已達到計畫教學目標的程度	監督教學進展	偵測學習錯誤	提供師生教學與學習回饋
測量重點	先備的起點技能	課程或單元目標	事先界定的教學段落	大多數共同的學習錯誤	課程或單元目標
樣本性質	選出技能的有限樣本	所有目標的廣泛樣本	學習作業的有限樣本	明確錯誤的有限樣本	所有目標的廣泛樣本
試題難度	難度通常較低	難度範圍通常較廣	隨著教學段落而變化	難度通常較低	難度範圍通常較廣
施測時間	課程或單元開始時	課程或單元開始時	定期於教學中進行	視需要於教學中進行	課程或單元結束時
結果運用	補救起點的不足或分派至學習小組	教學規劃與高階安置	透過持續性的回饋改善並指導學習	補救與重要學習困難相關的錯誤	分派等第、確認成就，或評鑑教學

資料來源：修改彙整自“Functional type of student evaluation,” by P. Airasian and G. F. Madaus, 1972, *Measurement and Evaluation in Guidance*, *4*, pp. 221-233.

Kubiszyn與Borich（1987）主張，班級評量包括教學目標、教學活動、測驗等三個階段，且測驗題目必須能有效評量教學目標。測驗目的必須以教學目標為主要依據，輔以據課程目標、實際教學內容、教科書內涵、學生能力與努力程度、家長期待，或自己的教學風格等因素。教師必須選擇切合教學目標與階段所需的測驗，係屬教學前測量起點行為或已達成課程目標程度的安置性測驗，屬教學中提供教師教學回饋、改進教學或了解學生學習進步情形的形成性測驗，屬教學中診斷學生學習困難原因的診斷性測驗，或屬教學後實施以評定學習成就或判斷精熟教材程度的總結性測驗（Gronlund, 1993; Linn & Gronlund, 1995）。

決定測驗目的的前提為依據教學期程與評量目標來確立教學目標，教師若能詳細、具體、列舉教學目標，將更能提高測驗的有效性。Bloom等人（1956）將教學目標分成認知領域（cognitive domain）、技能領域（psychomotor domain）、情意領域（affective domain），教師應明確了解欲達成何種領域教學目標，方能編製達成此領域教學目標的測驗。有關認知領域、技能領域、情意領域等教學目標內涵與評量，詳見本書第二、三章。

貳、設計雙向細目表

教師決定測驗目的與評析教學目標、教材內容後，以教學目標為橫軸、教材內容為縱軸來設計「雙向細目表」。雙向細目表的編製通常包括下列四個步驟：

一、確定測驗的教學目標與教材內容

擬定教學目標應先了解學校願景、學生經驗背景、學習節數、教學設備和資源等實況，然後依據認知、技能、情意目標結構的層次，選擇、決定適合學生程度和需要的教學目標。教學目標分為單元目標和具體目標（又稱行為目標），應盡量包括認知、技能與情意，為強化基本能力，應著重行為目標之敘述。

單元目標應兼顧認知、技能、情意三方面的教學目標，其寫法要點為：(1)能學得什麼觀念？能增進哪些知識？(2)能展現哪些能力？能做出或熟悉哪些技能？(3)能表現或養成什麼態度？能培養什麼理想和興趣？李坤崇（2001a）針對教師撰寫單元目標較易犯之錯誤，特別提出撰寫單元目標應注意事項如下：(1)教師「教」與學生「學」的目標要分開，教學重點在學生「學」，不在教師

「教」。(2)學習領域目標與單元目標要分開，不應混淆，單元目標必須於單元活動結束時，能經由觀察、測驗或其他評量方式確定達成程度；學習領域目標則較廣泛，較難以由單元活動結束立即達成。(3)單元目標敘述應力求簡化，過去常寫「輔導學生」可省略。(4)注意同時學習的重心，訂立單元目標應明瞭欲達成能力指標在所屬學習領域的位置，是否與十大指定單元或六大教育議題相關，以決定同時學習的重心在知識、技能或情意，或必須呼應指定單元與教育議題。(5)單元目標與具體目標（或稱行為目標）的動詞敘述差異甚大，單元目標敘寫時要用概括性較廣泛的動詞，如了解、知道、認識、學會、欣賞等含有內隱性語詞（他人較難以直接觀察，意義較含糊或多元的語詞）；具體目標的動詞應用具體、可看、可聽、可測者，如說出、寫出、畫出、分類、分辨、比較。

具體目標與以往教學設計中所述之行為目標相同，具體目標乃學生學習後，將可從行為表現觀察到的學習行為改變，以具體、明確可聽、觀察、測量的敘述方式呈現。具體目標（行為目標）必須呼應單元活動目標（單元目標），不宜張冠李戴，如將技能之具體目標置於認知之主題活動目標之下乃常見之誤。檢核具體目標（行為目標）的四項特質：(1)細部化：將主題活動目標分析得更精細、更具體，務使每一步都有明確的行為表現。(2)系統化：不僅要分析精確，且學習歷程與教材結構（觀念或事實或過程）應依發生順序先後排成系統，呼應學習活動的過程與順序。(3)明確化：敘述行為表現的動詞要具體明確、可觀察、不模糊，誰看都一樣，不致有其他的誤解。(4)數量化：行為應盡量提出可聽、可看、可測的量化標準（李坤崇，2001a）。

剖析具體目標（行為目標）為求具體、明確、可觀察，一項完整的行為目標敘述必須包含對象（人）、行為、情境、標準、結果等五個要素，其中「行為、標準、結果」乃每一項行為目標不可缺之要素，分別說明五項要素如下：(1)對象（人）：實踐預期行為者為何人，通常指學生，故可省略。(2)行為：學生學習後可觀察到的行為，通常以「動詞」說明，具體動詞乃可聽、可見（觀察）、可測外顯行為的動詞，如說出、寫出、畫出；具體動詞的意義只有一項，任何人的解釋均相同。(3)結果：學生行為所及的結果，用受詞敘寫，通常接在動詞後面；結果係行為的「內容」（實際上做了些什麼），即行為目標的受詞。(4)情境：學生學習行為的限定條件，如面對情境，使用工具、使用方法、運用材料、限定時間、特定或限定場所；情境可視教學目標內涵或學習領域性質適切省略。

(5)標準：行為應達成的要求或合格標準，盡量以「數量」呈現，如正確程度多高、協調程度多準、速度多快、數量多少、價值層次多高。以具體目標（行為目標）的要素，舉出三個範例於下（李坤崇，2001a）：

範例一：能做出 至少6項 正確動作。（省略人、情境兩要素）
（行為）（標準） （結果）

範例二：十項投球的基本動作能做出 至少6項 正確動作。（省略人要素）
（情境） （行為）（標準） （結果）

範例三：學生能做出 十項投球的基本動作中至少6項 正確動作。
（人）（行為） （情境） （標準） （結果）

將擬定的教學目標（單元目標、行為目標）依據認知、技能、情意等三個領域歸類，教師再依據教學目標與歸類結果，選取適切的評量方式，通常無法依單一評量方式評量所有教學目標，教師必須選取切合各項教學目標的評量方式。然而一般紙筆成就測驗較適於評量認知領域教學目標，故教師宜選取切合紙筆測驗評量的教學目標。Anderson與Krathwohl（2001）以知識向度、認知歷程向度所組成的雙向細目表，其將認知歷程向度分成記憶、了解、應用、分析、評鑑、創作等六個層次（詳見第二章），此分類對未精熟測驗與評量的中小學教師常造成了解與分類困擾，經徵詢中小學教師意見亦可將分析、評鑑、創作合稱為批判性思考，因此，認知領域教學目標可分成四類或六類。

教材內容可依據教材單元或章節、教材大綱或主要教學內涵來分類，為求簡化，建議依據教材單元或章節來分類。如實例3-1「國小自然與生活科技學習領域成就測驗之內容架構」中雙向細目表，橫軸之教學目標分成記憶、了解、應用、批判性思考；縱軸之教材內容依據國小自然與生活科技學習領域第四冊第三單元水中生物，分成「活動一：水中生物的生長環境」、「活動二：水中生物怎麼生活」、「活動三：水中生物的生長模樣」、「活動四：漂浮的大萍」、「活動五：水族箱換水的學問」、「活動六：濱海尋奇」六項。此自然與生活科技學習領域測驗目的在了解學生的學習成果，以確定學生是否精熟，而達成教學目標，測驗時間40分鐘。實例3-2為「國中語文（本國語文）領域成就測驗之內容架構」。

實例 3-1　國小自然與生活科技學習領域成就測驗之內容架構

臺南市立○○國小○○學年度第二學期第三次定期考四年級

自然與生活科技學習領域

(一)測驗目的：

本測驗屬總結性測驗，目的在了解學生的學習成果，以確定學生是否精熟，而達成教學預定目標。

(二)教學目標（測驗評量目的呼應之目標）：

1. 探討水中生物的生存條件，並能以生存的環境條件來照顧水中生物。
2. 觀察並推論空氣能溶入水中，供水中生物呼吸。
3. 觀察並推論水中動、植物應具有適合於水中游動及生活的體形。
4. 測量大萍浮水載物能力時，能控制變因，提出實測數據，以證明它的浮力很強。
5. 能設計並利用虹吸現象與連通器原理，來保持戶外水產養殖箱的水位。
6. 觀察並推論濱海生物的生存條件。

(三)測驗時間：40 分。

(四)領域範圍：自然與生活科技學習領域第四冊第三單元水中生物。

(五)教材內容：

1. 活動一：水中生物的生長環境（4 節）。
2. 活動二：水中生物怎麼生活（3 節）。
3. 活動三：水中生物的生長模樣（3 節）。
4. 活動四：漂浮的大萍（2 節）。
5. 活動五：水族箱換水的學問（4 節）。
6. 活動六：濱海尋奇（4 節）。

(六)教材比例分配：

教材內容		活動一：水中生物的生長環境	活動二：水中生物怎麼生活	活動三：水中生物的生長模樣	活動四：漂浮的大萍	活動五：水族箱換水的學問	活動六：濱海尋奇
教學時間		160 分	120 分	120 分	80 分	160 分	160 分
占分比例	理想	20 分	15 分	15 分	10 分	20 分	20 分
	實際	20 分	15 分	16 分	10 分	20 分	19 分

（接下頁）

(七)測驗的題型與配分：

1.是非題：14%	2.選擇題：6%	3.填充題：21%
4.配合題：21%	5.做做看：26%	6.簡答題：12%

(八)設計雙向細目表：

教材內容	教學目標／試題形式	記憶	了解	應用	批判性思考	合計（占分）
活動一：水中生物的生長環境（4節）	是非題	8（4）				8
	選擇題					0
	填充題					0
	配合題		12（6）			12
	做做看					0
	簡答題					0
	小　計	8（4）	12（6）			20
活動二：水中生物怎麼生活（3節）	是非題	4（2）				4
	選擇題		4（2）			4
	填充題	4（2）				4
	配合題					0
	做做看					0
	簡答題				3（1）	3
	小　計	8（4）	4（2）		3（1）	15
活動三：水中生物的生長模樣（3節）	是非題					0
	選擇題					0
	填充題	5（5）	2（2）			7
	配合題	6（6）	3（3）			9
	做做看					0
	簡答題					0
	小　計	11（11）	5（5）			16
活動四：漂浮的大萍（2節）	是非題					0
	選擇題					0
	填充題					0
	配合題					0
	做做看			10（5）		10
	簡答題					0
	小　計			10（5）		10

（接下頁）

教材內容	教學目標／試題形式	記憶	了解	應用	批判性思考	合計（占分）
活動五：水族箱換水的學問（4節）	是非題	2（1）				2
	選擇題	2（1）				2
	填充題					0
	配合題					0
	做做看			12（6）	4（1）	16
	簡答題					0
	小　計	4（2）		12（6）	4（1）	20
活動六：濱海尋奇（4節）	是非題					0
	選擇題					0
	填充題	10（5）				10
	配合題					0
	做做看					0
	簡答題		6（3）		3（1）	9
	小　計	10（5）	6（3）		3（1）	19
合　計（占分）共20節課	是非題	14（7）				14
	選擇題	2（1）	4（2）			6
	填充題	19（12）	2（2）			21
	配合題	6（6）	15（9）			21
	做做看			22（11）	4（1）	26
	簡答題		6（3）		6（2）	12
	小　計	41（26）	27（16）	22（11）	10（3）	100

註：（　）中的數字為題數。

實例 3-2　國中語文（本國語文）領域成就測驗之內容架構

臺南市立○○國中○○學年度第一學期第一次定期考七年級

語文（本國語文）領域

(一)測驗目的：

本測驗屬總結性測驗，目的在了解學生的學習成果，以確定學生是否精熟，而達成教學預定目標。

(二)教學目標（測驗評量目的呼應之目標）：

1. 了解新詩、絕句的特色。
2. 學習「藉事說理」、「因物抒情」的寫作方法。
3. 了解常用字詞的形、音、義，與語法結構。
4. 能運用各種修辭法。
5. 能分析文章意涵。

(三)教材內容：國文第一冊（南一版）

1. 第一單元：雅量。
2. 第二單元：月光餅。
3. 第三單元：夏夜。
4. 第四單元：絕句選。
5. 第五單元：工具書的使用。
6. 第六單元：跨單元。

(四)教材比例分配：

教材內容		一、雅量	二、月光餅	三、夏夜	四、絕句選	五、工具書的使用	六、跨單元
教學時間		180 分鐘	180 分鐘	135 分鐘	225 分鐘	90 分鐘	90 分鐘
占分比例	理想	20 分	20 分	15 分	25 分	10 分	10 分
	實際	18 分	18 分	19 分	23 分	4 分	18 分

(五)測驗的題型與配分：

1.國字注音：10%	2.解釋：16%	3.形音義辨析：14%
4.綜合測驗：40%	5.題組：20%	

（接下頁）

(六)設計雙向細目表：

教材內容	試題形式＼教學目標	記憶	了解	應用	批判性思考	合計（占分）
一、雅量	國字注音	4（4）				4（4）
	解釋	2（1）				2（1）
	形音義辨析	4（4）				4（4）
	綜合測驗		4（2）	2（1）	2（1）	8（4）
	題組					
	小計	10（9）	4（2）	2（1）	2（1）	18
二、月光餅	國字注音	3（3）				3（3）
	解釋	4（2）				4（2）
	形音義辨析	3（3）				3（3）
	綜合測驗		2（1）	4（2）	2（1）	8（4）
	題組					
	小計	10（8）	2（1）	4（2）	2（1）	18
三、夏夜	國字注音	1（1）				1（1）
	解釋	4（2）				4（2）
	形音義辨析	6（6）				6（6）
	綜合測驗		2（1）	6（3）		8（4）
	題組					
	小計	11（9）	2（1）	6（3）		19
四、絕句選	國字注音	2（2）				2（2）
	解釋	6（3）				6（3）
	形音義辨析	1（1）				1（1）
	綜合測驗		4（2）	2（1）	8（4）	14（7）
	題組					
	小計	9（6）	4（2）	2（1）	8（4）	23
五、工具書的使用	國字注音					
	解釋					
	形音義辨析					
	綜合測驗			4（2）		4（2）
	題組					
	小 計			4（2）		4

（接下頁）

教材內容	教學目標 試題形式	記憶	了解	應用	批判性思考	合計（占分）
六、跨單元	國字注音					
	解釋					
	形音義辨析					
	綜合測驗		2（1）		2（1）	4（2）
	題組		8（4）		6（3）	14（7）
	小計		10（5）		8（4）	18
合計（占分）	國字注音	10（10）				10（10）
	解釋	16（8）				16（8）
	形音義辨析	14（14）				14（14）
	綜合測驗		14（7）	18（9）	14（7）	46（23）
	題組		8（4）		6（3）	14（7）
	小計	40（32）	22（11）	18（9）	20（10）	100

註：（　）中的數字為題數。

二、選取試題類型

教師設計雙向細目表時，依據測量目的、教學目標選取適切的試題類型。不同試題類型各有其獨特的功能、編製原則與限制，教師必須評析試題類型與測驗目的、教學目標、教材內容的關係，方能發揮各試題類型的功能。

紙筆測驗的試題類型分類頗多，有分成客觀測驗（objective test）、論文測驗（essay test）兩大類者，如余民寧（1997）、陳英豪與吳裕益（1991）、郭生玉（1988）、Airasian（1996）、Gronlund（1993）、Kubiszyn與Borich（1987）、Linn與Gronlund（1995）等學者。客觀測驗可細分為選擇類型（selection type）、補充類型（supple type）。選擇類型包括是非題（true-false items）、配合題（matching items）、選擇題（multiple-choice items）等三種，補充類型包括填充題（completion）、簡答題（short-answer items）等兩種。論文測驗分成申論題（extended response items）、限制反應題（restricted response items）等兩類。客觀測驗與論文測驗的比較，如表3-2所示。

☞表 3-2　客觀測驗與論文測驗之比較

	客觀測驗	論文測驗
測量能力	適用於測量記憶、了解、應用、分析等能力；但不適於測量綜合與評鑑能力。	不適於測量知識的記憶；適於測量理解、應用、分析等能力，尤其是綜合與評鑑能力。
內容取樣	需要大量試題，涵蓋範圍較大，內容取樣較具代表性。	使用相當少的試題，涵蓋範圍較小，內容取樣較不具代表性。
試題準備	準備優良試題很難，且相當費時。	雖準備優良試題亦難，但較客觀測驗容易。
計分	客觀、簡單，且信度較高。	主觀、困難，且信度較低。
影響分數因素	閱讀能力和猜測。	寫作能力和虛張聲勢。
對學習影響	促進記憶、解釋，和分析他人的觀念。	促進學生認識、統整，和表達自己觀念。

資料來源：*Constructing achievement tests* (3rd ed.) (p. 73), by N. E. Gronlund, 1982, Englewood Cliffs, NJ: Prentice-Hall.

紙筆測驗常見的試題類型有其使用時機、優點與限制，茲比較選擇題、是非題、配合題、簡答題（填充題）、論文題等常用的類型，如表 3-3 所示。

教師應依據不同測驗目的選取適切的試題類型，如實例 3-1「國小自然與生活科技學習領域成就測驗之內容架構」，採取是非題、選擇題、填充題、配合題、做做看、簡答題等六種試題類型。

三、評估教材內容、教學目標、各試題類型的相對重要性

有經驗的教師編擬紙筆測驗前，可大概預估全班（或全學年）學生可能的測驗平均分數。此預期的測驗平均分數，牽動教材內容、教學目標、各試題類型的相對重要性與其配分比重，尤其是教學目標層次的高低與試題類型本身的難易度，影響測驗平均分數甚鉅。

(一)教材內容

就「教材內容」而言，各單元章節的不同比重（配分）可依據其教學時數或重要性來配分，因重要性的爭議較大，故較常依據教學時數來配分。即各單元（活動）配分依據教學時數占整個評量範圍（教材內容）總和的比例為理想占分比例，然比例可能出現落差。以筆者近二十年教學經驗，建議以理想占分比例上下 5%為可容許誤差範圍；若各單元（活動）實際占分比例超出「理想占分比例上下 5%」範圍，可能有高配或低配之疑惑，編製者宜予以說明此疑惑。

☞表 3-3　紙筆測驗常見試題類型之比較

題型	使用時機	優點	限制
選擇題	當正確答案為唯一，且相對有幾個似是而非的答案。	1. 題意較是非題、簡答題（填充題）清晰明確。 2. 適用於不同層次學習結果之評量。 3. 具有診斷效果。 4. 修改選項可提高鑑別度或調整難度。 5. 計分迅速、客觀。	1. 評量能力限於文字層次，較不適合評量數學、自然與生活科技領域的解決問題技能。 2. 高品質之命題不易，尋找具有誘答力的選項不易。 3. 評量辨識答案，而非產生答案。 4. 無法評量組織、發表的能力。
是非題	當選項只有對／錯或事實／意見兩種狀況。	1. 適合於評量有誤解的信念或迷信。 2. 適合評量辨認因果關係的概念。 3. 較其他類型易於命題，且適合多數的教材內容。 4. 計分迅速、客觀。	1. 作答最易受猜測因素影響，信度較低。 2. 通常僅能評量記憶或理解層次的學習結果，難以評量高層次的認知能力。 3. 試題鑑別度較選擇題差。 4. 學生易形成偏「答對」或「答錯」的反應傾向。 5. 命題或批閱欠佳時，易流於瑣碎、誤導或抹煞創意。
配合題	有很多相關的事實或概念，擬評量其關聯。	1. 可短期間評量大量相關的事實或概念訊息。 2. 計分迅速、客觀。	1. 難以評量高層次的認知能力。 2. 尋找性質相同的事實或概念不易。 3. 評量答辨識案，而非產生答案。
簡答題	所需要的是一個清晰簡短的答案。	評量答案產生，不受猜測影響。	1. 難以評量高層次的認知能力。 2. 計分費時、較不客觀。
論文題	評量高層次的認知能力，如組織概念形成適切答案。	1. 可評量高層次的認知能力與學習結果。 2. 對學生提供的解答線索最少，且評量答案產生，不受猜測影響。 3. 較能評量整個思考歷程。 4. 促進學生認識、統整，和表達自己觀念。 5. 增進學生寫作能力。	1. 計分費時、較不客觀。 2. 計分標準較其他類型較難擬。 3. 題數較少，內容取樣較不具代表性，可能造成內容效度降低。 4. 評分者間信度較其他類型低。 5. 作文能力和虛張聲勢可能干擾所欲評量的學習結果。

實例 3-1「國小自然與生活科技學習領域成就測驗之內容架構」的活動一至活動六，依據教學時間換算其理想占分比例依序為 20 分、15 分、15 分、10 分、20 分、20 分，實際占分比例依序為 20 分、15 分、16 分、10 分、20 分、19 分，均在上下 5%為可容許誤差範圍。

實例 3-2「國中語文（本國語文）領域成就測驗之內容架構」的單元一至單

元六，依據教學時間換算其理想占分比例依序為20分、20分、15分、25分、10分、10分，實際占分比例依序為18分、18分、19分、23分、4分、18分，第五、六單元超出5%可容許誤差範圍，建議編製者宜說明其原因。

(二)教學目標

就教學目標而言，記憶、了解、應用、批判性思考等四個由低而高層次的配分，必須顧及教師著重高層次或低層次的思考、教師預期的全班平均數高低（測驗難度）、學生的認知發展等三因素，若教師評量內涵愈著重低層次思考、測驗愈易、學生認知發展愈晚，則愈偏記憶的配分宜愈高。

(三)試題類型

就試題類型而言，各試題類型的配分亦必須顧及高低層次思考、預期測驗難度、學生認知發展等三因素，若偏重批判性思考、難度愈難、學生認知發展良好，則申論題或創意思考類型的配分宜愈高。

就試題類型而言，參酌吳裕益（1992）、陳英豪與吳裕益（1991）、Linn與Miller（2005）觀點，彙整出表3-4「各類試題類型的理想平均難度」，其中機會分數乃受試者的正確猜測機率；觀察的預期平均難度乃使真分數變異數達到最大時，觀察的預期難度（Po）其公式：Po=.50+.50/m，m為選項數目；Lord（1980）模擬的理想平均難度乃Lord模擬研究證明若選出的題目難度值稍高於調整隨機猜測的Po，可提高信度。教師可依據表3-4「各類試題類型的理想平均難度」，推估各試題類型的理想平均難度，如是非題、四選一選擇題、簡答題的理想平均難度依序為.85、.74、.50。若暫時不考慮認知教學目標的層次難度差異，教師可依據各類試題類型的理想平均難度乘以其配分的和，即為此紙筆測驗的理想平均數。茲以實例3-1「國小自然與生活科技學習領域成就測驗之內容架構」為例來推估理想難度的平均數，結果平均數為68.4（如表3-5所示）。

☞表3-4 各類試題類型的理想平均難度

試題類型	機會分數	觀察的預期平均難度	理想平均難度（Lord模擬）
二選一試題（是非題）	50	.75	.85
三選一選擇題	33	.67	.77
四選一選擇題	25	.63	.74
簡答題	0	.50	.50

☞表 3-5　實例 3-1「國小自然與生活科技學習領域成就測驗之內容架構」推估理想難度的平均數

	配分	理想平均難度	推估理想難度的平均數	調整平均難度	調整之預期平均數	備註
是非題	14	.85	11.9	.90	12.6	
選擇題	6	.74	4.44	.80	4.8	四選一
填充題	21	.50	10.5	.50	10.5	
配合題	21	.74	15.54	.80	16.8	七選一者占12分，二選一者占6分，四選一者占8分，均屬於記憶、了解層次，故以四選一來推估理想平均難度。
做做看	26	.77	20.02	.82	21.3	二選一者占16分，四選一者占6分，論文題占4分；其中應用層次占22分，批判性思考占4分；因此，以三選一來推估理想平均難度。
簡答題	12	.50	6	.50	6	了解、批判性思考層次各占6分。
合計	100		68.4		72	

然因國內國中小的各領域（學科）測驗實際平均數均頗高，因此，建議算出測驗的理想平均數後，宜與近幾次相同領域類型測驗實際平均數比較，先適度提高測驗理想平均數，再調整各類試題類型的理想平均難度為預期實際的平均難度。以實例 3-1 為例，若教師認為平均數為 68.4 稍低，欲調高平均數為 72，其各類試題類型之調整平均難度、調整之預期平均數，如表 3-5 所示。

四、決定各細格的配分與各類試題類型題數

依據教材內容、教學目標、各試題類型的配分決定各細格的配分與各類試題類型題數：決定教材內容、教學目標、各試題類型配分的原則後，教師必須決定各細格的配分與題數，如實例 3-1「國小自然與生活科技學習領域成就測驗之內容架構」之雙向細目表、實例 3-2「國中語文（本國語文）領域成就測驗之內容架構」之雙向細目表。

雙向細目表中細格的配分，並非平均分配，通常配分反映教學重點或教學時間多寡，較重要或教學時間較長者配分較多。雖然製作雙向細目表相當費時，且有些中小學教師反映真正測驗時用不到，然而 Linn 與 Miller（2005）強調規劃雙

向細目表及其相關事宜乃確保紙筆測驗或其他評量方式可有效測量到教學目標的最好方法。

決定各試題類型配分時，必須同時決定各試題類型的題數，而題數多寡需考慮試題類型、測驗難度、測驗時間、學生年齡、學生能力與預期信效度。試題類型中選擇類型的題數通常較補充類型多，測驗難度愈難題數應愈少，測驗時間愈少題數應愈少，學生年齡愈低題數應愈少，學生能力愈低題數宜愈少，預期信效度較低題數應較少。教學經驗豐富的教師常能依據上述因素判斷題數多寡，若係初任教師建議請教經驗豐富之教師。

參、編擬測驗試題

教師編製測驗試題時，應兼顧雙向細目表、試題難度、命題原則。教師依據雙向細目表中細格的題數與配分進行命題，然試題難度不可偏離測驗目的與教學目標，試題撰寫不應違反命題原則。有些教師認為試題愈簡單愈能贏得學生尊重、給予學生鼓勵，有些教師則認為試題愈困難愈能樹立教師權威、激勵學生求知鬥志，然主要決定試題難易度者為測驗目的與教學目標，不應納入教師個人好惡。

Linn與Gronlund（1995）以及Linn與Miller（2005）強調編擬的試題應直接配合學習結果，編擬與預期學習結果相關且具代表性的樣本，消除與答案無關的干擾，消除非預期的線索，及聚焦於改善學習與教學，提出撰寫測驗題目的八項原則為：

1. **依據測驗或評量雙向細目表作為指引**：實例 3-1 及實例 3-2 之雙向細目表的細格係教材內容各單元中各試題類型在各項教學目標的配分、題數，橫軸係教材內容各單元各試題類型的分數與各單元的總分，縱軸係各項教學目標的總分，教師若依據雙向細目表為指引，當能充分兼顧教材內容與教學目標，不致偏離測驗目的。
2. **多編擬一些所需的測驗題目**：測驗題目數量寧可多一些，於檢核時方能刪除一些較差的試題或不適於置於某細格的試題。
3. **測驗日期前完成測驗題目**：通常測驗題目原稿均有不少缺失，若能實施測驗前幾天完成測驗題目，將能空出幾天時間檢查原稿中模糊不清、語意不明、不合邏輯或其他缺失之題目，讓測驗缺失降到最低。

4. **每個測驗題目必須清晰明確，且具體指出欲測量的學習結果**：每個測驗題目必須清晰的描述問題或知識，運用簡單、直接的敘述，使用正確的標點符號和文法，且避免不必要的贅詞。命題經驗豐富的教師能依據雙向細目表細格，撰寫測驗題目，因此，教師能明確指出每個測驗題目欲測量的學習結果。
5. **測驗題目顧及受試者的閱讀水準**：敘述測驗題目必須考慮受試者的閱讀程度、字彙難度，避免受試者因閱讀能力而無法作答，因測驗測量學習結果而非閱讀能力。
6. **每個測驗題目應避免提供其他測驗題目的作答線索**：測驗題目增多後，可能會出現測驗題目相互關聯或呼應的情況，尤其是選擇題選項中的人名、日期與事實，最常提供其他測驗題目的線索。
7. **測驗題目的正確答案只有一個，評分標準必須具體明確，且必須經過專家審核**：有些教師撰寫的測驗題目答案有兩個以上答案或無正確答案，要求學生提出意見的評分標準模糊不清，致使計分衍生甚多困擾，因此命題時必須同時考慮正確答案與評分標準。
8. **測驗題目必須經過再檢查、校訂的過程**：瀏覽測驗題目的適當性、清晰性、難度和解題線索後，仍應經過再檢查、校訂的過程，以確保能適切測量學習結果。縱然是小小的校訂與修改，均能提高測驗的功能。

無論教師編擬何種測驗類型的題目，應注意下列九項較重要的命題原則（李坤崇，1999；郭生玉，1988；Airasian, 1996; Linn & Gronlund, 1995; Linn & Miller, 2005）：

一、試題分布依據雙向細目表，且題目內容依據有代表性

教師為確保試題達成測驗目的且分布均勻，必須依據雙向細目表各細格的題數來命題。測驗內容必須是教學目標、教材內容中重要且具代表性的內涵，不宜考些枝微末節的內容（李坤崇，1999）。如不佳試題 1 考「溪南」、「溪北」的重要性可能較僅考「曾文溪」為差，且考溪南、溪北無多大意義。如不佳試題 2 考可回收幾次乃枝微末節，重點應在鋁罐是屬於何類資源回收物。

△ 不佳試題 1：

臺南市有（溪南）與（溪北）之分，是以（曾文溪）為分界。

說明：考溪南、溪北無多大意義，重點應在曾文溪分界的概念。

◎ 較佳試題 1：

臺南市有溪南與溪北之分，是以哪條溪為分界？曾文溪。

△ 不佳試題 2：

一般而言，鋁罐可回收幾次？

(1)可一直回收 (2)只能回收一次 (3)可回收二到三次 (4)可回收四到五次

說明：考可回收幾次乃枝微末節，重點應在鋁罐是屬於何類資源回收物。

◎ 較佳試題 2：

請問鋁罐是屬於哪一類的資源回收物？

(1)紙類 (2)金屬類 (3)玻璃類 (4)寶特瓶類

二、力求生活化，避免直接抄錄課本或習作

測驗題目若淪為為測驗而測驗，將使得測驗枯燥乏味。教師若能將教學目標、測驗內涵與生活結合，將可引領學生學以致用。若教師測驗直接抄錄課本或習作，不僅促使學生死背，更凸顯教師不夠用心，一個負責任、力求創新的教師通常會避免直接抄錄課本或習作。

不佳試題 3 至不佳試題 5 均只直接考概念，未與生活結合。較佳試題 3 至較佳試題 5 乃高雄區公立高級中等學校 87 學年度聯合招生的試題，筆者擔任命題的測驗指導教授，實際參與「生活化」的修改歷程，較佳試題 3 結合高雄市興建覆鼎金焚化爐的地方建設，較佳試題 4 結合當時發射福爾摩沙一號衛星的時事新聞，較佳試題 5 更將當年熱門電影《鐵達尼號》融入沉入海水中後排水體積與浮力變化。上述與生活有關的題材，需要命題者關心生活事件、巧思，方能使得評量目的與生活事件充分結合。

△ 不佳試題3：

18. 興建焚化爐主要目的是要解決什麼問題？

(1)水質汙染　(2)空氣汙染　(3)垃圾汙染　(4)噪音汙染

說明：只用測量興建焚化爐主要目的，未與生活結合。

◎ 較佳試題3：

18. 高雄市覆鼎金焚化爐的興建，主要目的是要解決什麼問題？

(1)水質汙染　(2)空氣汙染　(3)垃圾汙染　(4)噪音汙染

△ 不佳試題4：

57. 衛星在繞地球的低軌道上作圓周運動。問衛星所受外力合力及對地心的合力矩情形如何？

(1)合力為零，合力矩亦為零　(2)合力為零，合力矩不為零

(3)合力不為零，合力矩為零　(4)合力和合力矩均不為零

說明：只考衛星所受外力合力及對地心的合力矩，未與生活結合。

◎ 較佳試題4：

57. 福爾摩沙一號衛星在繞地球的低軌道上作圓周運動。問福爾摩沙一號所受外力合力及對地心的合力矩情形如何？

(1)合力為零，合力矩亦為零　(2)合力為零，合力矩不為零

(3)合力不為零，合力矩為零　(4)合力和合力矩均不為零

△ 不佳試題5：

60. 浴缸上的碗浮在水面，當它沉入浴缸後，下列敘述何者正確？

(1)排水體積變小，浮力變大　(2)排水體積變大，浮力變大

(3)排水體積變小，浮力變小　(4)排水體積變大，浮力變小

說明：只考體積與浮力變化，未與生活結合。

◎ 較佳試題5：

60. 鐵達尼號浮在水面航行，當它沉入海水中後，下列敘述何者正確？

(1)排水體積變小，浮力變大　(2)排水體積變大，浮力變大

(3)排水體積變小，浮力變小　(4)排水體積變大，浮力變小

三、避免使用曖昧不明和易使人混淆的言詞或語句架構

一份測驗的目的，並不在於保證學生會正確作答，而是要給學生一個公平的機會，展現出他們對老師所教的東西了解多少。為達成此目標，測驗的題目本身一定要清晰易懂。

編擬測驗題目或選擇良好測驗試題時，最重要的原則乃清楚、簡潔地表達題目本身的涵義。測驗的題目敘述應力求清晰易懂，若用詞和句型架構易混淆，或會妨礙學生理解題目要求，學生將無法呈現其學習成果。若測驗題目使用曖昧不明的詞彙、語句架構，運用不當的生字或包含暗示正確答案的線索時，此測驗就無法作為衡量學生成就的有效指標，也無法作為評分或其他決策的依據（李坤崇，1999）。

如不佳試題6用詞易令人困惑，且可能有兩種答案，有些學生回答「黑的」，可能讀成：「中國的煤」都是（黑的），若改為較佳試題6，則學生將更易於回答地點「撫順」。

△ 不佳試題6：

中國的煤都是（　　）。

說明：用詞易令人困惑，且可能有兩種答案。

◎ 較佳試題6：

中國的「煤都」是指哪裡？（　　）

不佳試題7用詞和句型結構出現三個否定字詞易令人困惑，學生必須將三個否定的敘述經過整理後，才能理解出題目到底要問什麼。因此，表達試題的用語，最好能簡潔、直接，並用正面的語態。不佳試題7若改為較佳試題7或許較適當（李坤崇，1999，頁21）。

△ 不佳試題7：

下列哪一項並非不是非水果？

(1)蘋果　(2)糖果　(3)火龍果　(4)百香果

說明：三個否定字詞易令人困惑。

◎ 較佳試題 7：

下列哪一項「不是」水果？

(1)蘋果　(2)糖果　(3)火龍果　(4)百香果

四、敘述扼要、直接切入重點

良好測驗試題必須讓學生以最短時間了解題意後逕行作答，教師敘述試題應簡潔、扼要、簡短，並切入重點，學生不用花太多時間閱讀，就能迅速的抓到問題的重點（李坤崇，1999）。

不佳試題 8 旨在測量學生是否能正確的判斷出蘋果的價錢，關於伯父伯母的拜訪、大雄多久沒見到他們，或是家裡沒有蘋果，這些訊息不僅不重要，更會分散學生的注意力及浪費時間。若將不佳試題 8 的敘述改為扼要，直接切入重點，將可節省學生閱讀的時間（李坤崇，1999，頁 22）。

△ 不佳試題 8：

大雄的媽媽想要烤一個蘋果派，來招待他的伯父和伯母，大雄已經好幾年沒有見到他們了。大雄的媽媽卻發現家裡已經沒有蘋果了，她要大雄去買一些蘋果回來做派，做派需要 8 個蘋果，假如兩個蘋果賣 20 元，大雄買 8 個蘋果需要多少元？

(1) 20　(2) 40　(3) 80　(4) 160

說明：敘述過於冗長，未能直接切入重點。

◎ 較佳試題 8：

媽媽做一個蘋果派需要 8 個蘋果，假如兩個蘋果賣 20 元，則買 8 個蘋果需要多少元？

(1) 20　(2) 40　(3) 80　(4) 160

不佳試題 9 中，學生繞了一個圈，看到選項均有三個地區，才知道要考五個地區中的三個地區，因此，若如較佳試題 9 直接告訴學生「下列哪三個地區」將更直接切入重點（李坤崇，1999，頁 22）。

△ 不佳試題 9：

下列地區，在產業上以熱帶栽培業發展著稱？(甲)美國西南沿岸。(乙)澳洲。(丙)西印度群島。(丁)西非沿海。（戊）南洋群島。

(1)甲乙丙　(2)乙丙丁　(3)丙丁戊　(4)甲丁戊

說明：題意未能直接切入重點，學生讀一次後需重新閱讀方能確知題意。

◎ 較佳試題 9：

下列哪三個地區，在產業上以熱帶栽培業發展著稱？(甲)美國西南沿岸。(乙)澳洲。(丙)西印度群島。(丁)西非沿海。（戊）南洋群島。

(1)甲乙丙　(2)乙丙丁　(3)丙丁戊　(4)甲丁戊

不佳試題 10 中「資源回收是我們愛惜環境的一項重要工作」乃再教導性的贅述，此現象在國內出現機率頗高，此種再教導性的敘述無關評量，宜予以刪除。建議直接切入重點，如前述之較佳試題 2。

△ 不佳試題 10：

資源回收是我們愛惜環境的一項重要工作，請問鋁罐是屬於資源回收物的哪一類？

(1)紙類　(2)金屬類　(3)玻璃類　(4)寶特瓶類

說明：「資源回收是我們愛惜環境的一項重要工作」乃贅述。

◎ 修改如前述之較佳試題 2。

五、使用字彙適合受試者

測驗試題使用的字彙會影響到題目的困難度，若學生對題目中的單字不了解，則測驗成績只反應其字彙程度，而非從教學中學到多少，故此測驗無效。老師編製或選擇成就測驗的試題時，應該考慮學生的字彙程度（李坤崇，1999）。

若不佳試題 11 用來考國小三、四年級學生，學生可能看不懂「人非為失敗而生」的意義，此題考國中生較為適切。若改為較佳試題 11，可能較適於國小三、四年級學生，選項編排改為另列一行的方式（李坤崇，1999，頁 23）。

△ 不佳試題 11：

「人非為失敗而生」，這句話充滿何種精神？

(1)悲觀懊惱　(2)悲觀鎮定　(3)奮發振作　(4)垂頭喪志

說明：國小三、四年級學生程度可能看不懂題意。

◎ 較佳試題 11：

「做事情失敗不要難過，更要努力追求成功」，這句話表示什麼精神？

(1)沒精打彩　(2)沒有志氣　(3)充滿鬥志　(4)充滿哀傷

六、試題答案必須是公認的正確答案，避免爭議性

測驗試題的正確答案常引發爭議，因試題題意敘述不清、思維邏輯向度不同，或解題條件不足均可能造成爭議（李坤崇，1999）。

不佳試題 12 只說明「穿有溜冰鞋的大人和孩子互推」，卻未說明何人體重較重，因現在有些國小高年級學生的體重較教師重乃不爭事實；此外，兩人互推技巧亦會影響後退速率，此題若改為較佳試題 12 或許較好。

△ 不佳試題 12：

穿有溜冰鞋的大人和孩子互推，哪個人後退的速率較大？（　　）

說明：忽略體重、互推技巧將造成爭議。

◎ 較佳試題 12：

穿有溜冰鞋的教師和幼兒園小班學生互推，若兩人技巧一樣好，則哪個人後退的速率較大？（　　）

不佳試題 13 只說明「臺灣南部最重要的都市」，最重要並未明確指出水陸空交通、經濟、政治或文化重要性，易造成學生思維方向不同答案不同的現象；若改為較佳試題 13 明確指出「歷史最久的文化古都」將較不具爭議性。

△ 不佳試題 13：

臺灣南部最重要的都市是臺南市。（對或錯）

說明：最重要並未明確指出水陸空交通、經濟、政治或文化重要，易引起爭議。

◎ 較佳試題 13：

臺灣歷史最久的文化古都是臺南市。（對或錯）

七、表達清楚，讓學生易於了解其任務或工作

教師若未能清楚說明學生如何作答、作答的任務或方向，學生可能因不知如何作答、不知作答任務或方向，而出現評量結果無法顯示學生真正的學習結果（李坤崇，1999）。

國內常因積非成是，使得測驗類型缺乏作答指導語與配分，如不佳試題 14 僅告知學生「是非題」，卻未說明全對的打「√」，只要有錯打「×」，亦未說明配分。不佳試題 15「選擇題」亦未說明配分與作答方法、單選或複選。若改為較佳試題 14、較佳試題 15，學生將更易於作答。

△ 不佳試題 14：

是非題：

（　）1. 臺灣南部的天氣很熱。

說明：指導語未說明題數、配分、作答方法與位置。

◎ 較佳試題 14：

是非題：每題 2 分，10 題共 20 分；全對的在題目前（　）內打「√」，只要有錯打「×」。

（　）1. 臺灣南部冬天的平均氣溫比菲律賓高。

△ 不佳試題 15：

選擇題：

（　）1. 下列哪一個地質年代最早？

(1)中生代　(2)古生代　(3)原生代　(4)始生代

說明：指導語未說明題數、配分、作答方法與位置，及單選或複選。

◎ 較佳試題 15：

選擇題：每題 2 分，10 題共 20 分；每題都是單選題，請在題目前（　）內寫上答案。

(　)1. 下列哪一個地質年代最早？

(1)中生代　(2)古生代　(3)原生代　(4)始生代

不佳試題 16 中因題幹不清，使得學生讀完題幹「臺南市，何者正確？」時，仍不清楚題意；若改為較佳試題 16，學生讀了完整的題幹和選項後，題意將變得比較清楚。

△ 不佳試題 16：

臺南市，何者正確？

(1)位於嘉義縣北邊　(2)盛產水果

(3)臺灣南部水陸空交通最重要樞紐　(4)臺灣歷史最久的文化古都

說明：題意不夠清晰。

◎ 較佳試題 16：

下列有關「臺南市」地理特質的敘述，何者正確？

(1)位於嘉義縣北邊　(2)盛產水果

(3)臺灣南部水陸空交通最重要樞紐　(4)臺灣歷史最久的文化古都

為便於讓學生了解需要何種答案，簡答題或填充題應是完整問句，且空格應該放在句子最後。如不佳試題 17 的空格置於題目最前面，使得題意較不清晰。若改為較佳試題 17 將較為清晰明確。

△ 不佳試題 17：

________和________江匯合於重慶。

說明：題意較不清晰，無法立即了解作答任務。

◎ 較佳試題 17：

交會於重慶的河流是哪兩條江？________、________。

不佳試題 18 中，教師希望學生「想像」電腦的未來影響，卻未明確告知作答的方向，使得學生面對概略性敘述的題目，而難以作答。申論題應該更詳細的敘述有關答案的範圍、方向及評分標準，如電腦對人類書信傳遞的未來影響？電腦對人類居住品質的未來影響？電腦對人類運輸交通工具的未來影響？且影響是正面的或負向的。不佳試題18的題意不太清楚，教師必須明確告訴學生具體的作答方式，讓學生不再猜測答案合適的範圍和方向。

△ 不佳試題18：

你覺得電腦對人類的未來影響會是如何？試寫出一篇短文。

說明：題意較不清晰，僅能概略性敘述。

◎ 較佳試題18：

你覺得電腦發展，對人類未來書信傳遞將會有什麼優缺點？請至少用五個完整的句子寫下你的答案。

八、每個試題必須獨立存在，內容不宜相互重疊

每個試題必須獨立存在，每個試題分別提供一個獨立的測量，測量概念不與其他題目重疊，且不宜供作其他題目之解題線索（李坤崇，1999）。

若將較佳試題13、較佳試題16置於一測驗試卷，較佳試題13之「臺灣歷史最久的文化古都是臺南市」，較佳試題16「下列有關『臺南市』地理特質的敘述，何者正確？之(4)臺灣歷史最久的文化古都」，兩者均談到臺南市文化古都，因此，此兩題應獨立存在。

九、不要提供正確答案的線索

上述八點均探討阻礙學生作答的問題，然教師命題亦可能出現幫助學生找到正確答案的線索，此類問題將造成學生評量結果高估的現象，影響評量的正確性。出現在試題中的線索形式有很多，如排除不真實線索、語意線索、文法線索，或特殊敘述線索（李坤崇，1999）。

不佳試題19中，因嘉義市與嘉義縣語意最為相近，故答案「嘉義市」極易被猜到；若改為較佳試題19學生將難以猜測。

△ 不佳試題19：

1. 下列哪一個都市與嘉義縣相鄰？

   (1)臺中市　(2)彰化縣　(3)嘉義市　(4)屏東縣

   說明：嘉義市與嘉義縣語意最為相近，提供解答線索。

◎ 較佳試題 19：

1. 下列哪一個都市與嘉義縣相鄰？

(1)臺中市　(2)彰化縣　(3)高雄市　(4)屏東縣

不佳試題 20 中，因東京、倫敦、紐約均不在中國境內，故答案「重慶」極易被猜到；若改為較佳試題 20 學生將難以猜測。

△ 不佳試題 20：

1. 下列哪一個都市在長江沿岸？

(1)東京　(2)倫敦　(3)紐約　(4)重慶

說明：東京、倫敦、紐約均不在中國境內，極易被排除。

◎ 較佳試題 20：

1. 下列哪一個都市在長江沿岸？

(1)北京　(2)廣州　(3)西安　(4)重慶

不佳試題 21 出現「對我們一點好處也沒有」的絕對性敘述字眼，學生甚易排除其為正確答案。學生視是非題之「所有、全部、總是、絕無、唯一」等絕對性敘述，易視為錯誤答案；而視「有時、或許、通常、可能」等相對性敘述，則易視為正確答案。因此，不佳試題 21 宜改為較佳試題 21。

△ 不佳試題 21：

1. 工業區設在附近，對我們一點好處也沒有。（對或錯）

說明：「一點好處也沒有」乃絕對性敘述。

◎ 較佳試題 21：

1. 工業區設在附近，對居住環境較沒有好處。（對或錯）

肆、審查與修改測驗試題

教師通常編擬測驗試題後，如釋重擔匆忙交卷付印，但若付印後發現疏失往往懊惱不已。因此，測驗試卷付印之前，應重新閱讀一次或再檢查一遍，若有同事、教學夥伴或朋友願意仔細的檢閱試卷將更佳。

Airasian（1996, p. 91）認為評估、審查與選擇測驗，應留意下列一般教師常見問題：(1)測驗計畫忽略教學目標、教材內容的重點；(2)測驗內容忽略欲評量的重要教學目標與教學主題；(3)測驗題目未能讓學生表現出其學習結果；(4)測驗題目未檢核與教學內容的關係，致出現與教學內容無關的題目；(5)有些測驗的主題或目標，教師並未教過學生；(6)測驗題目太少，難以適切評量學生成就；(7)測驗功能偏差，將測驗用來懲罰不專心學生或故意引發學生學習挫折。

Linn與Miller（2005, p. 158）指出測驗與評量試題可能出現七項問題：(1)模糊不清的敘述；(2)過度說明；(3)過難的字彙；(4)複雜的句子結構；(5)作答說明不清楚；(6)舉例材料不清楚；(7)種族、民族或性別的偏差。Linn與Miller（2005, pp. 335-338）建議教師宜從學生、教師觀點來檢核測驗題目或評量任務，僅針對測驗試題說明檢核重點如下：

一、試題類型與欲測量學習結果的適切性

一般中小學教師習慣蕭規曹隨，沿用前輩或他人使用的試題類型，未深究其原因，使得試題類型未必契合測量的學習結果。教師可參酌表3-3「紙筆測驗常見試題類型之比較」，依據擬測量的學習結果，比對紙筆測驗常見的試題類型之使用時機、優點與限制，適切抉擇選擇題、是非題、配合題、簡答題（填充題）、論文題，或其他試題類型。教師應思考試題類型是否適合測驗內容架構中所描述的教學目標、學生表現類型，甚至分析具體學習結果所用動作動詞與試題類型的適合程度。

二、檢核每個試題內涵與其呼應雙向細目表中細格的契合度

試題引發的知識、理解或思考技巧是否與具體學習結果和所欲測量的題材內涵相配合？即針對測驗中每個試題，逐一檢核試題內涵與雙向細目表中細格的契合程度，方能確實評估試題引發的反應與測量的目的一致性。此項任務雖然繁瑣，卻是確保試題達成預期測量目標的重要程序。

三、試題論點的清晰度

試題可能不經意地會出現模稜兩可、不當字詞，或欠佳的句型結構。教師若能於命題後擱置幾天，再重新從學生的身心發展與具備能力來檢視試題論點，務

期每個試題均是學生清晰易懂的內涵，且能充分反映所欲測量的學習結果。

四、試題內涵的精簡度

試題內涵過多的廢話或冗長的句型易造成閱讀負擔，干擾測量的效度。教師應檢視試題內涵與學生決定正確反應要素的關係，刪除與正確反應要素無關的內涵，方能提高其精簡度。

五、試題答案應係專家一致同意者

專家若對試題答案有不同意見，則此試題的內涵與答案均必須重新審視，直到所有專家一致同意為止。選擇題中最常出現爭議者為「最佳理由」、「最佳方法」、「最佳解釋」的題型，教師編擬此題型應更慎重審視。論文題的答案較易引起爭議，教師若能研擬評分規準與範例，事先經專家討論，將較能獲得一致的同意。

六、試題符合命題原則與避免無關線索的程度

前述無論何種測驗類型的題目，均應注意九項較重要的命題原則，下節亦將探討各類型試題的命題原則，教師均應審慎遵守，建議依據命題原則逐一檢核，將試題瑕疵降到最低。另外，教師亦應避免試題出現與解題無關的線索，讓試題更為精簡。

伍、編輯測驗試題

個別優秀的試題若未經良好的編排與呈現，仍將無法適切評量學生的表現，遑論了解學生的學習成效與教師的教學績效。

一、編排試題常見缺失

國中小教師「編排紙筆測驗試題」常見下列四項缺失：(1)各試題類型往往缺作答方法：國內最常見者為是非題未說明全對打「√」、有錯打「×」，因甚多教師認為學生都知道所以不必寫，但若有學生剛回國，一定難以作答，且如此做法日積月累的結果造成學生不看作答方法的習慣，實應予改善。(2)各試題類

型普遍缺乏完整的指導語：除上述未說明作答方法外，有些教師未將配分、單選或複選、作答位置明確說明，使得學生未能適切擬定答題策略。(3)編排過擠：有些學校為節省印刷經費將兩頁的試卷擠成一頁，有些學校字體過小，讓學生閱讀試卷頗為吃力。(4)試題編排違反原則者不少：最常見的缺失乃同一個題目跨頁、選擇題選項未置於題幹的下一行、版面安排不易於評分與計算成績。可見，教師編排測驗試題時，經常以教師、學校利益為著眼點，而忽略學生是否清楚了解作答方法、是否了解配分狀況、是否能清晰閱讀，此未以學生為中心的編排有待改善（李坤崇，1999）。

二、試題編排與指導語

測驗試題編排的適切性，指導語的完整性與明確性，將影響學生作答的效率與評量結果，教師因審慎編輯測驗試題，提高測驗的信度與效度。茲分成試題編排與指導語兩部分說明之。

(一)試題編排原則

測驗試題經過檢閱和修改後，將著手編輯與準備印刷。試題編排應顧及試題類型、測量學習結果、試題難易度及測量的素材，編排應遵循下列原則：

1. 依據試題類型來排列，通常是簡單容易的類型在前，複雜困難的類型在後，是非題、選擇題一般均放在最前面，其後為填充題和簡答題，最後為申論題。
2. 依據試題難易來排列，試題應由易而難排列，以增強作答信心，避免浪費時間在前面較困難試題。
3. 將同類型的試題類型編排在一起，和其他不同題型分開，避免不同類型交錯造成學生作答困擾。
4. 一個試題不應被分割成兩頁，不應一個是非題、選擇題、填充題、配合題、簡答題、申論題的題幹敘述分割到不同的兩頁。
5. 將選擇題中的選項置於題幹的下一行。
6. 試題應明確標號，尤其是學生必須將答案填寫於另一張答案紙，或考卷其他特殊的地方時。
7. 版面安排應易於評分與計算成績，避免造成計分困擾。
8. 直排或橫排應統一，測驗所有試題的排版方向要統一，各層級字體、級數亦要一致。

9. 年紀較小的學生的試題字型應較大，且國小三年級以下學生應加註「注音」。

10. 年紀較小的學生字寫得比較大，計算題、申論題應留足夠的空間作答。

(二)試題指導語

Linn與Miller（2005）、Miller等人（2013）強調，許多教師沒有提供測驗書面說明，而假設試題無須解釋即可了解，或學生已被制約可回答測驗的試題類型。有些教師或許會使用口頭說明，卻經常遺漏重點，其建議作答說明應包括下列六項：(1)測驗或評量目的；(2)完成測驗所需時間；(3)作答說明；(4)如何記錄答案；(5)如何處理選擇題猜測；(6)開放或延展式反應的評分規準。對於年齡較大的學生，若能說明每一大題的配分，將會幫助其決策時間分配。

茲以高雄區公立高級中等學校87學年度聯合招生「社會學科試卷」（高雄市公立高級中等學校87學年度聯合招生委員會，1998）之試題指導語為例，指導語分成整份試卷注意事項、選擇題指導語、整合測驗題指導語三個部分，詳見實例3-3：

實例3-3　試題指導語

◎整份試卷注意事項為：

1. 本學科試題一張兩面，必須與答案紙一併繳交。
2. 每題都有A、B、C、D四個選項，其中只有一個選項是正確的，請將正確答案選出。試題答錯，一律不倒扣。
3. 作答時必須使用2B黑色鉛筆，將正確答案畫記在規定的答案卡上，否則不予計分。
4. 本試題紙空白處，可供草稿使用，答案卡絕對不可打草稿。
5. 本學科試卷分成兩部分：一、選擇題；二、整合測驗題，共60題，合計120分。

◎選擇題指導語為：

一、選擇題：共44題，第1-14題，每題1分；第15-30題，每題2分；第31-44題，每題3分；共88分。

◎整合測驗題指導語為：

二、整合測驗題：共16題，第45-60題，每題2分，計32分。

一份測驗的指導語應該分為整體指導語、個別試題類型指導語。整體指導語應包括下列項目：(1)試卷共幾張幾面？是否繳回？(2)答案寫在哪裡？(3)試卷包括幾大題？(4)配分、總分為何？(5)如何作答？是否倒扣？(6)以何種筆、何種顏色作答？(7)試卷、答案紙是否可打草稿？(8)其他，如作答時間多寡、作文必須寫在作文答案卷上否則不計分；若測驗目的不明顯，應闡述測驗目的；必要時應告知可以攜帶哪些物品應試；考試途中可否發問等訊息。

個別試題類型指導語，係補充說明整體指導語之不足，至少應包括下列幾項：(1)題數。(2)配分。(3)總分。

第二節　各類試題類型的編製原則

編製測驗試題是一門需要學習的藝術，單有任教學科的豐富知識、清晰界定學習成果，與了解學生心理歷程仍嫌不足，必須能精熟各類測驗試題的編製原則與技巧，方能編製出高品質的測驗試題。

本節將綜合余民寧（1997）、陳英豪與吳裕益（1991）、陳李綢（1997）、Airasian（1996）、Kubiszyn與Borich（1987）、Linn與Gronlund（1995）、Linn與Miller（2005）等學者觀點，逐一介紹選擇題、是非題、配合題、填充題、解釋性練習題、論文題等試題類型的編製原則，並輔以實例說明之。

壹、選擇題編製原則

選擇題係各類試題類型中運用最廣的一種類型，選擇題包括「題幹」（stem）及「選項」（alternatives 或choices、options）兩部分。題幹主要的敘述方法為：直接問句（direct question）、不完全敘述句（incomplete statement），如「下列哪一項是選擇題的優點？」係直接問句，「選擇題的優點是：」係不完全敘述句。直接問句的題幹比較容易撰寫，較易於清楚呈現問題，較適用於年齡較小的學生。Linn與Miller（2005）建議以直接問句撰寫題幹，僅能在保持問題清晰度且讓問題更具體情況下，再將直接問句改為不完全敘述句。

選項乃包括一個正確答案、幾個似真的錯誤答案，此錯誤答案稱為「誘答」（distracters 或 decoys、foils），誘答旨在迷惑無法確定正確答案的學生。

選擇題乃所有試題類型中用途最廣者，可用來測量專門術語的知識、特定事實的知識、原則性的知識、方法與程序的知識，理解結果與應用水準，定義事實與原則的應用能力，說明因果關係的能力，及說明方法與程序的能力（Linn & Gronlund, 1995; Linn & Miller, 2005）。可見，選擇題能評量記憶、了解、應用、分析、評鑑、創作等能力。

選擇題較是非題、填充題的題意清晰，較是非題不受猜測與反應心向（response sets）影響，較是非題、填充題具有診斷錯誤效果，較配合題不受選項同質性的限制，較申論題計分容易、迅速與客觀，因此成為最廣泛運用的試題類型。但選擇題無法評量高層次思考歷程，如數學與自然學科解決問題能力；無法評量建構、組織與表達能力，如國語的語文流暢與組織能力；較填充題、申論題容易作弊或受猜測因素影響；命題時難以編擬適切的誘答，尤其年齡較低學生受限字彙與知識更為困難。上述選擇題之優、缺點係教師於編製前必須先了解的課題。

綜合余民寧（1997）、陳英豪與吳裕益（1991）、陳李綢（1997）、Airasian（1996）、Kubiszyn 與 Borich（1987）、Linn 與 Gronlund（1995）、Linn 與 Miller（2005）等學者觀點，編製選擇題應遵守下列原則：

一、每個試題題幹不應中斷

試題題幹的兩種敘述方式為直接問句、不完全敘述句，而國內選擇題最常犯的命題缺失乃題幹中斷，因題幹中斷可能造成學生思路中斷，以及必須回頭重複閱讀題幹的困擾，因此，教師應避免題幹中斷。如不佳試題 22、不佳試題 23 乃犯「題幹中斷」錯誤，宜更正為較佳試題 22、較佳試題 23。

△ 不佳試題 22：

(　) 當東北季風吹到宜蘭時，受到(1)氣候、位置　(2)水文、植被　(3)雨量、植被　(4)地形、位置　的影響，帶給宜蘭豐沛的雨量，但是當東北季風吹到了新竹時，卻是乾燥無雨。

說明：此題題幹中斷，宜改為直接問句或不完全敘述句。

◎ 較佳試題 22：

(　)當東北季風帶給各地不同的影響，吹到宜蘭時帶來豐沛的雨量，吹到新竹時卻是乾燥無雨，主要的因素是：

(1)氣候、位置的影響　(2)水文、植被的影響

(3)雨量、植被的影響　(4)地形、位置的影響

△ 不佳試題 23：

(　)日本提出二十一條款，由中國：

(1)袁世凱　(2)汪精衛　(3)蔣中正　所接受。

說明：此題題幹中斷，宜改為直接問句或不完全敘述句。

◎ 較佳試題 23：

(　)日本提出二十一條款，由中國何人所接受？

(1)袁世凱　(2)汪精衛　(3)蔣中正

二、試題應測量重要的學習結果

測驗試題應能測量重要的學習結果，而非枝微末節的內容。試題應避免無關緊要教材、模糊不清或為難學生之內容。測量知識的學習結果，應著重重要名詞、事實與原則，不應以考數字記憶或零碎知識來增加題目難度。

△ 不佳試題 24：

(　)生物分為幾類？

(1)一　(2)二　(3)三

說明：此題考生物分二類似較不重要，宜改為「生物分成哪幾類？」

◎ 較佳試題 24：

(　)生物分成下列哪兩類？

(1)植物和礦物　(2)礦物和動物　(3)動物和植物

△ 不佳試題 25：

（　）「公雞僚亮的桑子，讓模彷貓十分欣陷」中有幾個錯字？

(1)二　(2)三　(3)四　(4)五

說明：只考幾個錯，似乎不重要，且無法明確辨識出學生是否真正覺察出哪三個錯字。

◎ 較佳試題 25：

（　）「公雞僚亮的桑子，讓模彷貓十分欣陷」中有幾個錯字，請標出來，並依序更正在後面：（　　　　　　）

三、試題題幹意義應完整、清晰界定問題

有些人誤以為選擇題題幹、選項合起來題意完整即可，但如此常造成學生重複閱讀、猜測題意或作答不順暢的困擾。選擇題題幹本身的意義必須完整，明確界定問題，且不需選項之輔助說明。通常一個題意完整的題幹，可被轉化為一簡答題，此概念可視為題幹完整與否的檢核指標。

△ 不佳試題 26：

（　）若有(甲)Ursus americanus；(乙)Homarus americanus；(丙)Prunus wume；(丁)Prunus persia，下列敘述何者正確？

(1)甲乙關係最近　(2)丙丁關係最近

(3)甲乙同種亦同屬　(4)丙丁同屬故同種

說明：試題題幹意義應完整、清晰界定問題。

◎ 較佳試題 26：

（　）有甲、乙、丙、丁四生物，其學名如下：(甲)Ursus americanus；(乙)Homarus americanus；(丙)Prunus wume；(丁)Prunus persia，下列敘述何者正確？

(1)甲乙關係最近　(2)丙丁關係最近

(3)甲乙同種亦同屬　(4)丙丁同屬故同種

△ 不佳試題 27：

（　）西周立國之初，與東周時代秦國向外擴張的目標都是

(1)東進　(2)西進　(3)南進　(4)北進

說明：試題題幹不夠清晰完整。

◎ 較佳試題 27：

（　）西周立國之初，與東周時代的秦國，向外擴張的目標都是朝哪個方向前進？

(1)東　(2)西　(3)南　(4)北

△ 不佳試題 28：

（　）試找出與「臨渴掘井」這句成語結構相同詞語？

(1)因循怠惰　(2)繁絃急管　(3)口誅筆伐　(4)斷章取義

說明：試題題幹不夠清晰，應該加上詞性結構的說明。

◎ 較佳試題 28：

（　）「臨渴掘井」的詞性結構是「動詞＋名詞＋動詞＋名詞」，下列何者詞性結構與之相同？

(1)因循怠惰　(2)繁絃急管　(3)口誅筆伐　(4)斷章取義

△ 不佳試題 29：

（　）中國人種是起源於？

(1)遼河流域　(2)長江流域　(3)黃河流域　(4)珠江流域

說明：此題題幹意義不夠完整，雖四個選項均有「流域」，然因其為專科術語故仍置於選項。

◎ 較佳試題 29：

（　）中國人起源於什麼流域？

(1)遼河流域　(2)長江流域　(3)黃河流域　(4)珠江流域

四、試題題幹應僅提出一個明確概念

選擇題較是非題具有診斷功能，但前提是試題僅呈現一個重要的概念或問題。若包括一個以上的問題不僅增加題目複雜性、題目長度，更會降低診斷的價值。

△ 不佳試題 30：

（　）我國氣候上的分界線，也是我國地理上的分界線是什麼地方？

(1)青康藏高原　(2)秦嶺、淮河　(3)蒙古高原　(4)喜瑪拉雅山

說明：此題考氣候與地理分界線兩個概念，宜挑其中一個作為題幹。

◎ 較佳試題 30：

（　）我國氣候上的分界線是什麼地方？

(1)青康藏高原　(2)秦嶺、淮河　(3)蒙古高原　(4)喜瑪拉雅山

五、以簡短、清晰用詞陳述試題題幹

試題題幹旨在溝通題意，而非以複雜用字或句型結構來考學生語文閱讀能力。教師應讓學生以最短時間看懂題意，以簡短、清晰的用詞來陳述試題題幹。

△ 不佳試題 31：

（　）一般而言，觀察天氣的變化，應將注意力重心放在什麼變化？

(1)時間　(2)溫度　(3)雲量　(4)方位

說明：此題題幹可再予以簡化。

◎ 較佳試題 31：

（　）觀察天氣變化應注意什麼變化？

(1)時間　(2)溫度　(3)雲量　(4)方位

△ 不佳試題 32：

（　）日常生活中，我們常見的汽車、摩托車、腳踏車輪子都有一層充氣的橡皮，它的功能是：

(1)控制方向　(2)減緩車子行進的速度

(3)降低車子行進間的震動　(4)裝飾外觀

說明：此題題幹可再予以簡化，並可將「不完全敘述句」改為「直接問句」。

◎ 較佳試題 32：

（　）汽車、摩托車、腳踏車的輪子有一層充氣的橡皮，它的功能為何？

(1)控制方向　(2)減緩速度　(3)降低震動　(4)裝飾外觀

六、盡可能以正面、肯定字詞來敘述試題題幹

學校教育多強調正面、重要、適當或最好的概念，教導學生運用原理原則解決問題的正向學習結果，較少教導負面、不重要、不當或最差的負向學習結果，因此，負面或否定字詞較容易被學生忽略。

△ 不佳試題 33：

（　）下列哪一項不是華中地區的特色？

(1)水利發達　(2)土壤肥沃　(3)雨水充足　(4)地多高原

說明：此題用反面敘述，可改為正面敘述較能直接測出學童的學習結果。

◎ 較佳試題 33：

（　）下列哪一項是華中地區的特色？

(1)河道狹窄　(2)土壤貧瘠　(3)雨水充足　(4)地多高原

七、題幹避免使用否定句，若需採用宜強調否定字詞

通常教師運用否定句來敘述題幹係易於編製，或為測量某些重要的學習結果，如考試不可作弊，或坐車不可將頭手伸出車外，否定句敘述有其必要性。然若題幹必須使用否定、負向字詞時，宜在此字詞下畫底線、加粗或特別予以標出，並盡可能放在題幹後面以引起學生注意。

△ 不佳試題 34：

（　）下列哪一項不是吃它的種子？

(1)西瓜　(2)花生　(3)綠豆　(4)蠶豆

說明：此題反面字未予強調，宜用引號、底下畫線或其他符號予以強調；且此題題幹的「它」不夠明確，可改為植物。

◎ 較佳試題 34：

（　）我們通常「不吃」下列哪一種植物的種子？

(1)西瓜　(2)花生　(3)綠豆　(4)蠶豆

△ 不佳試題 35：

（　）下列何者非新石器時代文化的特徵？

(1)鐵器使用很普遍　(2)會用火燒製陶器

(3)開始懂得生產食物　(4)使用磨製石器

說明：非新石器時代，「非」字宜用引號、底下畫線或其他符號予以強調。

◎ 較佳試題 35：

（　）下列何者「非」新石器時代文化的特徵？

(1)鐵器使用很普遍　(2)會用火燒製陶器

(3)開始懂得生產食物　(4)使用磨製石器

八、所有選項語法應力求一致

為避免提供學生解題線索，教師命題時應讓所有選項的語法一致，如所有選項均動詞開始或均加上定冠詞，且選項敘述應與試題題幹相互呼應。

△ 不佳試題 36：

（　）下列哪一項是華中地區的特色？

(1)狹窄河道　(2)土壤貧瘠　(3)雨水相當充足　(4)水利非常發達

說明：此題四個選項的語法差異甚大，宜將語法統一。

◎ 較佳試題 36：

（　）下列哪一項是華中地區的特色？

(1)河道狹窄　(2)土壤貧瘠　(3)雨水充足　(4)水利發達

△ 不佳試題 37：

（　）哪一組「　」中的字意思相同？

(1)不「盡」相同／交友的好處是說不「盡」的

(2)天氣「悶」熱／心情煩「悶」

(3)「以」箸刺之／「以」屐齒蹍之

(4)充耳不「聞」／孤陋寡「聞」

說明：四個選項力求一致；(3)選項是文言文，宜改為白話文。

◎ 較佳試題 37：

（　）下列哪一組「　」中的字意思相同？

(1)不「盡」相同／訴說不「盡」　(2)天氣「悶」熱／心情煩「悶」

(3)視若無「睹」／一「睹」為快　(4)充耳不「聞」／孤陋寡「聞」

九、盡可能將各選項共同字詞放在題幹中

試題選項應避免重複相同的字詞，以減少學生閱讀時間與提高題意清晰度。然並非選項共同的字詞均必須放在題幹中，若係專有名詞或學科術語，將共同字詞放在題幹可能造成無法理解選項意義。

△ 不佳試題 38：

（　）地球的歷史已有幾年之久？　(1) 26 億年　(2) 46 億年　(3) 36 億年　(4) 56 億年

說明：此題四個選項均有「億年」，將此詞放在題幹中；選項有邏輯順序時，除非比較大小，否則須依大小順序排列；且選項應置於題幹下另成一行。

◎ 較佳試題 38：

（　）地球的歷史已經有幾億年之久？

(1) 26　(2) 36　(3) 46　(4) 56

△ 不佳試題 39：

（　）蕨類和蘚苔類是以下列何者作為其分類依據？

(1)花的有無　(2)維管束的有無　(3)種子的有無　(4)葉綠體的有無

說明：盡可能將各選項共同字詞放在題幹中。

◎ 較佳試題 39：

（　）蕨類和蘚苔類是以何種構造的有無作為其分類依據？

(1)花　(2)維管束　(3)種子　(4)葉綠體

△ 不佳試題 40：

（　）原子、原子核、質子、中子、電子五種粒子中，其中帶電的有幾種？

(1) 3 種　(2) 2 種　(3) 4 種　(4) 1 種

說明：各選項共同字詞放在題幹中，答案選項的數字宜按大小順序排列。

◎ 較佳試題 40：

（　）原子、原子核、質子、中子、電子五種粒子中，其中帶電的有幾種？

(1) 4　(2) 3　(3) 2　(4) 1

△ 不佳試題 41：

（　）地表上海洋的面積約占多少？

(1)百分之十　(2)百分之七十　(3)百分之五十　(4)百分之九十

說明：各選項共同字詞放在題幹中，答案選項的數字宜按大小順序排列。

◎ 較佳試題 41：

（　）地表上海洋的面積約占百分之多少？

(1) 10　(2) 50　(3) 70　(4) 90

十、標準答案必須是正確或最佳的答案

選擇題的答案分為正確答案、最佳答案兩類，正確答案係數個選項中有一個正確，其餘為錯誤選項；最佳答案乃數個選項均正確，但其中最正確者為答案。題幹必須避免模稜兩可，主題避免爭議，思考向度必須明確，方能避免答案引起爭議。

△ 不佳試題 42：（社會　三下）

（　）臺灣現在最嚴重的社會問題是？

(1)交通　(2)治安　(3)環境汙染　(4)文盲

說明：此題僅就三下社會課本論點答案為環境汙染，但若不依此論點，答案有可能是交通或治安，故為免爭論且使題幹更為完整，宜將題目修改。

◎ 較佳試題 42：

（　）下列哪一項是臺灣現在最嚴重的社會問題？

(1)醫療不足　(2)人口外移　(3)環境汙染　(4)文盲

十一、避免提供選擇正確答案或刪除不正確答案之線索

試題中不當使用字詞易於提供學生選擇正確答案或刪除不正確答案（誘答）的線索，以下線索宜予以避免：(1)若題幹與正確答案使用相同字詞，學生可能會視為正確答案。(2)選項運用絕對性敘述或相對性敘述，通常絕對性敘述為不正確答案，相對性敘述為正確答案。(3)選項長度過長或過短，過長或過短者學生常視為正確答案。(4)選項使用教科書的特殊用語，數個選項中若有一個運用特殊術語通常會引起學生注意，作為解題的線索。(5)兩選項的意義過於接近，此現象若非於複選題出現，因答案只有一個，故此兩選項均為不正確答案。

△ 不佳試題 43：

（　）固體遇熱熔化為液體的現象，稱為？

(1)凝結　(2)蒸發　(3)熔化　(4)凝固

說明：題幹中的「熔化」與正確答案的「熔化」存在解題線索。

◎ 較佳試題 43：

（　）冰塊從冰箱裡拿出來，放在陽光下會變成水，這種變化稱為下列哪一種現象？

(1)凝結　(2)蒸發　(3)熔化　(4)凝固

△ 不佳試題 44：

（　）根據調查，全臺四十多座水庫，每四座就有一座水庫的淤沙量已超過水庫蓄水量的一半。由此可知，欲解決臺灣水資源不足的根本之道是：

(1)多建水庫　(2)適度限水　(3)多行人造雨　(4)做好水庫區內的水土保持

說明：選項長度盡量接近，減少解題線索，以避免作答者猜題。

◎ 較佳試題 44：

（　）根據調查，全臺四十多座水庫，每四座就有一座水庫的淤沙量已超過水庫蓄水量的一半。由此可知，欲解決臺灣水資源不足的根本之道是：

(1)多建水庫　(2)適度限水　(3)多行人造雨　(4)做好水土保持

十二、提高誘答似真性與吸引力

選擇題優劣的主要關鍵在於誘答是否能吸引未具備應有知識的學生，Linn與Gronlund（1995, p. 193）建議，教師撰寫誘答應掌握下列原則：(1)使用學生最常犯的錯誤；(2)使用與題幹有關，看起來很重要的字詞，如重要的、精確的堂皇字詞，但不宜過度使用；(3)使用與題幹語法相關聯的字詞；(4)使用課本的語言或其他凸顯事實的措辭；(5)使用可能因學生誤解或粗心而引起的錯誤答案，例如忘了將單位轉換；(6)使用與正確答案具同質性、相似的內容作為誘答；(7)使用與題幹形式類似、文法一致的誘答；(8)誘答在長度、字詞、句型、複雜性思考均應與正確答案相似。

△ 不佳試題 45：

（　）加拿大的首都是？

(1)巴黎　(2)南京　(3)倫敦　(4)渥太華

說明：此題四個選項只有渥太華是在加拿大境內，其餘均為他國首都，未具誘答力。

◎ 較佳試題 45：

（　）下列哪一個都市是加拿大首都？

(1)蒙特利爾　(2)多倫多　(3)溫哥華　(4)渥太華

△ 不佳試題 46：

（　）第十一任中華民國總統、副總統選舉，由哪一個政黨以 0.228 個百分點險勝？

(1)民進黨　(2)國民黨　(3)親民黨　(4)雞毛黨

說明：雞毛黨此選項較不具誘答力，應改為台聯黨，以提高誘答力。

◎ 較佳試題 46：

（　）第十一任中華民國總統、副總統選舉，由哪一個政黨以 0.228 個百分點險勝？

(1)民進黨　(2)國民黨　(3)親民黨　(4)台聯黨

十三、選項長度接近以減少解題線索

Linn與Gronlund（1995）指出，誘答在長度、字詞、句型、複雜性思考均應與正確答案相似，若誘答的長度明顯較正確答案過長或過短，均可能引起學生注意，增加解題線索，因此，選擇題每個選項的長度應盡量接近。

△ 不佳試題47：

（　）「神態自若」是形容什麼樣的表情？

(1)神情和態度像平常一樣，毫不緊張　(2)儀態大方

(3)相貌美好　(4)神情得意

說明：此題正確答案的長度最長，為避免提供解題線索，可將各項選項長度改為相同長度。

◎ 較佳試題47：

（　）「神態自若」可形容下列哪一種表情？

(1)鎮定　(2)慌亂　(3)煩惱　(4)氣憤

△ 不佳試題48：

（　）人類也是這個大自然的一部分，請問關於人類和自然生態平衡的敘述，何者正確？

(1)人類為了增加自己的居住空間和糧食，大量開發土地與海洋，常使其他生物失去生存的空間和食物，但為了人類福祉這種行為是正確的

(2)海洋資源是無限的，陸地上的資源更是無窮，因此人類可以多加利用，不用擔心

(3)人類的科技能力，若使用不當，會傷害生態環境

(4)人類破壞生態環境的行為，會影響到其他生物的生存，但不會威脅到人類自己的生存

說明：正確答案的選項長度，明顯少於誘答，已提供解題線索。

◎ 較佳試題48：

（　）人類是大自然的一部分，請問下列關於人類和自然生態平衡的敘述，何者正確？

(1)人類為了增加居住空間和糧食，可以大量開發土地與海洋

(2)海洋資源是無限的，因此可以多加利用

(3)人類的科技能力，若使用不當，會傷害生態環境

(4)人類破壞生態環境的行為，不會威脅到人類的生存

十四、謹慎使用「以上皆是」或「以上皆非」

「以上皆是」、「以上皆非」選項易提供解題線索，原因如下：(1)學生發現有兩個選項正確就會主動跳選「以上皆是」；(2)發現兩個選項錯誤就會主動跳選「以上皆非」；(3)發現一個錯誤即可排除「以上皆是」；(4)發現一個正確即可排除「以上皆非」。若選項使用「以上皆是」、「以上皆非」，大部分只能測量學生部分知識，而無法充分發揮診斷功能。「以上皆非」偶爾會用於計算形式、語文拼字的選擇題，以防止學生未完成整個計算過程即估計正確答案，或不了解字詞而逕行猜測之失。「以上皆是」偶爾用於測量學生對錯誤答案的認知能力。若教師編擬選項只缺一個時，應避免使用「以上皆是」、「以上皆非」，而應以其他試題類型來取代選擇題。

△ 不佳試題 49：

(　) 圓周率的單位是什麼？

(1)公尺　(2)平方公尺　(3)公分　(4)以上皆非

說明：圓周率本身無單位，故直接以「無」為答案較「以上皆非」為佳。

◎ 較佳試題 49：

(　) 圓周率的單位是什麼？

(1)公尺　(2)平方公尺　(3)公分　(4)無

十五、正確答案宜隨機排列，出現次數盡量相同

為避免學生猜測，教師命題時必須考慮正確答案出現在各選項的位置應隨機排列，避免出現邏輯順序或暗示線索；且正確答案出現次數應盡量相同，避免某項出現太多或太少。

△ 不佳試題 50：

(1) 陰天和雨天相同的地方是，天空有什麼？

(1)雲　(2)雨　(3)太陽

(2) 用什麼測量氣溫的冷和熱最準確？

(1)雲　(2)溫度計　(3)太陽

（ 3 ）溫度計上的紅色區域是代表怎樣的溫度？

(1)溫　(2)冷　(3)熱

（ 1 ）哪一種果汁的顏色是紫色的呢？

(1)葡萄　(2)檸檬　(3)鳳梨

（ 2 ）哪一種水果的果汁是紅色的？

(1)檸檬　(2)西瓜　(3)鳳梨

（ 3 ）哪種果汁嚐起來酸酸的？

(1)木瓜　(2)西瓜　(3)檸檬

說明：上述六題答案與邏輯順序，宜以隨機方式排列。

◎ 較佳試題 50：

（ 2 ）用什麼測量氣溫的冷和熱最準確？

(1)雲　(2)溫度計　(3)太陽

（ 3 ）下列哪一種果汁嚐起來酸酸的？

(1)木瓜　(2)西瓜　(3)檸檬

（ 3 ）溫度計上的紅色區域是代表怎樣的溫度？

(1)溫　(2)冷　(3)熱

（ 1 ）哪一種果汁的顏色是紫色的？

(1)葡萄　(2)檸檬　(3)鳳梨

（ 2 ）哪一種水果的果汁是紅色的？

(1)檸檬　(2)西瓜　(3)鳳梨

（ 1 ）陰天和雨天相同的地方是，天空有什麼？

(1)雲　(2)雨　(3)太陽

十六、以改變試題題幹或選項來調整難度

有些教師為提高試題難度，將試題模糊化、增加試題長度，或增加試題概念，此做法均違反命題原則。欲調整試題難度的有效策略乃提高選項的誘答力或改善題幹的敘述方式。

△ 不佳試題 51：

（　）濃厚龐大的雲塊，垂直發展非常旺盛，底部非常黑暗，頂部像山岳或高塔，這是什麼雲？

(1)卷雲　(2)卷層雲　(3)雨層雲　(4)積雨雲

說明：上述(1)到(3)的選項均是晴天的雲，只有正確答案(4)是陰雨天的雲，似可改變選項來調整難度。下題四個選項均為陰雨天的雲。

◎ 較佳試題 51：

（　）什麼雲會帶來閃電、雷聲和大雨？

(1)層雲　(2)高層雲　(3)雨層雲　(4)積雨雲

十七、測驗中每個試題需彼此獨立

有些教師編擬的測驗試題前面恰為後面的解題線索，此種方式若能於審查試題時更加謹慎，通常可以篩選，並予改善。有些試題之前後兩題為連鎖題，此種方式可另成一題組加以改善。

△ 不佳試題 52：

看注音填國字：

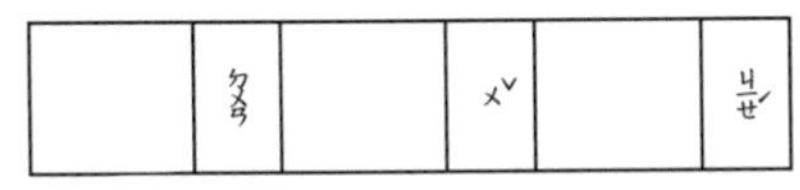

（　）端午節是在農曆幾月幾日？

(1)五月五日　(2)八月十五日　(3)九月十五日

說明：此兩題並未彼此獨立，且第二題恰為第一題答案。

△ 不佳試題 53：

（　）某數的 6 倍是 144，某數是多少？

(1) 14　(2) 24　(3) 144　(4) 864

（　）承上題，某數的 4 倍是多少？

(1) 56　(2) 96　(3) 576　(4) 3456

說明：此兩題形成一題組，或可將兩題組化為應用題。

十八、謹慎使用多重選擇題

國內過去大學聯招使用之多重選擇題，並輔以答錯倒扣的計分策略，此法為提高測驗複雜性、減少猜測機率、警告學生勿濫用猜測。然多重選擇題對國中、國小學生並不適切，因幾乎所有參加聯招考生均對多重選擇題中未知的正確答案數、倒扣的陰影倍感壓力。一般教師的學習評量可用其他試題類型來取代多重選擇題。

△ 不佳試題 54：

（　）下列何者屬於生物防治的技術範圍？

(甲)果農將寄生蜂寄生在東方果實蠅的幼蟲中，以減少東方果實蠅的數量；(乙)花農放養瓢蟲，以捕食吃花蜜的蚜蟲；(丙)菜農使用農藥，以減少菜園中的病蟲害。

(1)甲、乙、丙　(2)甲、乙　(3)甲　(4)丙

說明：此題可考單選題，就不用考多重選擇。

◎ 較佳試題 54：

（　）下列何者「不屬於」生物防治的技術範圍？

(甲)果農飼養寄生蜂，以減少東方果實蠅的數量。

(乙)花農放養瓢蟲，以捕食吃花蜜的蚜蟲。

(丙)菜農使用農藥，以減少菜園中的病蟲害。

(丁)菜農使用蘇力菌，以減少吊絲蟲對白菜的危害。

(1)甲　(2)乙　(3)丙　(4)丁

△ 不佳試題 55：

（　）下列四個數中何者是假分數？

(1) 5/6　(2) 8/7　(3) 4/3　(4) 4/9

說明：此題答案有兩個，可更改題目為唯一答案。

◎ 較佳試題 55：

（　）下列四個數中何者是假分數？

(1) 5/6　(2) 8/7　(3) 3/4　(4) 4/9

十九、若其他試題類型更適合時，別用選擇題

選擇題雖然適於評量各種不同認知層次的學習結果，頗多教師喜歡運用選擇題。但教師選擇試題類型不應有先入為主的觀念，應衡量測驗目的、教學目標與教材內涵，選擇試題內涵後再選取較佳的試題類型。若試題內涵只有兩種可能答案，是非題較適合；若有足夠同質性的試題，且每題可用誘答甚少時，配合題較佳；若數學或自然科學的解決策略，申論題較佳；若實驗操作或體育各項動作歷程，實作評量較佳。因此，各項試題類型的選擇，應謹慎為之。

二十、有更好理由可打破上述規則

上述選擇題的十九項規則，係供初學者編擬選擇題、教師提高測驗品質之參考，若教師已精熟上述原則，或遇到規則以外的特例時，可將上述原則所呈現「人性化、學生中心、易於理解、易於閱讀、減少解題線索」之精神，加以修改或變化，以編製出富有創意、更趣味化、更生活化的試題。但是，欲打破上述原則必須提出更好的理由來說服他人，而非違反「人性化、學生中心、易於理解、易於閱讀、減少解題線索」之精神。

二十一、編擬後檢核試題提高品質

Linn與Miller（2005, p. 207）設計「選擇題檢核表」，作為逐一檢核選擇題適切性的依據，表中檢核項目包括下列十六項：

1. 選擇題是否為最適當的試題類型？
2. 每個試題題幹是否均為有意義問題？
3. 每個試題題幹是否均能避免不相關資訊？
4. 每個試題題幹是否以正面敘述或謹慎適切運用負面敘述？
5. 若使用否定句是否特別強調否定敘述？
6. 選項與題幹之間的文法結構是否一致？
7. 選項答案是否精簡且避免不必要的敘述？
8. 選項的長度及形式是否一致？
9. 答案是否僅有一個正確答案或明確最佳答案？
10. 誘答對尚未精熟學習的學生是否合理可信？

11. 試題是否提供解題線索？
12. 詞語選項是否依筆畫或字母順序排列？
13. 數字選項是否依數字順序排列？
14. 選項是否能避免或謹慎適切運用「以上皆非」及「以上皆是」的選項？
15. 如需修正，試題是否仍與預期學習結果一致？
16. 試題設計完成後是否有時間再次檢查？

貳、是非題編製原則

是非題係要求學生選擇兩個可能答案中的一個，判斷真或假、對或錯、正確或不正確、是或不是、事實或意見、同意或不同意類似的答案。是非題主要在測量知識學習成果，評估學生分辨事實對錯能力、辨別定義正確能力、解釋原則能力，及辨別因果關係的能力。是非題為發揮功能必須使題意明確，沒有暗示性線索、減少猜測敏感度、較低真實性，與降低普遍價值。

是非題用來區別事實與意見、原因與結果、迷信與科學、有關與無關的訊息、正當與不正當結論等情形頗為有效，且易於命題頗適合多數教材內容、計分迅速客觀，學生能在短時間內可以回答較多題目，簡單判斷學生學習結果。缺點乃作答易受猜測因素影響，僅能評量知識的學習結果，試題鑑別力較選擇題差，學生易受反應心向影響，且若題意模糊或具暗示線索，易流於繁瑣或誤導。有關是非題的編製原則如下：

一、每題僅包括一個重要概念，避免出現兩個以上概念

是非題最常犯的命題缺失乃一題常出現兩個以上概念，除非測量因果關係的題目，否則是非題應避免一個題目中有兩種概念。若學生答錯包含兩個概念的是非題，教師將難以判斷是第一個概念錯、第二個概念錯，或兩個概念都錯，因此，包含兩個概念的題目最好分成兩個題目。如不佳試題 56、不佳試題 57 乃「一題出現兩個概念」錯誤，宜更正為較佳試題 56、較佳試題 57。

△ 不佳試題 56：

（○）「米飯」屬於六大類食物中的五穀根莖類，「紅蘿蔔」則是屬於蔬菜類。

說明：此題包括兩個概念，可將此題拆成下列兩題。

◎ 較佳試題 56：

（○）「米飯」屬於六大類食物中的五穀根莖類。

（○）「紅蘿蔔」屬於六大類食物中的蔬菜類。

△ 不佳試題 57：

（○）鴉片戰爭前，我國採閉關自守政策，而鴉片戰爭後則有自強運動和維新運動。

說明：此題包括三個概念，可將此題拆成下列三題。

◎ 較佳試題 57：

（○）鴉片戰爭前，我國採閉關自守政策。

（○）鴉片戰爭後，我國有自強運動。

（○）鴉片戰爭後，我國有維新運動。

二、敘述力求簡潔、明確，避免使用複雜的句型結構

教師命題時，應避免冗長且複雜的句型，因長且複雜的句型涉及閱讀理解能力，除非此為測驗目的，否則不宜使用複雜句型。命題宜刪除題目多餘文字使得題目縮短及簡單化。

△ 不佳試題 58：

（○）將浸溼的鋼棉球放在空氣中，就能使鋼棉球生出棕橘色且易碎的物質。浸醋的鋼棉球比浸水的鋼棉球易生鏽。

說明：此題句型過於複雜，且有再教育學生之誤，宜予簡化。

◎ 較佳試題 58：

（○）浸醋的鋼棉球比浸水的鋼棉球易生鏽。

三、盡量少用否定敘述，尤其要避免雙重否定敘述

教師命題時，應避免使用否定的敘述，尤其是雙重否定，因雙重否定會造成閱讀困擾，致無法評估答錯係學生觀念錯誤或不了解題意。若必須使用「否定字」，應該畫底線或以強調字體表示，學生才不至於漏看。

△ 不佳試題59：

（○）吸毒的行為不但不應該做，也不會不影響健康。

說明：此題運用兩處雙重否定敘述，宜予修改。

◎ 較佳試題59：

（○）吸毒的行為，會影響健康。

四、答案應避免引起爭議

國內常見是非題答案引起之爭議，尤其是題意不清時，學生思維向度若與教師不同，學生答案通常被視為錯誤，使得學生考試時不得不用心揣摩教師想法。因此，題意清晰並指出來源或根據係避免答案爭議的重要原則。

△ 不佳試題60：

（×）下課了，小朋友到草地上遊戲。

說明：基於愛護草皮的環保概念，此題似會引起爭議，宜將草地改為運動場。

◎ 較佳試題60：

（○）下課了，小朋友到運動場上遊戲。

五、試題敘述避免含混不確定的文字、數量語詞

試題敘述應具體明確，避免模糊不清的敘述，不僅可避免答案爭議，亦可節省學生作答時間。呈現文字敘述若能量化宜具體提出數據，如「臺南溫度很熱」不若「臺南夏天溫度約在30度左右」，此句又不如「臺南夏天溫度約在攝氏30度左右」來得明確。且數量若有單位應指出單位，如「小華買一枝5元的鉛筆三枝，應付給老闆多少？」，此句「……多少？」應改為「……多少元？」。

△ 不佳試題61：

（○）從北斗七星的位置延長5倍可以找到北極星。

說明：「北斗七星」的位置並不明確，宜指出「北斗七星斗口兩顆星」。

◎ 較佳試題61：

（○）從北斗七星斗口兩顆星的距離延長5倍即可以找到北極星。

六、試題文句需重新組織，避免直接抄錄課本的文句

教師命題若直接抄錄課本文句，或僅修改一、二字，甚易引導學生死背課本教材，而忽略更高層次的學習策略。教師宜就課本內容予以重新組織、統整的方式來敘述試題。

△ 不佳試題62：

（○）當前我們所面臨的時代，是一個偉大而動盪的時代。

說明：此題直接抄錄課本，宜重新組織。

◎ 較佳試題62：

（○）目前我們正處於動盪多變的時代。

七、意見敘述必須指出來源或根據

要求學生評價事實敘述若無客觀證據，學生將缺乏事實基礎而難以決定對錯，因此，是非題的敘述必須指出來源或根據。

△ 不佳試題63：

（○）感染病菌會引起白喉症。

說明：感染病菌未必引起白喉症，為求明確可做下列修改。

◎ 較佳試題63：

（○）白喉是由病菌的感染而引起的。

八、避免使用含有暗示作答的線索

修飾語常為提供暗示作答的線索，如：通常、可能、大概、也許、時常、有時候等相對性修飾詞，具有「對」的傾向。如：總是、從未、全都、一定、沒

有、只有等絕對性修飾詞，具有「錯」的傾向。

△ 不佳試題 64：

（○）風力通常以大、小兩個等級來表示為原則。

說明：「通常」具有暗示正確的線索。

◎ 較佳試題 64：

（○）風力以大、小兩個等級來表示。

九、兩種答案的題數應有適當比例，且採隨機方式排列

是非題對的題數、錯的題數數目應盡量相同，最好的比例在四比六之間，以減少學生做出習慣對或錯的反應心向。答案出現的順序宜隨機排列，不應出現邏輯順序，避免容易被學生猜測。

△ 不佳試題 65：

（○）位置是由上下、左右、前後等方向來表明。

（○）溜滑梯是由上往下滑的。

（○）嘴巴長在鼻子的下面。

說明：此三題均為對，宜作調整。

◎ 較佳試題 65：

（○）位置是由上下、左右、前後等方向來表明。

（○）溜滑梯是由上往下滑的。

（×）嘴巴長在鼻子的上面。

十、編擬後檢核試題提高品質

Linn與Miller（2005, p. 180）設計「是非題檢核表」，作為逐一檢核是非題適切性的依據，表中檢核項目包括下列十二項：

1. 是非題是否為最適當的試題類型？
2. 答案能否清楚地判斷，不致引起爭議？
3. 試題能否避免絕對或相對敘述之解題線索？
4. 試題是否具體明確？
5. 否定敘述能否盡量少用，且避免雙重否定敘述？

6. 試題敘述語句是否簡單明瞭？
7. 評價性試題是否指出來源或根據？
8. 對與錯的試題長度是否盡量相同？
9. 對與錯的試題數目是否接近？
10. 答案對錯是否隨機排列，且避免學生猜測？
11. 如需修正，試題是否仍與預期學習結果一致？
12. 試題設計完成後是否有時間再次檢查？

參、配合題編製原則

配合題均有片語、文字、數目或記號剛好配合的兩個欄，其中呈現問題的欄稱前提（premises）或題幹，被選的欄稱反應項目（response）或選項，學生任務係連結題幹與選項的邏輯關係或辨別題幹與選項的關係，依據其連結或分辨兩者關係的能力來評定學習結果。配合題和選擇題頗為類似，若多組選擇題的選項具同質性時，以配合題取代選擇題較佳。

幾種常見的重要關係例子為：(1)人物與成就配合；(2)時間與歷史事件配合；(3)時期與定義配合；(4)法規與例子配合；(5)記號與概念配合；(6)作者與書名配合；(7)外國文字與英文同意義配合；(8)機器與使用法配合；(9)植物動物與分類配合；(10)信念與說明配合；(11)目標與目標名稱配合；(12)組織部分與功能配合。

配合題試題簡潔能在短時間測量相當多有關的訊息，較申論題計分容易、迅速與客觀，較是非題、填充題的題意清晰，較是非題不受猜測與反應心向影響。但配合題的缺點為：受限於題幹與選項同質性，僅能測關聯性記憶知識或機械性背誦知識等認知層次較低的學習結果，若選項較少或編製不佳時仍易受猜測因素影響。有關配合題的編製原則如下：

一、每道配合題中各個題幹或選項必須具同質性

配合題最常犯的命題缺失乃各個題幹或選項非同質。同質性具程度差異，教師宜評估題幹間或選項間的邏輯關係，方能提供同質性較高的題幹、選項。如不佳試題 66 乃犯「題幹或選項均非同質」缺失，宜更正為較佳試題 66。

△ 不佳試題 66：

下列是有關民國初年的事件，請將右邊答案的代號填在適當的括號中。

（　）1. 興中會之革命軍旗是何人所設計？　　ㄅ、袁世凱　　ㄈ、段祺瑞

（　）2. 光緒三十一年整合各革命力量的組織？　　ㄆ、陸皓東　　ㄉ、中華民國約法

（　）3. 護法運動中所欲維護的是何種法令？　　ㄇ、宋教仁　　ㄊ、同盟會

說明：此題之題幹、選項同質性均不高。

◎ 較佳試題 66：

下列是有關民國初年的事件，請將右邊答案的代號填在適當的括號中。右邊的答案只能選一次。

（　）1. 興中會之革命軍旗是何人所設計？　　ㄅ、袁世凱

（　）2. 民國初年極力主張內閣制者為誰？　　ㄆ、陸皓東

（　）3. 民國初年稱帝者為誰？　　ㄇ、宋教仁

ㄈ、段祺瑞

△ 不佳試題 67：

下列是有關清朝的事件，請將皇帝的年號代號填在適當的括號中。

（　）1. 鴉片戰爭　　ㄅ、康熙　　ㄊ、咸豐

（　）2. 維新運動　　ㄆ、雍正　　ㄋ、光緒

（　）3. 恰克圖條約　　ㄇ、乾隆

（　）4. 尼布楚條約　　ㄈ、同治

（　）5. 武昌起義　　ㄉ、道光

說明：此題之題幹同質性不高，題幹分兩行排列宜整理成一行。

◎ 較佳試題 67：

下列是清朝皇帝和簽訂條約之關係，請將皇帝的年號代號填在適當的括號中。右邊的答案只能選一次。

（　）1. 南京條約　　ㄅ、康熙

ㄆ、雍正

（　）2. 辛丑條約　　ㄇ、乾隆

（　）3. 恰克圖條約　　ㄈ、同治

（　）4. 尼布楚條約　　ㄉ、道光

ㄊ、咸豐

（　）5. 中英法天津條約　　ㄋ、光緒

二、選項數目應多於題幹，且指出選項被選次數

國內常見選項數目與題幹數目相同，且每個選項被選一次幾乎已為共識，使得學生縱使不知最後一個題幹的選項，亦可正確推知。因此，選項數目應多於題幹數目，且指導語中應明確告知選項被選次數，不能讓學生僅賴共識或過去經驗作答。

△ 不佳試題68：

請將姓氏的由來與姓氏相配合。

(　) 1. 國名	ㄅ、池、邱等
(　) 2. 地名	ㄆ、史、師等
(　) 3. 邑（縣）名	ㄇ、卜、巫等
(　) 4. 官名	ㄈ、劉、詹等
(　) 5. 職業名	ㄉ、宋、鄭、陳等

說明：此題題幹與選項數目一樣多，會增加猜對的機會，在上題中學生只要會其中四項，即使第五項全然不知，亦可推知答案。此題未說明選項被選次數，且敘述句較短者宜置於右邊作為選項。此題修正如下：

◎ 較佳試題68：

請將姓氏的由來與姓氏相配合，右邊的答案只能選一次。

(　) 1. 劉、詹等姓	ㄅ、國名
(　) 2. 史、師等姓	ㄆ、地名
(　) 3. 卜、巫等姓	ㄇ、邑（縣）名
(　) 4. 池、邱等姓	ㄈ、官名
(　) 5. 宋、鄭、陳等姓	ㄉ、職業名
	ㄊ、事件名

三、題幹與選項應盡量簡短，較短選項宜條列在題幹右方

配合題的敘述應力求簡潔明確，讓學生能更專注作答，避免冗長敘述造成學生閱讀費時。將敘述較長的那一欄視為題幹放在左邊，將敘述較短視為選項放在右邊，此將有助於提高考試效率，使學生先閱讀較長的題幹，然後快速掃描選項。

△ 不佳試題 69：

下列是上古時代各民族的文化特質，請將各民族的代號填在適當的括號中。

（　）1. 中國	ㄅ、建金字塔
（　）2. 印度	ㄆ、編法典、修運河
（　）3. 埃及	ㄇ、長於法律和建築
（　）4. 希臘	ㄈ、創婆羅門教、佛教
（　）5. 羅馬	ㄉ、甲骨文、青銅器、制禮作樂
（　）6. 巴比倫	ㄊ、建立城邦、文字和藝術發達

說明：選項比題幹長，宜將選項與題幹對換，較長者作為題幹。

◎ 較佳試題 69：

下列是上古時代各民族的文化特質，請將各民族的代號填在適當的括號中。右邊的答案只能選一次。

（　）1. 建金字塔	ㄅ、中國
（　）2. 編法典、修運河	ㄆ、印度
（　）3. 長於法律和建築	ㄇ、埃及
（　）4. 創婆羅門教、佛教	ㄈ、希臘
（　）5. 甲骨文、青銅器、制禮作樂	ㄉ、羅馬
	ㄊ、巴比倫

四、選項宜依邏輯順序排列

為便於學生快速瀏覽選項與避免學生從選項位置尋找解題線索，宜將選項依據邏輯順序排列，如依據數字大小或字母順序排列。

△ 不佳試題 70：

下列是民國年代和軍事大事，請將事情發生年代的代號填在適當的括號中。

（　）1. 西安事變	ㄅ、二十九	ㄊ、二十七
（　）2. 珍珠港事變	ㄆ、二十一	ㄋ、三十一
（　）3. 七七事變	ㄇ、二十四	ㄌ、二十六
（　）4. 一二八事變	ㄈ、二十	ㄍ、二十五
（　）5. 九一八事變	ㄉ、三十	

說明：本題年代宜按時間順序排列，方便學生作答。此題選項過多，且排成兩行，宜予以調整。修正如下：

◎ 較佳試題 70：

下列是民國年代和軍事大事，請將事情發生年代的代號填在適當的括號中。右邊的答案只能選一次。

(　) 1. 西安事變	ㄅ、二十
	ㄆ、二十一
(　) 2. 珍珠港事變	ㄇ、二十五
(　) 3. 七七事變	ㄈ、二十六
	ㄉ、二十七
(　) 4. 一二八事變	ㄊ、三十
(　) 5. 九一八事變	ㄋ、三十一

五、作答指導語必須明確規定和說明

配合題雖然較選擇題可減少重複閱讀，但若作答指導語不夠明確，將造成學生難以作答。作答指導語應將規定、作答方法與有關說明扼要精簡說明，且應避免冗長混亂的說明，減少閱讀無關內容，讓學生以最短時間知道如何作答。

△ 不佳試題 71：

請將下列事件和人名相配合。

(　) 1. 瓦特	ㄅ、發現新大陸
(　) 2. 鄭和	ㄆ、發現好望角
	ㄇ、發明火車
(　) 3. 麥哲倫	ㄈ、三保太監下西洋
(　) 4. 哥倫布	ㄉ、發明蒸汽機
(　) 5. 史蒂芬生	ㄊ、繞行世界一周

說明：題幹與選項的同質性不高，且作答說明未明確規定，指導語宜再加強，更改如較佳試題 71。

◎ 較佳試題 71：

下列是有關發明和發現的事實，請將適當人名的代號填入相關發明或發現的括號中。右邊的答案只能選一次。

（　）1. 發現新大陸	ㄅ、瓦特
（　）2. 發現好望角	ㄆ、哥倫布
（　）3. 發明火車	ㄇ、麥哲倫
（　）4. 發明輪船	ㄈ、狄亞士
（　）5. 發明蒸汽機	ㄉ、達伽馬
	ㄊ、富士敦
	ㄋ、史蒂芬生

六、題幹與選項序號不應相同

編擬配合題時，若題幹、選項序號相同，甚易造成學生混淆，兩者序號不應相同，如將題幹冠上數字符號，選項冠上英文字母、注音順序或甲、乙、丙、丁等。

△ 不佳試題 72：

從前臺灣有三大港，請將三大港的所在填入（　）中。

（　）1. 安平	1. 臺北	4. 嘉義
（　）2. 艋舺	2. 臺中	5. 臺南
（　）3. 鹿港	3. 彰化	6. 高雄

說明：選項的代號和題幹相類同，容易混淆。改成如較佳試題 72：

◎ 較佳試題 72：

從前臺灣有三大港，請將三大港的所在填入（　）中。右邊的答案只能選一次。

（　）1. 安平	ㄅ、臺北
（　）2. 艋舺	ㄆ、臺中
（　）3. 鹿港	ㄇ、彰化
	ㄈ、嘉義
	ㄉ、臺南

七、配合題一個完整試題應印在同一頁

配合題一個完整試題包括題幹、選項，應印在同一頁，以避免學生翻來翻去的困擾，並提高管理試題的速度及效率。

八、配對題目以不超過十項為原則

每個配合題試題的每個欄中有四到七個題目是最好，且每個欄以不超過十項為原則，避免過於冗長的閱讀，增加閱讀的困難。

△ 不佳試題 73：

下列名稱各在哪一洲？請將適當號碼填入括號中。

（　）1. 亞洲	ㄅ、白朗峰	ㄋ、尼日河
（　）2. 歐洲	ㄆ、聖母峰	ㄌ、多瑙河
（　）3. 非洲	ㄇ、密士失必河	ㄍ、安地斯山
（　）4. 北美洲	ㄈ、長江	ㄎ、馬達加斯加島
（　）5. 南美洲	ㄉ、檀香山	ㄏ、墨西哥灣
（　）6. 大洋洲	ㄊ、亞馬遜河	

說明：配對項目太多，同質性不高，且需要較長的作答時間。

◎ 較佳試題 73：

下列河流各在哪一洲？請將適當號碼填入括號中。右邊的答案只能選一次。

（　）1. 密士失必河	ㄅ、亞洲
（　）2. 尼羅河	ㄆ、歐洲
（　）3. 長江	ㄇ、非洲
（　）4. 亞馬遜河	ㄈ、南美洲
（　）5. 尼日河	ㄉ、北美洲
（　）6. 多瑙河	ㄊ、大洋洲
	ㄋ、南極洲

九、編擬後檢核試題提高品質

Linn與Miller（2005, p. 184）設計「配合題檢核表」，作為逐一檢核配合題適切性的依據，表中檢核項目包括下列十項：

1. 配合題是否為最適當的試題類型？
2. 題幹、選項是否分別均具同質性？
3. 題幹長度是否多於選項？
4. 選項敘述是否精簡，且置於題幹右邊？

5. 選項是否依據邏輯順序排列？
6. 作答指導語是否明確說明作答方法？
7. 作答說明是否指出選項被選的次數？
8. 每個配合題是否在同一頁？
9. 如需修正，試題是否仍與預期學習結果一致？
10. 試題設計完成後是否有時間再次檢查？

肆、填充題編製原則

學生面對選擇題、是非題、配合題時，只需辨認哪些資訊刺激曾經出現過，屬「再認法」（recognition）的測量方式，而學生面對填充題或簡答題時，必須主動提供答案，屬「回憶法」（recall）的測量方式，一般而言，回憶法的難度高於再認法，且回憶法可能出現錯字、別字的錯誤。

填充題的每個試題會有「正好」的答案，如「中華民國的國父是誰？」，通常要求學生對直接問題或不完整文章提供適當、簡潔明確的字詞、數字或記號，而不是一個充分發揮的文章或冗長的句子。填充題較選擇題編製容易，較選擇題、是非題與配合題難以猜測，適於評量對事物知識與理解的學習結果，適於評量計算問題，適於評量提供簡短答案的科學或數學解決能力之學習結果。然簡答題評分較選擇題、是非題與配合題費時費力，易因錯別字而影響評量結果之診斷，無法運用電腦閱卷，難以評量應用、分析、綜合、評鑑等高層次學習結果。有關填充題的編製原則如下：

一、填充式答案以一個為原則，空格不可太多

填充題最常犯的命題缺失乃空格（答案）太多。若試題有太多空格，其意義將會有所遺落，學生必須猜測教師出題含意，此將難以測量學生真正的學習結果。雖然一些不完全敘述句的填充題似乎可測驗複雜推論能力，但若空格較多可改為簡答題或申論題。

不佳試題 74 中的空格多且不完整，學生必須非常專注，才可能理解題目到底在問什麼。不管學生多了解老師措辭與命題技巧，仍會答錯。不佳試題 74 若改為較佳試題 74 或許較佳，且學生更易於回答。

△ 不佳試題 74：

（　　）會議中確定，（　　）應將自中國強占的領土如（　　）、（　　）、（　　）歸還中國。

說明：空格太多，試題的答案不可太多。

◎ 較佳試題 74：

宣布日本應將自中國強占的領土如東北、臺灣、澎湖等地歸還中國的是什麼會議？（　　　　）

二、試題答案應簡潔、具體、明確

填充題的答案應為一個字、詞、數字或符號，避免冗長的詞句。而且答案應該只有一個，避免引起爭議。

△ 不佳試題 75：

王陽明提出知行合一的道理是：

答：知而不行，只是未知。知即是行，行即是知。

說明：此試題答案除上述外，亦可用其他敘述句表達，且此題答案甚長，不夠簡短。

◎ 較佳試題 75：

「知而不行，只是未知。知即是行，行即是知。」是王陽明所提出的什麼道理？

答：知行合一。

△ 不佳試題 76：

△ABC 中，∠A 的外角為 100°，則∠B＋∠C＝________度。

說明：題幹應力求完整，改為直接問句形式較為易讀易懂。

◎ 較佳試題 76：

△ABC 中，∠A 的外角為 100°，則∠B＋∠C 為多少度？

答：________度。

△ 不佳試題 77：

請寫出下列「　　」內的注音寫出國字，國字寫出注音：

1.「齧」破：　　　　　　2.「仍」下地：

3.「嶔崎」：　　　　　　4.「絢麗」：

說明：上述四題只是單一的詞，敘述不夠明確。

◎ 較佳試題 77：

1. 用牙齒「齧」破：　　　　　　2.「仍」下地以屐齒輾之：

3.「嶔崎」磊落：　　　　　　4. 光彩「絢麗」：

三、問題不應直接抄自教科書或參考書

教科書或參考書的文章通常較長，擷取其中一句來考學生，易出現斷章取義的現象，且易引導學生背誦教材，因此，填充題的題目應重新組織、整理，不應直接抄錄教科書或參考書內容。

△ 不佳試題 78：

山東曲阜是誰的故鄉？（孔子）

說明：直接從教科書上抄來，且題目不夠周詳，答案不只一個，也可填寫別人。

◎ 較佳試題 78：

孔子的故鄉在什麼地方？（山東曲阜）

四、編寫試題「直接問句」較「不完全敘述句」優先

「直接問句」的敘述較自然，較明確告知學生應提供的答案，且與課堂討論之措辭較接近，故考量編寫試題應以「直接問句」優先，只有在運用「不完全敘述句」後更簡潔扼要時，方可採用「不完全敘述句」。

△ 不佳試題 79：

「八二三砲戰」發生於（金門）。

說明：此題採「不完全敘述句」不夠明確，答案可為時間（民國四十七年）或地點（金門）。

◎ 較佳試題79：

民國四十七年「八二三砲戰」在什麼地方發生？（金門）

五、答案必須為問題之重要概念，而非零碎知識

教學旨在引導學生掌握重要的教材內涵，而非背誦零碎的知識。國內有些教師喜歡考學生精確的數字，如「《馬關條約》賠償多少元？」等純粹記憶性的零碎概念，而忽略教材內涵的省思或啟示。因此，填充題的答案應為問題重要概念，而非死背的零碎知識。

△ 不佳試題80：

從前臺灣有（山前）和（山後）之分，是以（阿里山）山脈為界。

說明：空格多，題意不清，且「山前、山後」並非重要概念。

◎ 較佳試題80：

從前臺灣有山前和山後之分，是以什麼為分界依據？（阿里山）

六、答案空格應一致，且盡量將空格留在句子末端

填充題答案空格應一樣長度、一樣大，且答案空格應留在句子末端。若答案空格保持一定長度，空格長度就無法提供暗示線索。答案空格留在句子末端，學生方能看清楚問題後適切回答。

△ 不佳試題81：

三百年前的（安平）是全臺灣第一大港。

說明：空格在句子之中，宜放置在句末。

◎ 較佳試題81：

三百年前，全臺灣第一大港在什麼地方？（　　　　）

七、避免提供作答之線索

填充題答案與其他試題類型均應避免提供作答線索，如空格長度不同、同一試卷隱含答案，或具邏輯一致性。

△ 不佳試題 82：

同盟會歷次起義中，以第十次（黃花崗之役）最慘烈。

說明：「第十次」有提供黃花崗答案線索之嫌。

◎ 較佳試題 82：

同盟會多次起義中，犧牲最慘烈的是什麼之役？（黃花崗）

八、答案若是數字，應指出要求之精確程度和單位名稱

國內教師編擬填充題時，常要求學生提出正確數字，較忽略學生的單位名稱或精確程度。如漏掉重量、身高的精確單位，或數學計算未明確要求學生要算到小數的第幾位。

△ 不佳試題 83：

兄弟二人所有錢數的比是 14：9，二人共有 391 元，請問兄弟各有多少？

說明：「多少？」未指出單位名稱，應改為「多少元？」。

◎ 較佳試題 83：

兄弟二人所有錢數的比是 14：9，二人共有 391 元，請問兄弟各有多少元？

九、編擬後檢核試題提高品質

Linn與Miller（2005, p. 172）設計「填充題檢核表」，作為逐一檢核填充題適切性的依據，表中檢核項目包括下列十二項：

1. 填充題是否為最適當的試題類型？
2. 答案是否為數字、符號、字詞或簡短片語？
3. 是否避免直接抄錄教科書語言？
4. 答案是否只有一個？
5. 答案空格是否一樣長？
6. 答案空格在試題末端嗎？
7. 試題是否有解題線索？
8. 正確程度可以用量化數據表示嗎？
9. 當數字為答案，是否明確指出精確程度或單位名稱？

10. 答案是否力求精簡以減少拼字錯誤？

11. 如需修正，試題是否仍與預期學習結果一致？

12. 試題設計完成後是否有時間再次檢查？

伍、解釋性練習題編製原則

以往學習評量對較複雜、較高層次的認知能力客觀式評量，均賴選擇題，然選擇題評量上述認知能力仍有其限制，因此，測驗專家逐漸改良選擇題而發展「解釋性練習題」（interpretive exercise）。「解釋性練習題」係先提供學生一段文章、一種情境、圖畫、表格或數據等引導資料，後以引導資料為基礎實施一系列的練習。此類試題能測量較複雜、較高層次的認知能力，如確認結論正確性的能力、識別推論的能力、推理因果關係的能力、辨識相關訊息的能力、應用原理原則的能力、使用圖表的能力。

編擬解釋性練習題的關鍵在於所提供的「引導資料」，此資料若係一段或一篇文章乃「閱讀式解釋性練習題」，若係一種情境則為「情境式解釋性練習題」，若係圖畫、表格為「圖表式解釋性練習題」，若係地圖則稱「地圖式解釋性練習題」，若為實驗裝置、方法、過程及實驗結果的解釋則稱「實驗式解釋性練習題」。編擬「引導資料」必須注意下列五項特性（Airasian, 1996）：(1)關聯性：試題必須與教學內容相關，否則就不應使用；(2)類似性：試題內容對學生雖是新的，但均與教學內容相類似；(3)簡潔性：應該給學生足夠資料來回答問題，但內容應力求簡潔；(4)避免解題線索：雖然引導資料解釋、分析如何作答，但應避免提供解題線索；(5)複選性：每個解釋性練習不限一個問題，可讓時間運用更有效率。

Linn與Miller（2005, pp. 210-211）認為解釋性練習題可測量下列能力：(1)應用原理原則的能力；(2)解釋關係的能力；(3)認知與敘述推理的能力；(4)認知資料關係的能力；(5)發展與認知暫時性假設的能力；(6)形成和認知有效結論的能力；(7)認知結論中基本假設的能力；(8)認知資料限制的能力；(9)認知與敘述重要問題的能力；(10)設計實驗步驟的能力；(11)解釋圖表、表格和資料的能力；(12)評鑑論證的能力。

解釋性練習題有下列優點（余民寧，1997；Airasian, 1996; Linn & Gronlund,

1995; Linn & Miller, 2005）：(1)強化學生解釋、分析、應用資料的能力，解釋性練習題先提供引導資料，再要求解釋、分析、應用，此與平日學生接觸表格、圖表、圖畫及其他媒體時，解讀資訊的情況頗類似，有助於身處知識爆炸社會的學生，解讀圖書館資訊與日常生活各項資訊。(2)較選擇題、是非題、配合題、填充題更能測量較複雜、較高層次認知能力，如證明想法或解決問題能力。(3)可診斷複雜學習結果的過程知能，如數學計算之理解力、計算能力、呈現答案能力可逐題測量，自然實驗程序亦可逐一檢核。(4)運用引導資料，作為提供作答與評分的共同標準。(5)引導資料之後的一系列練習（題目）可變化不同試題類型，選擇題、是非題均可運用。(6)計分容易、迅速、客觀，節省人力、物力與時間。

解釋性練習題的限制如下（余民寧，1997；Airasian, 1996; Linn & Gronlund, 1995; Linn & Miller, 2005）：(1)編製困難，不僅適當引導資料難找，且其後緊隨之一系列題目亦難編擬，尤其是解釋性練習題必須與教學內容相類似，使得編擬更顯困難。(2)循環修改頗為費時，引導資料後之一系列題目必須能評估學習成果，編擬過程必須於修正引導資料或修正系列題目間循環，編製時較單一客觀式試題需花更多時間與更高命題技巧。(3)對年齡較小、閱讀能力較差者較不適用，尤其是閱讀式引導資料，對閱讀能力較差的學生將難以測出真正的學習結果，對閱讀能力較差的學生應改為圖表式引導資料。(4)難以測量思考路徑，雖然能評估解決問題的單一歷程，但仍無法評量解決問題整個的思考路徑，如無法了解學生整合思緒與綜合技巧的思路。(5)難以測量創造力、組織能力，此類試題可評估解決問題單一歷程，但對創造力仍有限制；引導資料後之一系列練習常採用選擇題、是非題或填充題，然此試題類型仍無法測量認知等級、定義問題、敘述假設、資訊組織與歸納結論等能力。

編製解釋性練習題的兩個主要工作為「選擇適當的引導資料」和「編擬與引導資料有關的系列題目」，欲提高品質必須掌握下列編製原則（余民寧，1997；Airasian, 1996; Linn & Gronlund, 1995; Linn & Miller, 2005; Miller et al., 2013）：

一、選擇與教學目標有關的引導資料

解釋性練習題旨在評量特定教育與學習成果，而引導資料作為一系列題目的共同基礎，故引導資料的優劣乃能否達到目標的關鍵。若引導資料太簡單，可能成為常識、閱讀能力測量；然若太複雜或與教學目標不相關，可能成為推理能力的測量，此兩極端均應避免。最佳的引導資料乃與課程或教學目標相關的內容，且複雜度足以讓學生在教過的指定教學科目產生心理反應。選擇引導資料必須根據複雜成就評量的重點及各種類型的解釋能力，評量不應限於某類型的解釋。

二、選擇適合學生學習經驗與閱讀能力的引導資料

許多複雜的學習成果可用不同型態的引導資料來評估、確認結論正確性的能力。如使用書寫的資料、表格、圖表、繪圖、地圖或者相片來評量，使用資料類型必須是學生熟悉者，方不致妨礙學生證明其複雜學習的成果。若學生無繪圖測驗的經驗，卻以繪圖的引導資料測量學生應不適切。若學生對各種資料類型均有經驗時，不需閱讀能力的資料較佳，圖表資料最受國小低年級學生歡迎，較高年級學生可以圖表資料為主，輔以簡單字彙及句子。編擬解釋性練習題時，應努力減少閱讀能力與技巧對學習結果評量的干擾，因此應選擇適合學生課程經歷及閱讀水準的引導資料。

◎ 範例試題 84：

小朋友請你根據下圖，把下列問題正確答案的號碼填入（　）中。每題 2 分。

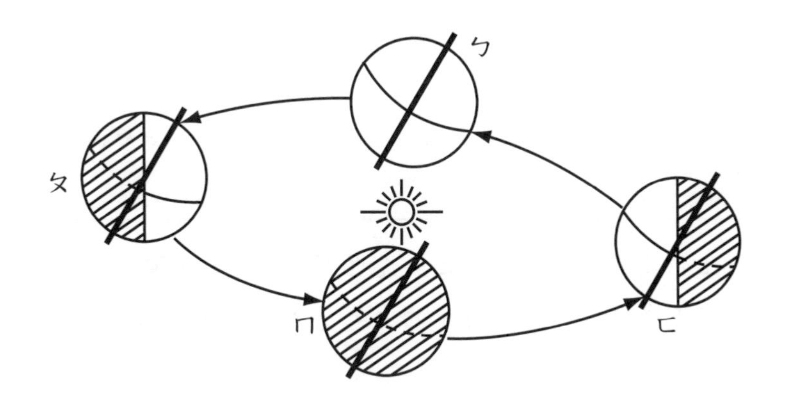

（　）1. 我國白晝最長的時候，地球的位置在什麼地方？

(1)ㄅ　(2)ㄆ　(3)ㄇ　(4)ㄈ

（　）2. 地球在ㄅ點時，我國應該是什麼季節？

(1)春　(2)夏　(3)秋　(4)冬

(　)3.「冬至」是在一年中白晝最短、黑夜最長的一天，此時地球應該在什麼位置？

(1)ㄅ　(2)ㄆ　(3)ㄇ　(4)ㄈ

(　)4. 位於南半球的澳洲，在季節的變化上剛好與北半球相反，你想地球在ㄇ點時，澳洲剛好是什麼季節？

(1)春　(2)夏　(3)秋　(4)冬

此例題為「圖表式解釋性練習題」，不僅與六年級上學期舊課程教材息息相關，且引導資料以圖為主，稍做文字說明，頗適合學生學習經驗與閱讀能力。

三、選擇新且類似的引導資料，且避免抄自科目內容

引導資料若重複教學科目的內容，僅能評量記憶能力，難以評估複雜學習成果。引導資料對學生而言，必須是新的資料，但不應太新而與教學科目無關，資料應與教學科目內容相似，僅在內容或形式上稍微改變。教師可經由修改教科書、報紙、新聞雜誌及各種參考資料，選擇出與教學科目內容有關的資料。

◎ 範例試題 85：

三人成虎
龐恭與太子質於邯鄲，謂魏王曰：「今一人言市有虎，王信之乎？」曰：「不信。」「二人言市有虎，王信之乎？」曰：「不信。」「三人言市有虎，王信之乎？」王曰：「寡人信之。」 龐恭曰：「夫市之無虎也明矣，然而三人言而虎。今邯鄲之去魏也遠於市，議臣者過於三人，願王察之。」 龐恭從邯鄲反，竟不得見。

(　)1.(甲)王信之乎；(乙)夫市之無虎也明矣；(丙)邯鄲之去魏也遠於市；(丁)願王察之。以上四句中的「之」字當代名詞的是：

(1)甲　(2)乙　(3)丙　(4)丁

(　)2. 下列「　」裡的字，何者「非」動詞？

(1)太子「質」於邯鄲　(2)寡人「信」之

(3)從邯鄲「反」　(4)夫市之無虎也「明」矣

(　　) 3. 龐恭希望魏王明察什麼？

(1)市中是否有虎？　　(2)說市中有虎的三個人是誰

(3)議論龐恭的話是否正確　(4)議論龐恭的人是誰？

(　　) 4. 「三人成虎」這句成語與下列何者意思接近？

(1)一呼百諾　(2)積非成是　(3)言多必失　(4)言人人殊

(　　) 5. 本文使我們得到什麼啟示？

(1)要聽從國君　(2)要疑神疑鬼　(3)不要怕老虎　(4)謠言不可信

此例題乃「閱讀式解釋性練習題」，結合學生之學習經驗，顧及閱讀能力，引導資料與教學科目頗為相似。

四、選擇簡短、有意義的引導資料

引導資料力求簡潔扼要、呼應教學目標，可減少閱讀能力對評估複雜學習成果的干擾。教師可善用與教學科目有關文章的摘要，若無摘要，文章的總結或關鍵的段落均為頗佳的引導資料。

△ 不佳試題 86：

王伯伯買了一塊三角形的土地，他將三角形的高分成都是 10 公尺的三等分，劃成大、中、小三個都是 30 公尺等底的三角形地，小三角形為空地，中三角形除了小三角形外其餘的種稻，問種稻的面積多少？沒有種稻的面積是多少？

說明：此題文字敘述頗為冗長，且學生難以了解，若改為右圖學生較易了解試題中心概念。另外，未呈現要求面積的單位為平方公尺或平方公分，亦應改善。可改為較佳試題 86 之「圖表式解釋性練習題」。

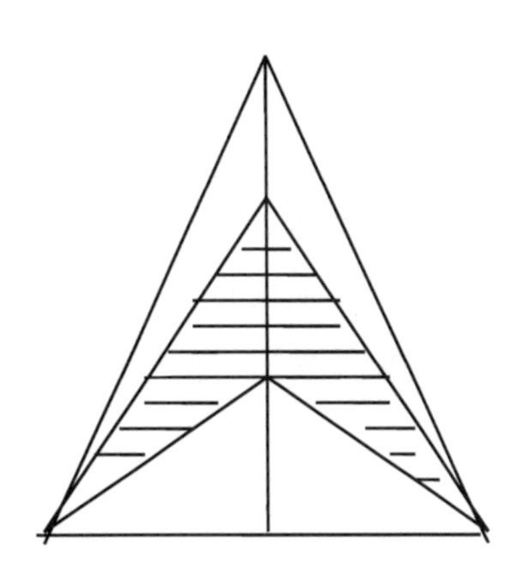

◎ 較佳試題 86：

王伯伯買了一塊如右圖的三角形土地，想將斜線面積種稻，底為 30 公尺，高分為三等分，每等分均為 10 公尺，請回答下列問題：

1. 種稻的面積是多少平方公尺？（　　）
2. 沒有種稻的面積是多少平方公尺？（　　）

五、依據測驗目的修改成清晰、簡潔、重要的引導資料

教師挑出的引導資料大部分均需配合測驗目的而稍做修改。技術性文章經常係冗長、詳細的描述事件，應予精簡；新聞報導、文章摘要雖簡短，但經常對事件誇張報導以吸引讀者興趣，必須依據測驗目的修改，方能測量欲評估的學習結果。修改引導資料與調整、修正系列題目乃相互循環的模式，教師修改引導資料宜適切修正系列題目，修正系列題目後宜考慮是否再修改引導資料，直到引導資料達到清晰、簡潔、重要的原則。

六、編擬題目的重點在分析、解釋、推理、綜合引導資料

解釋性練習常有的錯誤為引導資料隱含解題線索、答案係常識知識，此錯誤將使評量複雜學習結果變得無效。欲達到測量複雜學習結果的目標，引導資料後之系列題目應要求學生運用教學科目習得知識來分析、解釋、推論、綜合引導資料，而非僅是單純理解引導資料。

七、題目應與引導資料長度成比例

若一個長又複雜的引導資料，只出一、兩個系列題目，顯然不成比例，且浪費資料；然若因引導資料甚少，卻出甚多的系列題目，亦不適切。雖然教師喜愛以簡短引導資料出較多有關的系列題目，但引導資料與系列題目兩者應力求平衡，有適切的比例。

△ 不佳試題87：

小朋友，下列的表示在甲、乙、丙、丁四個培養皿裡，以水分、土壤、光線等變因，做綠豆發芽的試驗，請回答問題（每格兩分，共六分）：

變因 組別	水分	土壤	光線
甲	溼	土	亮
乙	溼	土	暗
丙	溼	棉花	亮
丁	乾	土	亮

1. 要試驗種子發芽是否需要土壤的養分，要取哪兩個培養皿來試驗？
（　　）、（　　）。
2. 如果使用甲、乙兩個培養皿做試驗，是試驗（　　）對種子發芽的影響。

說明：此題為「圖表式解釋性練習題」，亦為「實驗式解釋性練習題」，引導資料頗多，然只出兩個題目，似乎多出幾個題目（如增為四題）或許較平衡。

八、編擬題目應遵循試題類型的編製原則

解釋性練習題中系列題目的試題類型，如選擇題或是非題，均應遵循試題類型的編製原則，檢核其適切性，方能免除不相干線索或技術缺失。

△ 不佳試題 88：

民國初年不但政治不安而外交亦時有挫敗，依下圖回答問題：

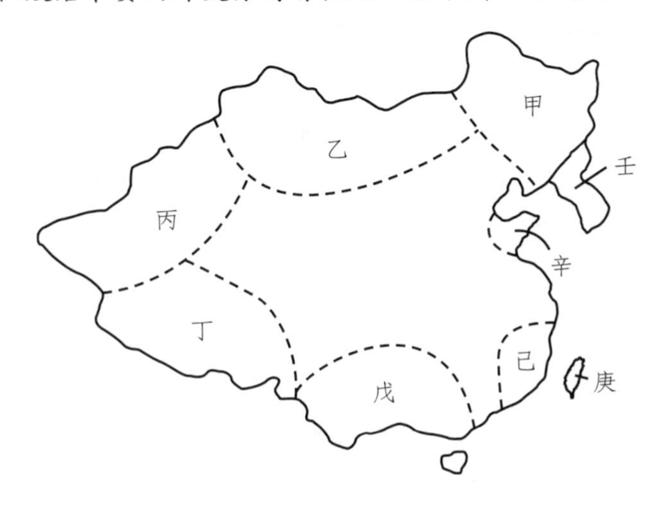

1. 第一次世界大戰爆發後，日本曾藉口英日同盟而攻占下哪一個地區？（　　），而導致我國在外交上連串挫敗。
2. 俄國對上圖中何地久存野心，在武昌起義時曾唆使該地區宣布獨立，更曾於民國十年出兵進占該地區重要城市，且支持其成立獨立政府。（　　）
3. 英國據有印度、緬甸後，接著更積極地欲侵犯上圖中何地區？（　　）

說明：此題乃「地圖式解釋性練習題」，系列題目題幹中斷、敘述冗長係違反選擇題命題原則。

◎ 較佳試題 88：

1. 第一次世界大戰爆發後，日本曾藉口英日同盟而攻占下哪一個地區，導致我國在外交上連串挫敗？（　　）
2. 俄國對上圖中何地久存野心，在武昌起義時曾唆使該地區宣布獨立，更曾於民國十年出兵進占該地區重要城市，且支持其成立獨立政府。（　　）
3. 英國據有印度、緬甸後，接著更積極地欲侵犯上圖中何地區？（　　）

△ 不佳試題 89：

陳文雄、張振成是某國中八年級學生，因交友不慎，經常逃學，某日在百貨公司竊取攝影機時為店員蔡茂榮（十九歲）發現，而被毆打成傷，請問：

（　）1. 陳、張兩人竊盜行為，應依哪一種法律之規定處罰之？ (1)民法 (2)刑法 (3)行政法 (4)少年事件處理法

（　）2. 陳、張兩人雖然犯了罪，但法庭不可以 (1)通知父母 (2)保護管束 (3)在報上把陳、張兩人的姓名、照片刊登出來

（　）3. 蔡店員毆打陳、張兩人成傷，應受何等法律之制裁？ (1)民法 (2)刑法 (3)行政法 (4)少年事件處理法

（　）4. 警察須將陳、張兩人，以竊盜罪移送哪個機關處理？ (1)地方法院 (2)高等法院 (3)少年感化院 (4)少年監獄

（　）5. 陳、張兩人竊盜行為應如何處理？ (1)須負完全法律責任 (2)不必負任何責任 (3)要負法律責任，但可減輕其刑 (4)送交少年監獄

說明：此題乃「情境式解釋性練習題」，系列題目之題幹意義未完整，選項未另成一行係違反選擇題命題原則。

◎ 較佳試題 89：

陳文雄、張振成是某國中八年級學生，因交友不慎，經常逃學，某日在百貨公司竊取攝影機時為店員蔡茂榮（十九歲）發現，而被毆打成傷，請問：

( ) 1. 陳、張兩人竊盜行為，應依哪一種法律之規定處罰之？

(1)民法 (2)刑法 (3)行政法 (4)少年事件處理法

( ) 2. 陳、張兩人雖然犯了罪，但法庭不可以做下列哪一件事？

(1)通知父母 (2)保護管束 (3)在報上刊登陳、張兩人的姓名、照片

( ) 3. 蔡店員毆打陳、張兩人成傷，應受何等法律之制裁？

(1)民法 (2)刑法 (3)行政法 (4)少年事件處理法

( ) 4. 警察須將陳、張兩人，以竊盜罪移送下列哪一個機關處理？

(1)地方法院 (2)高等法院 (3)少年感化院 (4)少年監獄

( ) 5. 陳、張兩人竊盜行為應如何處理？

(1)須負完全法律責任 (2)不必負任何責任

(3)要負法律責任，但可減輕其刑 (4)送交少年監獄

九、題目中同質性問題應予分類、避免重疊

解釋性練習中系列題目隱含的問題若具同質性，應將同質性問題的題目予以分類，且以同一試題類型編製，若為選擇題則均為選擇題，避免同質性問題出現多種試題類型。各分類問題應避免重疊現象，使每個問題均只有一個正確答案。

△ 不佳試題 90：

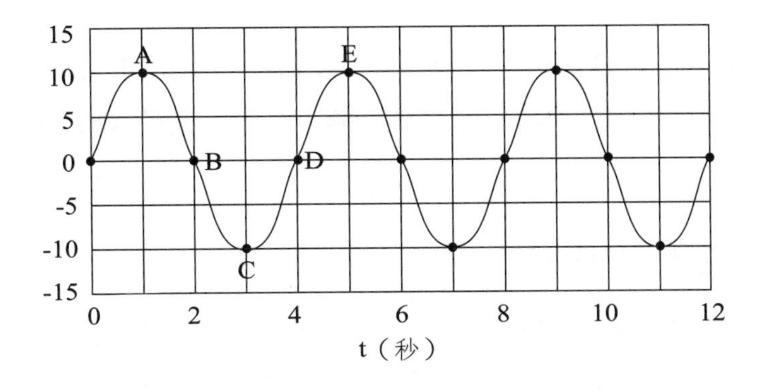

上圖所示為一連續週期波介質之位移與時間的關係曲線圖。試回答下列問題：

1. 此波頻率為（　）1／秒。
2. 完成一次振動 A 點所行路徑（　）公分。
3. 此波由左向右進行，則下一瞬間 B 點振動方向，向 (1)左 (2)右 (3)上 (4)下。

   答：（　）
4. 當 C 點振動至平衡點時，D 點的位移 (1)−10 (2)−5 (3)5 (4)10 公分。

   答：（　）
5. E 點現在的位置振動至最低點，須時最少（　）秒。

說明：此題乃「圖表式解釋性練習題」，有三題填充題、二題選擇題，應予分類。

◎ 較佳試題 90：

一、填充題：請在（　）內填上答案

1. 此波頻率為幾分之一秒？（　）／秒。

2. 完成一次振動A點所行路徑幾公分？（　）

3. E 點現在的位置振動至最低點，須時最少幾秒？（　）

二、選擇題：請在（　）內填上答案號碼

（　）1. 此波由左向右進行，則下一瞬間 B 點振動方向，向下列哪個方向？
(1)左 (2)右 (3)上 (4)下

（　）2. 當C點振動至平衡點時，D點的位移幾公分？
(1)−10 (2)−5 (3)5 (4)10

十、引導資料涉及圖表、照片應力求印刷清晰

國內學校印刷品質較難掌握，引導資料使用圖表、照片或清晰度要求較高的資料，應特別注意印刷清晰。印刷應檢核初稿，待確定資料清晰明確後，再大量印刷。

十一、編擬後檢核試題提高品質

Linn與Miller（2005, p. 225）設計「解釋性練習題檢核表」，作為逐一檢核解釋性練習題適切性的依據，表中檢核項目包括下列十二項：

1. 解釋性練習題是否為最適當的試題類型？
2. 引導資料是否與想要測量的學習成果有關？
3. 引導資料是否適合學生學習經驗與閱讀能力？
4. 運用圖表資料是否適切？
5. 引導資料是否為新的事物且未直接抄自課本？
6. 引導資料是否清晰、簡潔、有意義？
7. 系列題目是否直接根據引導的資料，並需要分析、解釋，而非單純測量記憶或閱讀技巧？
8. 每一個解釋性練習題的系列題目與引導資料是否平衡？
9. 系列題目的編擬是否有效率，且合乎命題原則？
10. 題目中同質性問題是否分類，且避免重疊？
11. 如需修正，試題是否仍與預期學習結果一致？
12. 試題設計完成後是否有時間再次檢查？

陸、論文題編製原則

選擇題、是非題、配合題、填充題、解釋式練習題等試題類型雖然能測量簡單到複雜的學習結果，但在組織、表達、創意、完整思考歷程等能力的評量仍力有未逮，欲測量此能力需賴「論文題」（essay question）。

論文題讓學生有機會建構自己的答案，而依要求學生建構答案的形式或範圍可分為下列兩種：(1)「擴展反應問題」（extended-response question），又稱「申論題」：此類問題幾乎完全不限制學生反應的形式與範圍，讓學生有充分自由呈現其組織、綜合、統整、評鑑、創意與表達能力，僅稍做適當限制讓學生表現教師欲測量之教學內涵，而非讓其天馬行空脫離測驗目標；此類問題較適於年齡較大、語文表達能力較佳學生；如「請論述為什麼結婚前，要先做遺傳諮商？」。(2)「限制反應問題」（restricted-response question）：此類問題只給學生部分作答的自由，常使用介紹性題材或具體指導語來限制學生反應在部分的特定形式或範圍，常運用列出、界定、說明理由等術語，有時會限制學生作答篇幅，此類問題較適於評量理解、應用、分析等能力，語文表達能力之要求較擴展反應式問題低；如「請從人類遺傳疾病來說明：『結婚前要先做遺傳諮商』的理由。」Linn與Miller（2005）比較「客觀式解釋性練習題」、「限制反應論文題」、「擴展反應論文題（申論題）」測量能力，詳見表3-6。Linn與Miller（2005）提出編製論文題的常見思考問題類型與試題範例，詳見表3-7。

☞表 3-6　三種試題類型測量能力之比較

客觀式解釋性練習題	限制反應論文題	擴展反應論文題（申論題）
1.判斷因果關係的能力。	1.解釋因果關係的能力。	1.創造、組織，並表達意見的能力。
2.鑑別原則的使用能力。	2.描述原則的應用的能力。	2.整合不同領域學習的能力。
3.判斷適切辯證的能力。	3.呈現適應辯證的能力。	3.具有創造力，如設計實驗。
4.判斷有條理假設的能力。	4.明確陳述假說的能力。	4.評鑑意見價值的能力。
5.判斷正確結論的能力。	5.明確陳述正確結論的能力。	
6.判斷未明確說明假設的能力。	6.陳述必要假設的能力。	
7.判斷有限資料的能力。	7.解釋方法程序的能力。	
8.判斷適當程序的能力。		

資料來源：修改自 *Measurement and assessment in teaching* (11th ed.) (p. 232), by M. D. Miller, R. L. Linn, and N. E. Gronlund, 2013, Boston, MA: Pearson.

☞表 3-7　論文題的常見思考問題類型與試題範例

思考問題	試題範例一	試題範例二
比較	描述……與……的異同	比較下列兩種方法的差異
因果關係	最主要的原因為何？	最可能的效果是什麼？
判斷	你比較喜歡哪一項選項？為什麼？	說明你贊成或不贊成下列敘述的理由
摘要	說明主要的論點，包括……	精簡的摘要內容……
概化類推	從下列資料歸納出數個有效的推論	說出可以解釋下列事件的原則
推論	依據所提供事實證據，在什麼時間最有可能發生什麼事件？	某人對下列問題會有什麼反應？
解釋	為何蠟燭被瓶子覆蓋後，很快就熄滅了？	杜魯門總統曾說：「清者自清，濁者自濁」，請解釋這句話的意思。
說服	您們班要到州政府所在地旅行，請寫一封信給校長以取得其同意。	請說明為何容許學生報紙可自行刊載內容，無須事先取得教師同意？
分類	根據某個原則或標準，將下列各項予以分類。	下列試題有何共同點？
創造	盡可能列出你所能想到的……	以一則故事來說明，當在某種情境下會發生……
應用	在下列情況下，你如何應用某項原則來解決問題？	舉例說明某項原則的應用情境

☞表 3-7　論文題的常見思考問題類型與試題範例（續）

思考問題	試題範例一	試題範例二
分析	說出下列短文所犯的推理錯誤	列舉並描述某項事物的主要特徵
綜合	擬定一份計畫來證明……	寫出一份組織完善的報告來說明……
評鑑	說出下列事物的優缺點	使用所提供標準，來評鑑……

資料來源：修改自 *Measurement and assessment in teaching* (11th ed.) (pp. 240-241), by M. D. Miller, R. L. Linn, and N. E. Gronlund, 2013, Boston, MA: Pearson.

論文題的優點如下：(1)評量較複雜、較高層次的學習結果，如評量組織、統整、分析、綜合、評鑑、邏輯辨證、答辯思考、解決問題等能力；(2)增進學生文字表達、統整思考與解決問題的能力；(3)改善學生的學習方法和習慣；(4)編製簡單、容易；(5)避免猜測。

論文題的限制如下：(1)計分費時費力；(2)易受學生筆跡、錯別字與句子結構影響；(3)易受月暈效應影響；(4)易受前面批改遺留效應的影響；(5)評分標準不夠客觀、明確，信度較低；(6)試題取樣較不具代表性；(7)自由組織與表達的觀點，不一定與教學結果相關。

論文題最受批評者為評分不夠客觀，為減少評分的主觀性，教師應遵守下列評分原則：(1)事先備妥一份評分要點，作為評分依據；(2)依據預期學習結果來評分，減少無關因素的干擾；(3)閱卷前遮住答案紙上的學生姓名，並使用一致的評分要點；(4)使用最適當的評分方法，限制反應問題的評分，採分數計分法較佳，即依據每題評分標準所列各項答案給予適當的分數；申論題的評分採等級計分法較佳，即不必將每題理想答案細分成數個特定要點，一整個題目的反應優劣分成幾個等級；(5)一次只評閱一個題目，等所有學生此題評完後再評下一題；(6)同一時間只評閱一個題目，避免中途停頓或被打斷，以減少評分者情緒、態度、生理狀態或疲勞程度的影響；(7)可能的話，由兩位評分者獨立評分，並以平均分數表示得分，然若兩位評分者差距太大時，宜由第三者再評，而以中數代表得分。

綜合余民寧（1997）、陳英豪與吳裕益（1991）、郭生玉（1988）、Airasian（1996）、Kubiszyn 與 Borich（1987）、Linn 與 Gronlund（1995）、Linn 與 Miller（2005）等學者觀點，論文題之編製原則如下：

一、客觀式試題難測量之複雜、高層次學習結果，才用論文題

論文題最常犯的命題缺失乃「測量簡單、低層學習結果」，論文題應測量客觀式試題難以測量的「複雜、高層次學習結果」。國內教師的教學與行政負擔頗為沉重，若教師時常採用計分費時費力的論文題，將會增加閱卷負擔。若其他條件相等時，教師應優先使用客觀式試題，因論文題雖然能測量較複雜、較高層次的學習結果，但論文題仍有其缺失使得運用深受限制。如不佳試題 91 乃犯「測量簡單、低層次學習結果」缺失，宜更正為較佳試題 91 測量較高層次的學習結果（李坤崇，1999，頁 110-111）。

△ 不佳試題 91：

請說明臺灣原住民分成哪幾族？

說明：此題僅測量對原住民十六族名稱的記憶能力，改為選擇題、是非題或填充題即可，不必命為論文題。若為論文題，可修改如較佳試題 91。

◎ 較佳試題 91：

請從遷移地點、族群、社會組織等三方面來比較「阿美族」、「平埔族」的差異？（配分為 12 分，評分標準是正確比較一個方面得 4 分，錯一個字扣半分。）

二、問題應為擬測量的重要學習結果

論文題的題數較少，所測量的學習結果必須是重要且直接相關者，若測量細微末節的題目，將使題目代表性更差，測驗效度更低。限制反應的問題具較高結構性，較易測量特定的具體學習結果；申論題結構性較低，學生自由反應的程度較高，較不易測量學習結果。因此，呈現題目時，應同時說明「評分標準」，如何種情況會得到最高分、錯字是否扣分、是否顧及組織性與創造性、敘述與題目無關訊息是否加分等標準均宜說明。若一份測驗包含數題論文題，其中評分標準之共同部分應整體說明，以節省篇幅、減少學生的閱讀量與時間。

△ 不佳試題 92：

病毒性肝炎分為哪兩型？

說明：此題考病毒性肝炎的分類，雖為國中七年級下學期健康與體育的內容，但重點似乎不在分類，而在比較其傳染途徑、症狀與如何預防，見較佳試題 92 之 1；若欲測量綜合能力，則可讓學生寫一篇文章來告知他人，見較佳試題 92 之 2。

◎ 較佳試題 92 之 1：

請比較兩型病毒性肝炎的傳染途徑、症狀與如何預防？

（配分為 10 分，評分的標準是正確比較一型得 3 分，答案組織明確得 1 分，錯一個字扣半分。）

◎ 較佳試題 92 之 2：

請寫一篇 200 字以內的短文，來告訴班上同學「如何預防B型肝炎」？

（配分為 20 分，評分的標準是觀念正確占 10 分，說服力、文章流暢各占 10 分，錯一個字扣半分。）

三、明確界定欲測量的行為

教師評量前應知道目的、欲測量的行為，依據你評量行為編擬論文題，方不致偏離評量目的。如欲評量學生比較有性生殖與無性生殖的差異，測量就必須依據此目的設計題目內涵與敘述，如：「請列舉出有性生殖、無性生殖的差異」。通常限制反應問題比申論題較能測量明確的行為與評量目的。

△ 不佳試題 93：

為什麼有些生物會瀕臨滅絕？

說明：若教師僅欲測量記憶能力，此題適可達到測量目的，但此題若僅止於測量記憶，似乎不必用論文題。若教師欲測量的行為係學生將生物瀕臨滅絕原因與日常生活周遭人、事、物、大自然變化相結合，則應將題目扣住日常生活的實例。

◎ 較佳試題 93：

「生物會瀕臨滅絕」有四種主要原因，請分別舉出一個日常生活的實例來說明。（配分為 16 分，評分的標準是正確舉出一個實例得 4 分，錯一個字扣半分。）

四、用更清晰、明確、具體的詞彙來敘述

教師運用模糊不清、模稜兩可的措辭，不僅讓學生難以掌握答題重點，會誤導學生思考方向，更易造成答案爭議。教師命題應避免使用「誰」、「什麼」、「何時」、「何處」、「列表」等字詞，這些字詞易引導學生作答限於「知識」層次的學習結果。若用「比較」、「對照」、「解釋」、「說明」、「推論」、「應用」、「分類」、「分析」、「綜合」、「批判」、「評鑑」等字詞，將能引導學生呈現較高層次的學習結果；然上述術語必須與擬測量學習結果的複雜程度、知識層次高低相互呼應。

△ 不佳試題 94：

單子葉植物是什麼？

說明：此題問「單子葉植物是什麼？」過於籠統，學生不知要回答子葉數目、葉脈特性、花瓣數目或舉出植物實例，因此應以更清晰、明確、具體的詞彙來敘述。

◎ 較佳試題 94：

請說明你如何從子葉、葉脈、花瓣來辨別「單子葉植物」？並舉出五種屬於此種植物的名稱。（配分為 14 分，評分標準是辨別一個項目正確得 3 分，舉出一種正確植物得 1 分，錯一個字扣半分。）

五、不應允許學生選擇試題作答

論文題本身已有試題取樣較少、較不具代表性的缺失，且編製難度相同的論文題不易、學生尚未有能力選擇最能表現的題目。若讓學生選擇試題作答的機會，如由六題中挑四題作答，不僅讓論文題的限制增加，亦將造成評分困難、評分公正遭受質疑、評量結果難以比較等問題。選擇試題作答僅限於評量寫作能力、創造力，或個別研究領域的情境，然應用時仍應謹慎，因學生的組織、統整、表達能力與試題複雜性會影響學生得分。

六、提示每一題的作答時間與配分，並給予充分時間作答

論文題測量較複雜、較高層次的學習結果，學生通常需要足夠思考、寫作時

間。教師編擬論文題應考慮學生作答速度，讓學生有充裕時間作答，避免讓論文題變成速度測驗，致使測量結果無法反映學生的學習成果。教師若能提供每一題的作答時間與配分，將有助於學生依據其能力、配分權重與作答時間，來適切分配時間從容作答，不至於遺漏或忽略某一題目。國內絕大部分論文題未告知學生作答時間，部分未各題告知配分，此部分之修正詳見較佳試題 91、92 之 1、92 之 2、93 及 94。

七、以多題短答的限制反應問題取代少題長答的申論題

申論題的作答常需長篇大論，且試題取樣較限制反應問題少也較不具代表性，若以多題短答的限制反應問題取代少題長答的申論題，將可從下列三方面來提高評量品質：(1)試題取樣較廣，內容效度較高；(2)提高評分的客觀性；(3)試題內容與欲評量行為配合較佳。雖然多題短答的限制反應問題較佳，但仍不應太多、太細，而喪失論文題的功能與特性。

八、編擬後檢核試題提高品質

Linn與Miller（2005, p. 239）設計「論文題檢核表」，作為逐一檢核論文題適切性的依據，表中檢核項目包括下列十項：

1. 論文題是否為最適當的試題類型？
2. 題目是否可測量高層次的學習結果？
3. 題目是否為擬測量的學習成果？
4. 每個題目是否能明確告知期望學生回答的內容？
5. 指導語是否告知學生如何評分？
6. 是否告知學生一般作答時間的限制？
7. 是否告知學生時間限制與每個問題的重要性或配分？
8. 是否所有的學生必須回答相同的問題？
9. 如需修正，試題是否仍與預期學習結果一致？
10. 試題設計完成後是否有時間再次檢查？

第三節　紙筆測驗試卷實例

一份嚴謹的紙筆測驗並非拼圖，而係深思熟慮的歷程，謹就多年講授「教學評量」課程，指導學生編製紙筆測驗的結果，呈現臺南市勝利國小吳思穎教師編製，再由筆者修改而成的「國小自然與生活科技學習領域試卷」，及臺南市復興國中王秀梗、吳蓓欣教師和後甲國中吳冠賢、王怡茹教師編製，再由筆者修改而成的「國中語文（本國語文）學習領域試卷」。

壹、國小自然與生活科技學習領域試卷

此試卷之測驗內容架構，詳見實例3-1「國小自然與生活科技學習領域成就測驗之內容架構」，試卷內容詳見實例3-4。

貳、國中國語文（本國語文）學習領域試卷

此試卷之測驗內容架構，詳見實例3-2「國中語文（本國語文）領域成就測驗之內容架構」，試卷內容詳見實例3-5。

實例 3-4

臺南市東區勝利國民小學○○學年度下學期四年級

自然與生活科技學習領域第一次評量卷

（命題者：勝利國小吳思穎老師）　　班　　號　　姓名：

整份試卷應注意事項為：
1. 本份試題A4大小共五頁，必須一併繳交。
2. 本份試題共分成六部分：一、是非題，二、選擇題，三、填充題，四、配合題，五、做做看，六、簡答題，合計100分。
3. 本份試題應答時間40分鐘，考試途中如有問題請留在原位，並舉手發問。

一、是非題：下列題目的敘述何者正確？正確的請在（　）裡打○，錯誤的在（　）裡打×（共7題，每題2分；共14分）

（　）1. 水中的生物都是靠著水裡的空氣才能生存。記憶—回憶

（　）2. 各地水中生物的生長環境都相同。記憶—回憶

（　）3. 招潮蟹和彈塗魚是溼地的生物，牠們必須適應潮汐的變化。記憶—回憶

（　）4. 水族箱植物腐爛時，不必撈起，可當肥料。記憶—回憶

（　）5. 魚鱗是魚的呼吸器官。記憶—回憶

（　）6. 水由魚的魚鰓吸入，再由口中排出。記憶—回憶

（　）7. 水管兩端的水面，靜止時一定等高，稱為連通器原理。記憶—回憶

二、選擇題：（共3題，每題2分；共6分）

（　）1. 下列哪些方法可以增加水中溶解空氣的含量？了解—推論

(1)使用馬達將空氣打入　(2)在水中加鹽

(3)在水中養魚　(4)在水中放一些石頭

（　）2. 在水族箱中種水草主要是為了什麼？了解—推論

(1)增加水中的氧氣量　(2)增加水中的亮度

(3)固定水中的土壤　(4)維持水中的溫度

（　）3. 利用充滿水的管子，兩端高度不同，較高的一端浸在水箱中，水會自動流出來，是利用什麼現象？記憶—回憶

(1)毛細現象　(2)虹吸現象

(3)平衡現象　(4)漩渦現象

三、填充題：((一)、(二)、(五)題每格2分，(三)、(四)題每格1分，共21分)

(一)魚的呼吸器官是在哪個部位？（　　　）記憶—回憶

(二)文蛤為什麼每隔一段時間噴水一次？（　　　）記憶—再認

(三)魚前進時，會將什麼鰭放平以減少阻力，快速前進？（　　　）和（　　　）了解—推論

(四)臺灣目前僅存的四種紅樹林植物——水筆仔、五梨跤（紅海欖）、欖李、海茄苳，請就觀察到的特徵，把植物名稱寫在（　　　）內：記憶—再認

1. 哪一種紅樹林植物的胎生苗表面光滑？（　　　）

2. 哪一種紅樹林植物的胎生苗表面刺刺的？（　　　）

3. 哪一種紅樹林植物的葉顏色鮮綠，先端有像烏魚子的M形凹入？（　　　）

4. 哪一種紅樹林植物有許多細長向上生長的棒狀呼吸根？（　　　）

5. 哪一種紅樹林植物的葉片最大，先端有柔軟的凸尖？（　）

（請翻到下一頁繼續作答）

(五)水生植物的生長方式有哪些不同？請看圖回答下列問題：記憶—再認

1. 哪種水生植物有可能隨著河水流到大海？（　　　　）、（　　　　）
2. 哪種水生植物的葉子永遠都在水面下？（　　　　）
3. 哪種水生植物的根長在土裡，但是葉子漂浮在水面上？（　　　　）
4. 哪種水生植物的根長在土裡，但是葉子挺出水面？（　　　　）

水蘊草	荷花	布袋蓮	睡蓮	滿江紅

四、配合題：((一)題每個答案2分，(二)、(三)題每個答案1分，共21分)

(一)用水族箱養殖生物，生物成長需要的環境條件與相關的養殖工作項目用線連起來：了解—推論

1. 提供足夠的空氣供生物呼吸
2. 良好的照明且可提供水族箱內的水生植物進行光合作用
3. 控制水族箱內適當的水溫
4. 提供水中生物足夠的營養
5. 提供合適的水質
6. 提供水中動物棲息或種植水生植物

ㄅ.裝溫度計
ㄆ.裝置日光燈
ㄇ.打氣或種水草
ㄈ.填土
ㄉ.餵食
ㄊ.施肥
ㄋ.換水

(二)睡蓮和荷花體內的構造有什麼特別的地方，請將相關的特徵用線連起來：

記憶－回憶

1. 葉片突出水面
2. 葉片浮於水面
3. 地下莖肥大可食，即平常所稱之蓮藕
4. 葉柄質硬露出水面、有刺
5. 葉柄柔軟細長貼浮水面、無刺
6. 花瓣長在蓮蓬的下面，蓮蓬裡面有蓮子

ㄅ.睡蓮
ㄆ.荷花

（請翻到下一頁繼續作答）

(三)蝦子用什麼位置的腳走路、游水和跳躍？

請將相關的答案用線連起來：了解—推論

1.用尾部 ●		● ㄅ.走路
2.用腹部的腳 ●		● ㄆ.跳躍
3.用胸部的腳 ●		● ㄇ.游水
		● ㄈ.飛

五、做做看：((一)、(二)、(三)題每格2分，(四)題4分，共26分)

(一)想要比較水生植物——大萍，和陸生植物——菩提樹葉子的載重能力，下列的敘述何者正確？正確的在（　）內打○，錯誤的在（　）內打×：

應用—執行

（　）1. 只要大萍的葉子和菩提樹的葉子各一片即可，不必考慮大小。

（　）2. 放的物體要一樣，且放的方法也要一樣。

（　）3. 物體在水中的重量比原來的重量還要重。

（　）4. 實驗時為了不亂摘花木，大萍的葉子用新鮮的，菩提樹的葉片可從地上撿枯萎的。

（　）5. 重物可以一個一個累加計算。

(二)小美想要清洗家裡的水族箱，於是她應用虹吸現象的原理去做，請問哪些行為或說法是正確的？請在（　）內填入正確的答案號碼：應用—實行

（　）1. 臉盆放在哪裡是比較好的位置？

(1)比水族箱高

(2)比水族箱低

(3)和水族箱一樣高

(4)都可以

（　）2. 只用一條水管可以完成抽水和加水的工作嗎？

(1)可以　　(2)不可以

（　）3. 要將水管一端管口放入水族箱中，另一端管口放入臉盆前，水管裡面要充滿什麼東西？

(1)空氣　　(2)水

(請翻到下一頁繼續作答)

(三)小華想利用一條軟管來保持戶外水產養殖箱的水位，在下雨時也不會上升，請問哪些行為或說法是正確的？請在（　）內填入正確的答案號碼：

應用—實行

（　）1. 本實驗主要是利用什麼原理設計？

(1)連通器原理　(2)浮力原理
(3)毛細現象　(4)虹吸現象

（　）2. 水管需不需要充滿水才可利用？

(1)需要　(2)不需要

（　）3. 水管出口處和水面要一樣高嗎？

(1)出口處比水面高　(2)出口處比水面低
(3)出口處和水面一樣高　(4)都可以

(四)利用虹吸現象與連通器原理，將一大桶 25 公升的水平分三小桶。

說明：

創作—製作

1. 除提供的器材外，不可使用其他器材，器材也不一定全部使用。

器材：(1)一個大水桶，內裝 25 公升的水。

(2)三個形狀、大小一樣的小水桶（每個容量 10 公升）。

(3)小塑膠水管 5 條。

2. 請將你的方法畫在下面方格內，並以簡單的文字說明。

（請翻到下一頁繼續作答）

六、簡答題：（每題3分，錯字出現一次扣0.5分，扣完為止，4題共12分）

(一)將荷花葉的邊緣剪掉後，在水中可以吹出氣泡，這樣做主要是要證明什麼？

了解—推論

答：

(二)如何分辨公的招潮蟹和母的招潮蟹？了解—推論

答：

(三)彈塗魚為什麼外出太久喘不過氣來的時候，會找處有水的地方將身體側躺，或乾脆回到「水水」的家，將身體溼潤？了解—推論

答：

(四)如何證明布袋蓮膨大的葉柄含有空氣？請畫圖並以簡單的文字說明。

了解—解釋

（辛苦了，請再檢查一次，若有遺漏部分請記得作答）

實例 3-5

臺南市立復興國中○○學年度第一學期第一次定期考

七年級國文科試題

七年（　　）班（　　）號　姓名（　　　　）

命題者：復興國中王秀梗、吳蓓欣；後甲國中吳冠賢、王怡茹

範圍：南一版第一冊第一課到第四課暨語文常識一

整份試卷應注意事項為：
1. 本份試題題本A4大小共五頁，答案紙另成一頁，必須一併繳交。
2. 請「務必」將正確答案寫在答案卷答案欄內，不應寫在題本上面。
3. 本份試題共分成五部分：一、國字注音，二、解釋，三、形音義辨析，四、綜合測驗，五、題組，合計100分。
4. 本份試題應答時間50分鐘；考試途中如有問題請留在原位，並舉手發問。

一、國字注音：（每題1分，計10分，請將正確答案寫在答案卷答案欄內）　記憶—回憶

1.「ㄇㄛˊ」拳擦掌：　　2. 仔細「ㄌㄧㄥˊ」聽：
3.「ㄏㄜˊ」第光臨：　　4. 高「ㄓㄢ」遠矚：
5. 觀察細「ㄋㄧˋ」：　　6. 踩爛餅「屑」：
7.「匹」夫之勇：　　8. 鉅細「靡」遺：
9. 美不「勝」收：　　10.「哄」抬價格：

二、解釋：（每題2分，計16分，請將正確答案寫在答案卷答案欄內，錯字扣1分，扣完為止）　記憶—回憶

1.「哄」堂大笑：　　2.「呆楞楞」的：　　3.「闔」眼休息：
4. 月光「朦朧」：　　5. 欲「窮」千里目：　　6.「故人」西辭黃鶴樓：
7.「煙花」三月：　　8.「扳」開來吃：

三、形音義辨析：（每題1分，計14分，請將正確答案寫在答案卷答案欄內）　記憶—回憶

1. 字形
- 跨過門「ㄎㄢˇ」：（a）
- 品味「ㄐㄧㄢˋ」賞：（b）
- 「ㄐㄧㄢ」督巡視：（c）

2. 字形
- 白頭「ㄒㄧㄝˊ」老：（a）
- 和「ㄒㄧㄝˊ」人生：（b）
- 同心「ㄒㄧㄝˊ」力：（c）

3. 字形
- 考試作「ㄅㄧˋ」：（a）
- 一枚銀「ㄅㄧˋ」：（b）
- 「ㄅㄧˋ」病百出：（c）

4. 字音
- 女兒「撒」嬌：（a）
- 漫天「撒」謊：（b）
- 「撒」下種子：（c）

5. 字義
- 無「緣」無故心鬱悶：（a）
- 只「緣」身在此山中：（b）

四、綜合測驗：（每題2分，計40分，請將正確答案寫在答案卷答案欄內）

（　）1. 「喜」和「悅」都是「高興」的意思，「喜悅」一詞就稱為「同義複詞」。下列「　」中的詞語，何者也是同義複詞？ 應用—執行

(1)「觀賞」日出　(2)「聆聽」鳥鳴

(3)展示「櫥窗」　(4)減少「摩擦」

（　）2. 「世界上的事物沒有完美無缺的，所以對別人的缺失，不要惡意批評。」上述句子中的「完美無缺」一詞，可換為下列何者而句子的意思不變？ 了解—詮釋

(1)盡善盡美　(2)嘆為觀止

(3)山盟海誓　(4)成雙成對

（　）3. 「如果他能從這扇門望見日出的美景，你又何必要他走向那扇窗聆聽鳥鳴呢？」這句話意思同於下列何者？ 了解—摘要

(1)你走你的陽關道，我過我的獨木橋

(2)觀賞日出比聆聽鳥鳴更快樂

(3)若看不見日出美景，就來聆聽鳥鳴

(4)要有彼此容忍和尊重的雅量

（　）4. 「女大十八變」這種說法是誇大其詞，屬於誇飾修辭，下列何項不同於此？ 應用—執行

(1)千里江陵「一日」還

(2)這大廳只要「兩三下」就能擦得清潔溜溜

(3)每逢「三五」月亮便由虧轉盈

(4)樂透中頭獎，我「十二萬分」的高興

(　)5. 下列各選項中的數量詞，何者用法正確？ 分析─區辨

(1)一對鞋子　(2)一張報紙

(3)一塊綠豆　(4)一副衣料

(　)6. 莎士比亞說：「一切真摯的愛是建築在尊敬上面。」依此而論，以下何者與「真摯的愛」距離最近？ 了解─推論

(1)小孩子爭吵要先教訓自己的小孩

(2)與親友相處要懂得留給對方空間

(3)一個人搶塊大餅坐在門邊慢慢吃

(4)人人希望自己長大有一張觀音面

(　)7. 下列「　」的字詞何者並非疊字修辭法？ 應用─執行

(1)「靜靜」地躺在床上　(2)一連幾日陰雨「綿綿」

(3)伸出「胖胖」的小手　(4)用腳一「踩踩」得粉碎

(　)8. 「火紅的太陽」中的「火」字原本是名詞，在此作副詞使用，下列何者的用法與它不同？ 應用─執行

(1)「善」良的公主　(2)「墨」綠的森林

(3)「金」黃的柳橙　(4)「雪」白的肌膚

(　)9. 「只有綠色的小河還醒著，低聲地歌唱著溜過彎彎的小橋。」這是哪兩種摹寫法？ 了解─分類

(1)聽覺與視覺　(2)味覺與觸覺

(3)視覺與味覺　(4)聽覺與嗅覺

(　)10. 在〈月光餅〉一文中，琦君將月光餅的外形、材料、滋味等鉅細靡遺地寫下來，由此可知作者有著什麼樣的心思？ 分析─歸因

(1)讓本文除了抒情之外，兼具有食譜的價值

(2)字裡行間流露出月光餅非比尋常的意義

(3)作者想藉此推廣月光餅，當然要詳加介紹

(4)如果沒有月光餅，就沒有今天的作者

(　)11. 王之渙並未目睹黃河入海之情景，卻說「黃河入海流」。理由為何？ 了解─推論

(1)作者眼力好，能看到河水入海

(2)為了與「白日依山盡」對仗，迫不得已只能寫成這樣

(3)作者心中盼望黃河可以流入海

(4)運用合理的想像來開闊詩的意境，形容黃河氣勢盛大

(　)12. 「只有窗外瓜架上的南瓜還醒著」，「只有綠色的小河還醒著」，「只有夜風還醒著」，以上「只有」和「還醒著」表現出何種情境？ 了解—推論

(1)破壞了夜的寧靜安祥　(2)增強了深夜寧靜的效果
(3)顯出了夜的單調寂寞　(4)寫出了夏夜的燠熱難耐

(　)13. 「煙花三月下揚州」的「煙花三月」四字，除了點出送別季節之外，還有什麼作用？ 分析—歸因

(1)反襯作者心裡惆悵的離情　(2)後悔在揚州的放蕩生活
(3)暗示往事如煙，美景不再　(4)用煙花形容揚州的繁華

(　)14. 「盡」字有「全部」、「結束」、「消失」等義；「白日依山盡」的「盡」字，解作「消失（或作：隱沒）」較貼切。下列各項的「盡」字，何者也應這樣看待？ 應用—執行

(1)天長地久有時「盡」，此恨綿綿無絕期
(2)夕殿螢飛思悄然，孤燈挑「盡」未成眠
(3)孤帆遠影碧山「盡」，唯見長江天際流
(4)金陵子弟來相送，欲行不行各「盡」觴

(　)15. 請問在一般國語辭典中，「心不在焉」這個成語的出現順序是排在「心直口快」的哪個位置？ 應用—執行

(1)前面　(2)後面
(3)不一定　(4)無法判斷

(　)16. 「那時才看清我是一枝□□／剛在人生的簿子上／歪歪斜斜地／劃下了幾筆／歲月的痕跡卻被時間削著好玩／越削越短／短得只剩／一聲癱在嘴裡的嘆息。」這首新詩中□□應填入： 分析—區辨

(1)香菸　(2)鉛筆
(3)毛筆　(4)粉筆

(　)17. 下列「　」中詩句的引用，哪一項<u>不恰當</u>？ 分析—區辨

(1)這件事真是「橫看成嶺側成峰」，誰是誰非是難以斷定的
(2)過去發生的事情，早已「唯見長江天際流」，請別再提起了
(3)唉呀，提起那位名歌手的「廬山真面目」，我還未曾見過呢
(4)除非你肯再下功夫，否則你將無法擁有「更上一層樓」的成就

(　　) 18. 下列對於「工具書」的說明何者正確？ 應用—執行

(1)美國大聯盟及NBA的官方網站提供許多紀錄及比賽資訊，是工具書

(2)九年一貫之後，由於強調科際整合、領域，故百科全書分類已不合時宜

(3)《古文觀止》蒐集了歷代優美的文章，可以提升作文的能力，是本作文辭典

(4)所有的週刊、月刊、年鑑都是一定時間就發行一次，是最新的工具書

(　　) 19. 下列關於各文句語氣的說明，何者錯誤？ 了解—推論

(1)「你長越大，雀斑就越隱下去。」——安慰

(2)「來了！來了！從山坡上輕輕地爬下來了！」——興奮

(3)「月光餅也許是我故鄉特有的一種月餅。」——推測

(4)「無論怎麼難看的樣子，還是有人喜歡。」——輕視

(　　) 20. 擬人的方法就是把「物」寫作「人」，使萬物有人的形貌、人的動作、人的情感。以下何者不是使用擬人法？ 應用—執行

(1)一地的落葉，彷彿是來報告秋天的訊息

(2)滿園的植物，伸出綠色的雙臂迎接我們

(3)白衣天使們，細心照料病床上的植物人

(4)雲，在天空爭吵，氣不過，便哭了起來

五、題組：（每題2分，計20分，請將正確答案寫在答案卷答案欄內）

（甲）

特效確實提供電影製作者更多可能的故事題材。一九九三年的「侏儸紀公園」中那些栩栩如生的恐怖恐龍，令觀眾驚奇，傳統的技術沒有辦法拍得如此令人稱服。又如「神鬼戰士」背景為古羅馬，片中建造一個迷你的羅馬城是不太可能的。於是導演決定將古羅馬城以現代的電腦科技來重現，最後「神鬼戰士」贏得奧斯卡最佳特技及最佳影片兩項大獎。然而利用電腦數位影像取代演員的「太空戰士」一片，同樣也利用電腦製作出超寫實的演員，但是無趣的故事成為影片的致命傷，讓片商嚴重虧損。回顧整個電影史，最好的電影一向是仰賴好的劇本和演技。電影特技使故事增色，反之則不然。在數位化時代裡，讓我們期待傳統的電影製片還能再多撐幾年。

（改寫自《空中英語教室》）

(　　) 1. 本文的主旨為何？ 了解—摘要

(1)好的劇本與演技是構成好電影不可或缺的因素

(2)特技可以使一個好故事增色，進而成為電影的靈魂

(3)期待電影編製能夠善用電腦科技來改善技術

(4)不斷更新的數位化科技是吸引電影觀眾的主因

(　) 2. 由本文可知，「太空戰士」票房不佳的原因何在？ 了解—解釋

(1)以電腦取代演員　(2)故事劇本不夠好

(3)演員演技不生動　(4)特效無法令人信服

> （乙）
> 123邀請0加入他們。
> 第一個0昂起頭說：「只有一個條件：讓我站在最前面。」
> 第二個0微笑說：「我喜歡站在中間。」
> 第三個0紅著臉說：「我站在最後面吧！」
> 結果，第三個0使123擴大得最多。
>
> （改編自網路故事）

(　) 3. 下列選項，何者最能說明第一個0的個性？ 了解—摘要

(1)自我主義，人人為我　(2)當仁不讓，為所當為

(3)犧牲奉獻，我為人人　(4)自信樂觀，勇於表現

(　) 4. 第三個0的舉動，與下列何者的行為較吻合？ 了解—推論

(1)唐太宗接受魏徵的諫言，成就「貞觀之治」

(2)德蕾莎修女把一生奉獻給貧苦的垂死病患

(3)愛因斯坦把「相對論」的成就歸功於別人

(4)孔子不求名利，視富貴如浮雲，樂以忘憂

(　) 5. 讀完這篇文章，我們體悟出何種道理？ 分析—歸因

(1)縮小自己，世界就變大了

(2)登高必自卑，行遠必自邇

(3)弱者等待時機，強者創造時機

(4)沒有暗礁，哪能激起美麗的浪花

> （丙）
> 天神普羅米修斯造人的時候，幫每個人縫了兩只袋子。小袋子掛在人的胸前，裡面裝的是別人的缺點；大袋子背在身後，裝著自己的過失。
>
> （《伊索寓言》）

(　) 6. 這則寓言的寓意在啟示我們？ 分析—歸因

(1)前車之鑑，後事之師　(2)知過能改，善莫大焉

(3)放下屠刀，立地成佛　(4)嚴以律己，寬以待人

(　) 7. 「假借虛構的事物來寄託哲理」是寓言的功用。請問下列何者並非寓言？ 分析—區辨

(1)鷸蚌相爭　(2)門可羅雀

(3)守株待兔　(4)愚公移山

（丁）
甲、故人西辭黃鶴樓，煙花三月下揚州。孤帆遠影碧山盡，唯見長江天際流。
李白〈送孟浩然之廣陵〉

乙、李白乘舟將欲行，忽聞岸上踏歌聲。桃花潭水深千尺，不及汪倫送我情。
李白〈贈汪倫〉

(　) 8. 關於以上兩首詩的寫作手法，下列敘述何者正確？ 分析—區辨
(1)兩首詩都有季節性
(2)都藉著水象徵離情
(3)流露離別的慘澹哀愁
(4)一、二句主語都是送別人

(　) 9. 「煙花三月」所顯現的季節，與下列詩句何者相同？ 分析—區辨
(1)停車坐愛楓林晚，霜葉紅於二月花
(2)沾衣欲濕杏花雨，吹面不寒楊柳風
(3)晝長吟罷蟬鳴樹，夜深燼落螢入幃
(4)萬里寒光生積雪，三邊曙色動危旌

(　) 10. 關於絕句與新詩的比較，下列說明何者正確？ 了解—比較
(1)絕句限制句數，新詩限制字數
(2)絕句講究對仗，新詩不要求對仗
(3)絕句有五七言之分，新詩沒有限制
(4)絕句又稱新體詩，新詩屬於近體詩

（辛苦了，請再檢查一次，若有遺漏部分請記得作答）

臺南市立復興國中○○學年度第一學期第一次定期考

七年級國文科試題「答案紙」

七年（　　）班（　　）號　姓名（　　　　）

一、國字注音：

（每題1分，計10分，請將正確答案寫在答案卷答案欄內）

1.	2.	3.	4.	5.	6.	7.	8.	9.	10.

二、解釋：

（每題2分，計16分，請將正確答案寫在答案卷答案欄內，錯字扣1分，扣完為止）

1.		2.	
3.		4.	
5.		6.	
7.		8.	

三、形音義辨析：

（每題1分，計14分，請將正確答案寫在答案卷答案欄內）

1.字形			2.字形			3.字形			4.字音			5.字義	
（a）	（b）	（c）	（a）	（b）	（c）	（a）	（b）	（c）	（a）	（b）	（c）	（a）	（b）

四、綜合測驗：

（每題2分，計40分，請將正確答案寫在答案卷答案欄內）

1.	2.	3.	4.	5.	6.	7.	8.	9.	10.
11.	12.	13.	14.	15.	16.	17.	18.	19.	20.

五、題組：

（每題2分，計20分，請將正確答案寫在答案卷答案欄內）

1.	2.	3.	4.	5.	6.	7.	8.	9.	10.

第四章 CHAPTER FOUR

紙筆測驗的題目分析

第一節　題目分析的理念

第二節　常模參照測驗題目分析

第三節　標準參照測驗題目分析

第四節　試題反應理論的題目分析

第五節　題目篩題原則

第六節　測驗題目分析實例

教師自編成就測驗必須經過試題審查、分析，確保品質後，方能有效評量學生成就。若教師每次施測完畢，均能進行題目分析，獲得每個試題、每個試題類型與整份測驗的客觀指標，如難度、鑑別度、誘答力，將可保留品質良好的試題，並建立自用題庫（item bank）。倘一群志同道合的教師，共同進行題目分析與建立題庫，則可發展出較大規模的題庫。

第一節　題目分析的理念

題目分析旨在透過質的分析、量的分析，篩選出品質較佳的試題，作為日後使用或選取適切試題重編測驗，並作為檢討改善編製測驗技能、改進教學或實施補救教學之依據。一般教師編擬測驗後，甚少進行題目分析，或因未知題目分析的功能、不諳題目分析技術或缺乏時間。

壹、題目分析的功能

題目分析雖然增加教師的負擔，但若適切運用、熟練精熟後，可以發揮下列的功能。

一、助益測驗結果的討論

測驗結束後，教師通常想了解測驗結果是否達成預期目標？整個測驗、各試題類型、各個試題的品質如何？若能獲得量化、質化的資訊，如難度、鑑別度、誘答力，將有助於測驗結果的討論。尤其是，教師若欲證明其測驗品質，更有賴題目分析的量化結果來佐證。

二、作為實施補救教學的依據

題目分析結果可了解學生答題的分布情形，看出學生共同學習困難之處，教師再針對此處設計有效的策略，以進行補救教學。若教師依據雙向細目表來編擬試題，更易於發現學習困難集中於某教材單元或活動、某認知層次目標或兩者的交錯細格，教師研擬補救教學策略將更事半功倍。

三、改進班級教材與教學的依據

題目分析可衡量學習結果與課程內涵、教學策略是否適合所教學生。若某些測驗的教學單元或活動，學生時常重複發生錯誤或錯誤遍及所有學生，則可能顯示某些教材內涵或教學策略不適合學生，此時教師應調整教材內涵或教學策略，以改進教學的成效。

四、改善學生學習的參考

題目分析可協助學生了解其在每個試題的對錯狀況，亦可將此結果與全班狀況比對，不僅可提供自我檢討之用，更可協助教師了解學生學習狀況與提供必要之輔導。如教師可就學生各個試題的題目分析結果，與學生討論並探究原因，以釐清學生疑惑或導正系統偏差，並改進學生學習績效。

五、增進編製的技能

題目分析可以協助教師了解每個試題的難度、鑑別度、各選項誘答力等量化資訊，亦可了解其是否違反命題原則、是否與所屬細目表中細格相一致，及編製過程嚴謹性等質化資訊。上述量、質資訊可作為教師修訂、刪改試題的依據，更可作為教師檢討編製技能的主要資訊，以增進編製的技能。教師若能秉持「做中學」態度，由題目分析中檢討得失，逐步改善，編製技能將逐漸提升。

六、提供試題參數以建置題庫

題目分析可獲得每個試題的難度、鑑別度、各選項誘答力等參數，加上每個試題所屬的教材單元或能力指標，所屬的認知、技能、情意的教學目標層次，可做成試題題庫卡。教師累積試題題庫卡，可逐步建置屬於自己的題庫。

七、提高信效度與節省測驗時間

若其他條件相等時，測驗長度愈長，其信效度愈高。題目分析提供的量、質資訊，可淘汰欠佳的試題，保留優秀試題，雖然題數減少但僅減少欠佳試題，反而可以提高測驗的信效度，亦可因減少題數節省測驗時間。

貳、題目分析的向度

題目分析主要可分為質的分析、量的分析兩大向度。因為量的分析提出明確的客觀數據，深具說服力，使得一般人將題目分析僅視同量的分析。其實，題目分析過程不能忽略質的分析，雖然沒有量的分析那麼客觀明確，雙向細目表與題目品質乃試題的基礎。有些量的分析結果頗佳的題目，違反命題原則，或雙向細目表的細格歸屬有誤，仍應修改或刪除。有些量的分析結果欠佳的題目，若符合命題原則，且雙向細目表的細格歸屬適切，題目仍應保留，因為題目本身難度屬於兩極端者，通常鑑別力較差，教師不能只因鑑別度欠佳就予以刪除。

一、質的分析

質的分析的重點在於雙向細目表及其細格、命題原則與編製歷程，逐一說明如下：

1. **分析雙向細目表**：分析整份測驗內容架構，剖析其雙向細目表中各單元教材內涵、認知層次教學目標、各類試題類型的安排、配分的適切性，如是否出現某單元配分過多或過少，某認知層次教學目標配分過多或過少，或試題類型不適宜評量學習結果。
2. **分析題目內涵與所屬細目表細格的一致性**：每個試題是否均恰如其分的歸屬在細目表細格的相對位置，足以影響測驗內容架構的適切性與整個測驗欲評量的教學目標與學習成果。教師最常犯的錯誤乃歸類認知層次的誤差，有些屬於記憶層次的題目歸到理解層次，或應歸到理解層次的歸到應用或批判性思考層次；造成此錯誤係因國內教師在認知、技能、情意目標層次的素養嚴重不足所致。
3. **分析題目品質是否合乎命題原則**：一般紙筆測驗或其他評量方式有應遵循的命題原則，各類紙筆測驗試題類型亦有應遵循的命題原則，無經驗教師若沿襲舊經驗，相當容易違反命題原則。尤以選擇題出現題幹中斷、是非題出現兩個以上概念、填充題空格過多、配合題的題幹與選項不同質、論文題未能評量高層次的學習結果等問題，均是中小學教師常犯者，教師命題後宜審慎檢視是否違反命題原則。

4. **分析編製過程的嚴謹性**：測驗編製從決定測驗目的、設計雙向細目表（含決定試題類型與題數、編擬測驗試題、審查與修改測驗試題）到編輯測驗試題，均有嚴謹的理念與原則，教師宜審慎檢核編製，方能提高測驗的信效度。

二、量的分析

量的分析主要分成傳統題目分析、試題反應理論（item response theory, IRT）題目分析。傳統題目分析乃依據古典測驗理論（classical test theory, CTT），此理論出現測驗或題目參數（鑑別度、難度、猜測度）隨受試樣本特質而變動，未能兼顧各個不同能力點的學生，無法以概率方式預測某位（群）受試者面對一個未曾考過題目時的答對機率，且假設「所有受試者測驗的誤差均相同」乃不適切假設等缺失（洪碧霞，1992）。雖然傳統題目分析有上述缺失，然因只需要一般電算機甚至心算，就能求得難度、鑑別度與猜測度，不需仰賴電腦或統計軟體，使得於一般中小學推廣較易。

為彌補古典測驗理論在編製測驗的缺失，試題反應理論是根據受試者在試題上的實際表現，來分析試題的鑑別度、難度及猜測度等測驗指標與受試者潛在特質關係的一種理論，因此理論需要仰賴快速電腦運算、題目分析軟體和測驗編製專家的共同合作，因此，一般中小學教師運用試題反應理論者甚少。

傳統題目分析包括常模參照測驗題目分析、標準參照測驗題目分析兩類，前者因標準化成就測驗進行題目分析時經常採用，較受重視；後者則較不受重視。

第二節　常模參照測驗題目分析

常模參照測驗題目分析的主要步驟有六：(1)依據學生原始得分（總分）的高低排序試卷，總分高者排前面；若數人原始總分同分時，再依據教師判斷的試題類型重要程度排序，較重要試題類型得分高者排前面，依此類推將所有學生的試卷排序。(2)依據試卷排序選取最前面25%至33%為高分組學生，最後面25%至33%為低分組學生，25%至33%的比例由教師自行決定，較常選取的比例是27%。(3)二元計分時，分別計算高分組、低分組學生在每一個試題的答對人數及其百分比；多元計分時，分別計算高分組、低分組學生在該試題的總得分。(4)計算每個試題的難度值，此必須依計分性質分別代入二元計分、多元計分的難度計算公式。(5)計算每個試題的鑑別度值，此必須依計分性質分別代入二元計分、多元計分的鑑別度計算公式。(6)若為選擇題則繼續計算高分組、低分組學生在每一個試題各選項的比例，以分析誘答力。

上述六個步驟只是分析難度、鑑別度的基本步驟，需隨著難度、鑑別度分析方法的差異，適切調整。

常模參照測驗題目分析時，常分為二元計分、多元計分兩大類。二元計分係指教師評閱分數時，指出現「對、錯」、「通過、不通過」兩種情況，如選擇題、是非題答對得 1 分，答錯得 0 分，沒有部分分數。多元計分則指教師評閱分數時可能出現三種以上的分數類別，如論文題一題配分 5 分，教師評閱會出現 5、4、3、2、1、0 等六種分數。

彙整全體受試者、高低分組受試者在二元計分、多元計分之難度與鑑別度公式，詳見表 4-1 之「常模參照測驗題目分析表」。

☞表 4-1　常模參照測驗題目分析表

	全體（全體受試者均納入分析）	高低分組（選取上下約27%分析）	備註
二元計分			
難度	$P=\frac{R}{N}$	$p=\frac{P_H+P_L}{2}$	$\Delta=13+4x$（等距量尺）
鑑別度	與測驗總分關係： 點二系列相關 二系列相關	$D=P_H-P_L$	P_H：高分組通過該試題人數的比率 P_L：低分組通過該試題人數的比率
	與外在效標關係： 點二系列相關 二系列相關 ψ相關 四分相關		
多元計分			
難度	$P=\frac{R_T}{X_{max}\times N_T}$	$P=\frac{R_H+R_L}{X_{max}(N_H+N_L)}$	R_T：全體受試總得分 N_T：全體人數 R_H：高分組學生在該組的總得分 N_H：高分組人數 R_L：低分組學生在該組的總得分 N_L：低分組人數 X_{max}：該題的配分
鑑別度	與測驗總分關係： 積差相關	$D=\frac{R_H-R_L}{X_{max}\times N_H}$	
	與外在效標關係： 積差相關		

壹、難度分析

常模參照測驗題目分析的難度分析從二元計分、多元計分兩大類說明之。

一、二元計分之難度分析

二元計分難度分析，常見者有下列兩種：

(一)以通過比率表示難度

以「通過比率」表示難度可再細分兩種算法：

1. 計算全體受試通過或答對某題上通過的比率

試題難度一般係以全體受試者通過或答對的比率來表示，題目愈容易，則通過的比率愈高，以公式表示如下：

$$P=\frac{R}{N}$$

P：難度

R：答對某題人數

N：全體受試人數

2. 計算高分組與低分組在某一試題上通過的比率

以全體受試者通過或答對的比率來表示的算法，必須整理受試者資料，若人數過多將造成教師相當大的工作負擔，因此發展出高、低分組的算法。高低分組算法乃以高分組答對比率加上低分組答對比率除以二，同樣的，題目愈容易，則通過的比率愈高，以公式表示如下：

$$p=\frac{P_H+P_L}{2}$$

p：試題的難度指數

P_H：高分組通過該試題人數的比率

P_L：低分組通過該試題人數的比率

上述兩種算法，顯示 P 值愈大，試題愈容易；當 P 值大到 1 時，表示全部答對；當 P 值小到 0 時，表示全部答錯，因此，P 值介於 0 到 1 之間。

以「通過比率」表示試題難度值乃屬於次序量尺（ordinal scale），只顯示難度的等級順序或相對困難程度，無法進行四則運算比較，即數值間差異的涵義無法直接進行有意義的比較。

(二)計算Δ（delta）難度指數

以「通過比率」所建立難度值，因單位不等，只顯示試題難易的相對位置，無法指出各難度間差異的大小，亦無法進行四則運算比較，為彌補此缺失，先假設每個試題所欲測量的潛在特質或能力呈常態分配，再將試題難度值依照常態分配表所分布的機率大小，轉換成相等單位的等距量尺（interval scale）難度值，經轉換後的難度值將可以直接比較與進行四則運算。

由於使用常態分配機率表表示難度值，常出現負數或小數情形，對中小學教師與未受過統計訓練者，難以釐清其意義，故美國教育測驗服務社（Educational Testing Service, ETS）建議以轉換過的分數來表示難度值，其轉換公式如下：

$\Delta = 13 + 4x$

Δ：難度水準，以希臘字母Δ（delta）表示之

x：常態曲線 δ 值（標準化常態分配量尺的標準分數）

常用的Δ值介於1至25之間，平均難度值為13。Δ值愈大，試題愈困難；Δ值愈小，試題愈容易。因Δ值若從常態機率表來轉換，相當複雜繁瑣。Fan（1952）將 P 值、X 值之間轉換製作成表，稱為「范氏試題分析表」，使用者可以查表直接轉換，欲查表者可參酌陳英豪與吳裕益（1991）《測驗與評量》一書第十章。然查表費時、解釋不方便，且運用不廣，建議一般教師使用只要算出 P 值即可。欲作精確統計分析時，才算出具有等距量表性質的Δ值。

二、多元計分之難度分析

多元計分的難度分析，主要有下列兩項：

(一)計算全體受試得分占總人數配分的比率

計算多元計分各個試題（如論文題）的難度值，乃全體受試得分除以總人數的總配分，以公式表示如下：

$$P = \frac{R_T}{X_{max} \times N_T}$$

R_T：全體受試總得分

N_T：全體人數

X_{max}：該題的配分

(二)計算高分組與低分組在某一試題的總得分來計算

多元計分難度分析係以高分組、低分組學生在該試題的總得分代入下列公式計算獲得難度值。P 值愈大，試題愈容易；P 值愈小，試題愈困難。

$$P=\frac{R_H+R_L}{X_{max}(N_H+N_L)}$$

R_H：高分組學生在該試題的總得分；N_H：高分組人數

R_L：低分組學生在該試題的總得分；N_L：低分組人數

X_{max}：該題的配分

多元計分（論文題）高低分組的難度算法，如表 4-2，以第 1 題為例，計算得難度值為.50。

☞表 4-2　多元計分（論文題）的各題結果及難度、鑑別度

	1	2	3	4	5	6	7	8	9	10	總分
李小仁	7	8	10	7	8	9	6	7	10	7	79
王大忠	7	7	8	6	8	9	7	6	9	5	72
陳文忠	8	6	6	5	7	9	4	5	5	8	63
何小武	5	6	6	5	5	9	5	3	7	8	59
高分組合（R_H）	27	27	30	23	28	36	22	21	31	28	273
文大明	4	5	5	4	4	4	4	5	4	3	42
李四春	4	3	5	2	5	6	4	3	5	2	39
利明清	3	3	5	3	4	7	2	4	5	2	38
鍾武雄	2	1	4	3	4	7	3	2	4	0	30
低分組合（R_L）	13	12	19	12	17	24	13	14	18	7	149
P	.50	.49	.61	.44	.56	.75	.44	.44	.61	.44	
D	.35	.38	.28	.28	.28	.30	.18	.18	.33	.53	

$$P_1=\frac{R_H+R_L}{X_{max}(N_H+N_L)}=\frac{27+13}{10(4+4)}=0.5 \quad D_1=\frac{R_H-R_L}{X_{max}\times N_H}=\frac{27-13}{10\times 4}=0.35$$

貳、鑑別度分析

鑑別度旨在了解試題具備區別學生能力高低的程度，鑑別度愈高者，表示愈能區別高低能力學生的表現，即高分組傾向答對，低分組傾向答錯。測驗編製者均希望其所出的試題，在其他條件相等的情況下，高能力、會答的學生答對，低能力、不會答的學生答錯，試題具有分辨學生能力高低的功能愈強，表示其鑑別度愈高；試題分辨學生能力高低的功能愈弱，表示其鑑別度愈低。

常模參照測驗題目分析常用以分析鑑別度的方法分為二元計分、多元計分兩大類。

一、二元計分之鑑別度分析

二元計分的鑑別度分析法，主要分成內部一致性的分析、外在效度的分析兩種。前者探討個別試題得分與整個測驗總分之間的關係，關係愈高者一致性愈高。後者探討學生在試題反應與效標表現間的關係，關係愈高則外在效度愈佳。

(一)內部一致性的分析

內部一致性的分析在探討個別試題得分與整個測驗總分之間的一致性，主要有兩種計算方法：

1. **比較高分組與低分組在個別試題上通過試題百分比**

以全體受試者通過或答對的百分比來表示的算法，必須整理受試者資料，若人數過多將造成教師相當大的工作負擔，因此發展出高、低分組的算法。

高低分組鑑別度值的算法乃以高分組答對百分比減去低分組答對百分比，以公式表示如下：

$$D=P_H-P_L$$

鑑別度值（D值）介於介於−1.00 到+1.00 之間，若試題太容易，高、低分組都答對時，兩者的差值（鑑別度值）為 0；若試題太難，高、低分組都答錯時，兩者的差值（鑑別度值）亦為 0。若高分組全部答對，低分組都答錯，則鑑別度為+1.00；若高分組全部答錯，低分組都答對，則鑑別度為－1.00。負的鑑別度值表示試題具有反向的鑑別作用，非教師預期的教學成果，此類鑑別度值為負者的試題宜予以刪除。

2. **探求試題二元反應與測驗總分之間的關聯性**

分析個別試題反應對錯（二元計分）與測驗總分之間的關聯，可採用二系列相關或點二系列相關，獲得的相關係數即為鑑別度值，相關係數值愈高者，表示鑑別度愈高。

(二)外在效度的分析

以外在效標為標準，了解測驗與外在效標的關係。外在效度的分析旨在分析各個試題反應對錯（二分變項）與外在效標（通常為連續變項）的關係，此種計算自然二分變項與連續變項關係者採用點二系列相關。若計算各個試題反應係人為二分變項（如高低或通過不通過）與外在效標（連續變項）的關係，則採用二系列相關。倘若各個試題反應與效標均為二分變項，則採用 ψ 相關。點二系列相關、二系列相關或 ψ 相關，獲得的相關係數即為鑑別度值，相關係數值愈高者，表示鑑別度愈高。三種相關統計方法可參酌相關心理與教育統計學書籍，如林清山（1992）的《心理與教育統計學》一書。

二、多元計分之鑑別度分析

多元計分的鑑別度分析法，主要分成內部一致性的分析、外在效度的分析兩種。

(一)內部一致性的分析

內部一致性的分析在探討個別試題得分與整個測驗總分之間的一致性，主要有兩種計算方法：

1. **比較高分組與低分組在個別試題上得分差試題百分比**

高低分組鑑別度值的算法乃以高分組得分減去低分組得分，再除以該題配分及高分組人數，以公式表示如下：

$$D=\frac{R_H-R_L}{X_{max}\times N_H}$$

R_H：高分組學生在該組的總得分；N_H：高分組人數

R_L：低分組學生在該組的總得分；N_L：低分組人數

X_{max}：該題的配分

多元計分（論文題）高低分組的鑑別度算法，如表 4-2，以第 1 題為例，計算得鑑別度值為.35。

鑑別度值（D 值）介於−1.00 到+1.00 之間，若試題太容易，高、低分組都答對時，或若試題太難，高、低分組都答錯時，此時鑑別度值均為 0。若高分組全部答對，低分組都答錯，則鑑別度為+1.00；若高分組全部答錯，低分組都答對，則鑑別度為−1.00；倘出現鑑別度值為負者的試題宜予以刪除。

2. 探求試題多元反應與測驗總分之間的關聯性

分析個別試題多元反應（多元計分）與測驗總分之間的關聯，可採用積差相關，獲得的相關係數即為鑑別度值，相關係數值愈高者，表示鑑別度愈高。

(二)外在效度的分析

以外在效標為標準，了解測驗與外在效標的關係。外在效度的分析旨在分析各個試題多元反應（多元計分）與外在效標（通常為連續變項）的關係，此種計算多元計分連續變項與外在效標連續變項關係者採用積差相關。積差相關統計方法可參酌相關心理與教育統計學書籍，如林清山（1992）的《心理與教育統計學》一書。

參、選項誘答力分析

選擇題較其他試題類型可進一步進行誘答力分析，乃因選擇題除正確選項外，尚有數個誘答（不正確選項）。誘答具有吸引或迷惑某些知識不完整、概念不清晰的學生，若誘答能充分發揮功能，則能提升試題的鑑別度，因此編製選擇題應強化誘答的編擬技巧與經驗。各項誘答能否發揮功能，有賴誘答力分析。

分析不正確選項是否具誘答功能，可探討高、低分組學生在每個試題選項選答的次數分配與比率，再加以判斷。四項選項判斷原則為：(1)至少有一個低分組學生選擇任何一個誘答（不正確選項）；(2)選擇誘答的比率，低分組應高於高分組；(3)選擇正確答案的比率，高分組應高於低分組；(4)空白未答的人數比率宜降到最低。

依據上述標準來檢視表 4-3「選擇題的各題結果及難度、鑑別度」，表 4-3

☞表 4-3　選擇題的各題結果及難度、鑑別度

題號	組別（各100人）	選答人數（百分比）					難度		鑑別度	
		甲	乙	丙	丁	空白	P	Δ	r	D
1	高分組	0	36*	39	23	2	.34	14.7	.04	.04
	低分組	0	32*	46	18	4				
2	高分組	22*	12	10	48	8	.27	15.5	-.12	-.10
	低分組	32*	25	11	23	9				
3	高分組	16	15	7	62*	0	.44	13.6	.37	.36
	低分組	36	28	7	26*	3				
4	高分組	2	1	95*	2	0	.78	10.0	.55	.41
	低分組	18	12	54*	16	0				

註：1.全體人數 370 人；高分組和低分組各占全體人數的 27%，各計 100 人。
2.*表示答對正確答案的人數。
3.P、Δ、r 係從范式試題分析表查得。

中全體人數 370 人，高分組和低分組各占全體人數的 27%，各計 100 人。Noll、Scannell與Craig（1979）認為鑑別度最低標準至少為.25 以上，低於此最低標準者可視為鑑別度欠佳或品質不良之試題，可見，四個題目的鑑別度以第 4 題最佳（D=.41），次為第 3 題（D=.36）均是不錯的題目，至於第 1 題（D=.04），次為第 2 題（D=−.10）則為品質欠佳的題目。難度以第 3 題最適中（P=.44），第 4 題較簡單（P=.78），第 1 題較難（P=.34），而以第 2 題（P=.27）最難。

表 4-3 中第 1 題選項分析，發現甲項無人填答，丁項（不正確選項）低分組比率（18%）理應高於高分組卻是低於高分組（23%），因此，此題的選項問題出在甲項、丁項，此題鑑別度甚低理應刪除，若要修改備用應修改此兩選項。第 2 題選項分析，顯示未作答比率偏高（8%、9%），丁項（不正確選項）低分組比率（23%）理應高於高分組卻是低於高分組（48%），甲項（正確選項）高分組比率（22%）理應高於低分組卻低於低分組（32%），因此，此題的選項問題出在甲項、丁項，此題鑑別度為負值理應刪除。第 3 題選項分析，顯示丙項（不正確選項）低分組比率（7%）理應高於高分組卻是等於高分組（7%），此題的選項問題出在丙項，此題鑑別度頗佳，若修改丙選項將更佳。第 4 題選項分析，均符合四項選項判斷原則，且鑑別度甚佳，應予保留。

肆、常模參照測驗題目分析之解釋

解釋常模參照測驗題目分析宜先釐清難度、鑑別度關係，難度與測驗目的關係，方能對難度、鑑別度適度解釋。

一、難度、鑑別度關係

從統計學角度而言，難度、鑑別度關係相當密切。若難度偏難，學生得分偏低，整個受試者測驗得分分配曲線呈正偏態，難以區別能力較低學生，鑑別度較差；若難度偏易，學生得分偏高，整個受試者測驗得分分配曲線呈負偏態，難以區別能力較高學生，鑑別度亦較差。當難度趨向兩極端（即 $p=0.00$ 或 $p=1.00$），鑑別度亦趨近於 0；當難度趨近.50 時，鑑別度為最大（即 $D=1.00$ 或 $D=-1.00$，因負的鑑別度試題捨棄不用，故只用正的鑑別度部分），即難度適中的試題（難度趨近.50）鑑別度最佳。難度、鑑別度關係如圖 4-1 所示。

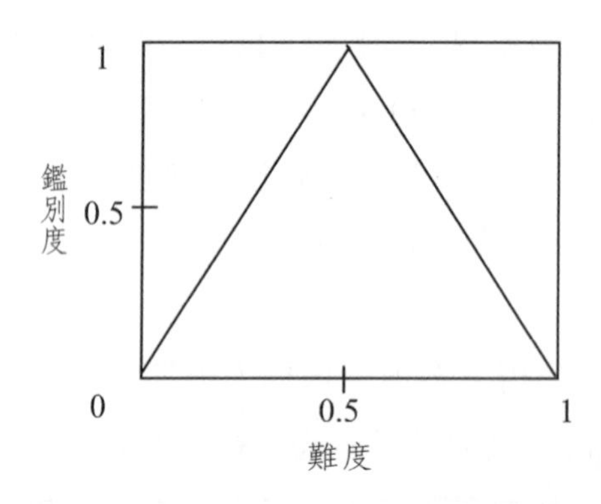

❈圖 4-1　難度、鑑別度關係圖

二、難度與測驗目的關係

一般標準化的測驗為使受試者的得分差異最大，因此常將難度平均值訂在.50 左右。然對於某些特殊測驗目的測驗而言，試題難度不應集中在.50，宜視測驗目的調整。如要篩選國文最優秀的 10%學生，試題難度宜集中在.10 左右。

三、難度、鑑別度之解釋

(一)以測驗總分為依據求得內部一致性鑑別度不能表示具有外在效度

內部一致性分析、外在效度分析均以測驗總分為依據，因教師自編測驗甚難找到外在效標，大多數採內部一致性分析，以此分析求得的鑑別度，僅具備內容效度，卻缺乏外在效度，因此以測驗總分為依據求得內部一致性鑑別度不能表示具有外在效度，解釋此結果宜謹慎。

(二)鑑別度值低的試題未必表示試題具有缺點

雖然Noll等人（1979）認為一般試題鑑別度低於.25者為品質不良之試題。然若試題是測量基本概念（如知識、理解層次），大多數學生必須具備者，可能因難度偏低，使得鑑別度降低；另外，若試題考高層次的知識，大多數學生可能未達此高層次，可能因難度偏高，而降低鑑別度。因此，判讀鑑別度值低的試題必須考慮上述因素、測量目的、試題品質，方能整體判斷優劣。

(三)班級測驗的題目分析資料為暫時性，而非固定不變的特質

題目分析結果的難度、鑑別度、誘答力可能因受試學生能力不同、教師教學方法差異、學生身心狀況均可能影響上述分析結果。題目分析結果只是暫時性的資料，選擇試題不能僅以難度、鑑別度、誘答力為依據，尚須考慮上述可能影響因素。

第三節　標準參照測驗題目分析

常模參照測驗與標準參照測驗因目的不同，題目分析與結果解釋將有差異。標準參照測驗試題難易與教材內容性質有關，教材內容簡單則試題容易，教材內容困難則試題困難。因教師期望學生在測驗有較佳表現，以彰顯教學成效，通常標準參照測驗的試題較常模參照測驗容易，若教師仍沿用常模參照測驗的題目分析方法與標準，則可能誤解標準參照測驗的試題品質。

壹、難度

因標準參照測驗目的不同於常模參照測驗，常模參照測驗的難度分析方法雖可用之分析標準參照測驗難度，但解釋時宜留意兩者的差異。標準參照測驗難度乃全體受試者答對某題人數的比率，但解釋不強調區別學生能力高低，而著重是否達到預期精熟標準或難度值。

常模參照測驗旨在區別學生成就高低，教師期望的難度值在.50 左右最佳。但是標準參照測驗旨在檢核學生是否已達到教學預設精熟標準，教師期望學生在其教學後均精熟教學內容，因此教師希望學生在試題的表現是 100%全對。教師教學有效時，多數試題的難度值偏高，此時難度值反映出的現象是教學品質優劣高於試題品質優劣，故教學品質與學習教材乃影響標準參照測驗試題難度的最直接因素（余民寧，1997）。

標準參照測驗試題難度值應與教學前預先設定的精熟標準一致，以評估教學目標的有效性或教材內容的適切性。如七成的試題答對率或通過分數為精熟標準，則理想的難度值應訂為.70 左右。教師不需參酌常模參照測驗的試題篩選標準，而應依據教材內容、實際教學情況，作為判斷精熟標準或難度值。

貳、鑑別度

標準參照測驗的鑑別度旨在了解教學後，測驗結果能否反映教學成效，即在教學後學生在測驗表現是否優於教學前，此教學前、後的表現差異乃教學效能的重要指標，此指標稱為「教學效果敏感指數」（instructional sensitivity index），可用之作為標準參照測驗的鑑別度指標。

教學效果敏感指數旨在分析試題能否測量到教學的效果，通常較難度指標重要。標準參照測驗的鑑別度指標常用的分析方法有三：(1)分析同一組學生教學前後的測驗結果差異；(2)分析接受教學、未接受教學兩組學生測驗結果的差異；(3)分析已達精熟標準、未達精熟標準兩組學生測驗結果的差異。

一、同組學生教學前後之比較

為分析教學效果，教師以同一組學生教學前、後的測驗結果差異來分析教學前後的差異指標，此指標有兩種公式求出的結果均相同，兩種公式如下：

$$S=\frac{R_A-R_B}{T} \quad 或 \quad D=P_{post}-P_{pre}$$

S：教學前後的差異指標　　　　D：教學前後的差異指標

T：總學生數（不包括該題未答學生）　　　　P_{pre}：教學前答對該題的比率

R_A：教學後答對該題的學生數　　　　P_{post}：教學後答對該題的比率

R_B：教學前答對該題的學生數

由表 4-4 標準參照測驗題目分析，可知五題的教學效果分析如下：

第 1 題：教學前全部答錯，教學後全部答對，教學前後的差異指標達 1.00，顯示教學與試題均有效，乃教師最期待的測量結果。

第 2 題：教學前全部答對，教學後全部答對，教學前後的差異指標為.00，顯示此題可能太簡單，無法測量出教學效果，可能是試題與教學均欠佳。

第 3 題：教學前全部答錯，教學後全部答錯，教學前後的差異指標為.00，顯示此題可能太困難，無法測量出教學效果，雖可能是教學與試題出問題，然教學不當的機率較大。

第 4 題：教學前全部答對，教學後全部答錯，教學前後的差異指標為−1.00，顯示此題本身相當容易，因教師教學本身有問題，把會的教到不會，教師應切實檢討教學內涵與策略。

☞表 4-4　標準參照測驗題目分析示範

學生	試題											
	1		2		3		4		5		總分	
	前測	後測	前測	後測	前測	後測	前測	後測	前測	後測	前測	後測
甲生	—	+	+	+	—	—	+	—	—	+	2	3
乙生	—	+	+	+	—	—	+	—	+	+	3	3
丙生	—	+	+	+	—	—	+	—	—	+	2	3
丁生	—	+	+	+	—	—	+	—	—	+	2	3
戊生	—	+	+	+	—	—	+	—	+	+	3	3
己生	—	+	+	+	—	—	+	—	—	—	2	2
S	$\frac{6-0}{6}=1.00$		$\frac{6-6}{6}=.00$		$\frac{0-0}{6}=.00$		$\frac{0-6}{6}=-1.00$		$\frac{5-2}{6}=.50$			
D	1.00 − 0 = 1.00		1.00 − 1.00 =.00		.00 − .00 = .00		.00 − 1.00 = −1.00		.83 − .33 =.50			

註：（＋）表示答對，（—）表示答錯。
資料來源：修改自測驗與評量（頁 363），陳英豪、吳裕益，1991，高雄：復文書局。

第5題：教學前兩個學生答對，教學後五個答對，教學前後的差異指標達.50，教學後答對比率提高，顯示教學與試題均有效。

教學前後的差異指標介於−1.00到1.00之間，若指標愈接近0，表示該試題鑑別度愈低，愈不能反映預期的教學效果，代表該試題的品質愈差；若指標愈接近1，表示該試題鑑別度愈高，愈能反映教學效果的敏感度，代表該試題的品質愈佳；若指標出現負值，表示試題是反向作用題，反映出教學效果有問題或試題品質相當差。

教學前後的差異指標運用可能出現三項缺失：(1)必須施測兩次，浪費時間與精力；(2)指數低可能是試題無效，亦可能是教學無效非試題編製欠佳；(3)教學後測驗的結果受到重複測驗影響，即教學與前測產生交互作用。

二、接受教學組、未接受教學組的比較

為避免「同組學生教學前後之比較」可能因前測影響後測的結果，乃發展出接受教學組、未接受教學組的比較。尋找各方面條件相等的兩組學生，一組接受教學，另一組未接受教學，再計算兩組答對百分比的差異，此差異值即為鑑別度指標。此種方法雖可避免前測影響後測結果的問題，然欲尋找等組的兩組相當困難，甚至是相當不可能的任務。

三、已達精熟標準組、未達精熟標準組的比較

若事先教師已決定精熟標準，教師分析已達精熟標準、未達精熟標準兩組學生測驗結果的差異，作為鑑別度指標。教師常用的精熟標準為八成或九成的試題答對率，教師依此標準分為已達精熟標準、未達精熟標準兩組，再計算兩組答對百分比的差異，此差異值即為鑑別度指標。

第四節　試題反應理論的題目分析

試題反應理論（IRT）乃根據受試者在試題上的實際表現，來分析試題的鑑別度、難度及猜測度等測驗指標與受試者潛在特質關係的一種理論。潛在特質係因個體在某一測驗上的表現或反應，可由一個或一組因素來解釋，然此因素具有觀察不到的特質。

試題反應理論運用試題和測驗訊息函數來編製測驗，可以挑選出對滿足某份特殊測驗所需的訊息總量最有貢獻的試題，以編製成可以達成測量目標的測驗。因訊息量和測驗的精確度息息相關，且試題難度指標和學生能力指標定義在同一量尺，故可在任何能力水準上，挑選出最能精確測量到該能力範圍的試題，以編製成所需的測驗（余民寧，1991；洪碧霞，1992）。試題反應理論需要仰賴快速電腦運算、題目分析軟體和測驗編製專家的共同合作，因此，一般中小學教師運用試題反應理論者甚少，僅作一些粗淺的介紹。

壹、試題反應理論與古典測驗理論

Guion與Ironson（1983）、余民寧（1991）、許擇基與劉長萱（1992）認為古典測驗理論具有六項缺失：(1)古典測驗理論難度、鑑別度和信度等指標，均為樣本依賴（sample dependent）的指標，會因接受測驗的受試者樣本的不同而異，缺乏客觀公正性。(2)古典測驗理論以一個相同的測量標準誤，作為每位受試者的測量誤差指標，未顧及受試者能力的個別差異，造成假設遭受懷疑。(3)古典測驗理論對相同功能的不同測驗間，不易比較不同受試者的能力差異。(4)古典測驗理論對信度的假設乃基於複本（parallel forms）測量的概念，然此假設往往不存在於實際測驗情境裡，使得假設遭受質疑。(5)古典測驗理論以單一總分來表示受試者能力，忽略試題反應組型（item response pattern），因總分相同時，試題反應組型不一定相同，能力估計值亦可能不同。(6)古典測驗理論無法針對測驗分數等化、試題偏誤與適性測驗建立題庫等問題，提供令人滿意的解決策略。

Hambleton（1989）、Hambleton、Swaminathan與Rogers（1991）、Lord（1980）、余民寧（1991）強調試題反應理論旨在改善古典測驗理論缺失，其特點如下：(1)試題反應理論的難度、鑑別度、猜測度等試題參數，乃不受樣本影響的指標；參數不會因為所選出接受測驗的受試者樣本的不同而異。(2)試題反應理論能針對每位受試者，提供個別差異的測量誤差指標，故能精確推估受試者的能力估計值，即測量誤差的估計因受試者能力不同而異。(3)不同受試者間分數能有意義比較：試題反應理論可由同質性試題組成的分測驗，測量估計出受試者個人的能力，不受測驗的影響，且對不同受試者間的分數，可進行有意義的比較；即受試者能力的估計不因測驗改變而改變。(4)試題反應理論提出以試題訊息量（item information）及試卷訊息量（test information）的概念，來作為評定某個試題或整份試卷的測量準確性，可取代古典測驗理論的「信度」，來評定試卷內部一致性。(5)試題反應理論兼顧受試者的反應組型與試題參數等特性，估計個人能力時，不僅夠提供較精確的估計值，更能對於原始得分相同的受試者，給予不同的能力估計值。(6)試題反應理論採用適合度考驗值（statistic of goodness-of-fit），可提供考驗模式與資料間之適合度。

試題反應理論雖在理論假設優於古典測驗理論，但因建立在深奧難懂的數理統計學機率模式，嚴苛的基本假設需要大樣本配合，且試題反應理論學者出身數學界探討理論勝於實際應用，使得實際應用與推廣受到高度限制。因此，古典測驗理論雖不夠嚴謹，但理論淺顯易懂，利於實際測驗情境應用；試題反應理論雖嚴謹，卻因理論艱深難懂且僅適用於大樣本測驗資料分析，難以應用推廣與獲得測驗使用者權力擁護；測驗運用者宜依據測驗目的、要求嚴謹度、資料狀況，適切選擇古典測驗理論或試題反應理論。

貳、基本概念與假設

試題反應理論建立在兩個基本概念上：(1)受試者在某一測驗試題上的表現情形，可由潛在特質（latent traits）或能力（abilities）來加以預測或解釋。(2)受試者表現情形與這組潛在特質間的關係，可透過一條連續性遞增的函數來加以詮釋，此函數稱之為試題特徵曲線（item characteristic curve, ICC）。將各試題的試題特徵曲線加總，即構成測驗特徵曲線（test characteristic curve, TCC）。試題特徵曲線乃一條試題得分對能力因素所作的迴歸線，此迴歸線基本上是非直線的，但直線的試題特徵曲線也是有可能的，端視所選用的試題反應模式（item response model）而定（余民寧，1992a）。

一、基本特性

試題反應理論的兩個基本特性為試題獨立（item-independent）的能力估計值、樣本獨立（sample-independent）的試題參數估計值、測量標準誤的個別差異性。

試題獨立的能力估計值乃指從不同組試題估計的受試者能力估計值，除測量誤差外，不受所用的測驗種類影響。樣本獨立的試題參數估計值乃指從不同族群的受試者估計的試題參數估計值，除了測量誤差外，亦不受參與測驗的受試者族群的影響。上述兩種特性，統稱「不變性」（invariant），即從把試題的訊息考慮在能力估計的過程中，也把受試者能力的訊息考慮在試題參數估計的過程（余民寧，1992a）。

測量標準誤的個別差異性乃試題反應理論可針對每一位能力不同的受試者能力估計值，提供其測量標準誤，並精確推估受試者的能力估計值。

二、基本假設

試題特徵曲線（ICC）可分析出受試者的能力與其相對應之試題答對機率，而試題特徵曲線就是「試題答對機率」對「受試者能力」的迴歸線。試題特徵曲線乃受試者試題表現情形與潛在特質的關係，係一條遞增（increasing）的曲線。每條試題特徵曲線顯示：受試者答對某一試題的機率，乃其能力和試題特性所共同決定。

試題反應理論必須符合下列幾項基本假設，試題反應模式才能用於分析所有的測驗資料（余民寧，1992a；吳毓瑩，2004；Ackerman, 1989; Lord, 1980）。

(一)單向度

「單向度」（unidimensionality）假設乃同一測驗均在測量單一向度（unidimension）；即測驗中的各個試題都測量到同一種共同的能力或潛在特質，此測驗試題包含單一能力或潛在特質（因素）假設乃單向度假設。然實際測驗情境，受試者表現甚少純粹受到單一因素影響，其他如考試焦慮、應試技巧、成就動機或人格特質等因素，均可能影響測驗結果。故，試題反應理論的基本看法係只要測驗試題包含一個「主要成分或因素」（dominant component or factor）能夠影響測驗結果，即符合單向度假設。

若適用於含有單一主要因素測驗資料的試題反應模式，稱之單向度模式。倘適用於含有多種主要因素的試題反應模式，稱之為多向度（multidimensional）模式。因多向度模式的數學公式複雜難懂，且模式仍持續發展中，故此暫不討論。

(二)局部獨立

「局部獨立」（local independence）假設乃受試者回答每一個題目均局部獨

立；即在考慮受試者的能力因素後，受試者在各試題之間的作答情形為獨立的，沒有任何關係存在。此假設包括各個題目與受試者均局部獨立。「題目的局部獨立」乃指就某一潛在特質而言，題目的分數是彼此獨立的；當兩個試題是局部獨立的，則擁有某一潛在特質的受試者，其同時通過（答對）這兩個題目之機率是此受試者通過每一題之機率的乘積。「受試者的局部獨立」乃指不同受試者的得分是彼此獨立的，「局部」是指「同樣的潛在特質」。Lord（1980）認為：「局部獨立」是「單一向度」的結果，即一個測驗若滿足單一向度的假設，則局部獨立的假設也隨之成立。

(三)非速度測驗

「非速度測驗」假設乃測驗的實施不是在速度限制下完成的；即受試者的考試成績不理想乃由能力不足所致，而非時間不夠答完所有試題所致。

(四)知道—正確假設

「知道—正確假設」（know-correct assumption）假設乃若受試者知道某一試題的正確答案，必然會答對該試題；然若答錯某一試題，必然是不知道該試題的答案。省略不答的試題、未答完的試題的差異在於前者受能力影響，後者受施測速度影響。

參、試題反應模式

試題反應理論以機率概念來解釋受試者能力或心理特質與試題反應間之非線性關係，若以函數來表示此種關係則稱為「試題特徵函數」或稱為「試題反應模式」。依函數中所採用的參數個數不同，通常分為單參數、雙參數及三參數三種模式。若將函數以圖形表示則稱為「試題特徵曲線」（ICC），以X軸表示受試者的能力值，Y 軸表示答對某題的機率。ICC乃某種潛在特質的程度與其在某一試題上正確反應的機率，兩者之間的關係；若潛在特質的程度愈高（或愈強），其在某一試題上的正確反應機率便愈大。在試題反應理論中，每一種試題反應模式有其相對應的一條試題特徵曲線，此一曲線通常包含一個或多個參數來描述試題的特性，以及一個或多個參數來描述受試者的潛在特質（余民寧，1992b）。

常用的試題反應模式有下列三種，每一種模式都依其採用的試題參數的數目多寡來命名，都僅適用於二元化的反應資料（余民寧，1992b；Thissen &

Steinberg, 1986）。

一、單參數模式

「單參數模式」（one-parameter logistic model）假定所有題目的鑑別力（a）均是常數，影響受試者在試題上表現好壞的試題特性只有一個，乃試題的難度。單參數模式所有題目為共同鑑別力（常數），故所有題目特徵曲線的斜率均相同；但由於題目的難度不同，故題目特徵曲線的位置不同。

單參數模式的數學公式如下所示：

$$P_i(\theta)=\frac{e^{(\theta-b_i)}}{1+e^{(\theta-b_i)}} \qquad i=1, 2, \cdots, n \qquad \text{（公式一）}$$

其中，$P_i(\theta)$ 表示任何一位能力為 θ 的受試者答對試題 i 或在試題 i 上正確反應的機率；b_i 表示試題難度（difficulty）參數；n 是該測驗的試題總數；e 代表以底為 2.718 的指數；且 $P_i(\theta)$ 是一種S形曲線，其值介於 0 與 1 之間。單參數的試題特徵曲線如圖 4-2 所示（余民寧，1992b）。

根據公式一的定義，試題難度參數 b 的位置正好座落在正確反應機率為 .5 時能力量尺（ability scale）上的點。當能力和試題難度相等時（即 $\theta-b_i=0$），

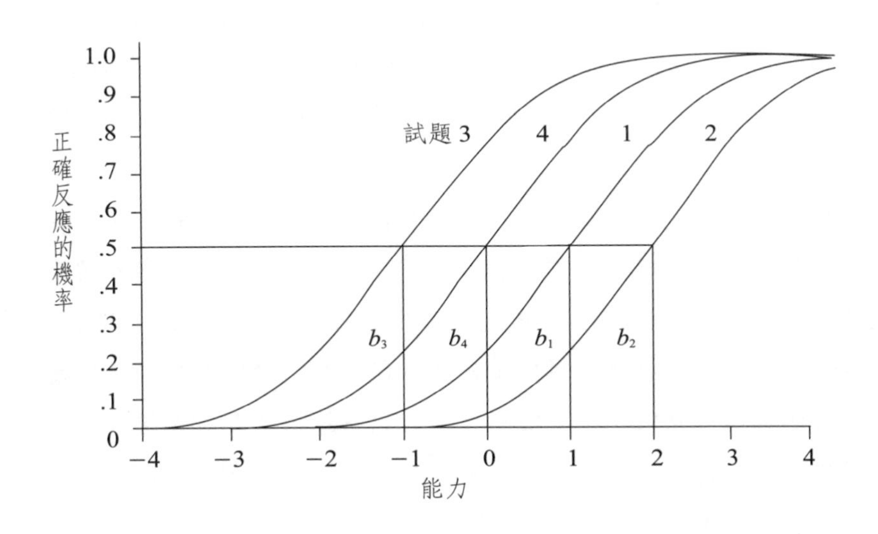

❊圖 4-2　四條典型的單參數試題特徵曲線

資料來源：試題反應理論的介紹(三)：試題反應模式及其特性，余民寧，1992b，研習資訊，9 卷 2 期，頁 6-10。

受試者答對某試題的機會只有 50%；當能力小於試題難度時（即 $\theta - b_i < 0$），受試者答對某試題的機會便低於 50%；反之，當能力大於試題難度時（即 $\theta - b_i > 0$），受試者答對某試題的機會便高於 50%。b_i 值愈大，受試者要想有 50%答對某試題的機會，其需要有較高的能力才能辦到，亦即該試題是屬於較困難的題目。愈困難的試題，其試題特徵曲線愈是座落在能力量尺的右方；反之，愈簡單的試題，其試題特徵曲線愈是座落在能力量尺的左方。圖 4-2 之四條試題特徵曲線的試題難度參數分別為 $b_1 = 1.0$，$b_2 = 2.0$，$b_3 = -1.0$，$b_4 = 0.0$，其值的大小，分別決定該四條曲線在能力量尺上的相對應位置，故試題難度參數有時又叫作位置參數（location parameter）。理論上，b 值的大小介於 $\pm\infty$ 之間，但實際應用上，通常只取 ± 2 之間的範圍。由圖 4-2 所示，b 值愈大表示試題愈困難，b 值愈小表示試題愈簡單（余民寧，1992b）。

二、雙參數模式

雙參數模式（two-parameter logistic model）的數學公式如下所示：

$$P_i(\theta) = \frac{e^{a_i(\theta - b_i)}}{1 + e^{a_i(\theta - b_i)}} \qquad i = 1, 2, ..., n \qquad \text{（公式二）}$$

其中，各符號的定義與公式一相同，唯多了一個參數：試題鑑別度（item discrimination）a_i，它的涵義與在古典測驗理論中的涵義相同，同是用來描述試題 i 所具有鑑別力大小的特性。典型的雙參數的試題特徵曲線，可參見圖 4-3 所示（余民寧，1992b）。

試題鑑別度參數 a 的值，剛好與在 b 點的試題特徵曲線的斜率（slope）成某種比例。試題特徵曲線愈陡的試題比稍平滑的試題，具有較大的鑑別度參數值；即鑑別度愈大的試題，其區別出不同能力水準受試者的效果愈好。理論上，a 值的範圍在 $\pm\infty$ 之間，但學者們通常捨棄負的 a 值不用，實際應用常限定範圍介於 0 與 2 之間（洪碧霞，1992）；a 值愈大，代表試題特徵曲線愈陡，試題愈有良好的辨別能力；a 值愈小，代表試題特徵曲線愈平坦，試題愈無法明顯有效地辨別出受試者的能力水準。

雙參數模式是由一個參數對數形模式延伸演變而來，亦即把試題鑑別度參數考慮進一個參數對數形模式裡，便成為兩個參數對數形模式。圖 4-3 所示，四條

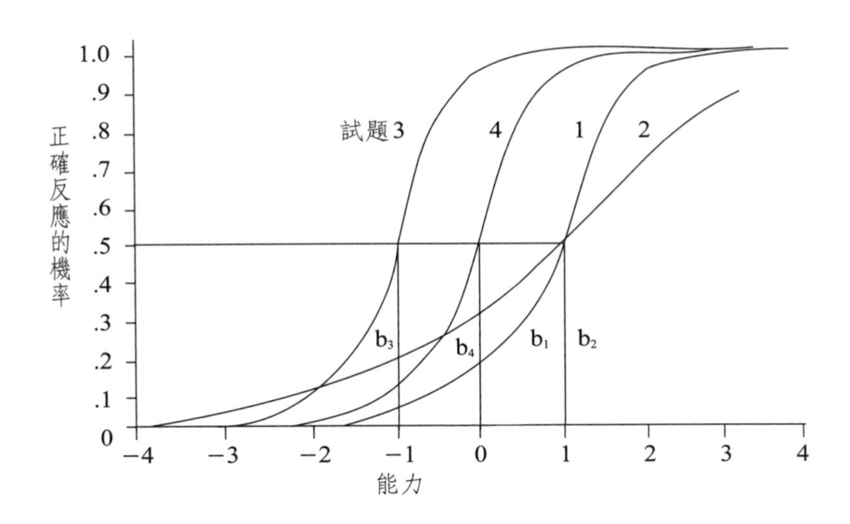

❊圖 4-3　四條典型的兩個參數試題特徵曲線

資料來源：試題反應理論的介紹(三)：試題反應模式及其特性，余民寧，1992b，研習資訊，9卷2期，頁8。

試題特徵曲線的試題參數分別為 $a_1=1.0$，$b_1=1.0$；$a_2=0.5$，$b_2=1.0$；$a_3=1.5$，$b_3=-1.0$；$a_4=1.2$，$b_4=0.0$。上述參數決定試題特徵曲線的形狀不會是平行的，因為有不同大小的試題鑑別度值存在的關係。當這四條試題特徵曲線的 a 值都相等時，這些曲線便成平行的S形曲線，如圖 4-2 所示；因此，單參數模式乃雙參數模式的一種特例，亦即把試題鑑別度參數都設定成一致時（通常設定 $a_i=1$，$i=1, 2, ..., n$），公式二的數學式子便簡化成公式一的數學式子（余民寧，1992b）。

三、三參數模式

三參數模式（three-parameter logistic model）的數學公式如下所示：

$$P_i(\theta)=C_i+(1-C_i)\frac{e^{a_i(\theta-b_i)}}{1+e^{a_i(\theta-b_i)}} \quad i=1, 2, ..., n \qquad \text{（公式三）}$$

其中，各符號的定義與公式二相同，唯多出一個參數：猜測參數（pseudo-chance parameter）C_i。其值愈大表示不論受試者能力高或低，皆容易猜對；反之，則不易被猜對。猜測參數可反應試題特徵曲線之左下漸近線（lower asymptote）。其理論值範圍介於 0 與 1 之間，Lord（1980）認為在考慮猜測值的情形下，由於猜測值 C 的增加，使得原本為 0～1 的答題可能機率（p），變為 C～1 之間，壓縮了答對試題與否機率的空間，由於每一題的猜測值不同，使得每一題的鑑別度產生變化，故實際應用時，過高的 C 參數常不被接受。三參數的試題特徵曲線如圖 4-4 所示（余民寧，1992b）。

圖 4-4 所示，六條試題特徵曲線的試題參數分別為 $a_1 = 1.8$，$b_1 = 1.0$，$c_1 = 0.0$；$a_2 = 0.8$，$b_2 = 1.0$，$c_2 = 0.0$；$a_3 = 1.8$，$b_3 = 1.0$，$c_3 = 0.25$；$a_4 = 1.8$，$b_4 = -1.5$，$c_4 = 0.0$；$a_5 = 1.2$，$b_5 = -0.5$，$c_5 = 0.1$；$a_6 = 0.4$，$b_6 = 0.5$，$c_6 = 0.15$。上述參數決定六條試題特徵曲線的形狀各不相同。其中，由第 1 條與第 4 條曲線的比較，可以顯現出試題難度參數在試題特徵曲線上的位置的重要性：較困難的試題（如第 1、2、3 題）大多偏向能力量尺的高能力部分，而較簡單的試題（如第 4、5、6 題）則多偏向能力量尺的低能力部分。由第 1、3、4 條與第 2、5、6 條曲線的比較，可以看出試題鑑別度參數對試題特徵曲線的陡度（steepness）的影響力。最後，由第 1 條與第 3 條曲線的比較，C 參數對試題特徵曲線的形狀也扮演著決定性的角色；同樣的，試題 3、5 和 6 的下限的比較，也提供不少有關 C 參數的訊息（余民寧，1992b）。

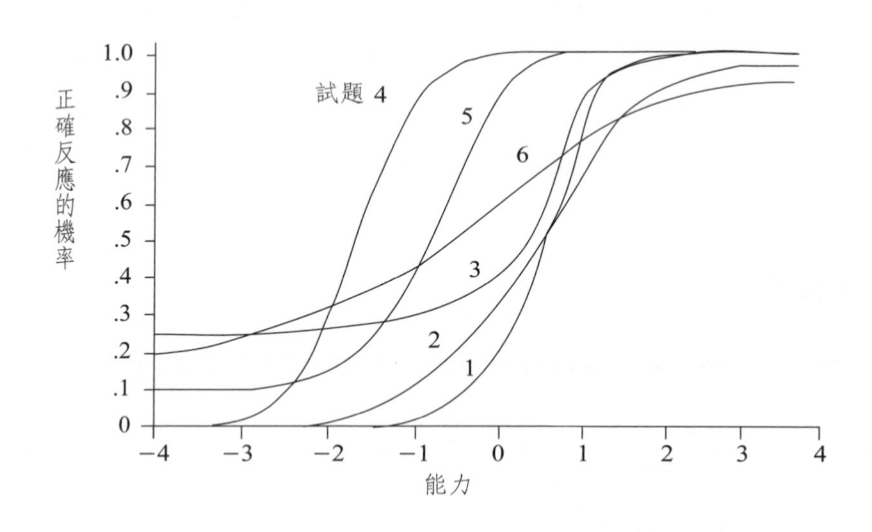

❊圖 4-4　六條典型的三個參數試題特徵曲線

資料來源：試題反應理論的介紹(三)：試題反應模式及其特性，余民寧，1992b，研習資訊，9 卷 2 期，頁 9。

肆、訊息函數

試題反應理論用來評鑑測驗之優劣的指標不是信度係數，是測驗訊息。傳統測驗理論信度為常數，從信度得到的測量標準誤亦為常數，無論受試能力高低均用同一個信度或標準誤來評鑑和解釋測驗分數。試題反應理論的測驗訊息、試題訊息、能力估計值的標準誤均是能力的函數，而非常數。如很簡單的試題或測驗，對於能力較高的受試者不易精確估計其能力，故其訊息量較小、估計誤差較大。訊息愈大的試題或測驗對受試能力的估計愈精確，估計誤差愈小（余民寧，1992c）。

試題反應理論常運用試題訊息函數（item information function）來描述試題或測驗、挑選測驗試題，及比較測驗的相對效能，並作為建立、分析與診斷測驗的主要參考依據。訊息函數包括試題訊息函數（item information function）、測驗訊息函數（test information function），分述之。

一、試題訊息函數

試題訊息函數的定義如下：

$$I_i(\theta)=\frac{[P_i'(\theta)]^2}{P_i(\theta)Q_i(\theta)} \quad i=1, ..., n \qquad \text{（公式四）}$$

其中的符號，$I_i(\theta)$ 代表試題 i 在能力為 θ 上所提供的訊息，$P_i'(\theta)$ 為在 θ 點上的 $P_i(\theta)$ 值的導數，而 $P_i(\theta)$ 為能力 θ 在試題 i 上的試題反應函數，$Q_i(\theta)=1-P_i(\theta)$。試題訊息函數可用於前述三個參數模式的試題反應模式，前述模式都適合用於二分法計分（dichotomously scored）的測驗資料（余民寧，1992c）。

a、b 和 c 參數與試題訊息函數訊息量的關係如下：(1)當 a 參數較高時，訊息量也會較大；(2)當 b 值愈接近 θ 時，訊息量較大；反之，b 值愈遠離 θ 時，訊息量則較小；(3)當 c 參數接近 0 時，訊息量則會增加。

試題訊息函數能表示試題對能力估計正確性的貢獻量大小，可直接用為測驗發展與編製，及診斷試題優劣。試題訊息函數顯示貢獻量大小，主要受到鑑別度、難度、猜測度影響。若試題鑑別度參數（a 值）愈大，試題特徵曲線愈陡，斜率愈大，則訊息量愈高。試題難度參數的位置會決定訊息量的高低，當 b 值愈

接近 θ 時，訊息量較大。試題猜測參數最小時，某個試題在能力水準比其難度值稍高的位置上，所提供的訊息量會達到最大。通常 $C > 0$ 的試題訊息函數會比 $C = 0$ 的試題訊息函數還小，此時可考慮使用單參數或雙參數模式，以求合適所使用的測驗資料（余民寧，1992c）。

以表 4-5 六個不同訊息量的試題為例，來說明訊息量所具有的應用涵義。試題訊息函數與能力水準二者是組成訊息函數圖的兩個主軸，根據表 4-5 的試題參數值所畫出的訊息函數就如圖 4-5 所示（余民寧，1992c）。

☞表 4-5　六個試題的試題參數值

	試題參數		
測驗試題	b_i	a_i	c_i
1	1.00	1.80	0.00
2	1.00	0.80	0.00
3	1.00	1.80	0.25
4	−1.50	1.80	0.00
5	−0.50	1.20	0.10
6	0.50	0.40	0.15

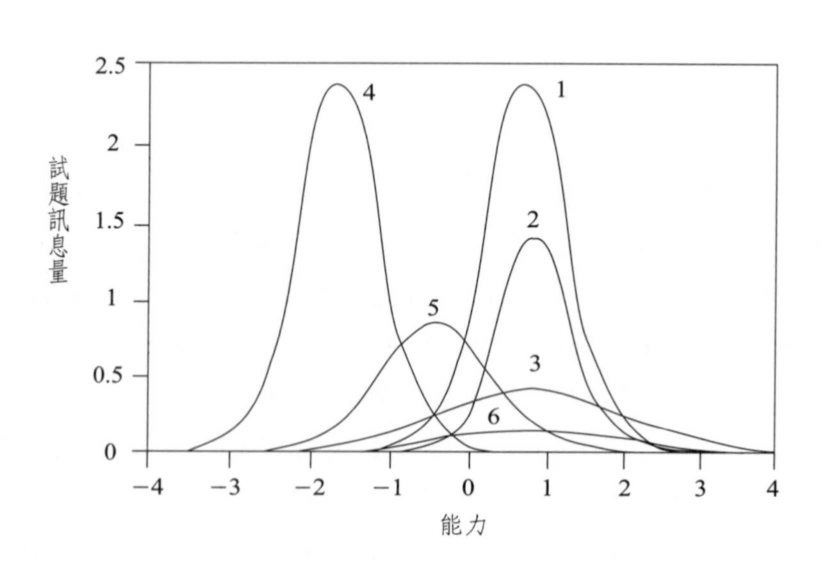

❊圖 4-5　表 4-5 中六個試題的試題訊息函數

資料來源：試題反應理論的介紹(七)：訊息函數，余民寧，1992c，研習資訊，9 卷 6 期，頁 6。

由圖 4-5 顯示下列重要內涵：(1)比較試題 1 和試題 2 的試題訊息函數，可發現鑑別度參數愈高訊息量愈大，此兩試題僅鑑別度參數不同。(2)比較試題 1 和試題 3 的試題訊息函數，可知在其他條件均相等的情況下，具有 $C > 0$ 的試題比較不適於用來評定能力水準。(3)比較試題 1、4、5 的試題訊息函數，可知在評定具有中等能力的考生能力（即能力水準約在 −.50 左右者）時，試題 5 比試題 1 和試題 4 提供較為有用的訊息；即對中等能力的受試者而言，試題 5 比試題 1、試題 4 較為適當且有用。(4)當 $C > 0$ 時，試題所提供的最大訊息量，大約出現在它的難度水準或比其難度水準稍大的位置，試題 5 訊息量高於試題 3、6，乃其位置較接近 θ 時，故訊息量較大。(5)試題 6 的鑑別力最低，提供的訊息量最少，可見較低鑑別力的試題，在整份測驗的統計學意義甚少。

二、測驗訊息函數

一份測驗的訊息函數是指它在某一個 θ 值上所提供的訊息量，該訊息量剛好是在 θ 值上的試題訊息函數之總和。余民寧（1992a）認為測驗訊息具有下列特徵：(1)每個試題都單獨地對測驗訊息函數作貢獻，故每個試題所作的貢獻量大小，並不受在該測驗中其他試題的影響。(2)測驗試題對測驗信度和試題鑑別度指標的貢獻，卻受在該測驗中其他試題特性的影響，而無法單獨地決定；因計算這些指標時必須用到測驗分數，而測驗分數卻依所選擇的測驗試題的不同而異。(3)同一測驗之訊息在能力量尺不同點之訊息可能不一樣。(4)測驗訊息之高低是受試題的質（鑑別力和猜對率）以及題數之影響；TCC 曲線的斜率愈大，訊息愈高。測驗在某一能力點的變異數（variance）愈小，訊息也愈大。(5)當測驗對某能力水準的受試者提供的訊息愈多時，則測驗對該水準受試者的能力估計愈準確；反之則愈不準確。測驗訊息依受試者能力水準的不同而異，可取代傳統測驗之信度指標及測量標準誤的概念（余民寧，1992a）。

一般而言，最大的測驗訊息量所對應的能力估計值 θ，便是該份測驗所精確測量到的能力參數，也可以說是該份測驗適用於該能力估計值範圍內的測量。試題反應理論的估計標準誤 $SE(\hat{\theta})$（standard error of estimation）和古典測驗理論的測量標準誤（standard error of measurement）的功能相似，只是前者隨能力水準的不同而異，每位具有不同能力水準的考生，皆應有不相同的估計誤差；但古典的測量標準誤則認為每位考生能力估計值的誤差都是一致的（余民寧，1992c）。

估計標準誤大小通常受三個因素的影響：(1)測驗試題的數目（如：較長的測驗會有較小的標準誤）；(2)測驗試題的品質（如：鑑別度較高的試題往往讓能力低的考生沒有僥倖猜對的機會，所以它的標準誤便較小）；(3)試題難度與考生能力之間的配合程度（如：組成測驗的試題難度參數若與考生的能力參數相近，則其標準誤會比具有相當困難或相當簡單試題的測驗的標準誤還小）。

測驗編製學家感興趣的是：比較兩份或多份測量到同樣能力的測驗訊息函數，作測驗評鑑和選擇的參考。發展一份全國性的成就測驗時，往往就需要比較不同測驗的訊息函數，以幫助選擇優良試題來組成所需的測驗；或在編製一份標準化成就測驗時，除顧及效度、成本、內容和測驗長度等因素外，可參考過去有關學生表現的訊息函數概況，再優先挑選在某段能力範圍內能產生最大訊息量的試題，彙編成所需的標準化成就測驗。

三、不同試題運作功能

傳統對診斷試題偏差的做法是：蒐集所關懷的少數族群在測驗試題上的表現好壞資料，及多數族群的表現資料，再比較其差異，以作為判斷試題有否偏差的實徵證據。其實，表現有差異存在的實徵證據是結論說試題有偏差的必要條件，而非充分條件；即此結論已超過資料所能推論的範圍。為區別實徵證據與結論的不同，學者使用「不同試題運作功能」（differential item functioning, DIF）一詞來取代涵義不明確的「偏差」（bias）概念，以用來描述實徵證據背後所涵蓋的偏差涵義（余民寧，1993；Berk, 1982）。

Hambleton等人（1991）認為不同試題運作功能（DIF）乃「來自不同族群但能力相同的個人，若答對某個試題的機率不同時，則該試題出現不同試題運作功能的現象」。試題特徵函數可說明答對某個試題的機率，與受試者潛在能力和試題潛在特徵有某種關係。不同試題運作功能的操作型定義：「若某個試題特徵函數對不同的族群均不同，則該試題便出現不同試題運作功能；若跨越不同族群的試題特徵函數均相同，則該試題不具有不同試題運作功能。」（余民寧，1993）

比較兩個或多個族群在某個試題特徵函數上的差異，可判別該試題是否具有不同試題運作功能存在。試題反應理論常用來診斷試題偏差的方法有兩種：(1)比較試題特徵曲線的參數：如果兩個試題特徵函數的參數值均相同，則該試題特徵曲線在線上所有點的功能會相同，答對該試題的正確機率值也會一樣，則不會具有不同試題運作功能現象；以「試題特徵函數的參數均相等」為虛無假設，若拒絕某個試題的虛無假設，則顯示該試題具有不同試題運作功能現象。(2)比較介於試題特徵曲線間的面積：試題參數不受受試者能力分布的影響（亦即具有樣本獨立的估計特性），根據不同族群受試者估計出的同一個試題參數或試題特徵曲線，經過銜接或等化後，試題參數應該都建立在共同的量尺上，其試題特徵曲線（ICC）應該相同，則試題特徵曲線間的面積應該等於零；若面積不是零，則顯示該試題對不同族群受試者具有不同試題運作功能現象（余民寧，1993）。

第五節　題目篩題原則

題目分析除了了解題目內涵與受試者答題情況外，更重要的是作為篩選題目的參考。常模參照測驗、標準參照測驗與試題反應理論題目分析後的篩題原則大同小異，以下僅整體敘述再就差異部分扼要說明。

壹、依測驗目的選擇

篩選試題首先必須顧及測驗目的，方不致偏離測驗與教學目標。常模參照測驗用的試題通常挑選鑑別度佳、難易適中的試題。標準參照測驗用的試題，具有教學內容代表性的試題。

依據測驗目的篩選試題的重要步驟乃分析雙向細目表的適切性，如各教材單元的配分適切嗎？認知領域教學目標層次配分適切嗎？各試題類型的選擇與配分適切嗎？國內時常出現的問題是：(1)有些單元配分過高或過低，若某單元配分高於或低於教學時間占評量範圍教學時間的5%，宜充分說明原因，否則有高配或低配之問題。(2)低層次認知領域教學目標配分過高，尤其是國小記憶、了解層次的試題高於七成甚至八成，整份試卷平均數高於85者比比皆是。(3)試題類型蕭規曹隨，未能了解選擇試題類型的原因或目的，更未思考何種類型試題適合何種評量內涵。(4)各試題類型配分高低影響難度，教師因較缺乏測驗專業知能與判斷，故在事前判斷學生預期分數的能力顯有不足。

貳、依試題目的與品質選擇

篩選試題宜再剖析試題目的與試題品質，即對個別試題進行質的分析。

一、依試題目的選擇

挑選試題應能測量其要測的教學目標或能力指標，以雙向細目表而言，即試題歸屬細格是否真正能測量某單元的教學目標。依據教學目標命題乃教師應具備的評量專業素養，教師依據目標命題本無須檢核，然隨著出版社提供的題庫愈多，教師依據目標命題的能力也隨之削弱，因此，檢核試題是否真能測量欲測的教學目標乃必要的工作。

教學目標歸屬認知領域教學目標的層次，必須先了解Mayer與Wittrock（2001）將認知歷程向度分成記憶、了解、應用、分析、評鑑、創作六大類，再細分十九小類的內涵，方能精準的歸類。可惜一般中小學教師對認知歷程向度的內涵，深入探究者不多，不僅歸屬的誤差，更易造成雙向細目表的正確性降低。

二、依試題品質選擇

中小學教師命題常依據舊經驗或出版社試題，並未了解命題原則，使得違反命題原則者比比皆是。就十幾年的觀察，中小學教師在各試題類型，最常見違反命題原則者如下：(1)選擇題：每個試題題幹不應中斷；試題應測量重要的學習結果；題幹避免使用否定句，若需採用宜強調否定字詞。(2)是非題：每題僅包括一個重要概念，避免出現兩個以上概念；敘述力求簡潔、明確，避免使用複雜的句型結構。(3)配合題：每道配合題中各個題幹或選項必須具同質性；選項數目應多於題幹，且指出選項被選次數。(4)填充題：試題答案應簡潔、具體、明確；填充式答案以一個為原則，空格不可太多。(5)解釋性練習題：選擇與教學目標有關的引導資料；選擇適合學生學習經驗與閱讀能力的引導資料。(6)論文題：客觀式試題難測量之複雜、高層次學習結果，才用論文題；提示每一題的作答時間與配分，並給予充分時間作答。

參、依試題參數選擇

常模參照測驗與標準參照測驗題目分析的試題參數包括難度、鑑別度，試題反應理論題目分析的試題參數則包括難度、鑑別度、猜測度。因國內中小學教師運用試題反應理論者甚少，僅介紹常模參照測驗與標準參照測驗題目分析的試題參數。

一、選出鑑別力較高（教學效果敏感指數較高）的題目

常模參照測驗的試題鑑別度愈高愈佳，Noll等人（1979）認為鑑別度最低標準至少為.25以上，低於此最低標準者可視為鑑別度欠佳或品質不良之試題。Ebel與Frisbie（1991）提出一套鑑別度值評鑑指標如表4-6，可供判斷參酌。若教師欲篩選常模參照測驗的試題作為題庫，建議選取鑑別度高於.25以上者，較能區別受試者的成就或能力高低。

標準參照測驗的試題旨在了解受試者所能與所不能的學習狀況，而非區別受試者的成就或能力高低，鑑別度篩選標準不同於常模參照測驗。標準參照測驗主要分析教學效果敏感指數，指數愈接近1，表示該試題鑑別度愈高，愈能反映教學效果的敏感度，代表該試題的品質愈佳。通常教學有效時難度值很高，而試題難度過高或過低，鑑別度均較低，因此，標準參照測驗的良好試題，可能是鑑別度很低，甚至為0。

二、選出難度適中或符合測驗目的的題目

挑選試題通常先挑出鑑別度較高的試題，再從中挑選難度值符合較為適中或

☞表4-6　鑑別度值評鑑指標

鑑別度值	評鑑指標
.40以上	非常好的題目。
.30～.39	好的題目，但仍須修改。
.20～.29	淘汰邊緣的題目，通常須予修改。
.19以下	不適宜的題目，須予淘汰或修改方能備用。

測驗目的試題。因難度值為.50時，鑑別度值最高（$D=1.00$），故常模參照測驗試題通常以選取難度接近.50者為佳。標準參照測驗依據事前決定的測驗目的，作為選取的依據；若事前決定七成受試者通過測驗，則以選取難度值為.70附近者為佳；若事前決定四成受試者通過，則以選取難度值為.40附近者為佳。

各類型試題因受猜測因素影響，其理想平均難度不同，如表3-4「各類試題類型的理想平均難度」，二選一試題（是非題）為.85，三選一選擇題為.77，四選一選擇題為.74，簡答題.50，上述各類試題類型的理想平均難度可供選取各類型試題的參考。

三、選出誘答力較高的題目（選擇題）

若是試題類型為選擇題，宜再分析各不正確選項的誘答力。分析不正確選項的誘答力，通常判斷高、低分組學生在各選項的選答比率，判斷原則有四：(1)至少有一個低分組學生選擇任何一個誘答；(2)選擇誘答的比率，低分組應高於高分組；(3)選擇正確答案的比率，高分組應高於低分組；(4)空白未答的人數比率宜降到最低。

肆、綜合評析

若欲篩選試題納入題庫，通常必須製作題庫題卡，並依據上述，評析順序先探討試題目的與品質，再剖析試題參數，後進行必要之修正。

表4-7「選擇題題卡一」、表4-8「選擇題題卡二」、表4-9「論文題題卡一」採高低分組的分析方法，全部受試者30人，取上下27%為高低分組，各組為8人，表4-7與表4-8算法為 $p=\frac{P_H+P_L}{2}$，$D=P_H-P_L$，表4-9算法為 $P=\frac{R_H+R_L}{X_{max}(N_H+N_L)}$，$D=\frac{R_H-R_L}{X_{max}\times N_H}$。表內全體（ITEMAN）、$P$（iteman）、$r$（iteman）乃採用美國Assessment Systems Corporation發展的MicroCAT測驗系統之ITEMAN程式分析的結果；表內試題反應理論題目分析可用的MicroCAT測驗系統之RASCAL、ASCAL兩程式來分析，因人數過少未進行分析，故無鑑別度（a）、難度（b）、猜測度（c）之參數。

表4-7至表4-9乃依據試題目的與品質、試題參數的篩選原則來進行綜合評析，評析內涵詳見各表內之總評。

☞表 4-7　選擇題題卡一

<table>
<tr><td colspan="2">科別：數學科</td><td colspan="6">適用單元：六年級第十二冊第七單元（第六十五頁）</td></tr>
<tr><td colspan="8">題目：一、選擇題
（　）2. 擴大圖和縮圖的倍數，是根據何者的比例尺？
(1)面積　(2)角度　(3)邊長　(4)比例尺
答：1（　）　2（　）　3（　）　4（√）</td></tr>
<tr><td rowspan="2">行為目標</td><td colspan="2" rowspan="2">能寫出比例尺擴大縮小的概念之定義</td><td rowspan="2">認知層次</td><td>記憶</td><td>了解</td><td>應用</td><td>批判性思考</td></tr>
<tr><td>√</td><td></td><td></td><td></td></tr>
<tr><td rowspan="7">傳統題目分析</td><td rowspan="2">類別</td><td rowspan="2">人數</td><td colspan="5">各選項百分比</td></tr>
<tr><td>1</td><td>2</td><td>3</td><td>4</td><td>空白</td></tr>
<tr><td>高分組</td><td>8</td><td>0</td><td>0</td><td>.13</td><td>.88</td><td>0</td></tr>
<tr><td>低分組</td><td>8</td><td>.25</td><td>0</td><td>.13</td><td>.63</td><td>0</td></tr>
<tr><td>全體
（ITEMAN）</td><td>30</td><td>.10</td><td>.03</td><td>.13</td><td>.73</td><td>0</td></tr>
<tr><td rowspan="2">難度</td><td>$P=(P_H+P_L)/2$</td><td>.76</td><td colspan="2" rowspan="2">鑑別度</td><td>$D=P_H-P_L$</td><td>.25</td></tr>
<tr><td>P (iteman)</td><td>.73</td><td>r (iteman)</td><td>.46</td></tr>
<tr><td>IRT題目分析</td><td>a</td><td></td><td>b</td><td colspan="2"></td><td>c</td><td></td></tr>
<tr><td colspan="8">總評（若需修改題目，請寫於評論之後）：
此題旨在測量出學生分辨「倍數擴大縮小的根據」之概念，屬記憶層次，試題品質佳且未違反命題原則。題目鑑別度不高，題目難度相當簡單，第(2)選項的誘答力低，甚至低分組無人選答，故需將第(2)選項，由「角度」修改成「周長」。</td></tr>
</table>

☞表 4-8　選擇題題卡二

<table>
<tr><td colspan="2">科別：數學科</td><td colspan="6">適用單元：六年級第十二冊第五單元（第四十一頁）</td></tr>
<tr><td colspan="8">題目：一、選擇題
（　）6. 小華買毛筆用去50元，恰好占所有錢的1/3，小華尚有多少錢？
(1)120　(2)150　(3)200　(4)240

答：1（√）　2（　）　3（　）　4（　）</td></tr>
<tr><td rowspan="2">行為目標</td><td colspan="2" rowspan="2">會利用母子差的公式，做反運算求出原來的錢</td><td rowspan="2">認知層次</td><td>記憶</td><td>了解</td><td>應用</td><td>批判性思考</td></tr>
<tr><td></td><td>√</td><td></td><td></td></tr>
<tr><td rowspan="7">傳統題目分析</td><td rowspan="2">類別</td><td rowspan="2">人數</td><td colspan="5">各選項百分比</td></tr>
<tr><td>1</td><td>2</td><td>3</td><td>4</td><td>空白</td></tr>
<tr><td>高分組</td><td>8</td><td>1</td><td>0</td><td>0</td><td>0</td><td>0</td></tr>
<tr><td>低分組</td><td>8</td><td>.62</td><td>.38</td><td>0</td><td>0</td><td>0</td></tr>
<tr><td>全體（ITEMAN）</td><td>30</td><td>.38</td><td>.13</td><td>0</td><td>0</td><td>0</td></tr>
<tr><td rowspan="2">難度</td><td>$P=(P_H+P_L)/2$</td><td>.81</td><td colspan="2" rowspan="2">鑑別度</td><td>$D=P_H-P_L$</td><td>.38</td></tr>
<tr><td>P (iteman)</td><td>.83</td><td>r (iteman)</td><td>.76</td></tr>
<tr><td>IRT題目分析</td><td>a</td><td></td><td>b</td><td colspan="2"></td><td>c</td><td></td></tr>
<tr><td colspan="8">總評（若需修改題目，請寫於評論之後）：
此題旨在測量學生對「母子和差」問題的概念，屬了解層次，試題品質佳且未違反命題原則。題目鑑別度佳，難度稍簡單，但選項誘答力不高，尤其是第(3)(4)選項無人選答，可將第(3)(4)選項，修改成「(3)30；(4)60」，將可提高選項誘答力。</td></tr>
</table>

第六節　測驗題目分析實例

教師自編測驗本係教師必備的基本知能，尤其是學習領域的段考測驗更應是教師的看家本領。教師可藉由學習領域段考測驗了解學生成果與困難所在，以作為改進教材教法、進行補救教材的依據。

由於大多數學校使用各領域審定本教科書，加以出版社提供題庫光碟供學校教師使用，貼心服務促使現場教師不必編擬題目，更不用自編整份測驗卷。教師編擬學習領域段考紙筆測驗只是由過去影印參考書的題目貼貼補補，改為由出版社提供的測驗題庫，抓取所要的題目加以編排，就完成一份測驗卷。教師並未深究測驗卷是否達成預期測驗目的，題目有無違反命題原則，更遑論依據雙向細目

☞表 4-9　論文題題卡一

<table>
<tr><td colspan="2">科別：數學科</td><td colspan="6">適用單元：六年級第十二冊第五單元（第四十四頁）</td></tr>
<tr><td colspan="8">題目：二、計算題
(2) $3/8 \times 4/7 \div 4/7 + 39 \times (1-5/13)$
$= 3/8 \times 4/7 \times 7/4 + 39 \times 8/13$
$= 3/8 + 24$
$= 24\ 3/8$
答：24 3/8</td></tr>
<tr><td rowspan="2">行為目標</td><td colspan="2" rowspan="2">能應用分數的乘除加減做混合四則運算</td><td rowspan="2">認知層次</td><td>記憶</td><td>了解</td><td>應用</td><td>批判性思考</td></tr>
<tr><td></td><td></td><td>√</td><td></td></tr>
<tr><td>評分標準</td><td colspan="7">1. 能列出 $3/8 \times 4/7 \times 7/4 + 39 \times 8/13$ 式子者，得一分。
2. 能列出 $3/8 + 24$ 式子者，得一分。
3. 答案加錯者，扣一分。</td></tr>
<tr><td>傳統題目分　析</td><td>難度（P）</td><td>.44</td><td>鑑別度（D）</td><td>.63</td><td colspan="2">樣本數</td><td>30</td></tr>
<tr><td>IRT 題目分　析</td><td>難度（P）</td><td></td><td>鑑別度（D）</td><td></td><td colspan="2">猜測度（C）</td><td></td></tr>
<tr><td colspan="8">總評（若需修改題目，請寫於評論之後）：
此題旨在「分數和整數的混合四則運算」，屬應用概念層次，題目品質佳且未違反命題原則。題目鑑別度甚佳，難度稍難。此題無須修改。</td></tr>
</table>

表編擬測驗。

本測驗題目分析實例乃臺南市勝利國小吳思穎教師撰擬，再由筆者修改而成。此實例進行之步驟如下：(1)研議測驗卷編製的過程與計畫；(2)研擬測驗內容架構；(3)依據內容架構編擬測驗卷；(4)實施測驗；(5)進行題目分析，包括各類型試題的逐題分析、各試題類型的分析，及全班得分的整體分析；(6)事前決定以保留七成分數為原則，進行題目篩選，篩選除分析測驗目的、試題目的與品質、試題參數外，更應顧及雙向細目表的完整性。篩選試題有依據試題本身優劣，事前決定篩選標準後予以篩選者；亦有依據事前決定刪除每比例的分數或題數，予以篩選者，本實例因中小學實際篩選題目通常是需要多少題或幾分，乃採取後者，即事前決定以保留七成分數的方式。

本測驗題目分析實例分成編製的過程與計畫、測驗內容架構、試題題卡、各類試題分析、測量結果分析、評量與討論、刪除約 30 分後各單元占分比例、建議等八部分。其中「試題題卡」為節省篇幅，僅呈現各試題類型中較具代表性的試題題卡。

壹、編製的過程與計畫

一、決定測驗的年級與學習領域。

二、確定測驗的範圍及重點。

三、研讀課本、教學指引、相關資料、了解教材內容。

四、確定測驗的目的與測驗的時間。

五、教材內容分析，設計雙向細目表：含教學內容及記憶、了解、應用、批判性思考四個層次的教學目標，其步驟為：

(一)決定各單元學習或活動內容與教學目標的分數比例。

(二)決定測驗的題型及各題型之題數。

(三)決定各單元學習或活動題數及配分。

六、編製測驗題目草稿。

七、選題、校正、修訂，並請四年級其他自然與生活科技學習領域教師共同參與，提供意見。

八、確定測驗的題目。

九、打字或繕寫、印刷。

十、進行施測：

(一)選擇施測的班級與人數：臺南市東區勝利國民小學四年六班、四年十四班共 72 名。

(二)定施測的日期：○○年四月十五日，並事先告訴學生。

(三)測驗地點：四年六班、四年十四班教室。

(四)批改測驗卷。

(五)選出高分組與低分組各 27%（各 19 人）。

(六)統計分數，並進行測驗結果分析。

貳、測驗內容架構

一、測驗目的：

本測驗屬總結性測驗，目的在了解學生的學習成果，以確定學生是否精熟，而達成教學預定目標。

二、測驗時間：40 分。

三、領域範圍：自然與生活科技學習領域第四冊第三單元水中生物。

四、教材內容：

(一)活動一：水中生物的生長環境（4 節）。

(二)活動二：水中生物怎麼生活（3 節）。

(三)活動三：水中生物的生長模樣（3 節）。

(四)活動四：漂浮的大萍（2 節）。

(五)活動五：水族箱換水的學問（4 節）。

(六)活動六：濱海尋奇（4 節）。

五、教材比例分配：

教材內容		活動一：水中生物的生長環境	活動二：水中生物怎麼生活	活動三：水中生物的生長模樣	活動四：漂浮的大萍	活動五：水族箱換水的學問	活動六：濱海尋奇
教學時間		160 分	120 分	120 分	80 分	160 分	160 分
占分比例	理想	20 分	15 分	15 分	10 分	20 分	20 分
	實際	20 分	15 分	16 分	10 分	20 分	19 分

六、測驗評量之目的：

(一)探討水中生物的生存條件，並能以生存的環境條件來照顧水中生物。

(二)觀察並推論空氣能溶入水中，供水中生物呼吸。

(三)觀察並推論水中動、植物應具有適合於水中游動及生活的體形。

(四)測量大萍浮水載物能力時，能控制變因，提出實測數據，以證明它的浮力很強。

(五)能設計並利用虹吸現象與連通器原理，來保持戶外水產養殖箱的水位。

(六)觀察並推論濱海生物的生存條件。

七、測驗的題型與配分：

(一)是非題：14%　(二)選擇題：6%　(三)填充題：21%

(四)配合題：21%　(五)做做看：26%　(六)簡答題：12%

八、設計雙向細目表：

教材內容	教學目標 試題形式	記憶	了解	應用	批判性思考	合計（占分）
活動一：水中生物的生長環境（4節）	是非題	8（4）				8
	選擇題					0
	填充題					0
	配合題		12（6）			12
	做做看					0
	簡答題					0
	小　計	8（4）	12（6）			20
活動二：水中生物怎麼生活（3節）	是非題	4（2）				4
	選擇題		4（2）			4
	填充題	4（2）				4
	配合題					0
	做做看					0
	簡答題				3（1）	3
	小　計	8（4）	4（2）		3（1）	15
活動三：水中生物的生長模樣（3節）	是非題					0
	選擇題					0
	填充題	5（5）	2（2）			7
	配合題	6（6）	3（3）			9
	做做看					0
	簡答題					0
	小　計	11（11）	5（5）			16
活動四：漂浮的大萍（2節）	是非題					0
	選擇題					0
	填充題					0
	配合題					0
	做做看			10（5）		10
	簡答題					0
	小　計			10（5）		10
活動五：水族箱換水的學問（4節）	是非題	2（1）				2
	選擇題	2（1）				2
	填充題					0
	配合題					0
	做做看			12（6）	4（1）	16
	簡答題					0
	小　計	4（2）		12（6）	4（1）	20

教材內容	教學目標 試題形式	記憶	了解	應用	批判性思考	合計（占分）
活動六：濱海尋奇（4節）	是非題					0
	選擇題					0
	填充題	10（5）				10
	配合題					0
	做做看					0
	簡答題		6（3）		3（1）	9
	小　計	10（5）	6（3）		3（1）	19
合計（占分）共20節課	是非題	14（7）				14
	選擇題	2（1）	4（2）			6
	填充題	19（12）	2（2）			21
	配合題	6（6）	15（9）			21
	做做看			22（11）	4（1）	26
	簡答題		6（3）		6（2）	12
	小　計	41（26）	27（16）	22（11）	10（3）	100

註：（　）中的數字為題數。

參、試題題卡（僅呈現具代表性者）

<table>
<tr><td colspan="10">是非題題卡
施測學校：臺南市東區勝利國民小學</td></tr>
<tr><td colspan="3">領域別：自然與生活科技</td><td colspan="7">適用單元：四年級第四冊第三單元</td></tr>
<tr><td colspan="10">題目：一、是非題
（　）1. 水中的生物都是靠著水裡的空氣才能生存。
答：○</td></tr>
<tr><td rowspan="2">行為目標</td><td rowspan="2" colspan="2">能指出水中生物生長時的環境因子</td><td rowspan="2">認知層次</td><td>記憶</td><td>了解</td><td colspan="2">應用</td><td colspan="2">批判性思考</td></tr>
<tr><td>√</td><td></td><td colspan="2"></td><td colspan="2"></td></tr>
<tr><td rowspan="6">傳統題目分析</td><td rowspan="2">類別</td><td rowspan="2">人數</td><td colspan="7">各選項百分比</td></tr>
<tr><td>答對</td><td>答錯</td><td>空白</td><td colspan="2"></td><td colspan="2"></td></tr>
<tr><td>高分組</td><td>19</td><td>.95</td><td>.05</td><td>0</td><td colspan="2"></td><td colspan="2"></td></tr>
<tr><td>低分組</td><td>19</td><td>.74</td><td>.26</td><td>0</td><td colspan="2"></td><td colspan="2"></td></tr>
<tr><td>全體（ITEMAN）</td><td>72</td><td></td><td></td><td></td><td colspan="2"></td><td colspan="2"></td></tr>
<tr><td rowspan="2">難度</td><td>$P=(P_H+P_L)/2$</td><td>.84</td><td rowspan="2" colspan="2">鑑別度</td><td colspan="2">$D=P_H-P_L$</td><td colspan="2">.21</td></tr>
<tr><td>P (iteman)</td><td></td><td colspan="2">r (iteman)</td><td colspan="2"></td></tr>
<tr><td>IRT題目分　析</td><td>a</td><td></td><td>b</td><td colspan="2"></td><td colspan="2">c</td><td colspan="2"></td></tr>
<tr><td colspan="10">總評（若需修改題目，請寫於評論之後）：
此題題目鑑別度.21，難度.84，未違反命題原則，題目品質尚佳，且評量基本概念，故保留。此題題目在雙向細目表中屬記憶層次。</td></tr>
</table>

試題來源：改編自南一自然與生活科技題庫光碟

【編號：自 43 是 01】

是非題題卡

<table>
<tr><td colspan="8">施測學校：臺南市東區勝利國民小學</td></tr>
<tr><td colspan="3">領域別：自然與生活科技</td><td colspan="5">適用單元：四年級第四冊第三單元</td></tr>
<tr><td colspan="8">題目：一、是非題
（　）6. 水由魚的魚鰓吸入，再由口中排出。
答：×</td></tr>
<tr><td rowspan="2">行為目標</td><td colspan="2" rowspan="2">會觀察並描述魚的呼吸動作</td><td rowspan="2">認知層次</td><td>記憶</td><td>了解</td><td>應用</td><td>批判性思考</td></tr>
<tr><td>√</td><td></td><td></td><td></td></tr>
<tr><td rowspan="7">傳統題目分析</td><td rowspan="2">類別</td><td rowspan="2">人數</td><td colspan="5">各選項百分比</td></tr>
<tr><td>答對</td><td>答錯</td><td>空白</td><td></td><td></td></tr>
<tr><td>高分組</td><td>19</td><td>1.00</td><td>0</td><td>0</td><td></td><td></td></tr>
<tr><td>低分組</td><td>19</td><td>.68</td><td>.32</td><td>0</td><td></td><td></td></tr>
<tr><td>全體（ITEMAN）</td><td>72</td><td></td><td></td><td></td><td></td><td></td></tr>
<tr><td rowspan="2">難度</td><td>$P=(P_H+P_L)/2$</td><td>.84</td><td colspan="2" rowspan="2">鑑別度</td><td>$D=P_H-P_L$</td><td>.32</td></tr>
<tr><td>P (iteman)</td><td></td><td>r (iteman)</td><td></td></tr>
<tr><td>IRT題目分析</td><td>a</td><td></td><td>b</td><td colspan="2"></td><td>c</td><td></td></tr>
<tr><td colspan="8">總評（若需修改題目，請寫於評論之後）：
此題題目鑑別度.32，難度.84，未違反命題原則，題目品質頗佳，故保留。此題題目在雙向細目表中屬記憶層次。</td></tr>
</table>

試題來源：改編自南一自然與生活科技題庫光碟　　【編號：自43是06】

選擇題題卡

施測學校：臺南市東區勝利國民小學

領域別：自然與生活科技	適用單元：四年級第四冊第三單元

題目：二、選擇題

( ) 2. 在水族箱中種水草主要是為了什麼？

(1)增加水中的氧氣量　(2)增加水中的亮度

(3)固定水中的土壤　(4)維持水中的溫度

答：(1)

<table>
<tr><td rowspan="2">行為目標</td><td colspan="2" rowspan="2">能以生存的環境條件來照顧水中生物</td><td rowspan="2">認知層次</td><td>記憶</td><td>了解</td><td>應用</td><td>批判性思考</td></tr>
<tr><td></td><td>√</td><td></td><td></td></tr>
<tr><td rowspan="6">傳統題目分析</td><td rowspan="2">類別</td><td rowspan="2">人數</td><td colspan="5">各選項百分比</td></tr>
<tr><td>1</td><td>2</td><td>3</td><td>4</td><td>空白</td></tr>
<tr><td>高分組</td><td>19</td><td>1.00</td><td>0</td><td>0</td><td>0</td><td>0</td></tr>
<tr><td>低分組</td><td>19</td><td>.84</td><td>.05</td><td>.05</td><td>.05</td><td></td></tr>
<tr><td>全體（ITEMAN）</td><td>72</td><td></td><td></td><td></td><td></td><td></td></tr>
<tr><td rowspan="2">難度</td><td>$P=(P_H+P_L)/2$</td><td>.92</td><td colspan="2" rowspan="2">鑑別度</td><td>$D=P_H-P_L$</td><td>.16</td></tr>
<tr><td></td><td>P (iteman)</td><td></td><td>r (iteman)</td><td></td></tr>
<tr><td>IRT 題目分析</td><td>a</td><td></td><td>b</td><td colspan="2"></td><td>c</td><td></td></tr>
</table>

總評（若需修改題目，請寫於評論之後）：

此題題目鑑別度僅.16、難度達.92，題目並不適宜，但因此題能了解學生是否知道在水族箱種植水草的目的，故修正為是非題。此題題目在雙向細目表中屬了解層次。

修正題目：

( ) 5.水族箱中種水草主要是為了增加水中的亮度。

答：×

試題來源：改編自南一自然與生活科技題庫光碟　【編號：自 43 選 02】

填充題題題卡

施測學校：臺南市東區勝利國民小學

<table>
<tr><td>領域別：自然與生活科技</td><td colspan="7">適用單元：四年級第四冊第三單元</td></tr>
<tr><td colspan="8">題目：填充題
(四)臺灣目前僅存的四種紅樹林植物——水筆仔、五梨跤（紅海欖）、欖李、海茄苳，請就觀察到的特徵，把植物名稱寫在（　）內：
2. 哪一種紅樹林植物的胎生苗表面刺刺的？
答：五梨跤（紅海欖）</td></tr>
<tr><td rowspan="2">行為目標</td><td colspan="2" rowspan="2">會觀察、比較並描述紅樹林的不同型態</td><td rowspan="2">認知層次</td><td>記憶</td><td>了解</td><td>應用</td><td>批判性思考</td></tr>
<tr><td>√</td><td></td><td></td><td></td></tr>
<tr><td rowspan="7">傳統題目分析</td><td rowspan="2">類別</td><td rowspan="2">人數</td><td colspan="5">各選項百分比</td></tr>
<tr><td>答對</td><td>答錯</td><td>空白</td><td></td><td></td></tr>
<tr><td>高分組</td><td>19</td><td>.92</td><td>.08</td><td>0</td><td></td><td></td></tr>
<tr><td>低分組</td><td>19</td><td>.26</td><td>.58</td><td>.16</td><td></td><td></td></tr>
<tr><td>全體（ITEMAN）</td><td>72</td><td></td><td></td><td></td><td></td><td></td></tr>
<tr><td rowspan="2">難度</td><td>$P=(P_H+P_L)/2$</td><td>.59</td><td colspan="2" rowspan="2">鑑別度</td><td>$D=P_H-P_L$</td><td>.66</td></tr>
<tr><td>P (iteman)</td><td></td><td>r (iteman)</td><td></td></tr>
<tr><td>IRT 題目分析</td><td>a</td><td></td><td>b</td><td colspan="2"></td><td>c</td><td></td></tr>
<tr><td colspan="8">總評（若需修改題目，請寫於評論之後）：
此題題目鑑別度.66，難度.59，未違反命題原則，題目品質頗佳，故保留。此題題目在雙向細目表中屬記憶層次。</td></tr>
</table>

試題來源：自編　　【編號：自 43 填 09】

配合題題卡

施測學校：臺南市東區勝利國民小學

領域別：自然與生活科	適用單元：四年級第四冊第三單元

題目：四、配合題

(一)用水族箱養殖生物，生物成長需要的環境條件與相關的養殖工作項目用線連起來：

3. 控制水族箱內適當的水溫

答：ㄅ.裝溫度計

行為目標	能以生存的環境條件來照顧水中生物	認知層次	記憶	了解	應用	批判性思考
				√		

傳統題目分析	類別	人數	各選項百分比							
			ㄅ	ㄆ	ㄇ	ㄈ	ㄉ	ㄊ	ㄋ	空白
	高分組	19	1.00							
	低分組	19	.84	.05			.05			.05
	全體（ITEMAN）	72								

	難度	$P=(P_H+P_L)/2$	.92	鑑別度	$D=P_H-P_L$	.16
		P (iteman)			r (iteman)	
IRT題目分析	a		b		c	

總評（若需修改題目，請寫於評論之後）：

此題題目鑑別度.16，難度.92，此題稍易，但因此題可測驗出學生是否了解生物成長需要的環境條件與相關的養殖工作項目，題目品質頗佳，故保留。此題題目在雙向細目表中屬了解層次。

試題來源：改編自南一自然與生活科技題庫光碟　　【編號：自 43 配 03】

<table>
<tr><td colspan="11">配合題題卡
施測學校：臺南市東區勝利國民小學</td></tr>
<tr><td colspan="2">領域別：自然與生活科技</td><td colspan="9">適用單元：四年級第四冊第三單元</td></tr>
<tr><td colspan="11">題目：四、配合題
(三)蝦子用什麼位置的腳走路、游水和跳躍？
請將相關的答案用線連起來：
2.用腹部的腳

答：ㄇ.游水</td></tr>
<tr><td rowspan="2">行為目標</td><td rowspan="2" colspan="2">會觀察蝦子的體形，了解蝦子的運動方式</td><td rowspan="2">認知層次</td><td>記憶</td><td>了解</td><td>應用</td><td colspan="2">批判性思考</td></tr>
<tr><td></td><td>√</td><td></td><td colspan="2"></td></tr>
<tr><td rowspan="7">傳統題目分析</td><td rowspan="2">類別</td><td rowspan="2">人數</td><td colspan="5">各選項百分比</td></tr>
<tr><td>ㄅ</td><td>ㄆ</td><td>ㄇ</td><td>ㄈ</td><td>空白</td></tr>
<tr><td>高分組</td><td>19</td><td>.26</td><td>.11</td><td>.63</td><td></td><td></td></tr>
<tr><td>低分組</td><td>19</td><td>.32</td><td>.32</td><td>.32</td><td></td><td>.05</td></tr>
<tr><td>全體（ITEMAN）</td><td>72</td><td></td><td></td><td></td><td></td><td></td></tr>
<tr><td rowspan="2">難度</td><td>$P=(P_H+P_L)/2$</td><td>.47</td><td rowspan="2">鑑別度</td><td>$D=P_H-P_L$</td><td>.32</td></tr>
<tr><td>P (iteman)</td><td></td><td>r (iteman)</td><td></td></tr>
<tr><td>IRT題目分析</td><td>a</td><td></td><td>b</td><td></td><td>c</td><td></td></tr>
<tr><td colspan="11">總評（若需修改題目，請寫於評論之後）：
此題題目鑑別度.32，難度.47，未違反命題原則，題目品質頗佳，故保留。此題題目在雙向細目表中屬了解層次。</td></tr>
</table>

試題來源：改編自南一自然與生活科技題庫光碟　　【編號：自43配14】

做做看題卡

施測學校：臺南市東區勝利國民小學

領域別：自然與生活科	適用單元：四年級第四冊第三單元

題目：五、做做看

(三)小華想利用一條軟管來保持戶外水產養殖箱的水位，在下雨時也不會上升，請問哪些行為或說法是正確的？請在（　）內填入正確的答案號碼：

（　）1. 本實驗主要是利用什麼原理設計？

(1)連通器原理　　(2)浮力原理

(3)毛細現象　　(4)虹吸現象

答：(1)

行為目標	會以連通器原理，解釋戶外水族養殖箱的水位保持問題	認知層次	記憶	了解	應用	批判性思考
					√	

傳統題目分析	類別	人數	各選項百分比				
			1	2	3	4	空白
	高分組	19	.58			.42	
	低分組	19	.32			.58	.11
	全體（ITEMAN）	72		.			

難度	$P=(P_H+P_L)/2$	.45	鑑別度	$D=P_H-P_L$	.26
	P (iteman)			r (iteman)	

IRT題目分析	a		b		c	

總評（若需修改題目，請寫於評論之後）：

此題題目鑑別度.26，難度.45，未違反命題原則，題目品質頗佳，故保留。此題題目在雙向細目表中屬應用層次。

試題來源：改編自南一自然與生活科技題庫光碟　　【編號：自 43 做 09】

<table>
<tr><td colspan="9">做做看題卡
施測學校：臺南市東區勝利國民小學</td></tr>
<tr><td colspan="3">領域別：自然與生活科技</td><td colspan="6">適用單元：四年級第四冊第三單元</td></tr>
<tr><td colspan="9">題目：五、做做看
(四)利用虹吸現象與連通器原理，將一大桶25公升的水平分三小桶。
說明：
1. 除提供的器材外，不可使用其他器材，器材也不一定全部使用。
器材：(1)一個大水桶，內裝25公升的水。
(2)三個形狀、大小一樣的小水桶（每個容量10公升）。
(3)小塑膠水管5條。
2. 請將你的方法畫在下面方格內，並以簡單的文字說明。</td></tr>
<tr><td rowspan="2">行為目標</td><td rowspan="2" colspan="2">會以虹吸現象與連通器原理，設計實驗</td><td rowspan="2">認知層次</td><td>記憶</td><td>了解</td><td colspan="2">應用</td><td>批判性思考</td></tr>
<tr><td></td><td></td><td colspan="2"></td><td>√</td></tr>
<tr><td>評分標準</td><td colspan="8">1. 三個小水桶平放，且比大水桶的底部低，得一分。
2. 至少有一裝滿水的塑膠水管一端在大水桶的底部，一端出口的水（比大水桶的底部低）可流入其中的一個小水桶，得一分。
3. 三個小水桶間至少有兩條滿水的小塑膠水管相連，得一分。
4. 文字說明通順，得一分。</td></tr>
<tr><td>傳統題目分析</td><td>難度（P）</td><td>.33</td><td colspan="2">鑑別度（D）</td><td>.39</td><td colspan="2">樣本數</td><td>72</td></tr>
<tr><td>IRT題目分析</td><td>難度（P）</td><td></td><td colspan="2">鑑別度（D）</td><td></td><td colspan="2">猜測度（C）</td><td></td></tr>
<tr><td colspan="9">總評（若需修改題目，請寫於評論之後）：
此題題目鑑別度.39，難度.33，題目稍難，但因此題可了解學生是否會以虹吸現象與連通器原理，設計實驗，對國小的學生而言，題目品質頗佳，故保留。此題題目在雙向細目表中屬批判性思考層次。</td></tr>
</table>

試題來源：自編　　【編號：自 43 做 11】

<table>
<tr><td colspan="9">簡答題題卡
施測學校：臺南市東區勝利國民小學</td></tr>
<tr><td colspan="4">領域別：自然與生活科技</td><td colspan="5">適用單元：四年級第四冊第三單元</td></tr>
<tr><td colspan="9">題目：六、簡答題
(一)將荷花葉的邊緣剪掉後，在水中可以吹出氣泡，這樣做主要是要證明什麼？
參考答案：荷花的葉柄和葉子裡有空隙，裡面裝滿空氣。</td></tr>
<tr><td rowspan="2">行為目標</td><td rowspan="2" colspan="2">能驗證「水生植物具有發達的通氣構造」</td><td rowspan="2">認知層次</td><td>記憶</td><td>了解</td><td>應用</td><td colspan="2">批判性思考</td></tr>
<tr><td></td><td>√</td><td></td><td colspan="2"></td></tr>
<tr><td>評分標準</td><td colspan="8">與參考答案意思相似者給滿分，但錯字出現一次扣0.5分，一題三分，扣完為止。</td></tr>
<tr><td>傳統題目分析</td><td>難度（P）</td><td>.69</td><td>鑑別度（D）</td><td>.51</td><td>樣本數</td><td colspan="3">72</td></tr>
<tr><td>IRT 題目分析</td><td>難度（P）</td><td></td><td>鑑別度（D）</td><td></td><td>猜測度（C）</td><td colspan="3"></td></tr>
<tr><td colspan="9">總評（若需修改題目，請寫於評論之後）：
此題題目鑑別度.51，難度.69，未違反命題原則，題目品質頗佳，故保留。此題題目在雙向細目表中屬了解層次。</td></tr>
</table>

試題來源：自編　　【編號：自 43 簡 01】

肆、各類試題分析

試題難度分配問題可依測驗的目的與題目形式而定，本測驗的各類型題目分析，預期的平均難度指數分別為：(1)是非題：0.85；(2)選擇題：0.77；(3)填充題：0.85；(4)配合題：0.77；(5)做做看：0.50；(6)簡答題：0.50。

一、是非題（高分組 19 人，低分組 19 人）

題號	組別	難度（P）	鑑別度（D）
1	高分組（19 人）	.84	.21
	低分組（19 人）		
2	高分組（19 人）	.92	.16
	低分組（19 人）		
3	高分組（19 人）	.95	.11
	低分組（19 人）		
4	高分組（19 人）	.97	.05
	低分組（19 人）		
5	高分組（19 人）	.95	.11
	低分組（19 人）		
6	高分組（19 人）	.84	.32
	低分組（19 人）		
7	高分組（19 人）	.95	.11
	低分組（19 人）		
總平均		.92	.15

說明：

1. 因勝利國小位於文教區，家長社經地位及學歷均較一般學校高，且家長非常關心孩子的學習，在外參加安親班及其他課業輔導的人數占班級人數一半以上，未在外參加課業輔導的學生，家長也會在家嚴格督促。本大題的平均難度指數是.92，鑑別度指數.15，題目差強人意。
2. 第 4、5、7 題難度超過.95 以上，故刪除。

二、選擇題（高分組 19 人，低分組 19 人）

題號	組別	各選項選答所占%					難度（P）	鑑別度（D）
		（1）	（2）	（3）	（4）	空白	P	D
1	高分組	*19	0	0	0	0	.95	.11
	低分組	*17	1	1	0	0		
2	高分組	*19	0	0	0	0	.92	.16
	低分組	*16	1	1	1	0		
3	高分組	0	*19	0	0	0	.97	.05
	低分組	0	*18	1	0	1		
總平均							.95	.11

*為該題正確的選項。

說明：本大題的平均難度指數是.95，鑑別度指數.11，鑑別度低，除將第 2 題改為是非題外，其他題目刪除。

三、填充題

題號	組別	正確選項選答所占%	難度（P）	鑑別度（D）
(一)	高分組（19 人）	1.00		
	低分組（19 人）	.47		
(二)	高分組（19 人）	1.00	.92	.16
	低分組（19 人）	.84		
(三)	高分組（19 人）	.61	.43	.34
	低分組（19 人）	.26		
(四)-1	高分組（19 人）	1.00	.82	.37
	低分組（19 人）	.63		
(四)-2	高分組（19 人）	.92	.59	.66
	低分組（19 人）	.26		
(四)-3	高分組（19 人）	1.00	.63	.63
	低分組（19 人）	.32		
(四)-4	高分組（19 人）	.72	.50	.37
	低分組（19 人）	.33		
(四)-5	高分組（19 人）	.89	.53	.67
	低分組（19 人）	.22		
(五)-1	高分組（19 人）	1.00	.92	.18
	低分組（19 人）	.83		
(五)-2	高分組（19 人）	1.00	.87	.26
	低分組（19 人）	.74		
(五)-3	高分組（19 人）	1.00	.92	.16
	低分組（19 人）	.84		
(五)-4	高分組（19 人）	1.00	.92	.16
	低分組（19 人）	.84		
總平均			.73	.37

說明：本大題的平均難度指數是.73，平均鑑別力指數是.37，題目非常理想。

四、配合題

題號	(一)-1	(一)-2	(一)-3	(一)-4	(一)-5	(一)-6	平均	總平均
難度（*P*）	.95	.95	.92	.95	.97	.97	.95	
鑑別度（*D*）	.11	.11	.16	.11	.05	.05	.10	
題號	(二)-1	(二)-2	(二)-3	(二)-4	(二)-5	(二)-6	平均	
難度（*P*）	.95	.95	.79	.92	.95	.82	.89	
鑑別度（*D*）	.11	.11	.42	.05	0	.26	.16	
題號	(三)-1	(三)-2	(三)-3				平均	
難度（*P*）	.71	.47	.71				.63	.86
鑑別度（*D*）	.26	.32	.26				.28	.16

說明：

1. 因勝利國小位於文教區，家長社經地位及學歷均較一般學校高，且家長非常關心孩子的學習，在外參加安親班及其他課業輔導的人數占班級人數一半以上，未在外參加課業輔導的學生，家長也會在家嚴格督促。本大題的平均難度指數是.86，鑑別度指數.16，題目很好。
2. (一)-5、(一)-6 難度指數均為.97，鑑別度指數均為.05，題目不佳，故刪除。
3. (二)-3 鑑別度.42，難度.79，題目品質頗佳，但因此大題為配合題，教學期間學生無法觀察到蓮藕，如果靠圖片教學，強迫記憶，失去意義，故刪除。
4. (二)-6 此題題目鑑別度.26，難度.82，題目品質頗佳，但因此大題為配合題，教學期間荷花尚未開花，學生無法觀察到花瓣、蓮蓬、蓮子，如果靠圖片教學，強迫記憶，失去意義，故刪除。
5. 其他小題鑑別度低，故第二大題全部刪除。

五、做做看

題號	(一)-1	(一)-2	(一)-3	(一)-4	(一)-5	平均	總平均
難度（*P*）	.92	.95	.84	.87	.92	.90	
鑑別度（*D*）	.05	.11	.21	.26	.16	.16	
題號	(二)-1	(二)-2	(二)-3			平均	
難度（*P*）	.89	.92	.95			.92	
鑑別度（*D*）	.21	.16	.11			.16	
題號	(三)-1	(三)-2	(三)-3			平均	
難度（*P*）	.45	.92	.76			.71	
鑑別度（*D*）	.26	.16	.37			.26	
題號	(四)						
難度（*P*）	.33						.81
鑑別度（*D*）	.39						.20

說明：

1. 本大題的平均難度指數是.81，平均鑑別力指數是.20，題目非常理想。
2. (一)-1 難度指數.92，鑑別度指數.05，題目不佳，故刪除。
3. (二)-3 難度指數.95，鑑別度指數.11，題目不佳，故刪除。

六、簡答題

	(一)	(二)	(三)	(四)		平均
難度（*P*）	.69	.60	.46	.59		.59
鑑別度（*D*）	.51	.60	.61	.58		.58

說明：本大題的平均難度指數是.59，平均鑑別力指數是.58，題目非常理想。

伍、測量結果分析

表一是學生原始分數的分配表，由表中可讓學生了解得分所代表的意義。

☞表一　72 名學生原始分數的次數分配表

組別	組中點	次數	百分比	累積百分比
15-19	17.00	1	1.39	1.39
20-24	22.00	1	1.39	2.78
25-29	27.00	0	0.00	2.78
30-34	32.00	0	0.00	2.78
35-39	37.00	0	0.00	2.78
40-44	42.00	1	1.39	4.17
45-49	47.00	0	0.00	4.17
50-54	52.00	0	0.00	4.17
55-59	57.00	2	2.78	6.95
60-64	62.00	0	0.00	6.95
65-69	67.00	1	1.39	8.34
70-74	72.00	2	2.78	11.12
75-79	77.00	11	15.28	26.40
80-84	82.00	14	19.44	45.84
85-89	87.00	20	27.78	73.62
90-94	92.00	14	19.44	93.06
95-99	97.00	5	6.94	100.00

（取至小數點第二位四捨五入）

☞表二　學生成績的平均、標準差摘要表

平均值	標準差	最小值	最大值	總人數	全距
82.17	13.81	19	97	72	78

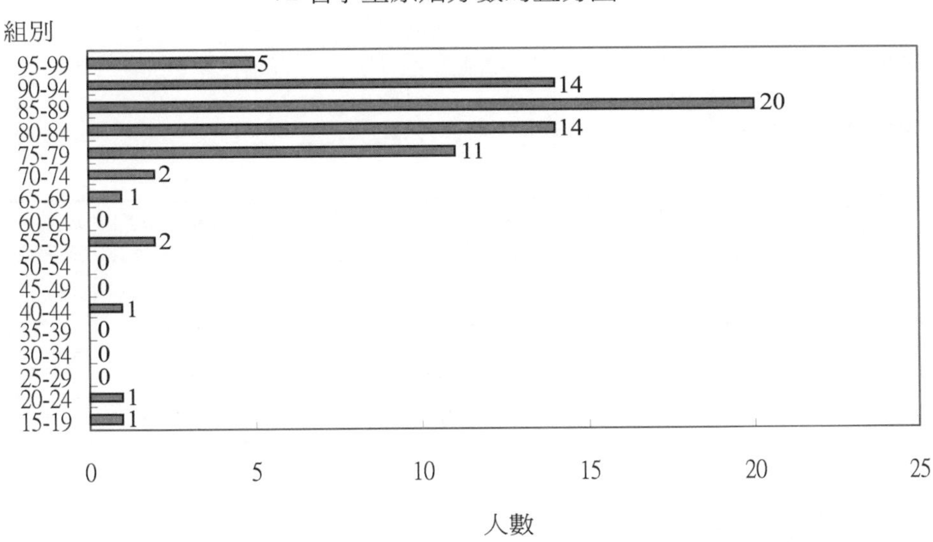

陸、評量與討論

一、本測驗共分是非、選擇、填充、配合、做做看、簡答等六大類型，其鑑別度分別為.15、.11、.37、.16、.20、.58，全部平均鑑別指數為.26，在勝利國小是一份鑑別力相當好的測驗卷。

二、六大題型之難度指數依序為：.92、.95、.73、.86、.81、59，全部平均為：.81，除簡答題較難外，其他題型的難度尚可。

三、本測驗分數呈現非常態分配（由 72 名學生原始分數的次數分配表得知），再由統計資料結果分析知全班平均數為 82.17；另外，全距高達 78，學生的分數分布尚均勻。對於成績較差的同學，老師應予實施補救教學或給予個別輔導。

柒、刪除約 30 分後各單元占分比例

一、測驗時間

30 分。

二、教材比例分布

教材內容		活動一：水中生物的生長環境	活動二：水中生物怎麼生活	活動三：水中生物的生長模樣	活動四：漂浮的大萍	活動五：水族箱換水的學問	活動六：濱海尋奇
教學時間		160 分	120 分	120 分	80 分	160 分	160 分
占分比例	理想	14 分	10.5 分	10.5 分	7 分	14 分	14 分
	實際	13 分	11 分	10 分	8 分	14 分	14 分

三、測驗的題型與配分

1. 是非題：10%
2. 選擇題： 0%
3. 填充題：16%
4. 配合題：11%
5. 做做看：22%
6. 簡答題：12%

四、其餘說明與刪除前相同

五、雙向細目表

刪除 29 分後，71 分。

教材內容	教學目標 試題形式	記憶	了解	應用	批判性思考	合計（占分）
活動一：水中生物的生長環境（4節）	是非題	6（3）				6
	填充題					0
	配合題		8（4）			8
	做做看					0
	簡答題					0
	小　計	6（3）	8（4）			14
活動二：水中生物怎麼生活（3節）	是非題	4（2）				4
	填充題	4（2）				4
	配合題					0
	做做看					0
	簡答題				3（1）	3
	小　計	8（4）			3（1）	11
活動三：水中生物的生長模樣（3節）	是非題					0
	填充題	5（5）	2（2）			7
	配合題		3（3）			3
	做做看					0
	簡答題					0
	小　計	5（5）	5（5）			10
活動四：漂浮的大萍（2節）	是非題					0
	填充題					0
	配合題					0
	做做看			8（4）		8
	簡答題					0
	小　計			8（4）		8
活動五：水族箱換水的學問（4節）	是非題					2
	填充題					0
	配合題					0
	做做看			10（5）	4（1）	14
	簡答題					0
	小　計			10（5）	4（1）	14

教材內容	教學目標 / 試題形式	記憶	了解	應用	批判性思考	合計（占分）
活動六：濱海尋奇（4節）	是非題					0
	填充題	5（5）				5
	配合題					0
	做做看					0
	簡答題		6（3）		3（1）	9
	小　計	5（5）	6（3）		3（1）	14
合計（占分）共20節課	是非題	10（5）				10
	填充題	14（12）	2（2）			16
	配合題		11（7）			11
	做做看			18（9）	4（1）	22
	簡答題		6（3）		6（2）	12
	小　計	24（22）	19（12）	18（9）	10（3）	71

註：（　）中的數字為題數。

捌、建議

本測驗卷是○○年四月十五日在臺南市勝利國小四年六班、四年十四班施測的。施測時間在第三單元教學後，施測結果顯示學生對於是非題、選擇題答對率較佳。

臺南市勝利國小自然與生活科技四年級下學期課程計畫，第三單元教學時充分應用社區資源，將「濱海尋奇」活動融入課程，並依教學內容與教學節數比例，設計評量題目，但學生對該項學習活動視為傳統戶外教學，並認為考試內容應來自於坊間參考書籍，多做些題目就能得高分，所以拿到有別於傳統題目時愣住了，久久才回神，但測驗後覺得這樣的題目雖然拿高分難，但較具挑戰性。

根據此次施測的結果，提出教學、使用本試卷之建議：

一、對教學的建議

本測驗實施後，可改變學生學習習慣。過去依賴安親班或家長複習就可拿高分，相信此類評量多實施幾次後，對於學習能力較強的學生會體察學習要靠自己，別人無法取代，日後會較主動且較深入探討。對於學習能力較差的學生，對於課程上須達成的能力，仍須補救教學。

二、對使用本試卷的建議

本試卷A4大小共五頁，雖詳列作答說明，但學生不習慣閱讀，應於平時教學時加以指導。

第五章 CHAPTER FIVE

實作評量理念

紙筆測驗雖然具有評分客觀、易於施測和計分、題數多涵蓋面廣、適用範圍大、符合經濟效益，及信度和效度高等優點，但由於社會科學過於堅持科學典範與行為主義，過於強調自然科學研究法，過於重視數量化、理性化、系統化，使得評量出現下列問題：(1)評量脫離環境：評量內容與實際應用的環境脫節，難以應用化、生活化。(2)評量窄化範圍：評量限於可量化部分，且僅能以數學、統計分析精確測量之資料。(3)評量內涵低層化：評量偏重測量零碎知識與低層能力，高層次認知、組織與發表能力較難測量。(4)評量反應知識化：紙筆測驗最常用者為選擇題，而選擇題只能測量學生「知道」什麼，卻難以測量學生「能做」什麼。(5)評量神聖化：評量從科學方法獲得令人信服的精確量化，令人相信的表面公平，有如披上量化神聖外袍，擁有無法辯駁的權威。(6)評量方法獨尊化：科學量化的評量方法逐漸變成唯一獨尊的方法，相對排斥較非精準量化的評量方法。(7)評量結果價值中立化：評量者僅呈現結果，將自然的事實忠實呈現，撇清評量責任，而將責任置於被評量者。(8)評量結果未符社會公平正義：紙筆測驗要求量化與齊頭式平等，有些評量內容對弱勢族群不公，未能充分符合社會公平正義的信念。上述八項問題正充分反映客觀紙筆測驗盛行的原因與缺失（李坤崇，1999；Guba & Lincoln, 1989; Linn & Miller, 2005; Miller et al., 2013）。

教師若用紙筆測驗來測量自然科實驗操作歷程，僅能反映出操作知識，而無法真正測量操作技能與實驗態度。紙筆測驗雖然能測量認知領域的學習結果，但在技能、情意領域則有其先天限制，如文章、圖畫、實驗報告、自然科學展覽設計、演講、握筆、打字和小組合作學習能力均難以運用紙筆測驗評量。教師教學必須兼顧認知、技能、情意之學習結果，且評量應分析「應該怎樣表現」（知識）、「真正表現行為」（實作）之間差異，方能檢討教學成效與實施補救教學（Wolf et al., 1991），因此，教師善用「實作評量」（performance assessment）方能適切評量學生真正的各項學習表現。

第一節　實作評量的意涵

茲先從實作評量意義、特質來闡述實作評量的意涵，次扼要比較「另類評量」（alternative assessment）、「真實評量」（authentic assessment）的意義，後探討實作評量的優點與限制。

壹、實作評量的意義

Airasian（1996）、Fitzpatrick與Morrison（1971）、Wiggins（1992）主張實作評量係要求學生完成一個活動，或製作一個作品以證明其知識與技能，此評量讓學生在真實情境去表現其所知與所能者。Aschbacher（1991）認為實作評量於教學情境係指教師依據專業判斷來評量學生的學習表現，學習表現包括題目反應、作品、學習過程。Linn與Gronlund（1995）、Linn與Miller（2005）、Miller等人（2013）認為實作評量包括文章寫作、科學實驗、語言表達，與運用數學解決問題，強調的是做，而不僅是知，用以評量「過程或程序的行為表現」與「成果表現的作品」，即可用之評量歷程與結果。Stiggins（1987）強調實作評量的目的在評量知識、理解化為行動的能力，強調學生善用有用的技能與知識，讓學生經由計畫、建構，及表達原始反應來評定學習結果。他認為凡以觀察和專業判斷來評量學生學習成就的評量方式均可稱為實作評量，其形式相當多元，如建構反應題、書面報告、作文、演說、操作、實驗、資料蒐集、作品展示、檔案評量等，均係實作評量的例子。他以表5-1比較客觀式測驗、論文式測驗、口頭發問與實作評量在目的、學生反應、主要優點、對學習影響等差異。

陳英豪與吳裕益（1991）主張實作評量是介於一般認知結果的紙筆測驗和將學習結果應用於未來真實情境的實際活動之間，係模擬一些標準情境的測驗，其

☞表5-1　各種評量類型的比較

項目	客觀式測驗	論文式測驗	口頭發問	實作評量
目的	評量具最有效率及信度的知識樣本。	評量思考技能或知識結構的精熟度。	評量教學中的知識。	評量知識、理解化為行動的能力。
學生反應	閱讀、評鑑、選擇。	組織、寫作。	口頭回答。	計畫、建構及表達原始反應。
主要優點	有效率：能在同一測驗時間內測量許多測驗題目。	可評量較複雜的認知結果。	將評量與教學結合。	提供實作技能的充分證據。
對學習影響	過度強調記憶，若妥善編製可測量思考技能。	鼓勵思考及寫作技能的發展。	刺激學生參與學習，教師提供教學成效的立即回饋。	強調在相關背景下，善用有用的技能與知識。

資料來源：Design and development of performance assessments, by R. J. Stiggins, 1987, *Educational Measurement: Issues and Practice*, *6*(3), p. 35.

模擬的程度高於一些紙筆測驗所代表者。余民寧（1997）提出實作評量乃介於評量認知能力所用的紙筆測驗和將學習結果應用於真實情境中的表現兩者之間，再模擬各種不同真實程度的測驗情境下，提供教師一種有系統的評量學生實作表現的方法。吳鐵雄與洪碧霞（1998）認為好的實作評量包含真實、直接、專業評定等三項要素，真實係評量作業與實際生活經驗非常接近，直接乃作業本身即評量結果欲推論範圍，專業評定係評定者的專業素養。

綜合李坤崇（1999）、余民寧（1997）、吳鐵雄與洪碧霞（1998）、陳英豪與吳裕益（1991）、Airasian（1996）、Aschbacher（1991）、Fitzpatrick 與 Morrison（1971）、Linn 與 Gronlund（1995）、Linn 與 Miller（2005）、Miller 等人（2013）、Stiggins（1987）、Wiggins（1992）等觀點，實作評量之意義可定義為：具相當評量專業素養的教師，編擬與學習結果應用情境頗類似的模擬測驗情境，讓學生表現所知、所能的學習結果。

討論實作評量通常會提到另類評量、真實評量等名詞。「另類評量」亦譯為「變通性評量」，係指不同於傳統客觀紙筆測驗之評量方式，大部分係指實作的評量內涵，故又稱「另類評量」。此評量乃由從行為主義轉變為認知理論的學習和評量觀點，從紙筆式評量轉變為有意義、真實性的評量，從單次評量轉變為多次作品集合式的評量作品集，從單一化評量轉變為多元化評量；主要內涵為：(1)學生需要在學習活動中表現、製造或產出的行為；(2)學生必須能完成有意義的教學活動作業；(3)學生能將所學作真實生活的應用；評量方式，在藝能科可用作品的展示或作品集；自然科可用實驗、觀察、實作；語文科可用作品集、口頭報告、書寫測驗；社會科可用行為檢核、軼事記錄；數學科可用真實問題或模擬真實問題的解決（莊明貞，1995）。教師運用「另類評量」必須調整以往評量的角色，如題目必須與實際生活結合，且評分難以機械為之，必須以人的判斷為主。

「真實評量」強調評量內涵與生活經驗非常接近，Wiggins（1989）強調評量（assessment）字根係指評量者應該和學習者「坐在一起」（sit with），因此，教師要求學生作答必須能真實反應實際生活。真實評量強調學習是建構的歷程，無法脫離真實生活的情境脈絡；重視學習過程而非記憶知識量，學習乃在應用、建構知識而非記憶、複製知識；主張師生分享評量權利，教師與學生可共同決定評量目標、評量標準、計分方式；著重教學與評量的結合而非兩者分離，評量方式多樣化而非單一紙筆測驗。可見，「真實評量」強調評量內涵與真實生活經驗非常接近，而非抽象或與生活無關的評量，此評量大多採實作的評量方式。

Linn與Gronlund（1995）、Linn與Miller（2005）、Miller等人（2013）比較「實作評量」、「另類評量」、「真實評量」，指出「另類評量」強調異於傳統紙筆測驗，「真實評量」強調在真實世界情境的實際應用作業，以「實作評量」名詞較佳乃因其比「另類評量」的意義更詳盡，比「真實評量」更不虛偽。

教師或許不必用心去區分「實作評量」、「另類評量」、「真實評量」，而應用心省思、改善評量方法和歷程，掌握實作評量之特質，以學生為中心，重視學生自主、尊嚴與人格，重視學生自發性及主動性，嘗試推廣應用，逐漸發展出自己的教學與評量的整合模式。發展整合模式的歷程宜隨時進修成長以充實自己的教學、評量專業知能，隨時與志同道合的夥伴共同激勵成長，或適時尋求專業團體或專家學者的支持與協助，減少摸索困惑，不宜閉門造車、故步自封，更不宜將教學、評量分離，方能增進自己的專業素養並發展屬於自己的教學與評量整合模式。

貳、實作評量的特質

綜合國內外學者觀點，實作評量與傳統紙筆測驗差異頗大，實作評量具有下列特質：

一、強調實際生活的表現

實作評量的取材大多與實際生活有關，並與真實生活產生關聯，以真實或虛擬的實際生活問題來評量學生，評量強調實際操作與解決問題，促進學生運用所學所知去解決真實生活問題，充分學以致用。如評量朗讀、寫作、說話等語文科學習結果；評量兌換零錢、購物算帳等數學科學習結果；評量坐椅子、握筆等簡單的心理動作技巧；評量設置實驗室器材、使用工具蓋個鳥籠等較複雜精細的技巧，均與實際生活息息相關。因此，實作評量以真實或虛擬的問題來考核學生的實際生活的表現為主（余民寧，1997；吳鐵雄、洪碧霞，1998；李坤崇，1999；陳英豪、吳裕益，1991；Airasian, 1996; Aschbacher, 1991; Fitzpatrick & Morrison, 1971; Herman, Aschbacher, & Winters, 1990; Linn & Gronlund, 1995; Linn & Miller,

2005; Miller et al., 2013; Stiggins, 1987; Wiggins, 1992）。

二、著重較高層次思考與解決問題技巧

Airasian（1996）認為大部分的紙筆測驗題目很少能測量學生獲得答案的思考歷程，大部分的選擇和填充題只能讓老師觀察出學生的智力歷程的結果，而非產生這個結果的思考歷程。實作評量強調讓學生建構答案，而非傳統客觀紙筆測驗著重事實的確認與回憶，即要求學生「自做」答案，而不是「選擇」答案，故對某一問題正確的答案，可能不只一種；如評量數學計算題的解題能力、作文能力、實驗操作技能等摒棄純記憶的評量內涵。實作評量所測量認知領域者為較高層次的思考與解決問題技巧（余民寧，1997；李坤崇，1999；陳英豪、吳裕益，1991；Airasian, 1996; Herman et al., 1990; Linn & Gronlund, 1995; Linn & Miller, 2005; Miller et al., 2013）。

三、兼容跨領域或學科知識

實作評量的內容，往往不只限於單一領域或學科知識，可同時考量跨領域或學科的多項知識或技能，如容積測量、比率換算、應用某些物理或化學原理，及報告實作等能力，均可於同一實作評量中同時評量。

四、重視學生學習個別差異

傳統紙筆測驗強調一致性、公平性，較未顧及學生的個別差異，不管學生成長環境的優劣、學生的進步情形、學生的起點行為、學生的學習動機與興趣，僅要求學生達到某個標準，或以某個標準作為獎懲的依據。實作評量則考量學生本身的學習特質與能力、現有的想法和技能，重視引發其動機與興趣、激勵其主動表現，更強調因個別差異造成的表現差異。此外，實作評量的評量時間富彈性，且顧及個別差異，愈與生活情境相近的評量，愈可能要求學生在某段時間內完成，時間由學生自行分配，而不要求學生在一節課內全部完成（李坤崇，1999；張蘭畹，1996；Airasian, 1996; Linn & Gronlund, 1995; Linn & Miller, 2005; Miller et al., 2013）。

五、允許評量時間彈性化

實作評量的時間富有彈性，不像傳統式紙筆測驗要求在一定時間內完成，如紙筆測驗與作文均有明確作答時間。但實作評量僅要求學生繳交評量作業時間，給予一段時間，學生依據評量目的決定表現方式，更可自由支配完成時間，可充分引導學生自主學習與強化時間管理能力。

六、適於年齡幼小、發展較遲緩學生

實作評量橫跨各學科領域和各年齡層，且更適用於年齡幼小，或閱讀能力較差學生。幼兒園與國小低年級學生常受限於溝通能力，必須經由觀察其行為來評量，如專注行為、動作協調統合、語言發展、聽覺精確度、視力發展和社會適應，若運用實作評量之觀察檢核表將較能適切評量（李坤崇，1999；Airasian, 1996; Guerin & Maier, 1983; McLoughlin & Lewis, 1990）。

閱讀能力較差學生較無法閱讀文字較多之紙筆測驗，若用實作評量將較能正確評量其學習結果（余民寧，1997）。發展遲緩學生在認知情感或心理動作發展嚴重受到限制，運用紙筆測驗甚難反映出真正學習結果，而應採實作評量，運用適切的評量方式來測量（Airasian, 1996）。

七、促進學生自我決定與負責

傳統紙筆測驗由教師掌控題目、決定問題情境與要求學生呈現答案型態，學生幾乎沒有自我決定的空間。實作評量要求學生將某項學習結果運用於日常生活情境，再觀察與評量其應用優劣，學生能自由選擇應用於何種日常生活，能自由決定完成時間，能自行選取呈現成果方式，如此將可培養學生對知識的自我決定、自我組織、自我評鑑及自我修改的能力，提升學生更高層次認知思考的能力，更可培養學生對學習的責任感（李坤崇，1999；Airasian, 1996; Linn & Gronlund, 1995; Linn & Miller, 2005; Miller et al., 2013）。

評量時亦可採取「榮譽考試」或「榮譽免考」，訓練學生作自己主人，學習為自己負責，考試時不需老師監考，桌子中間不需用書包或文具阻隔；對表現頗佳學生可免除某些考試，肯定其學習結果，然此免試必須依學生表現適時調整，方能激發學習動機。

八、講求評分、標準與人員的多元化

評量限於提供分數，亦可提供等級或評語，因分數有時不足以反映學生學習結果與擁有的能力，僅能作為一種參考，不宜過分的強調與濫用。傳統紙筆測驗評分與標準均由教師決定，講究客觀判斷、標準答案，強調學生與其他同學比較；而實作評量不要求齊一的標準答案，亦無唯一正確的標準答案，而係傾向師生共同認定答案、評分標準（余民寧，1997；李坤崇，1999；陳英豪、吳裕益，1991；張蘭畹，1996；Airasian, 1996; Linn & Gronlund, 1995; Linn & Miller, 2005; Miller et al., 2013）。

教師宜善用不同的評分方式與評分標準，評量標準不在追求客觀的標準答案和做法，而宜師生共同研討決議、共同評量。評量亦可採取檢定評量、過關測驗，允許班上存在著不一樣的學習進度，透過檢定評量或過關測驗，讓學生從不斷的自我挑戰中獲得成長。主持評量活動的人不一定是老師，學生、同學、家長亦可參與，教師提供必要諮詢，並適時予以協助。評分方式可採教師評分、學生自評、同學互評、家長評分、師生共同評分，或師生與家長共同評分之方式，以提供學生批判思考的機會，家長參與評量和了解班級學習狀況的機會。

九、強化溝通與合作學習能力

Airasian（1996）強調教學不僅是知識的獲得，更要讓學生學習在團體中如何與人相處、如何尊重他人，評量亦應顧及團體互動與合作能力之測量。實作評量不僅重視思考、解決問題能力，更重視溝通與合作學習能力。實作評量時可要求學生就解決問題的想法或觀點，以自己的概念架構和知識體系，進行說明與溝通，亦可請學生分組完成某項評量作業，讓學生於分組過程體驗合作學習的重要與強化合作溝通的能力。實施分組合作學習時，教師對學生所進行的集體創作、秩序比賽、分組討論或蒐集資料等，可依組別予以評分。教師輔以小組競賽，將能凝聚小組，促使其相互協助、相互支持、相互教導，以達成預期的學習目標（李坤崇，1999）。

十、兼重評量的結果與歷程

傳統紙筆測驗將評量重點置於學習結果，不重視學習的歷程，如以演算結果評定分數而不分析演算歷程，測量實驗操作的知識而不看操作歷程。實作評量不僅分析學習結果，亦重視學習歷程（余民寧，1997；吳鐵雄、洪碧霞，1998；李坤崇，1999；陳英豪、吳裕益，1991；Airasian, 1996; Aschbacher, 1991; Fitzpatrick & Morrison, 1971; Herman et al., 1990; Linn & Gronlund, 1995; Linn & Miller, 2005; Miller et al., 2013; Stiggins, 1987; Wiggins, 1992），如評量時兼顧數學解題程序與呈現結果、兼含實驗操作與成果報告、評析問題假設與推理結果，較能了解學生造成錯誤原因，及學生對某一問題思考的層面、過程與邏輯。因此，Airasian（1996, p. 136）提出兼重結果與歷程的實作評量五個共同領域，如表 5-2。

☞表 5-2　實作評量的五個共同領域

溝通技能	心理動作技能	運動技能	觀念獲得	情意技能
寫論文	握筆	擲飛盤	建構開放、封閉電路	分享玩具
演講	選擇實驗儀器	接球	為購物選擇適當工具	團體合作完成工作
外語正確發音	用剪刀	單腳跳	辨識未知化學物質	遵守校規
遵從口頭指示	解剖青蛙	自由式游泳	從實驗資料推論	維持自我控制

有時評量學習歷程甚至重於結果，如評量體育活動、藝術欣賞、演講、朗讀、實驗儀器操作。莊明貞（1995）指出「評量過程」的方式有臨床晤談、記錄觀察，學生學習記載，學生口頭或書面自我評量，學生對其計畫成果和表現的口頭報告、行為檢核，或學生對標準化或選擇題式測驗說出思考內容；「評量結果」乃擬定明確評分標準來評量行為表現或作品，方式可採實施論文式測驗、評量學生作品集，評量學生表現或實驗的說明，評量繪畫、戲劇、舞蹈和故事，施測態度量表，或實施其他標準化或選擇題式測驗。

十一、著重統整化、全方位、多樣化的評量

傳統紙筆測驗往往限於單一學科的知識，未兼顧技能與情意，使得評量結果僅是分科的零碎認知結果，難以統整呈現學生在認知、技能、情意的全方位學習結果（余民寧，1997；李坤崇，1999；陳英豪、吳裕益，1991；簡茂發，1999；Airasian, 1996; Linn & Gronlund, 1995; Linn & Miller, 2005; Miller et al., 2013）。實

作評量能配合統整課程，評量學生整合多科的某項能力，而非限於單一學科的知識；能對學生學習態度、行為表現，以文字或數字加以記錄，以掌握學生情緒、群體表現、外顯行為及其他方面的發展狀況；能將評量內涵多樣化，兼顧認知、技能與情意，獲得學生全面性的學習結果，而非只是學生所記憶的學習結果。教師為凸顯全方位評量，可運用評量手冊或評量通知單來呈現學生學習結果。

傳統客觀紙筆測驗以單一形式的紙筆測驗為主，實作評量較具多樣化，包括作品集、檢核表、評定量表、軼事記錄、檔案評量等方式，可針對寫作或閱讀心得報告、實驗操作或事物實作、調查結果或觀察記錄，蒐集資料或行為觀察結果。評量時機可採定期考量、隨堂評量；定期評量可訓練學生規劃時間、運用時間的能力，隨堂評量可檢視學生專心的程度與學習的情形。

十二、強調專業化、目標化的評量

實作評量因評分方式與標準多元化，評分較紙筆測驗難客觀化，強調較高層次思考與解決問題能力，因此，實作評量對教師的專業素養要求較傳統紙筆測驗為高（吳鐵雄、洪碧霞，1998）。實施實作評量教師應了解教學目標與教材內涵，擬定明確的評量目的，選擇與實際生活相關的評量素材，具體擬定清晰可觀察的評量作業，完整、適切的說明評量作業的要求、程序與做法，向學生說明評分標準或與學生共同擬定評分標準，視需要與學生或家長共同評量，以及適切呈現學生的評量結果。此歷程較傳統紙筆測驗更應著重與實際生活結合、重視個別差異，實作評量更重視教師的專業化與目標化（李坤崇，1999）。

十三、強調教學與評量的統合

實作評量提供具有意義性、挑戰性且與教學活動相結合的評量內涵，其結果較傳統紙筆測驗更能針對表現不佳學生，提供適切的診斷及補救，監控學生實際應用的困難與進步實況。實作評量與實際教學過程有相當密切的關係，往往可成為教學歷程的一部分，評量是教學的一部分更可促進教師教學與學生學習。教學著重學生將學習結果用之於日常生活，而實作評量亦重視評量學生在實際生活的表現，兩者相互呼應。實作評量較紙筆測驗更能落實教學與評量的統合（余民寧，1997；李坤崇，1999；陳英豪、吳裕益，1991；Airasian, 1996; Herman et al., 1990; Linn & Gronlund, 1995; Linn & Miller, 2005; Miller et al., 2013）。

參、實作評量的優點與限制

實作評量乃一種嘗試著較接近實境的測驗方式，兼顧評量的歷程與結果，強調「做」，而不僅是「知」，Linn與Miller（2005）、Miller等人（2013）比較客觀式測驗與實作評量的優點如表5-3。

一、實作評量的優點

實作評量強調認知與建構主義，認為人類認知過程應與應用情境緊密連結，學習乃知識重新組織與建構的歷程，有意義的學習材料方能類化應用，具有下列優點（余民寧，1997；李坤崇，1999；陳英豪、吳裕益，1991；Airasian, 1996; Linn & Gronlund, 1995; Linn & Miller, 2005; Miller et al., 2013）：

☞表5-3　客觀式測驗與實作評量的優點比較

	客觀式測驗	實作評量
測量的學習結果	對測量事實性知識是有效的，有些類型（如選擇題）可測量理解、思考技能及其他複雜的結果。對測量選擇或組織想法、寫作能力和某些類型的問題解決技能是無效或不適當的。	可測量理解、思考技能及其他複雜的學習結果，尤其對測量原創性反應特別有用。適用於測量真實情境中對應重要教學目標的作業表現。然對測量事實性的知識是無效的。
試題的準備	一個測驗需要相當大量的試題，試題的準備既困難又耗時。	一個評量只需要少量的作業。
課程內容的取樣	提供密集的課程內容取樣，因為一個測驗可以包含大量的試題。	通常課程內容取樣有限，因為一份評量只能包含少量的作業。
學生反應的控制	完整結構化的作業限制學生反應的類型，可預防學生虛張聲勢和避免受到寫作技巧影響，但選擇型試題受猜測影響。	以自己的方式自由反應，使學生得以呈現其原創性，並使猜測減到最低。
評分	客觀評分。	判斷評分。
學習上的影響	通常鼓勵學生對明確事實發展出豐富的知識，並對事實發展出精細區辨的能力。若設計適當可激勵學生發展理解、思考技能和其他複雜的結果。	激勵學生專心於學科中較大的單元，特別強調組織、統整和有效表達想法的能力。
信度	設計良好的測驗，通常可獲得高信度。	信度通常偏低，主要原因是評分的不一致與有限的作業樣本。

資料來源：*Measurement and assessment in teaching* (11th ed.) (p. 155), by M. D. Miller, R. L. Linn, and N. E. Gronlund, 2013, Boston, MA: Pearson.

(一)兼重評量的結果與歷程

實作評量能彌補傳統紙筆測驗過於僵化、內容與現實脫節、重視結果忽略歷程等缺失之不足。實作評量不僅分析學習結果，亦重視學習歷程。

(二)與真實生活結合

實作評量內涵盡量接近真實生活，使得知識能力能更充分應用於日常生活。

(三)完整反映學習結果

實作評量可以讓教師了解學生對問題了解程度、投入程度、解決的技能和表達自我的能力，評量亦較能兼容跨領域或學科知識，故能夠較完整的反映出學生的學習結果。

(四)評量高層認知思考與問題解決能力

實作評量不僅評量「知」的能力，更強調評量「做」的歷程與結果，較能評量高層次認知思考及問題解決的能力。

(五)促進學生自我決定與負責

實作評量要求學生將某項學習結果運用於日常生活情境，學生能自由選擇應用於何種日常生活，能自由決定完成時間，能自行選取呈現成果方式，將可促進學生自我決定與負責，讓學生成為意義建構的主動參與者。

(六)引導高層次認知學習

實作評量與真實生活較為相近，不僅能評量傳統紙筆測驗無法評量的高層次認知，更能增進學生學習的動機、提高學生參與和投入的程度、協助學生建構有意義的學習情境，發展問題解決、批判性思考和表達自我的能力，以及增進學生組織、統整和有效表達想法的能力。

(七)了解學生學習缺點具有診斷功能

實作評量兼顧歷程與結果，能完整反映學習結果，更能覺察學生缺點，進而診斷出其學習困難之處。

(八)教學與評量結合

強調評量與教學結合，有時實作評量可為教學策略，不僅有助於教學生動活潑，亦可提高學生的學習興趣和學習結果。實作評量內涵能清晰釐清教學目標，尤其是校內外自然情境下的複雜表現。通常，愈符合教學目標的實作評量愈可行，良好的教學活動與實作評量內涵（作業）是難以區分的。

二、實作評量的限制

實作評量雖然有很多優點，然實施仍有其限制，分述如下（余民寧，1997；李坤崇，1999；陳英豪、吳裕益，1991；Airasian, 1996; Linn & Gronlund, 1995; Linn & Miller, 2005; Miller et al., 2013）：

(一)設計不易

實作評量不僅要求學生了解評量內涵，更要求應用於實際生活，使得設計需兼顧了解、應用、分析等認知層次，較純粹設計評量了解層次者難。

(二)施測計分時間較長

實作評量的實施、計分所需時間，通常較紙筆測驗多，且評分較客觀紙筆測驗費時費力，較難用機械計分。

(三)施測花費昂貴難以大量實施

實作評量的花費通常較紙筆測驗多，有時需要購置一些器材或儀器，可能面臨經費與保管問題，有時也需要足夠空間配合方能實施，上述因素造成實作評量難以大量實施。

(四)題數不多內容代表性較差

實作評量的題數通常較少，與紙筆測驗常用的選擇題相較，題數明顯較少，內容代表性可能較差。

(五)計分較複雜主觀

實作評量重點的掌握和評分標準較易造成教師困擾，通常其評分較紙筆測驗主觀、複雜，較易受評分者個人特質影響。

(六)信度和效度較差

實作評量若採評分者間信度，評分一致性通常不高；取樣題數不多代表性不足將降低效度。

(七)較難進行團體比較

因實作評量的計分較複雜主觀、信度與效度較差，使得較難進行團體間學習結果之比較。

第二節　實作評量的類型

Linn與Gronlund（1995）、Linn與Miller（2005）提到使用「實作評量」名詞較「真實評量」為佳，乃「實作評量」比「真實評量」更不虛偽，因在真實世界情境實際應用的評量，其評量測驗情境的「真實」乃程度差別，而非完全真實或完全不真實。

Gronlund（1993）依據測驗情境的真實程度，將教學情境常用的實作評量依據真實程度分為五個類型：(1)紙筆的實作評量：此評量雖由紙筆來表現，但比傳統紙筆測驗更強調在模擬情境中應用知識與技能，時常用設計、擬定、撰寫、編製、製造、創造等行為動詞，如設計一份海報，擬定活動流程、建立撰寫讀書報告。(2)辨認測驗：此測驗係要求學生辨認解決實作作業問題所需的知識或技能，如辨認電動機實驗所需的工具、裝備或程序；或辨認某機器故障的原因，辨認未知的化學物質，辨認正確的發音，辨認數學解題的正確程序。(3)結構化表現實作評量：此評量係要求學生在標準、控制下的情境完成實作作業，測驗情境的結構性甚高，要求每位學生均表現出相同反應，如國防通識課擦槍的作業，由分解槍枝、擦拭歷程到組合槍枝均有一套完全結構化的程序，學生必須完全遵守程序。(4)模擬實作評量：此評量係要求學生在模擬情境，完成與真實作業相同的動作，強調實作的正確程序，如教學實習時，要求學生設計教學活動設計，逐一寫出準備活動、發展活動、設計活動的歷程，並考慮所達成行為目標、所需資源、花費時間與評量，後以角色扮演方式，由設計者當教師，其他同學當學生進行模擬試教。(5)工作樣本實作評量：在五個實作類型中，以工作樣本實作評量的真實性最高，此評量要求學生表現實際作業情境所需真實技能，通常以全部作業或表現最重要的要素，且在控制良好的情境下完成工作，如測量汽車駕駛，要求學員在一般正常駕駛常發生共同問題的標準場地練習，另外如要求學生打一封書信、分析一份調查資料、操作機器、修護儀器等均為工作樣本的實作評量。

Linn與Gronlund（1995）、Linn與Miller（2005）強調真實性只是程度的問題，由依據真實程度的分類模式，轉到注意實作表現的限制程度，如打字測驗可要求完全按照信的格式來打，亦可要求學生自由創造、發揮。其依據表現的限制程度將實作評量分成兩類：限制反應實作作業（restricted-response performance task），以及擴展反應實作作業（extended-response performance task）。

壹、限制反應實作作業

「限制反應實作作業」要求學生的表現較為狹隘，且明確指出希望學生表現的形式與限制，Linn與Miller（2005, p. 252）舉出此類評量的八個例子為：(1)寫一封求職信；(2)大聲朗讀一段故事；(3)用五塊直的塑膠片隨意連結構成三角形，並記錄每一個三角形的周長；(4)決定兩溶液何者含糖，並提出解釋支持此結論的結果；(5)畫出兩城市每月平均降雨量的圖；(6)用法文詢問前往火車站的方向；(7)在未標示城市名稱的歐洲地圖，寫出幾個城市的名稱；(8)靜香知道班上有半數同學受邀參加大雄的生日聚會，同時，半數受邀參加小夫的聚會，靜香心想加起來剛好百分之百，所以她想自己肯定會被邀請參加其中的一個聚會，請解釋為何靜香的想法是錯的，請盡量用圖解釋。

「限制反應實作作業」亦會出現的形式為「開始有時採用選擇題或簡答題，再由此答案的解釋延伸，有時由為何不選此答案來解釋延伸」，此形式雖為客觀式測驗的延伸，但此問題必須與日常生活情境相近，且兼顧歷程與結果。

「限制反應實作作業」的優缺點與限制式的申論題頗為相同，比「擴展反應實作作業」較具結構性，學生回答時間較短，學生能回答較多問題，可評量較廣泛教材領域的學習結果。較高結構性使得計分較為容易，但卻難以評量資料統整能力、創造力（Linn & Gronlund, 1995; Linn & Miller, 2005）。

貳、擴展反應實作作業

「擴展反應實作作業」要求學生在提供的作業外，從不同來源蒐集資訊，如學生到圖書館觀察、在實驗室觀察、分析資料、實施調查、使用電腦或其他設備。學生面對「擴展反應實作作業」需要確認作業內涵最有關或最重要的部分，自行決定歷程與如何展現結果，做作業可能需要一段時間，也可能需要來回修正，學生在此自由完成作業的情境下，可以展現其選擇、組織、統整及評鑑訊息和想法的能力。

Linn與Gronlund（1995, p. 241）舉出此類評量的三個例子為：(1)準備並發表一場足以說服民眾採取環保行動的演講；(2)用BASIC語言寫一個程式，將資料依據第一個單字的字母順序來排序；(3)設計與執行一項評估落下物體加速度的研究，如球的加速度，指出所用的方法、呈現蒐集與分析的資料，及陳述結論。評量的過程或程序乃觀察評量的重要部分，且學生完成或呈現作品的形式可能互異，如可用圖表來結構或呈現，亦可用照片或繪畫，更可用物理模型來架構。學生完成作品可能需幾天的時間，應讓學生有充裕時間改善、修飾作品，學生方能自由展現其選擇、組織、整合和評鑑訊息與概念的能力。

「擴展反應實作作業」要求學生以真正的表現證明其技能，重視「做」而非只是「知」，有時兩者有差異，如文書處理人員能在電腦前正確操作文書編排，卻難說出電腦文書編排步驟。欲提高此評量的有效性應謹慎選擇評量作業與實作評量方式，必須選擇能達到評量目的的作業內容與評量方式。

實作評量測量學生完成對應重要教學目標任務的能力，「限制反應實作作業」通常將焦點置於明確的技巧，「擴展反應實作作業」較著重問題解決、各種技巧與理解的統整。兩類型評量複雜學習結果的範例詳見表 5-4。

☞表 5-4　**實作作業的類型**

類型	可測量的複雜學習結果範例
限制反應實作作業	能力： 大聲朗讀 。 以外語問路。 建構圖表。 使用科學儀器。 寫一封信。
擴展反應實作作業	能力： 建構一個模式。 蒐集、分析與評鑑資料。 組織意見、創造視覺，與做統整的口語表達。 畫一幅畫或演奏一項樂器。 修理引擎。 寫一篇富創造力的短篇故事。

資料來源：*Measurement and assessment in teaching* (11th ed.) (p. 261), by M. D. Miller, R. L. Linn, and N. E. Gronlund, 2013, Boston, MA: Pearson.

第三節　實作評量的編製

實作評量適用的領域或學科範圍非常廣，無論是聽、說、讀、寫、數學、自然與生活科技學習領域、社會學習領域、健康與體育學習領域、藝術與人文學習領域、綜合活動學習領域均適用。所有正式的實作評量均必須具備下列四個重要特徵：(1)界定清晰目的，以依據實作評量結果進行決策；(2)可明確判斷的觀察表現或作品；(3)提供適當的情境，以引發和判斷學生的表現或作品；(4)提供判斷或分數來描述實作表現。因此，編製一個實作評量，必須歷經明確界定評量目的，確定實作評量內涵，發展可觀察的實作標準，製作使用說明與評分準則，計分或評量實作表現等步驟（余民寧，1997；李坤崇，1999；陳英豪、吳裕益，1991；Airasian, 1996; Linn & Gronlund, 1995; Linn & Miller, 2005; Miller et al., 2013; Stiggins, 1987），茲分別說明之。

壹、明確界定評量目的

教學評量前必須依據教學目標與教材內涵來決定評量目的，教師實施實作目的，可能為：評定學生等級，建構學生學習檔案，診斷學生學習，幫助學生了解一個過程的重要步驟或一件作品的主要特徵，或提供學生的具體成果供家長參考。若無明確的評量目的，將難以辨認與定義實作的表現行為或作品，更難以建立適當的表現標準和計分程序。

如一個實驗操作的教學包括系列的操作歷程與實驗成果，教師的評量目的在於評量實驗成果或操作歷程，或在於評分或診斷學習情形，因目的不同觀察或評分方法將隨之而異。若目的係實驗成果之評分，可用評定量表來觀察成果之優劣；若目的為操作歷程的檢核，可用檢查表來逐步檢查每個歷程的對錯。通常實作評量若欲診斷學生學習情形，教師應就學生學習每個歷程逐一適時檢核，分析每個歷程優缺點，並立即針對缺點改善教學或施予補救教學，使學生能充分達到教學目標。如教師擬評量實施學生口頭報告的實作評量，應包括下列三項為評量目的：(1)站立、臉部表情、眼神接觸等身體表達的適切性；(2)清晰、聲調、音量、流暢、發音等聲音表達的適切性；(3)用字遣詞、思路、組織、結論等語文表達的適切性作為；重點在報告歷程的檢核，並擬針對學生口頭表達的身體、聲音、語文表達缺失，施以適切的補救教學。

實作評量常運用於動作技能、情意領域評量，教學目標可參酌Simpson（1972）、Krathwohl等人（1964）之分類。Krathwohl等人（1964）將情意領域教學目標分為接受、反應、評價、重組、形成品格五個層次。Simpson（1972）將技能領域教學目標分為感知、準備狀態、引導反應、機械化、複雜性的外在反應、適應、獨創等七個層次。

貳、確定實作作業（評量內涵）

實作評量目的愈清晰，愈容易擬定明確的實作評量內涵（即實作作業）。確定實作作業乃確定實作評量的行為表現，此行為表現可從下列三方面界定：(1)重要的學習內容和技能；(2)行為表現的性質：評量重點著重「歷程」（process）、「成果」（product），或兩者兼顧；(3)判斷的規準（criteria）和標準（standard）：明確列出行為表現的重要層面和各層面表現的評分標準，前者乃將重要的學習內容和技能更具體化為可觀察的行為，後者乃訂定表現優異的、普通的或不佳的程度標準。

實作作業是指學生完成適當的歷程、結果表現或製作作品所應表現的特定行為。教師想到評量實作表現時，傾向於整體表現，如口語朗讀、演說、實驗安全、書法、寫讀書報告、組織想法、彈鍵盤、和同儕相處，但整體表現難以被評估，除非能細分成具體、明確可觀察的特定行為或特質，此可被教師觀察和判斷的特定行為或特質乃實作的表現標準（Airasian, 1996）。教師有時評量過程或真實表現，如評量打字或口語朗讀的過程；有時評量結果或作品，如打好的信或完成的讀書報告；有時同時評量過程、作品，如教師一方面觀察學生打字，判斷打字手指位置、身體姿勢、方法，一方面判斷打字結果（成品），以評量學生打字速度與品質。

Linn與Miller（2005）、Miller等人（2013）均提出發展實作評量實作作業的六項建議：(1)重點置於需要複雜認知技巧與學生表現的學習結果，不應評量簡單認知或純記憶的學習結果；(2)選擇或發展能代表重要學習結果之內容與技巧作業，不應評量枝微末節的學習結果；(3)將干擾評量目的與提高實作作業困難度的技能減到最低，如欲評量數學溝通技巧與結果的能力，應降低題目指導語難度，避免閱讀能力影響評量結果；(4)提供學生必要的鷹架以便理解作業與期待，注意完成作業所需的先備知識與技巧，方能提供富挑戰性的實作作業；(5)研擬具體明確的作業指導語，讓學生清晰了解如何實作；(6)清晰說明實作所期望的表現方式或內涵，並告知評量標準。

Popham（1995）提出七點在設計或選擇實作評量時應考慮的特性：(1)類推性（generalizability）：學生在這個作業項目上的表現可以類推到其他相似項目上的程度如何？(2)真實性（authenticity）：這個作業項目是否和學生在真實生活中遇到的情境相類似？(3)多元焦點（multiple focus）：這個作業項目測量的是多元的而非單一的教學結果嗎？(4)可教性（teachability）：學生在這個作業項目能力的提升是否是教學所致的？(5)公平性（fairness）：這個作業項目對所有學生都公平嗎？(6)可行性（feasibility）：在費用、空間、時間和設備的考量上，這個作業項目的可行性如何？(7)可評性（scorability）：學生在這個作業項目上的反應之評定結果的可信度和準確度如何？Airasian（1996）認為教師於班級教學發展實作作業，應注意下列事項：(1)擬定有意義、重要、清晰的表現作業；(2)呈現作業不宜太多、太長；(3)逐步改善實作作業。

綜合 Airasian（1996）、Linn 與 Miller（2005）、Miller 等人（2013）、Popham（1995）的觀點，發展實作評量的實作作業宜掌握下列特性：

一、代表性

教師在實作作業確定之前應知道其想要觀察什麼，更應選擇或發展能代表重要學習結果之內容與技巧作業，教師應依據評量目的，確定實作作業必須進行「工作或作業分析」（job or task analysis），分解所有真實表現或作品的重要元素，此元素不僅是可觀察和判斷的，更應是最重要、最具代表性的內容與技巧作業。尤其是，實作評量重點應非低層次的認知層次，而應將重點置於需要複雜認知技巧與學生表現的學習結果。

二、意義性

實作作業重點應不在確定「最好或唯一」的表現或作品的作業，而是在呈現對學生有意義、重要的描述，且能清楚描述評量的表現或作品。選取「有意義、重要、清晰」的實作作業的同時，亦應將作業表現與預期目的無關之內容與技巧作業予以排除，方能讓無關作業對評量結果的干擾降到最低。如作業需要大量閱讀，可能增加作業難度，而干擾評量表現，故教師研議作業宜顧及學生閱讀能力。

三、真實性

實作評量取材的實作作業應盡量接近實際生活，並與真實生活產生關聯，以真實或虛擬的實際生活問題來評量學生，因此，實作作業項目應剖析學生在真實生活中遇到的情境相類似程度，選取類似程度較高者作為實作作業。

四、先備性

實作作業應提供學生必要的鷹架以便理解作業與期待，因具挑戰性的作業通常較模糊難懂，學生從了解作業要求、擬訂計畫、蒐集資訊、形成假設、驗證假設、提出作業成果，需要一些先備的知識與技巧。教師擬定實作作業時，應釐清：學生完成此實作作業，需要哪些先備知識與技巧。

五、明確性

明確性至少包括指導語、作業內涵、評分標準三項。指導語模糊會讓學生不了解作業的目的、要求與如何呈現，教師應建置作業指導語以便能清楚指明學生的作業。無評分標準，學生無法判斷如何展現作業成果以爭取好成績，教師研議作業時，應說明評定表現好壞的標準，協助學生澄清對作業的期望。

Airasian（1996）以評量八年級學生寫作短文作品為例，說明較模糊、較具體的實作作業，茲彙整成表 5-5。表 5-5 左側中，何謂第一句？何謂適當的主題句或好字彙？判斷架構、拼音、書寫，應依據什麼實作作業來評量？上述問題均頗為模糊，教師將難以觀察、判斷一篇優良文筆的短文，因此必須予以具體化、明確化。

判斷是否具體、明確的準則係另一個非命題教師是否能以命題教師的實作作業與評分標準，來正確實施評分，若係「是」則表示實作表現標準與評分標準夠具體明確。

☞表 5-5　實作作業敘述比較

較模糊的實作作業	較具體明確的實作作業
第一句。	寫下第一句。
適當的主題句。	主題句寫出短文的主要想法。
很好的支持架構。	接下來的句子支持主要想法。
很好的字彙。	使用適合年紀的詞彙。
句子完整。	句子安排有邏輯順序，用完整的句子寫作。
字母大寫。	句子適當名詞和開頭第一個字寫出大寫字母。
拼音。	不超過三個拼音錯誤。
結論。	結論符合邏輯地跟著先前的句子。
書寫。	筆跡易辨認。

六、精簡性

教師擬定實作作業不宜太多、太長，因教師很少有時間觀察每個學生的一大堆詳細作業。太多、太長的作業不僅費時，觀察蜻蜓點水，且造成時間壓力，使得觀察過程受干擾。較多的詳細實作作業只在教師有時間對單一學生進行深度觀察時才有用處，此情境在大部分教室都很少見。教師在教室進行實作評量要掌握「有意義、具體性、實用性」之間的平衡，大多數教師常使用的作業在十至十五項，實際應用時教師可視評量內涵、學生多寡、教師時間適切調整。

七、公平性

教師擬定實作作業宜顧及對各類學生表現的公平性，釐清：「實作作業項目對所有學生都公平嗎？」如有些教師要求學生上網蒐集資料完成作業，然有些學生家中無電腦無法上網，若教師未提供校內資源讓學生利用課餘上網，則明顯對家中無電腦者不利。實作作業除了要對各家庭社經地位學生公平外，亦應顧及對不同族群、地區、性別的公平性。

八、可教性

實作評量強化教學與評量的結合，學生學習結果理應源自教學成效，學生實作作業能力的提升亦應源自教學成效，若實作作業能力與教學無關，則不適宜當作實作評量的作業。因此，教師擬定實作作業時，應釐清：「學生實作作業項目能力的提升是否教學所致？」

九、可評性

教師擬定實作作業應考慮是否可觀察、可量化評量，能否發展出明確的評分規準，作為評量的依據。若無明確的評分規準，造成過於主觀的評量，將降低實作評量結果的信度與效度。因此，教師應釐清：「學生在實作作業項目反應結果的信度和效度如何？」

十、類推性

實作評量的作業內涵盡量接近真實生活，使得知識能力能更充分應用於日常生活，故實作作業必須考量類推性。教師應釐清：「學生在實作作業項目的表現，可類推到其他相似項目的程度？」方能適切評析實作作業的適切性。

十一、可行性

實作評量通常比紙筆測驗要更多情境、空間、經費、人力的配合，如過關評量需要幾個站的空間、每個站的站主與助理、每站的道具與經費，若無情境、空間、經費、人力的配合，則過關評量不可行；如勉強實施，不僅評量信度與效度不佳，更將引起對實作評量方法的質疑。因此，教師應釐清：「實作作業項目的可行性如何？」

十二、漸進性

確定實作作業的過程是一個逐步改善的歷程，很少教師在一開始就擬定完善的實作作業，通常必須逐步修改才能滿足信度和效度的需求。Airasian（1996）以一個教師評量學生的口語報告實作作業為例來說明，茲彙整成表 5-6。表 5-6 左欄之作業較不明確，如「緩慢」、「好的成果」、「熱忱的態度」均相當模糊，且條列九點較為紛亂，若實作表現分為身體表達、聲音表達、語文表達等三部分，然後再細分可能較佳；然表 5-6 若納入報告時間或許更佳。教師擬定實作作業，應體認「逐步改善實作作業」乃必經歷程。

☞表 5-6　口語報告最初實作作業及修改實作作業

口語報告最初實作作業	口語報告修改實作作業
1. 說話清楚緩慢。 2. 正確發音。 3. 眼神接觸。 4. 表達時呈現好的臺風。 5. 呈現好的成果。 6. 表達感受。 7. 了解主題。 8. 表達熱忱的態度。 9. 組織。	1. 身體表達 (1)站直且面對聽眾。 (2)隨著報告的聲調改變臉部表情。 (3)維持和聽眾的眼神接觸。 2. 聲音表達 (1)以平穩清楚的聲音說話。 (2)變化聲調以強調重點說話。 (3)音量足以讓聽眾聽見。 (4)說話流暢。 (5)正確發出每一個字音。 3. 語文表達 (1)選擇正確的字以傳達意思。 (2)避免不必要的重複。 (3)以完整的思路或想法來描述。 (4)組織訊息合乎邏輯。 (5)結論時能摘要重點。

參、發展可觀察的實作作業

前述確認實作作業之後，應再發展觀察、測量、量化的實作作業。Quellmaz（1991）強調設定與解釋評量表現作業乃實作評量信度、效度的關鍵，認為實作評量表現作業必須具備六項特質：(1)顯著（significance）：標的係重要的學習表現。(2)周延（fidelity）：作業需為各種情境下的典型學習表現。(3)推論（generalizability）：評量者運用此作業具有一致性。(4)發展適切性（developmental appropriateness）：顧及學生發展的連續性，與適切表現範圍。(5)溝通（accessibility）：教師、學生、家長或社會大眾能清楚了解作業內涵。(6)使用（utility）：能提供學習表現品質與改進方案的訊息。

Cizek（1996）主張設定作業應顧及目的、方法、程序、技術與程序分析，分別說明於下：(1)目的：清晰、具體界定設定作業的目的與有關建構。(2)方法：明確說明作業設定的方法，並將方法、目的與評估特徵結合。(3)程序：說明作業的評定程序與調整程序。(4)技術與程序分析：說明參與作業設定的團體與取樣方法、呈現參與者了解任務的證據、記錄參與者試用資訊、呈現誤差情形。

Airasian（1996）鑑於實作評量的優劣，在於評量表現和作品是否具備可觀察、判斷的實作作業，因此，特別提出清晰界定可觀察、量化實作作業的原則為：

一、設身處地想像模擬實作所選擇的評量表現或作品

教師於選擇評量的表現或作品時，應設身處地的想像自己正在實作。想想你自己為了完成這個任務：「我應該做什麼？」「在教導的過程應強調什麼？」「我必須遵守什麼步驟？」教師實際做做看或想想看，然後記錄自己實際的或可能的表現或作品。

二、列出評量的表現或作品的重要層面

教師發展實作作業應思考：「哪些重要的行為或態度應納入實作表現？」「指導語應強調什麼行為或態度？」將兩項考慮過的重要特定行為或態度作為實作作業。

三、限制實作作業項目在十到十五項之間

試著限制實作作業的數目使學生表現能被完全、適切的觀察與評量，若項目繁多，教師將來以逐一適切評量每位學生的每項表現，因此，良好的實作作業必須適當限制項目，依據多數教師經驗，實作作業的數目最好在十到十五項之間。

四、集思廣益決定實作的重要表現作業

若可能，應找一群教師集思廣益，共同決定實作作業應包括哪些重要的行為、態度或成果作業。團體定義實作作業較個人擬定可能省時省力，訂出較為完整的作業，且易於實施。

五、以可觀察、測量、量化特徵來界定表現作業

用可觀察、測量、量化的實作特徵來界定實作作業，教師可直接注意到學生正在實作的事件或特徵，避免茫然卻抓不到重點。呈現宜以條列式、邏輯性來排列實作作業，不宜用組織性的長篇大論。

六、避免用含糊不清敘述混淆表現作業

教師敘述實作作業，應避免使用模糊字眼來遮蓋實作作業原意。最糟的是濫用副詞，如「好的」、「適當的」副詞應避免使用。適當組織力、正確說話、書寫整齊、表現優雅等模糊作業，可能會造成教師任意解釋而影響評分客觀。如「適當組織」可寫成「起承轉合明確」，「正確地說話」可寫成「有邏輯順序地表達想法」。

七、以便於觀察、判斷為排序表現作業原則

編排實作作業的順序亦相當重要，應以利於評量教師的觀察、判斷為著眼點，不應為求節省篇幅而將版面濃縮，亦不可以設計者方便來排序。

八、檢視是否有現成適用實作評量工具，若無再自行編製

因國內外已有些不錯的實作評量工具可供參酌或使用，如Airasian（1996）、Borich（1993）、Carey（1988）、Cartwright與Cartwright（1984）、Ebel與Frisby（1991）、Gronlund與Linn（1990）、Linn與Gronlund（1995）、Linn與Miller（2005）、Sax（1989），教師在發展實作作業前，應先檢查是否有現成的實作作業，若有，再檢視是否適合於評量目的，若適合則可直接引用，不需花時間重編。

實作評量之實作作業必須呈現表現或作品的重要要素，每項要素可明確觀察、測量與量化，方能讓教師了解必須觀察的具體行為或特質，掌握每一項觀察行為或特質。

肆、提供引發和觀察的實作表現情境

發展出可觀察的實作標準後，隨即應選擇或設計可觀察的實作表現情境。教師可採教室自然發生的行為，或設計特殊情境讓學生表現特殊行為，然需顧及下列因素：

一、教室自然發生行為的「頻率」

教師選擇教室自然發生的行為作為實作標準，不必花心思設計情境乃頗佳之策略，然教師應了解教室自然發生行為的「頻率」，如朗讀出現的頻率高於演講。然教師不可選擇頻率較高行為而忽略評量目的，若如此將造成本末倒置之現象。

二、做決策的嚴謹程度

教師選擇或設計實作表現情境，必須思考依據實作結果進行決策的重要性，若決策愈重要，評量情境的設計應愈嚴謹。如決定學科成就比了解學習過程困難的決策重要，教師在設計學科成就實作評量的嚴謹程度應比了解學習困難實作評量為高。

三、提供公平、同等的表現機會

選擇或設計之實作表現情境常因學生家庭背景、社區環境、家庭社經地位而產生不公平現象，如教師設計一項必須與父母共同完成的實作評量，可能因父母的教育程度或其他因素而產生不公平的狀況。因此，教師選擇或設計引發、觀察實作表現的情境應讓每個學生有公平和同等的機會，來表現自己的成就。

四、盡量用多重觀察以提高信度

教師實施實作評量時，應考慮多少訊息方能做出適切的決策。有些表現或作品僅需觀察一次，就可蒐集足夠資訊，如主題探索或檔案評量之作品或許評量一次即可。有些表現或作品則需較多次的觀察，如即席演講可能因學生情緒或抽選主題而差異甚大，應盡可能評量兩次以上。通常學生單一表現較難以提供真實成就的可信指標，欲確定學生表現或作品是否精確，宜盡量用多重觀察。若不同觀察產生相似表現，則教師將較有信心用來做決策；若觀察表現分歧，教師應蒐集更多資訊。

伍、製作使用說明與評量準則

Linn與Miller（2005）提出有效評定實作評量等第的十項原則：(1)開始教學時向學生說明擬評定等第的程序；(2)向學生清楚表示課程的等第僅依據其成就而定；(3)解釋要如何報告其他元素（如努力、工作習性、個人與社會特徵）；(4)將評定等第的程序與既定的學習成果相連結；(5)取得有效的證據作為評定等第的基礎；(6)採取預防措施以防止測驗或評量時的舞弊；(7)盡快交還並檢視所有測驗和評量結果；(8)適當加權等第中包括的不同類型成就；(9)不因障礙、努力不夠或不良行為降低成就等第；(10)力求公平，為避免偏誤，針對處於邊緣分數者，應檢視證據，若仍有疑慮宜評定較高的等第。可見，製作學生說明書或手冊，是提高效度的有效作為。然而，教師製作實作評量使用說明，提高使用效度，更是應有的作為。

選擇或設計可觀察的實作表現情境後，為提高實作評量的信度、效度，教師宜審慎製作使用說明，決定評分程序、人員與標準。若設計實作評量者非進行學習評量的教師，設計者應詳細撰寫使用說明，內涵可包括評量單元、資料來源、評量目標、評量項目、評量方法、實施步驟、檢核或評量標準、計分方式、結果運用等項目，設計者可依據使用教師之評量專業素養調整項目。

不管設計者是否為實施評量教師，均必須考慮評分程序為過程評量、成果評量或兩者兼具，計分係對錯式二元計分或程度式的多元計分，評量人員包括教師、家長、同學、小組長或學生本人，評分方法採整體計分法或個人計分法，評定評量結果的方式，甚至評量後的處理，均必須於評分前決定。僅就研議評分規準、擬定評量程序、評定評量結果、決定評量人員、評量後處理等五方面說明之，其餘評分方法，詳見後文之「陸、計分或評量實作表現」部分。

一、研議評分規準

「評分規準」（scoring rubrics）乃一組評鑑表現的準則，通常以等級量表的形式呈現，每個等級皆有一組行為表現的描述語，對不同的行為特質或層面予以操作性定義。Herman、Aschbacher與Winters（1992）認為評分規準包含四項：(1)重要的行為特質或層面，用來作為評斷行為表現的依據；(2)行為特質或層面的操作性定義，用來闡述各個特質或層面的內涵；(3)計分量表（scales），用來評斷表現行為；(4)表現標準（standards），用來溝通表現傑出、滿意、未發展等不同水準的表現行為。

評分規準的建構大致可分為界定表現準則（performance criteria）、設計評分規準，及試用與修正三個階段。Stiggins（1987）提出建置評分規準的步驟如下：(1)對表現特質進行腦力激盪，列出重要特質或要素：教師可以透過文獻、專家、同僚或學生共同參與及討論。(2)針對已列出表現特質進行分類：將特質分為四至五個層面或類別為原則，得視需要增減之，但層面或類別應涵蓋所有特質，且數量不宜過多；若由師生共同研議，除可以建立共通語言外，更能促使學生對評分規準與成功標準有更深入了解。(3)以簡單、清楚的語言界定各層面：即給予各層面清晰的操作性定義。(4)分析實作或檔案表現或成品：教師可以針對學生的實作（或檔案）表現或成品，進行特質分析，如將作品分為高、中、低三個等級，再仔細分析各等級作品的特質（含歷程或成果）；或對比表現優秀及不佳的作品，並分析其差異。(5)列出不同等級行為表現的描述語，並訂定評分規準：可根據步驟四對比分析的結果，列出不同等級的描述語，並編製整體式或分析式的評分規準。(6)試用、修訂與改進：規準均須經過不斷的試用與修正，才會可行。

建立評分規準時，宜在「客觀與容易的評分規準」與「複雜但真實的評分規準」間審慎選擇。如以提升寫作興趣為評量目標，若採觀察、晤談（複雜但真實）方式來評分，可提高效度，卻可能降低信度；若採學生寫作數量（客觀與容易）來評分，可提高信度，卻可能降低效度。

Gearhart、Herman、Baker與Whittaker（1994）提出說明文或敘述性摘要的六個等級分數的評分規準（詳見表5-7），六個等級分數均給予一般評語，6分者的一般評語為極優的成就，依序到1分者為最少證據的成就。評分規準同時顧及焦點／組織、語言、精緻細膩、細節四項因素，六個等級分數乃綜合考量四項因素的結果。

Applebee、Langer與Mullis（1994）提出NAEP寫作的整體式評分規準範例（詳見表5-8），將寫作評為六個等級分數，每個等級分數均詳細描述其評分規準，如6分者為廣泛細緻的：回應顯示出對各種寫作元素的高度控制，與得分5的論文相比較，得分6的論文也許有相似的內容，但他們的組織較佳，書寫更清

☞表 5-7　說明文或敘述性摘要的分析式量尺之範例

分數	評語	焦點／組織	語言	精緻細膩	細節
6	極優的成就	■清楚陳述主要想法。 ■統一的焦點和組織。 ■有效的順應讀者。	■明確而具體。 ■細節與意圖一致。 ■細節產生清晰、生動的心像。	■擴大詳細說明一個主要論點。	■一或兩個小錯誤。 ■沒有主要錯誤。
5	值得讚許的成就	■陳述或暗示主要想法。 ■有焦點和有組織的。 ■有效的順應讀者。	■明確感受到的細節 ■大部分細節與意圖是一致的。	■充分詳細說明一個主要論點。	■一些小錯誤。 ■主要錯誤不超過一個。
4	適當的成就	■呈現主要想法，但可能無法保持一致的焦點。	■有一些明確的細節。 ■細節通常是清楚的。 ■大致清楚的心像。	■適度說明主要論點。	■有些小錯誤。 ■一或兩個主要錯誤。 ■錯誤不致造成讀者的混淆。
3	有些證據的成就	■主要想法不清楚。 ■焦點通常是在主題上，但有些離題。	■很少或不一致的細節。 ■有一些細節但不全然是適當的。	■局限於主要論點的說明。	■有些小錯誤和主要錯誤。 ■有些會造成讀者的混淆。
2	有限證據的成就	■主要想法或焦點模糊不清。 ■明顯離題。 ■結尾沒意義。	■幾乎沒有具體的語言。 ■簡單或總稱的命名。	■主要論點的說明極為有限。	■許多主要和小錯誤。 ■錯誤會干擾讀者的理解。
1	最少證據的成就	■沒有明顯的主要想法。 ■沒有明顯的計畫或一致性。	■沒有具體的語言。	■沒有詳細說明任何論點或中心論述。	■許多主要錯誤造成讀者的混淆。

資料來源：轉引自 *Measurement and assessment in teaching* (11th ed.) (p. 246), by M. D. Miller, R. L. Linn, and N. E. Gronlund, 2013, Boston, MA: Pearson.

晰，且錯誤較少；1 分者為對主題的回應幾乎無與作業有關的訊息。教育部（2005）於 95 學年度國民中學學生基本學力測驗試辦加考寫作測驗，其評分方式乃將學生寫作能力由劣至優區分為一至六等級，其評分規準如表 1-3；另針對離題、重抄題目及缺考等考生，因無法判斷其寫作能力，給予其〇級分。可見，

☞表 5-8　NAEP 寫作的整體式評分規準範例

分數	描述
6	廣泛細緻的：回應顯示出對各種寫作元素的高度控制，與得分5的論文相比較，得分6的論文也許有相似的內容，但他們的組織較佳，書寫更清晰，且錯誤較少。
5	細緻的：發展良好且回應詳細，可能已經超越作業的重要元素。
4	發展的：對作業的回應包含必要的元素。但其發展可能參差不齊或未仔細推敲。
3	極些微的發展：學生提供給作業的回應是簡要的、模糊的，且有些令人混淆的。
2	學生開始以未發展的反應回應作業，但卻是一種相當省略、混淆或不連貫的方式。
1	對主題的回應幾乎無與作業有關的訊息。

資料來源：*National Center for Education Statistics* (p. 204), by A. N. Applebee, J. Langer, and I. V. S. Mullis, 1994, Washington, DC. GPO (065-000-00654-5).

基本學力測驗試辦加考寫作測驗的評分規準較Applebee等人（1994）寫作整體式評分規準嚴謹。

二、擬定評量程序

通常教師自己實施評定評量結果不需要擬定評量程序，然若係其他人員協助評量，應決定明確、流暢的評量程序。如小組長初評應先選擇小組長，次檢核小組長，再實施小組長講習，再次實施小組長互評與檢討，最後才由小組長評量組員，若無嚴謹程序，將降低評量的信度與效度。

「評分」效度除包含評分規準能否反映重要行為特質，及評分者能否根據評分規準精確、一致的進行評分。評分的精確性與一致性有賴管控評分程序或嚴謹的評分者訓練。管控評分程序應有標準化的評分程序，及各項評分等級的實例解析。

Stiggins（1987）提出評分者的訓練步驟如下：(1)訓練者事先準備已歷經嚴謹程序計分的作品樣本數件，最好含各層面不同等級的作品。(2)與受訓者討論評分規準，直至受訓者完全了解評分規準的內容。(3)由受訓者針對事先準備好的作品樣本進行計分，此樣本係已歷經嚴謹程序計分的作品，此樣本已評定分數，但分數不讓受訓者知道。(4)核對受訓者的給分，並討論與樣本評定分數差異的原因。(5)由受訓者再針對另一份已評定過之作品樣本計分。(6)核對給分差異，並討論差異原因。(7)重複步驟，直至受訓者給分能與樣本分數達到一定程度的一致性；若為五等級計分，則差異應在一分之內。(8)由訓練者與受訓者共同針對未計過分的作品進行計分，討論結果及其差異原因。(9)重複上述步驟，直至所有受訓者（評分者）間的給分能達到高程度的一致性。(10)受訓者（評分者）直接進行評分，訓練者應不定期檢視評分者內與評分者間給分的一致性，此可透過對相同作品重複計分的方式來檢視一致性；若有必要亦應給予再訓練。

三、評定評量結果

教師實施結果評量應突破分數概念，打破一百分的迷思，應用更活潑、多元的評分或打等級，打分數或評等級不宜打得太嚴苛或沒彈性，鼓勵表現較差學生，讓其感受甲上或一百分的喜悅。評量除傳統的分數外，尚可採下列方式：

1. **努力分數**：教師平常積極鼓勵學生努力、用心，然卻未於評量結果配合呈現頗為可惜。若教師能將努力分數納入評量，一方面可強調學生學習歷程，鼓勵學生更積極用心；一方面可增強學習成果較差學生，避免讓其一直處於能力低下的能力分數中，以強化其信心。
2. **期望分數**：教師可先讓學生寫出自己期望得到的分數，再對照此一分數與學生平時表現，給學生具鼓勵性意義的適切分數。
3. **加評語的分數**：教師若能於打分數後，就學生努力或特殊狀況予適當的鼓勵與提示，將更具積極意義。
4. **加符號的等級**：教師為鼓勵學生可在一般等級旁，如甲上、甲、乙下、A^+、B^-等符號旁邊加註符號，如甲上加星星、甲上加笑臉、甲上加好棒。

表 1-2 乃兼顧能力、努力符號與評語之評量標準，以符號「○、√、△、？、×」表示「很好、不錯、加油、改進、補做（交）」，此評量標準可避免中小學只存在對、錯二分的現象，鼓勵學生作答或交作業，並予學生更多增強。

四、決定評量人員

評定評量結果之人員，以往均由教師獨挑大樑，但「以學生為中心」、「家長參與學校」的概念漸受重視後，評量人員除教師外，還包括了以下項目：

1. **學生自評**：教師透過此評量方式，訓練學生自我省思、檢視的能力，若評量內涵為學生日常生活、獨立自主的學習或其他涉及自我檢討的部分，均可採學生自評的方式。
2. **同學互評**：教師評量若能引導同學間公正、負責的互評，除可為教師分憂解勞外，尚可提供同學間相互觀摩學習的機會，並增進同學間更深層的人際互動。

3. **小組長初評**：教師面對大班級教學，欲對學生逐一評定實作評量結果，可能力有未逮。若能請小組長協助初評，教師再進行複評，將可大量減輕評量負擔。小組長初評較適於技能檢核，或具體、可觀察的外顯行為或態度，且初評前宜實施講習，確認評量無誤後再實施初評評量。
4. **集體評量**：教師可針對外顯性強的小組或個人表現或作品，如小組話劇、個人演講表演，請班級全體學生評量，評量時可用記名、無記名投票、舉手方式，決定小組或個人評量結果，如將評量結果分為「帥呆了、很棒、不錯、加油、再加油」五個等級，讓學生決定評量結果的等級。
5. **家長評量**：學生在學校的表現，常是家庭生活行為的延伸，而且學生的成長，應讓家長共同分享。教師應有機會讓家長參與評量，讓其表達對子女成長的觀點。實施家長評量雖有其優點，但宜留意下列原則：(1)家長所占分數比例不宜太高，因家長的私心可能會干擾評量結果，一般實作評量或許以不高於總分之二成為原則。(2)家長參與不可勉強，因家長的教育程度、教育認知差異甚大，教師應鼓勵但不可勉強。(3)給家長充裕時間進行評量，家長平日忙於自己的工作，常必須抽空為子女評量，因此時間不應太緊迫，最好有半個月以上的時間。(4)製作評量的說明單，讓家長清楚了解協助評量的教育意義，讓家長知道如何評量，因有些家長不是不願意，而是不知道怎麼做。

五、評量後處理

教育目標在增進學生學習成果，提升人格發展與知識成長，因此評量後的處理必須呼應教育目標。少數教師評量後僅獎懲學生而未輔以教育配套措施，將使學習評量效果打折扣。教師於評量後的教育配套措施，可採下列措施：(1)請家長簽名：此不僅可讓家長知道教師努力與評量內涵，可引導家長了解子女學習狀況，更可請家長協助指導子女錯誤的部分。(2)加註口頭或書面評語：分數非呈現學習結果的唯一指標，必須適時加註評語，為避免教師書寫評語花費時間，可利用「改善評量通知單」、「親師通訊」或「親師懇談」與家長建立共識。(3)引導學生自我檢討：學習挫折乃教育歷程的必然體驗，但學生能否勇於面對缺失、承認錯誤，進而檢討改善乃評量後處理的重要措施，因此教師必須引導學生自我檢討、改善、成長。(4)檢討教材教法的適切性：教師應根據學生評量結果，思考教材教法的適切性，若未盡完善應及時修改以協助學生成長。(5)實施必要的補救教學：教師評量後，必須考量自己的時間，或引導小組長、家長或優秀學生對必須實施補救教學者給予適切輔導。

陸、計分或評量實作表現

實作評量最後步驟係計算學生的表現。實作評量與論文題的計分方法均可用整體評分法、分析評分法，宜視評量目的與決策重要性決定評分方法。若教師進行決策時僅需單一的整體分數，如群體安置、篩選或評等等情境，整體計分法最有用。若評量目的係診斷學生的學習困難，或證明學生在個別實作標準的能力，分析評分法分別呈現每項實作表現標準的分數較為恰當（Airasian, 1996）。教師在進行實作評量之評分時，同時扮演觀察者與評分者，然若在進行重大決策的情境，如運動、音樂、辯論、藝術競賽之評分，應另加觀察與計分者方能使評分更為公正客觀。

第四節　實作評量的信度與效度

實作評量較紙筆測驗易發生評量計分不夠客觀，評分者間的不一致，評量者未充分了解評量內涵，評量者未能遵循標準化的施測歷程，評分標準難以明確，費時費力等問題。為減少上述缺失，教師可從更明確具體界定評量目的，提高實作評量效度，提高實作評量信度等三方面著手（Airasian, 1996）。

壹、更明確具體界定評量目的

教師欲確定實作標準，發展可觀察的實作標準，製作使用說明與評分準則，計分或評量實作表現均必須以實作評量目的為基礎。教師可從下列四方面來讓評量目的更明確具體（Airasian, 1996）：

一、評量目的應扣緊教學內涵

學習成果評量必須以教學為依據，教師評量旨在了解學生於教學內涵學會多少，不應評量未教過的教學內涵或原理原則。

二、一份實作評量的目的不宜太多

實作評量目的太多會降低評量效度，教師依據設定的教學目標，選取重要的評量目的，或分次分階段設計實作評量，不宜一次實作評量企圖囊括所有教學目標。

三、施測說明應清晰界定實作標準

學生實作前是否充分了解作答方法直接影響學生評量表現，教師不應認為學生「應該」知道怎麼做，而未詳細清晰敘述實作標準。教師在班級中可與學生一起討論，並定義所期望的行為與作品標準為何，從定義過程協助學生了解何謂重要的行為表現。若學生不清楚評量標準，表現可能不好，但並非其做不到，而係其不知道老師所期待的行為表現或標準為何。因此，教師設計實作評量應明確規劃細目表，詳列可觀察行為，具體敘述行為題目。

四、從觀察、反應、評分來加強實作評量

教師觀察學生一方面可知道學生如何看、如何做，看學生在做什麼，以及聽學生在說什麼；一方面可觀察學生反應，由學生反應來了解學生是否達到預期學習成果。另外，評分時應排除不相關因素影響教師對學生的判斷，教師應以更嚴謹、更客觀的評分技術，來避免評量者主觀因素或其他無關因素的干擾，讓學生能更真實反應其實作表現。

貳、提高實作評量效度

效度關係教師能否從實作評量中，獲得正確判斷學生學習成果的訊息。欲提高實作評量效度可從下列八方面努力：

一、客觀評估與避免主觀期待

若教師進行評量無法客觀評估行為表現或控制個人期待，將會獲得無效的訊息與不適切決定。教師若事先研擬周詳的評量計畫，清晰定義評量目的，審慎確定實作標準，嚴謹發展可觀察的實作標準，詳細製作使用說明與評分準則，依照評分準則來計分或評量實作表現，將可大幅降低主觀因素的影響。

二、覺察個人人格特質與經驗

通常教師於教室實施實作評量，以單獨觀察方式居多，而避免主觀干擾乃提升效度的重要因素。雖然周詳的評量與評分計畫有助於減低主觀，但教師個人人格特質與經驗則為更根本的因素，若教師能覺察自己的哪些人格特質會影響客觀評量，如在何種情境下較易引發情緒或主觀介入。教師先前的個人經驗，包括對學生工作習慣的認知、與學生合作的態度均會影響客觀性，如討人喜歡的學生即使和其他學生表現一樣，可能較易獲得高分或較高等級。教師宜覺察個人人格特質與經驗對評量的影響，利於事先採取必要之避免干擾措施。

三、避免評量誤差

於實作評量常見的評量誤差除個人偏見、月暈效應、邏輯謬誤等三種外，尚可發現因團體語言、舊經驗、性別或種族的差異，使一個學生團體的測驗結果明顯異於另一個團體的「團體誤差」。除了特殊評量外，教師在選擇及使用評量過程中，實作標準或評量形式均不能因文化背景、語言或性別而出現不公平現象。另外，教師依據對學生舊經驗的主觀認知來判斷學生學習結果，亦應予以避免。

四、教導並給予學生練習實作標準的機會

學生有時無法正確呈現實作評量的學習結果，可能因其對實作評量方式較陌生、較不熟練，甚至不會作答。此現象在臺灣地區紙筆測驗遍布，而實作評量甚少的情況甚易出現，因此，教師於實施實作評量前，應教導學生如何作答，給予學生練習機會，或提供實作成品供參考，將更能正確評量其實作表現。

五、選擇適當難度的行為標準

實作評量的難度太難或太易，均會影響學生實作表現，且缺乏鑑別力。教師宜依據學生年齡、舊經驗、預期學習成果編擬難度適當的實作表現標準，切不可以考倒學生為樂，或形同放水缺乏評量意義。

六、限制實作標準的數目

因為實作評量觀察的實作標準或觀察行為項目太多，將提高觀察的難度，使得觀察結果正確性降低。Airasian（1996）依據多數教師經驗，提出實作標準的數目最好在十到十五項之間，此標準可供教師參酌，然仍須視教學目標與評量目的，參與評量人員、人數與素質，學生人數與學習狀況而定。

七、觀察評量時立即記錄

評量結果最好能在觀察評量時立即記錄，若無法做到，教師雖然會用回憶方式來評量，但隨著距離觀察的時間愈久，記憶將會更加模糊，結果正確性將逐漸降低。尤其是教室評量教師通常必須面對很多學生時，回憶更易出現混淆現象，因此，若教師不能馬上記錄與評估所觀察的表現，將會造成記憶誤差。

八、納入評量結果的使用與解釋

Linn與Gronlund（1995）提出效度的四個向度為內容效度、效標關聯效度、建構效度、結果效度，不若以往重視前三個向度，現今特別強調「結果效度」。近年來效度重心由工具或測驗本身的目的，漸轉移到工具或測驗結果的推論與應用，效度漸被視為「推論的適切、意義與有用的程度」（吳毓瑩，1996；Cronbach, 1988; Messick, 1980）。欲提高實作評量效度，應由評量工具本身延伸到結果的使用與解釋，教師使用測驗結果應結合教學目標，與學生適切協助、支持學生成長，不應作為秋後算帳的依據；解釋分數應宜激發學生學習動機、強化學生的努力歷程、肯定學生的付出，不應一味苛責學生未達到完美或不夠努力；解釋亦應避免過分依賴量化結果，雖然評量之量化結果可作為教師決策的參考，補充或補強教師獲得學生資訊的證據，但不應替代教師非正式的觀察與診斷（Linn & Gronlund, 1995）。

參、提高實作評量信度

實作評量信度的爭議重心在於評分標準的主觀性，為求提高信度宜從下列四方面著手：

一、審慎訂定可具體觀察評分標準

為避免評分不一致降低信度，教師設計實作評量時，應訂定可具體觀察的行為或特徵作為評量標準，敘述時避免用正確、好、佳等模糊字眼，應用明確的量化次數，或外顯的明確行為來敘述。

二、對評分者施予適當訓練

若設計實作評量教師未能評量每一位學生，或教師請學生、家長或其他教師協助參與評量，則應對協助參與評量者施予適當訓練，如講解教學目標、評量目的、評分標準、計分方式或注意事項，並盡可能模擬評量，以提高評量結果的一致性。

三、盡可能由二至三位評分者共同評分

雖然教師在現今班級教學難以請其他教師或人員共同評分，然若係重要決策的實作評量，應盡可能請二至三位評分者共同評分，以平均數或中數作為評量結果，將較為客觀。

四、避免實作評量題數太少

實作評量題數或標準過多，會影響觀察評量的正確性，但題數或標準太少，可能降低代表性，影響評量結果的穩定性，因此題數與標準項目不宜太少，最好在十至十五個題目或標準之間（Airasian, 1996）。

第六章 CHAPTER SIX

評定量表及檢核表理念與實例

實作評量較常見的類型為：評定量表、檢核表、作品集、開放性問卷、結構反應問卷、口語表達、論文、檔案評量（portfolios assessment）。各類實作評量必須視評量性質，決定最適切的類型。Linn與Gronlund（1995）、Linn與Miller（2005）以科學實驗為例（詳見表6-1），闡述科學實驗精熟內涵類別所運用之實作評量技術，如評量「實驗程序知識」宜用紙筆測驗或實驗辨識測驗，評量「設計實驗技巧」宜用產品檢核表。

中小學較常用的實作評量類型為評定量表、檢核表、檔案評量、口語評量、軼事記錄、遊戲化評量。本章先探討評定量表、檢核表，其餘於後續章節討論之。

第一節 評定量表

評定量表係指一組用來作為判斷依據的行為或特質，及能指出學生在每種屬性中不同程度的量表，可用以評量學生學習態度、策略與興趣，或人格、情意發展狀況。評定量表之外觀和運用方法與檢核表頗類似，二者主要差異在於判斷的「形式」，評定行為或特質時，依各項其出現頻率或程度評定「等級」，檢核表

☞表 6-1　科學實驗運用之實作評量類型組合

精熟內涵類別	評量實作的實例	評量技術或類型
實驗程序知識	敘述相關實驗程序，辨識器材及使用方法，鑑定實驗瑕疵	紙筆測驗 實驗辨識測驗
設計實驗技巧	計畫、設計實作實驗	產品評量（檢核表）
做實驗技巧	選取器材 安排布置器材 做實驗	實作評量（評定量表）
觀察與記錄技巧	敘述使用過程 報告正確測量 組織與記錄結果	產品評量（分析報告）
分析結果技巧	辨識重要關係 辨識資料缺點 陳述正確結論	產品評量及口試
工作習慣	有效運用器材 快速完成工作 清理工作地方	實作評量（檢核表）

資料來源：*Measurement and assessment in teaching* (11th ed.) (p. 278), by M. D. Miller, R. L. Linn, and N. E. Gronlund, 2013, Boston, MA: Pearson.

則評定各項行為或特質「是否」出現。評定量表、檢核表可兼採「教室或家庭觀察」，以評量學生用於日常生活的實踐情形。教師應依據單元目標與實際需要，設計「教室或家庭觀察紀錄表」，以系統記錄學生在教室與家庭將數學應用於日常生活的狀況，以作為增強或改善之依據。

Linn與Gronlund（1995）、Linn與Miller（2005）及Miller等人（2013）指出評定量表具有下列三個重要的功能：(1)可將觀察方向導引至具體、明確界定的行為或特質層面；(2)可提供一個共同的參照架構，即可以同一組特質來比較每一學生的優劣；(3)可提供記錄觀察者評判結果的簡便方法。

壹、評定量表的種類

評定量表有很多不同的形式，約可分成下列三種：(1)數字評定量表（numerical rating scale）；(2)圖示評定量表（graphic rating scale）；(3)描述圖表評定量表（descriptive rating scale）（Linn & Miller, 2005, pp. 263-267）。

一、數字評定量表

數字評定量表係由評定者就每位學生在每一項行為或特質上顯現之程度，圈選適當之數字或是在適當的數字上作某種記號。在評定量表的最前端，要先說明每一個數目字所代表的程度或意義，俾使評定者有所遵循。然而，有時候也可僅說明「最大的數字（5）代表最高，最小的數字（1）代表最低，其餘的代表中間的各個數值」（見下例）。

「數字評定量表」實例1：
說明：請依據每位學生對於小組問題解決作業的貢獻程度，圈選適當的數字。
數字代表的意義如下：

4：始終是適當且有效的。
3：大致是適當有效的。
2：需要改善，可能偏離主題。
1：無法令人滿意（分歧或離題）。

一、學生參與小組討論之程度如何？
1 2 3 4
二、意見切合討論主題的程度如何？
1 2 3 4

資料來源：*Measurement and assessment in teaching* (11th ed.) (p. 268), by M. D. Miller, R. L. Linn, and N. E. Gronlund, 2013, Boston, MA: Pearson.

「數字評定量表」實例2：
說明：請依據每位學生參與實驗討論的情形，逐項評分。
評分方式是圈選適當的數值，每個數字所代表的程度或意義如下：

5：優異，4：中上，3：普通，2：中下，1：很差。

一、參與實驗討論之程度如何？
1 2 3 4 5

二、提出的問題切合實驗內容的程度如何？
1 2 3 4 5

資料來源：*Measurement and assessment in teaching* (11th ed.) (p. 269), by M. D. Miller, R. L. Linn, and N. E. Gronlund, 2013, Boston, MA: Pearson.

若評量的每項特性或品質，可分成少數幾類，且每一個數字所代表的類別均能為一般人所接受時，則「數字評定量表」最為適用。然因每一個數字所代表的意義，大都無法明確界定，故每個人在解釋和使用此種量表時，常有很大的差異。

「數字評定量表」又稱為Likert量表，參酌Linn與Miller（2005）提出下列五項建置步驟：

1. **撰寫一系列敘述句**：用以表示對某些態度對象的正面與負面意見，如為準備一個測量了解學生對學校態度的量表，題目可為「學校是令人興奮的地方」、「學校是浪費時間的地方」；如為測量學生的數學自我概念，題目可為「我擅長解決數學問題」、「我通常不能解決一個新的數學問題」。欲獲得良好的題目題庫，可從文獻資料蒐集，更可請學生每人撰寫數個正面和負面的敘述句。
2. **選擇最好的敘述句**：至少選出十個最好的敘述句，保持正面與負面意見的平衡，必要時予以修改。
3. **列出敘述句**：正面與負面敘述相互參雜，並在每個敘述句加註數個量表的字母（如SA、A、U、D、SD）或方格，以便圈選做答。對小學生而言，最好能提供文字（如同意程度）供其選擇。
4. **決定量尺數目**：有些人喜歡「趨中」的意見、「沒有意見」或「無法決定」，使得意見蒐集不完整。因此建議量尺數目以四或六項為原則，中小學生以四項為主，高中職、大專以上學生以六項為主，學生年齡較低則量尺數目較少。

5. **製作指導語**：明確告知學生如何作答、作答位置，若有疑問如何處理。中小學教師經常忽略此部分，常使得學生無所適從。

二、圖示評定量表

圖示評定量表係在每一項特性或品質之下，有一條水平線。評定時，在線上作記號。一般均在線段上加上數小段縱線，每個交叉點分別代表不同程度的類別，但是評定者如果願意的話，也可自由在線上的任一點作記號。圖示評定量表以線上各點代表程度差異，各點之註解文字宜力求具體明確，方可增加評分者間的一致性。

圖示評定量表之每一題採用分類方式可分為一致、不一致兩類，若相同為「選項一致量表」，如下例的區分程度均為五項；若不相同則為「選項變異量表」。

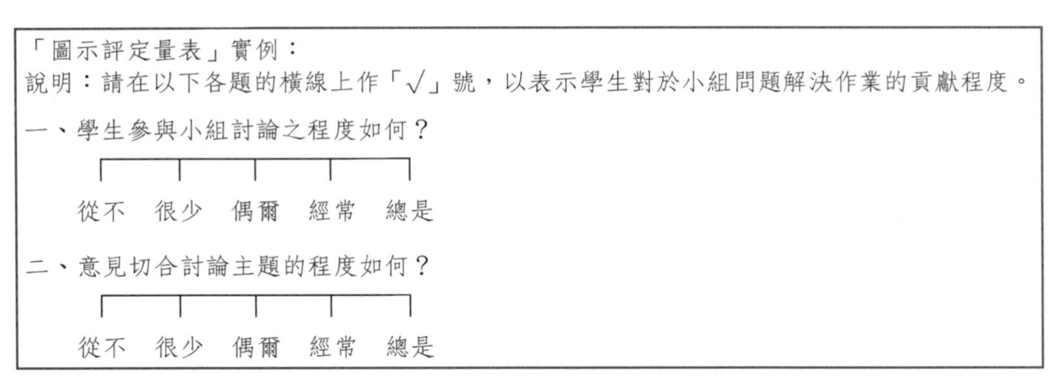

「圖示評定量表」實例：
說明：請在以下各題的橫線上作「√」號，以表示學生對於小組問題解決作業的貢獻程度。
一、學生參與小組討論之程度如何？

從不　很少　偶爾　經常　總是

二、意見切合討論主題的程度如何？

從不　很少　偶爾　經常　總是

資料來源：*Measurement and assessment in teaching* (11th ed.) (p. 269), by M. D. Miller, R. L. Linn, and N. E. Gronlund, 2013, Boston, MA: Pearson.

三、描述圖表評定量表

描述圖表評定量表係用簡短語句來說明圖形評定量表各點所代表的意義。各點說明不僅簡明，具體敘述行為表現，且常在每一題下保留適當的空間作為填寫註解之用。此種評量的評分過程的客觀性和精確性較數字評定量表、圖示評定量表高，且能記錄有關的偶發行為，故較適於學校評量。

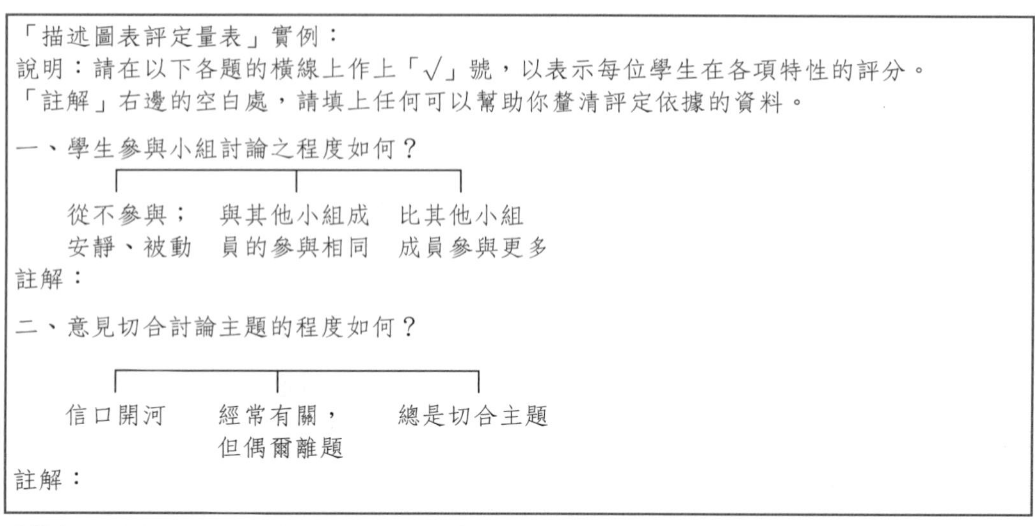
「描述圖表評定量表」實例：
說明：請在以下各題的橫線上作上「√」號，以表示每位學生在各項特性的評分。
「註解」右邊的空白處，請填上任何可以幫助你釐清評定依據的資料。

一、學生參與小組討論之程度如何？

從不參與；安靜、被動　與其他小組成員的參與相同　比其他小組成員參與更多

註解：

二、意見切合討論主題的程度如何？

信口開河　經常有關，但偶爾離題　總是切合主題

註解：

資料來源：*Measurement and assessment in teaching* (11th ed.) (p. 269), by M. D. Miller, R. L. Linn, and N. E. Gronlund, 2013, Boston, MA: Pearson.

貳、評定量表使用領域

評定量表可用於評定廣泛、多樣的學習結果和身心發展的方向，Linn與Gronlund（1995）、Linn與Miller（2005）及Miller等人（2013）將評定量表使用領域分為「過程或程序評量」（process or procedure assessment）、「結果評量」（product assessment）等兩類。

一、過程或程序評量

在某些學科或學術領域中，學生成就透過實作來表現，如朗誦或演講能力、解決數學複雜問題能力、演算複雜物理問題能力、操縱實驗設備能力、遵循正確實驗流程能力、唱歌或演奏樂器等能力，均難以從單一結果或作品來評量，而用簡短回答或固定反應的紙筆測驗亦難以充分測量能力，因此，必須依據「實作程序」來觀察與評定學習結果。

Linn與Gronlund（1995）、Linn與Miller（2005）及Miller等人（2013）認為：評定量表特別適用於「過程或程序評量」，因此種評量可觀察每位學生在相同行為的表現，亦可在共同的量尺記錄、評定學生學習結果，若能以具體、明確的學習結果來編製評定量表，「具體的評量向度與行為描述」可使學生清晰了解教師期望其表現的行為，則量表本身即為良好的學習指引或教學計畫。

如表 6-2「感恩的心」演講評量單，評量演講的三個項目：第一部分著重於演講內涵，如符合主題、容易了解、用字精準、詞彙豐富優美、句型富變化；第二部分強調演講組織，如內容條理井然，利用觀念間結構組織來協助理解；第三部分注重演講技巧，如姿勢或肢體語言、聲量、速度、發音、儀態、眼神、時間掌握。由於「感恩的心」演講評量單詳細列舉教師擬評量的三個向度與行為，學生將能依據評量單充分準備演講，故此評量單本身即為良好的學習指引與教學計畫。呼應表 6-2「感恩的心」演講評量單，發展出如表 6-3 之「感恩的心」演講評量標準，評量標準分為優、良、加油三級，主要從完全正確、部分正確、錯誤率予以區隔。

教師發展此種量表時，應蒐集文獻資料與善用教學經驗，深入剖析評量主題應包含哪些行為或特質，適用於何種年齡、何種程度的學生，方能適切編製評定量表。

☞表 6-2　「感恩的心」演講評量單

「感恩的心」演講評量單

姓名：＿＿＿＿＿＿＿＿　組別：＿＿＿＿＿＿＿＿　總分：＿＿＿＿＿＿＿＿

說明：請在每一個項目右邊代表優、良、加油的其中一個 □ 內打「√」，以評量學生的演講能力。下面「老師的話」盡可能說明你評定等級的依據或詳細描述學生演講的情形。

	優	良	加油
一、演講內涵			
(一)內容符合主題，且清晰、簡要。	□	□	□
(二)內容容易了解。	□	□	□
(三)用字有趣、準確、自然表達主題。	□	□	□
(四)詞彙豐富優美，銜接順暢。	□	□	□
(五)句型富變化，通順流利。	□	□	□
二、演講組織			
(一)內容條理井然。	□	□	□
(二)利用觀念間結構組織，如主題、綱要、轉折，來協助理解。	□	□	□
三、演講技巧			
(一)以姿勢或肢體語言來強調重點。	□	□	□
(二)以聲量變化來強化重點。	□	□	□
(三)善用速度、停頓來強化重點。	□	□	□
(四)發音、咬字清晰，且相當流暢。	□	□	□
(五)儀態端莊大方，態度相當誠懇。	□	□	□
(六)眼神注視聽眾，展露自信笑容。	□	□	□
(七)精確掌握時間。	□	□	□

老師的話：

簽名：

☞表 6-3 「感恩的心」演講評量標準

「感恩的心」演講評量標準			
一、演講內涵			
	優	良	加油
(一)內容符合主題，且清晰、簡要。	文章主題鮮明，主題發展順暢，且清晰扼要。	本文主題雖清晰扼要，但流於平常俗氣，支持立論較弱。	文章無重點或不合主題，題目訊息有限或不清晰。
(二)內容容易了解。	內容清晰易懂，無理解困難。	少部分內容難以理解。	大部分內容無法理解。
(三)用字有趣、準確、自然表達主題。	文字精準、想像力強，用字生動、符合主題。	文字平凡，足以表達主題但不生動有力，用字不夠周延。	用字有限、單調或陳腔濫調，文字大多重複或抽象模糊。
(四)詞彙豐富、優美，銜接順暢。	詞彙非常豐富、優美，甚少重複，銜接相當順暢。	詞彙不多、平淡，偶爾重複，銜接較不順暢。	詞彙極少、重複甚多，銜接不順。
(五)句型富變化，通順流利。	句型富變化，結構邏輯合理，句子通順流利。	句型變化不多，結構邏輯部分合理，句子部分不通順。	句型不完整、不連貫、零碎雜亂，句子難讀或干擾主題。
二、演講組織			
(一)內容條理井然。	內容條理井然。	內容有時條理分明，有時凌亂。	講詞凌亂、組織散漫隨意。
(二)利用觀念間結構組織，如主題、綱要、轉折或摘要，來協助理解。	觀念結構嚴謹易解。	觀念結構清晰，但較難理解。	觀念順序、關係相當零亂。
三、演講技巧			
(一)以姿勢或肢體語言來強調重點。	適切善用姿勢或肢體語言。	運用姿勢或肢體語言部分適切。	運用姿勢或肢體語言頗不適切。
(二)以聲量變化來強化重點。	聲音大小適中。	聲音過大或稍小。	聲量太小，聽不清楚。
(三)善用速度、停頓來強化重點。	善用速度、停頓。	速度稍快或稍慢，停頓不太明顯。	速度太快或太慢，停頓不清，難以理解。
(四)發音、咬字清晰，且相當流暢。	發音、咬字清晰，且相當流暢。	發音、咬字不太清晰，稍可理解。	咬字不清，難以理解。
(五)儀態端莊大方，態度相當誠懇。	儀態端莊大方，態度相當誠懇。	儀態平凡，態度平淡。	儀態不整，態度傲慢或輕佻。
(六)眼神注視聽眾，展露自信笑容。	眼神注視聽眾，展露自信笑容。	眼神或笑容其中一項較差。	眼神不看聽眾，無笑容。
(七)精確掌握時間。	時間誤差在30秒以內。	時間誤差在30秒到1分30秒之間。	時間誤差1分30秒以上。

二、結果評量

若學生實作行為產生某些作品或結果，採結果評量較過程或程序評量為佳，如寫作能力宜直接評量所完成的作品，不太需要觀察評量寫作的歷程。然而有些能力，如打字、木工、砌磚、縫紉等，學習初期宜先評量過程，待熟悉基本的動作或技巧後才評量作品或結果。結果評量適用範圍頗為廣泛，如書法、素描、繪圖、筆記、學期報告、讀書心得、實驗操作結果，以及製作特定課程主題報告，均適於結果評量（李坤崇，1999；陳英豪、吳裕益，1991；Airasian, 1996; Linn & Miller, 2005; Miller et al., 2013）。

評定量表之結果評量與過程或程序評量相同，均可觀察每位學生的作品表現，在共同量尺評定學生學習結果，且編製量表呈現「具體的評量向度，與作品或結果屬性描述」，可使學生清晰了解教師期望其表現的作品或結果，使量表成為良好的學習指引或教學計畫。

有些作品或結果較適宜就「整體品質」來評量，而不宜分成各個層面來評量，如書法、國畫或其他美術作品，可依據作品等級順序排列，或與預先編製的「作品量表」（product scale）比較。「作品量表」係一系列的作品樣本，每件樣本均詳細評定，並分別代表不同等級或程度的品質。教師實施評量時，必須將學生作品與「作品量表」比較，找出此學生作品與「作品量表」某一等級或程度相當的品質，作為決定等級或程度的依據。

結果量表可用於鑑定任何作品或結果的特質，但評量必須顧及教學目標、評量目的、學生年齡與程度，教師甚難找到可用的現成結果量表，若欲運用通常需自行發展屬於自己的結果量表，因此，教師較少使用結果量表。教師若擬運用可發展較簡易的「簡易結果量表」，先從學生作品中仔細挑選五至七份，分別代表不同等級水準的作品，並依等級優劣依次排序，每個水準分別給予 1 至 5（或 7）的數值或得分；其他學生作品依據上述各水準等級的樣本作品進行比較，即可評定每份作品的等級。簡易結果量表雖可減輕教師負擔，乃為暫時性措施，若運用不限於班級，擬應用較廣或評量較複雜作品或結果，則應抽取較大、較具代表性的樣本，經標準化程序編製較嚴謹的結果量表（李坤崇，1999；陳英豪、吳裕益，1991；Airasian, 1996; Linn & Miller, 2005）。

參、評定量表的誤差

運用評定量表較常見的缺失，為個人偏見、月暈效應、邏輯謬誤等三種。

一、個人偏見

個人偏見是指評定者將全部學生評在少數幾個等級之缺失，此缺失可分為：(1)苛刻缺失（severity error）：評定者喜歡將全部學生評在較差的等級；(2)集中趨勢缺失（central tendency error）：評定者喜歡將全部學生評在中間的等級；(3)雅量缺失（generosity error）：評定者喜歡將全部學生評在較佳的等級。上述缺失的負面影響為：(1)評定結果係模糊數值，難以代表學生真正的行為表現；(2)評定結果無法區分學生優劣的能力（李坤崇，1999；陳英豪、吳裕益，1991；Airasian, 1996; Linn & Miller, 2005）。

二、月暈效應

月暈效應（halo effect）係指評定者對受評者的一般印象，會影響對受評者個別特性的評定結果，如教師對某些學生態度較佳，則易在每項特質均予較高等級；教師對某些學生印象差，則易在各項表現均評為較差。月暈效應僅將「部分」其喜愛的學生評得較高，或將「部分」其不喜愛的學生評得較低；而個人偏見則將「全部」受評者評在少數幾個等級。

月暈效應易使不同特徵出現類似的結果，致使評量結果模糊或較低評量的效度。教師實施評量時，應避免因性別、種族、自尊心、社會背景或先前對學生的印象，而產生月暈效應。

三、邏輯謬誤

邏輯謬誤是指實際上沒有關聯或相關很少的兩個特質，由於評定者認為此兩特質應有顯著相關，而將兩者評為相同或相近的等級。如智力與成就關係密切，品學兼優乃常見之謬誤，教師通常會將學業成績較佳者的智力評較高等級，亦容易將學業成績較高者的操行評較高等級，而忽略其實際行為表現。此謬誤非出自對學生偏見，亦非偏好評量某些等級，而係對人類特質邏輯推論的誤差。

教師運用評定量表雖容易出現個人偏見、月暈效應、邏輯謬誤等三種誤差，然教師若能遵守「有效運用評定量表的原則」，審慎編製當可將此三種誤差降到最低。

肆、有效運用評定量表的原則

改進評定量表必須慎重選擇評定的特質、嚴謹設計量表的形式，及評析獲得評定結果的情境。因在各級學校運用最廣者為「描述圖表評定量表」，僅就編製與使用此量表之原則陳述於下（李坤崇，1999；陳英豪、吳裕益，1991；Airasian, 1996; Linn & Miller, 2005）：

一、評定特質應有教育意義

評定量表必須符合教學目標與擬評量的學習結果，教師編製量表時應先詳細列舉學習結果，再以行為術語具體敘述學習結果，次選擇與評析哪些特質最適於評量具體學習結果，最後將敘述格式稍加修改以符合評定量表之形式。若編製評定量表能遵循前述步驟，則評定特質，不僅呼應教學目標與評量目的，且具教育意義。

二、確認評量的學習結果應呼應評量目的

評量成敗關鍵在於是否納入應該評定的重要學習結果，釐清學習結果將有助於決定評量的優先順序，區別學習結果的實作水準，減少對不相干因素的依賴。當多元學習成果乃評量目的時，分別呈現所評定每一項學習成果，將可增加形成性回饋的價值，以適時提供學習結果的回饋給學生。

三、評定特質應可直接觀察，無法充分者應予略去

教師應用於班級的評定量表，欲實施直接觀察應符合兩要件：(1)特質應被限制對於那些發生在學校的情況，教師才有機會直接觀察；(2)觀察者能清晰觀察的特質。如參與教室討論的發言次數或發言內容、上課課堂違規行為的次數、實驗操作過程的標準動作，或國語或英語發音的清晰性與正確性等行為，均能容易、直接觀察。然而，對數學或歷史學科的興趣、對文學見解、對原住民態度、

團體合作精神等行為，均難以直接觀察，因上述行為不僅不明顯，容易變化，且容易偽裝，使得評定結果的信度較低，因此編製評定量表應盡可能限於可直接觀察的評定特質，對無法充分觀察的特質應予略去，不宜勉強評定。

四、清楚定義量表特質、觀點

評定特質或量表上各點（或分數）意義的敘述必須具體明確、力求精簡。許多評定誤差導引於使用模糊的特質和不適當的定義，因量表各點位置所代表的意義或程度不夠清晰明確，致使評定結果易流於主觀，且一致性較低。「描述圖表評定量表」運用「簡短敘述」促使量表各點位置更為明確，更易於掌握特質的意義。

評定量表各點所代表的意義或程度，必須清楚明確的規範，若能輔以量化資料當更佳。如一位教師依據國小自然科學第十一冊第一單元種子的構造和發芽，編製「種子發芽是否需要土壤實驗」評量檢核表，評定「培養皿中綠豆幼芽生長情形」，以優、良、加油三等級來表示結果，本來定義三等級的標準為「優：強壯，良：中等，加油：沒發芽、腐爛、枯萎」，經修改重新定義等級以綠豆幼芽的高度為標準，「優：5公分以上，良：0至4公分，加油：沒發芽、腐爛、枯萎」。

五、選擇最適合的評量內涵與目標的評量程序

評量實作最常見的兩種評量程序為整體（holistic）、解析（analytic）的評量程序。整體評量程序針對每項實作予一單一評定或分數，量表通常分成四到六點，依據評分的具體標準，就實作品質實施整體判斷。如表6-4。

解析評定程序必須辨別實作的不同向度或特質，依不同向度或特質分別評定結果，如數學題目可分成精準計算、明確說明兩部分來評定；科學實驗的書面報告可分成因素精準、分析品質和總結判斷正確程度三部分來評定。解析評定程序較整體評定程序具有診斷價值，因其可深入了解不同向度或特質的各項優劣，作為提供改善策略的依據，而非僅獲得一籠統的結果。

六、評定等級最好在三至七個，且宜讓評定者適切註解

評定量表分成幾個等級應視評定特質與評量目標而定，若評量結果只做粗略判斷，等級數目可以較少，若欲做較精確判斷，等級數目應較多，而等級數目應

☞表 6-4　數學問題一般評分指示的實例

品質的說明 6＝優異的解釋（完整的、清楚的、明白）。 5＝良好的解釋（合理的、清楚和完整）。 4＝可接受的解釋（問題完整，但在解釋可能含有極小的缺陷）。 3＝需要改進（雖在正確軌跡，但含有嚴重缺陷僅解說部分的知識）。 2＝錯誤或不正確解釋（顯示對問題缺乏了解）。 1＝錯誤且沒有企圖解釋。 答案與解釋的分開評定 答案 4＝正確。 3＝幾乎正確或部分正確。 2＝錯誤但具合理的企圖。 1＝錯誤和題目沒有相關性。 0＝沒有回答。 解釋 4＝完整、清晰、合乎邏輯。 3＝基本上正確，但不完整或不完全清楚。 2＝模糊或不清楚，但有補償的特徵。 1＝不相關的、不正確的，或沒有解釋。

資料來源：*Measurement and assessment in teaching* (9th ed.) (p. 262), by R. L. Linn and M. D. Miller, 2005, Englewood Cliffs, NJ: Prentice Hall.

在三至七個等級之間。若等級僅為兩項將成為是非、對錯之檢核，若超過七個等級，將造成評分過程較費時費力，因此，除非特殊狀況，不宜將評量等級分成七項以上。另外，評量各個項目的等級之後或整個評定量表最後，宜留「評語」或「備註」，讓評定者註解以補充說明量化評定的不足。

七、結果評量一次只評閱一項實作項目

實施結果評量時，學生已將實作結果彙整呈現，若教師以學生為單位，逐一評量，將使得每個實作項目的標準難以精確掌握，若欲更精確掌握評分標準，應以每個實作項目為單位，教師最好一次僅評閱一項實作項目，待評完所有學生此項目後再評下一實作項目。然過程評量，因學生操作歷程難以逐項評量，如觀察學生操作實驗或數學解題歷程，則難以逐項評量，而應逐人評量。

八、評量時最好不知學生姓名

教師實施評量易受月暈效應的影響，若能以密碼方式呈現學生實作評量結

果，而不直接讓教師了解評定學生為何，將可避免月暈效應。然過程評量教師必須直接觀察學生操作與實作，幾乎無法不看學生，因此過程評量不應勉強隱藏學生姓名。

九、若實作評量為長期結果，應整合數個觀察者的結果

多名教師共同對學生行為評量結果的穩定性，高於任何一位教師的單獨評量，多人評量可抵銷教師個人的偏見，尤其學習是長期持續的結果，評量應整合不同教師的評量結果，方能更精確呈現學生的學習結果。中小學教學除小學採包班制外，國中、高中職則採分科教學，教師與學生互動時間較少，相對觀察時間減少，欲評量學生學習結果應採多人聯合評量方式。

第二節　評定量表實例

茲以綜合活動學習領域評量（詳見實例 6-1）、數學學習領域評量（詳見實例 6-2），及自然科評量實驗評量（含學習單）（詳見實例 6-3）三例說明之。另，健康與體育學習領域評量之「隨意走走」實作評量單實例、自然與生活科技學習領域「水流的力量」專題報告學習單實例，詳見李坤崇（2006）《教學評量》一書之實例 6-2（頁 269-272）、實例 6-5（頁 280-283）。

壹、實例 6-1 之綜合活動學習領域評量

實例 6-1 國小綜合活動學習領域「漂亮一下」評量單之實例，旨在達成綜合活動學習領域能力指標「2-1-1 經常保持個人的整潔，並維護班級與學校共同的秩序與整潔」之「2-1-1-1 養成個人衛生習慣並維持自己的儀容整潔」。原本綜合活動能力指標只有「2-1-1」，李坤崇（2004）與教育部九年一貫課程綜合活動學習領域深耕種子團隊研議後，將此能力指標細分為「2-1-1-1 養成個人衛生習慣並維持自己的儀容整潔」、「2-1-1-2 分享個人維持生活環境整潔（如器物處理）的經驗」、「2-1-1-3 了解自己環境打掃的負責區域，確實參與整潔活動」、「2-1-1-4 認識班規與校規，並能確實遵守」、「2-1-1-5 分享自己維護環境整潔與遵守秩序的心得」。此評量單可用於十二年國教課綱生活課程學習表現

「6-I-2 體會自己分內該做的事，扮演好自己的角色，並身體力行」。

實例 6-1 中，教師要求小朋友確實記錄「未來兩週」，評定其二十個行為項目的表現，做到情形的標準如下：「做得很好」乃每天都做到；「已經做到」乃一週有五、六天做到；「已有進步」乃一週有兩到四天做到；「繼續努力」乃一週只做一天或都沒做到。評定歷程為在「學生自評」下面的欄位打勾，自評後請家長複評，最後請教師總評。

貳、實例 6-2 之數學學習領域評量

實例 6-2 之國小數學二下「乘法(一)」學習單、使用與評量說明，評量方式均為評定量表，由小組長初評，再由教師複評。此學習單內含評量單，並將評量嵌入學習單內，評量「我是小老師」分成：題目切合主題；列式正確，計算過程正確；答案正確，名數正確三項細類，讓學生得以了解自己錯誤之處，而非全對或全錯的呈現結果。學習單所用各項符號與評語之評量標準，均參酌表 1-2「能力、努力兼顧之各項符號與評語」之評量標準。

參、實例 6-3 之自然科評量實驗評量（含學習單）

實例 6-3 之自然科「豆子發芽」學習單、使用與評量說明，本學習單同時包含檢核表與評定量表，「操作過程」檢核表由小組長初評，再由教師複評；「作品」評定量表由教師直接複評。

實例 6-1

得分

國小綜合活動學習領域「漂亮一下」評量單

____年____班　座號：______　姓名：________

小朋友：請你確實記錄「未來兩週」，下面二十個項目做到的情形（標準看下面說明）。在「學生自評」下面的位置打勾，自評後請家長複評，最後請教師總評。

評量項目 （右邊做到情形的標準如下： 做得很好：每天都做到。 已經做到：一週有五、六天做到。 已有進步：一週有兩到四天做到。 繼續努力：一週只做一天或都沒做到。）	學生自評				家長複評				教師總評			
	做得很好	已經做到	已有進步	繼續努力	做得很好	已經做到	已有進步	繼續努力	做得很好	已經做到	已有進步	繼續努力
1. 服裝整齊、清潔	□	□	□	□	□	□	□	□	□	□	□	□
2. 儀表整潔	□	□	□	□	□	□	□	□	□	□	□	□
3. 按規定穿著服裝	□	□	□	□	□	□	□	□	□	□	□	□
4. 會自己整理服裝	□	□	□	□	□	□	□	□	□	□	□	□
5. 每天起床後刷牙	□	□	□	□	□	□	□	□	□	□	□	□
6. 飯後會刷牙漱口	□	□	□	□	□	□	□	□	□	□	□	□
7. 保持頭髮整齊	□	□	□	□	□	□	□	□	□	□	□	□
8. 每週最少洗二次頭髮	□	□	□	□	□	□	□	□	□	□	□	□
9. 不做不文雅的動作	□	□	□	□	□	□	□	□	□	□	□	□
10. 不隨便挖耳朵	□	□	□	□	□	□	□	□	□	□	□	□
11. 不隨便挖鼻孔	□	□	□	□	□	□	□	□	□	□	□	□
12. 會整理自己的盥洗用具	□	□	□	□	□	□	□	□	□	□	□	□
13. 會整理自己的書桌	□	□	□	□	□	□	□	□	□	□	□	□
14. 抽屜擺放整齊	□	□	□	□	□	□	□	□	□	□	□	□
15. 書包內的用品擺放整齊	□	□	□	□	□	□	□	□	□	□	□	□
16. 走路抬頭挺胸	□	□	□	□	□	□	□	□	□	□	□	□
17. 走路不勾肩搭背	□	□	□	□	□	□	□	□	□	□	□	□
18. 每天洗澡	□	□	□	□	□	□	□	□	□	□	□	□
19. 脫下來的衣服會擺放整齊	□	□	□	□	□	□	□	□	□	□	□	□
20. 不亂做鬼臉	□	□	□	□	□	□	□	□	□	□	□	□
家長的話												
老師的話												

國小綜合活動學習領域「漂亮一下」評量單

使用與評量說明

設計者：李坤崇、歐慧敏

一、達成能力指標或學習表現

達成九年一貫課程綜合活動學習領域能力指標「2-1-1 經常保持個人的整潔，並維護班級與學校共同的秩序與整潔」之「2-1-1-1 養成個人衛生習慣並維持自己的儀容整潔」；或達成十二年國教課綱生活課程學習表現「6-I-2 體會自己分內該做的事，扮演好自己的角色，並身體力行」。

二、學習目標

(一)能注意儀表整潔。

(二)能養成良好的衛生習慣。

(三)能自我檢核儀表整潔。

三、目標層次分析

評量項目	技能教學目標	情意教學目標
1.服裝整齊、清潔	5.2 自動表現	5.1 一般化體系
2.儀表整潔	5.2 自動表現	5.1 一般化體系
3.按規定穿著服裝	4.0 機械化	3.2 價值的喜好
4.會自己整理服裝	4.0 機械化	3.2 價值的喜好
5.每天起床後刷牙	5.2 自動表現	5.1 一般化體系
6.飯後會刷牙漱口	5.2 自動表現	5.1 一般化體系
7.保持頭髮整齊	5.2 自動表現	5.1 一般化體系
8.每週最少洗二次頭髮	5.2 自動表現	5.1 一般化體系
9.不做不文雅的動作	5.2 自動表現	5.1 一般化體系
10.不隨便挖耳朵	5.2 自動表現	5.1 一般化體系
11.不隨便挖鼻孔	5.2 自動表現	5.1 一般化體系
12.會整理自己的盥洗用具	4.0 機械化	3.2 價值的喜好
13.會整理自己的書桌	4.0 機械化	3.2 價值的喜好
14.抽屜擺放整齊	4.0 機械化	3.2 價值的喜好
15.書包內的用品擺放整齊	4.0 機械化	3.2 價值的喜好
16.走路抬頭挺胸	5.2 自動表現	5.1 一般化體系
17.走路不勾肩搭背	5.2 自動表現	5.1 一般化體系
18.每天洗澡	5.2 自動表現	5.1 一般化體系
19.脫下來的衣服會擺放整齊	5.2 自動表現	5.1 一般化體系
20.不亂做鬼臉	5.2 自動表現	5.1 一般化體系

四、使用與評量方法

(一)本評量單、使用與評量說明用之於評量綜合活動學習領域能力指標「2-1-1經常保持個人的整潔，並維護班級與學校共同的秩序與整潔」中，有關「經常保持個人的整潔」部分。

(二)本評量於單元教學後實施，採個別施測方式，可作為診斷學生行為習慣之依據或進行補救教學或個別指導之參考。

(三)評量分成二十個評量項目。

(四)每位學生先由自己依據評量單初評，再請家長複評，後送請教師總評。

(五)由學生攜回讓家長複評後寫下「家長的話」，教師總複評後寫下「老師的話」，教師登記總評後，最後再由教師送交學生。

五、評量規準

評量標準如下：「做得很好：每天都做到；已經做到：一週有五、六天做到；已有進步：一週有兩到四天做到；繼續努力：一週只做一天或都沒做到。請學生、家長、教師在學生做到情形的項目下打勾。

六、評等或計分方式

(一)本評量單計二十項，評分以教師總評為準，但教師總評時必須參酌學生自評、家長複評，若差異甚大時，必須與學生、家長討論，或再持續觀察兩週。

(二)每個項目「做得很好」得4分，「已經做到」得3分，「已有進步」得2分，「繼續努力」得1分，基本分20分。將各項得分累加，再加基本分為總得分。

(三)教師「核算總分」外，若需評定等級。參酌教育部（2017）「國民小學及國民中學學生成績評量準則」第8條規定，若總分高於90分者評為「優等」，80分以上未滿90分者評為「甲等」，70分以上未滿80分者評為「乙等」，60分以上未滿70分者評為「丙等」，未滿60分者則評為「丁等」。

七、補救教學

對分數未滿60分者，應會同家長共同督促其改善儀態整潔。

八、注意事項

(一)教師宜提醒學生未來兩週詳細記錄自己的儀表整潔情形。

(二)實施本評量單時，宜用家庭聯絡簿告知家長配合事項，並請家長確實評量。

實例 6-2　數學二下「乘法(一)」學習單、使用與評量說明

國小數學二下「乘法(一)」學習單

班級：　　　　組別：　　　　姓名：　　　　座號：

作答說明：1. 本學習單包括兩項活動，請按照每項活動的說明，仔細作答。
　　　　　2. 活動一的兩個題目各占 20 分，活動二占 40 分，基本分 20 分。

注意事項：

1. 作答時請參考例題，再作答。
2. 不了解可以舉手發問，小組長會向你說明。
3. 請詳細寫下計算過程，以便於觀察、記錄。

初評：	複評：

活動一：我是小老師

下面有兩組數字，請用它們來設計乘法的題目，且要呈現名數，列出橫式或直式，並算出答案。

例題：（5、4）

題目：小華有4個五元的硬幣，請問他有幾元？

$5 \times 4 = 20$（元）　　答：20元

第一題：（3、8）		第二題：（6、7）	
評量項目（小朋友不必填寫等級）	評量	評量項目（小朋友不必填寫等級）	評量
1. 題目切合主題		1. 題目切合主題	
2. 列式正確，計算過程正確		2. 列式正確，計算過程正確	
3. 答案正確，名數正確		3. 答案正確，名數正確	

活動二：家族總動員

下面有一些數字，請將同樣是「幾的倍數」的數分類，分類時由小而大、由左而右排列，**分類的方法愈多愈好**。

6	16	20	25	36	40
18	28	32	35	48	64
63	49	45	27	21	15

例如：老師的分類：（你的分類不必包括 5 的倍數）

5 的倍數：15，20，25，35，40，45。

你的分類：	評量等級		評量等級
的倍數：		的倍數：	
的倍數：		的倍數：	
的倍數：		的倍數：	
的倍數：		的倍數：	
的倍數：		的倍數：	

老師的話：

簽名：

家長的話：

簽名：

國小數學二下「乘法(一)」學習單

使用與評量說明

設計者：李坤崇、歐慧敏

一、達成能力指標或學習表現

達成九年一貫課程數學學習領域能力指標「N-1-03 能理解乘法的意義，解決生活中簡單整數倍的問題」；或十二年國教課綱數學領域學習表現「n-I-4 理解乘法的意義，熟練十十乘法，並初步進行分裝與平分的除法活動」。

二、學習目標

(一)能了解「倍」的概念。

(二)能運用乘法於日常生活。

(三)能就數字判斷「幾的幾倍」。

三、使用與評量方法

(一)本學習單、評量單用之評量數學學習領域能力指標「N-1-03 能理解乘法的意義，解決生活中簡單整數倍的問題」之學習內涵；評量於單元教學中實施。

(二)本評量於單元教學中實施，採個別施測方式，可作為診斷學生錯誤之依據或進行補救教學或個別指導之參考。

(三)評量分成「活動一第一題」、「活動一第二題」、「活動二」三項。

(四)小組長由教師挑選班級成績優良者擔任之，先對其檢核後實施講習。

(五)對小組長實施初評講習，說明評量標準與注意事項。先選取一名學生學習單由所有小組長初評，再核對初評結果，檢討可能的差異原因。

(六)請小組長將「初評結果、學習單」送交教師評定成績。

(七)教師評量後寫下「老師的話」，再由學生攜回讓家長寫下「家長的話」，最後再由學生送交教師。

四、評量標準（目標層次分析）

各項符號與評語之評量標準，均參酌表 1-2 之「能力、努力兼顧之各項符號與評語」之評量標準。

	目標層次	很好（○）	不錯（√）	加油（△）	改進（？）	補做（×）
活動一						
1. 題目切合主題	認知4.2組織	完全切合主題，且富創意	大部分切合主題	少部分符合主題	大部分未切合主題	未做
2. 列式正確，計算過程正確	認知3.2實行	列式與計算過程正確	列式或計算過程大部分正確	列式或計算過程小部分正確	列式或計算過程大多數錯誤	未做
3. 答案正確，名數正確	認知2.1詮釋	答案與名數正確	答案與名數大部分正確	答案與名數小部分正確	答案與名數大部分錯誤	未做
活動二	認知2.3分類	答案完全正確	答案大部分正確	答案小部分正確	答案完全錯誤	未做

五、評等或計分方式

(一)教師可採取「評定等級」或「核算等級計分」的方式。

(二)若採「核算等級計分」，「評量單」兩活動十六項評量項目計分如下：

	很好（○）	不錯（√）	加油（△）	改進（？）	補做（×）	基本分
各項目計分	4	3	2	1	0	36

六、參考答案

視需要提供。

七、補救教學

對表現欠佳或未達其應有水準者，針對其缺失，先請小組長或志工家長協助指導，最後由教師教導。

實例 6-3　自然科「豆子發芽」學習單、使用與評量說明

自然科「豆子發芽」學習單

班級：　　　姓名：　　　座號：　　　組別：　　　小組長：

小朋友，你看過各種不同的豆子嗎？你看過豆子發芽嗎？現在老師要請各位小朋友選擇一種你最喜歡的豆子，做做看豆子是不是可以發芽，請你要「觀察、記錄豆子發芽的情形」。老師從下面三方面來說明：

一、豆子發芽過程：（小組長評量）	
正確性	此部分包括下列幾項重點
	1.找到一個塑膠的杯（例如：一般布丁的杯子或高度不要超過15公分的容器）。
	2.在這個塑膠杯中放入潮溼的棉花。
	3.在這個塑膠杯內放入5顆你喜歡的豆子。
	4.將這個塑膠杯放在陽光照射得到的地方。
	5.每天保持塑膠杯中棉花的潮溼（不可太乾或太溼）。
二、觀察記錄情形：（小組長評量）	
正確性	此部分包括下列幾項重點
	1.記錄豆子開始種的日期。
	2.記錄豆子表皮裂開的日期（以第一顆表皮裂為主記錄）。
	3.記錄豆子發芽的日期。
	4.記錄豆子長出兩片小葉子的日期。
	5.記錄豆子在長出兩片大葉子的日期。
三、作品評量：（老師評量）	
評量	此部分包括下列幾項重點
	1.塑膠杯內棉花水分的控制。
	2.豆子的發芽數。
	3.豆子的生長情形。

注意事項：

(一)「豆子發芽過程」、「觀察記錄情形」兩項，由小組長檢核。小組長於每天第一節下課進行評量。

(二)「作品評量」由教師評量，記得請小組長將他評分的結果和你的作品，送給老師評分。如果有任何疑問，可以問小組長或老師。

老師的話：

簽名：

家長的話：

簽名：

自然科「豆子發芽」學習單
使用與評量說明

設計者：李坤崇、歐慧敏

一、達成能力指標或學習表現

達成九年一貫課程自然與生活科技學習領域能力指標「1-1-3-1 由系列的觀測資料，說出一個變動的事件」；或十二年國教課綱生活課程學習表現「3-I-1 願意參與各種學習活動，表現好奇和求知探究之心」。

二、學習目標

(一)能每天為自己所種的豆子澆水，了解豆子發芽需要水分。
(二)能記錄豆子的生長情形。

三、使用與評量方法

(一)本說明用以評量達成能力指標「1-1-3-1 由系列的觀測資料，說出一個變動的事件」之教學內涵。評量於單元教學中實施，採個別施測方式。
(二)評量分成「操作過程檢核」與「作品評量」兩部分：
1. 「操作過程檢核」分成「豆子發芽過程」、「觀察記錄情形」兩項，由小組長依據「本說明」檢核之。
2. 「作品評量」由教師依據「本說明」評量之。

(三)教師挑選班級成績優良者擔任小組長，並對小組長進行直接複評。
(四)對小組長實施初評講習，說明評量標準與注意事項。先選取一名學生學習單由所有小組長初評，再核對初評結果，檢討可能的差異原因。
(五)請小組長將「初評結果、學習單」送交教師複評。
(六)教師複評後寫下「老師的話」，次由學生攜回讓家長寫下「家長的話」，再由學生送交教師評定成績，最後將學習單隨同作品分發予學生。

四、評量標準（目標層次分析）

(一)教師可採取「檢核、評定等級而不計分」或「核算計分」的方式。
(二)操作過程檢核：「豆子發芽過程」、「觀察記錄情形」兩項
1. 「豆子發芽過程」目標層次為認知層次的 3.2 實行，技能層次的 3.2 嘗試錯誤。

2.「觀察記錄情形」目標層次為認知層次的3.2實行，技能層次的3.2嘗試錯誤。

3. 各組學生在實作過程出現（或完成）該檢核項目的動作，則在評量檢核表中「正確性」下面的□內打「√」，得4分；然若未出現（或完成），則打「？」，得0分。

(三)作品評量：

1. 教師從「能力」、「努力」兩個向度在學習單的「評量」欄內進行評量，「能力」以符號「○、√、△、？、×」表示「很好、不錯、加油、改進、補做（交）」。「努力」以符號「＋、－」表示「進步、退步」。

2. 努力向度：「＋」出現一次加1分，「－」出現一次減1分。

3. 每個評量項目之能力向度計分，如下表：

評量項目與標準	目標層次	很好（○）	不錯（√）	加油（△）	改進（？）	補做（×）
評分參考標準		10	8	5	2	0
1. 塑膠杯內棉花水分的控制	技能3.2嘗試錯誤	溼度恰當	塑膠杯棉花下面積水	豆子沒在水中或完全沒水	塑膠杯中無棉花，豆子直接泡水	未做
2. 豆子發芽數	技能3.2嘗試錯誤	4到5顆	3顆	2顆	1顆	未做
3. 豆子生長情形	技能3.2嘗試錯誤	4到5顆均可長出兩片大葉子	3顆長出兩片大葉子	1到2顆長出兩片大葉子	均無長出兩片大葉子	未做

五、評等或計分方式

(一)「操作過程檢核」占40分，「作品評量」占30分，「基本分」占30分。

(二)「操作過程檢核」共十題，評量通過者得4分，未通過者得0分。

(三)「作品評量」共三題，參考標準詳見上表。

(四)評量標準、計分方式僅供參考，教師可視需要調整之。

(五)學習單評量得分，與紙筆測驗結果，共同作為學生在該單元成績。

六、補救教學

對表現欠佳或未達其應有水準者，針對其缺失，先請小組長或義工家長協助指導，最後由教師教導。

第三節　檢核表

檢核表與評定量表在外觀和使用方法頗為相似，兩者最大差異在於判斷需求的形式。評定量表主要在辨別某個特質呈現的程度或行為發生的頻率，重點在程度的高低。檢核表僅對特質或行為實施「是否判斷」（Yes-No judgment），若教學與評量目標在辨別特質是否出現、行為是否發生，頗適宜運用檢核表。

壹、檢核表的功能

檢核表係依據教學或評量目標先將學生應有、可觀察的具體特質、行為或技能，依照先後發生順序或其他邏輯規則逐一詳細分項，並以簡短、明確的行為或技能描述語句來條列出行為或技能標準，後請檢核者（包括教師、家長或學生）就學生的實際狀況依序勾選，以逐一評定學生行為或技能是否符合標準。檢核表不僅具診斷性，亦可重複再使用，以評估學生的進步情形。它提供學生行為的詳細紀錄，讓學生充分了解自己的行為或技能現況，並診斷有待改善之處。同一份檢核表可用於不同學生，或相同學生在一段時間過後再使用。若運用同一份檢核表每隔一段時間重複評量，可評估學生隨時間的進步訊息（李坤崇，1999；陳英豪、吳裕益，1991；Airasian, 1996; Linn & Miller, 2005）。

檢核表在記錄判斷行為或技能時，較評定量表方便，尤其適用於動作過程、操作程序或解題歷程，如表 6-5 之國小數學二下「三位數加法」觀察檢核表，表 6-6 之國中壘球投手投球技能觀察檢核表。除了用於檢視過程，檢核表亦可用來檢視產品、成果或個人與社會發展，檢核表應包含產品、成果或發展的所有特性，老師依據特性逐一檢核是否存在。檢核表用之檢核個人與社會發展乃欲記錄特別學習結果的成長，如國小教師檢核學生的工作習慣，列出下列九項行為，再逐一檢核：(1)按照標準步驟工作；(2)必要時能請他人幫忙；(3)與他人合作；(4)能等待輪流使用材料或工具；(5)能與他人分享材料或工具；(6)能嘗試新的活動；(7)能做完開始預期的工作；(8)能將器材收回原位；(9)能把工作環境整理好。

☞表 6-5　國小數學二下「三位數加法」觀察檢核表

姓名：　　　　小組長：　　　　總分：		
說明：請在每一個項目右邊對、錯的其中一個 □ 內打「√」，以評量三位數加法的計算能力。		
檢核表內容：	對	錯
一、抄錄對位		
1.正確抄錄橫式題目。	□	□
2.被加數、加數的個位數對齊。	□	□
3.被加數、加數的十位數對齊。	□	□
4.被加數、加數的百位數對齊。	□	□
5.正確寫出「+」。	□	□
6.在加數下畫一橫線。	□	□
7.橫線下留有足夠的作答空間。	□	□
二、運算過程		
1.由個位數欄加起。	□	□
2.正確寫下個位數相加結果的個位，置於橫線下之個位欄位置。	□	□
3.結果超過十，在被加數十位數附近標示記號。	□	□
4.將十位數欄的數相加。	□	□
5.正確寫下十位數相加結果的個位，置於橫線下之十位欄位置。	□	□
6.結果超過十，在被加數百位數附近標示記號。	□	□
7.將百位數欄的數相加。	□	□
8.正確寫下百位數欄相加結果的個位，置於橫線下百位欄位置。	□	□
9.百位數欄相加結果超過十，將「1」置於橫線下之千位欄位置。	□	□
三、抄錄答案		
1.將答案寫在橫式「=」右邊。	□	□
2.正確抄錄直式運算結果。	□	□

註：本檢核表係依據教師教學歷程設計，若教學歷程與上述不同，宜另行設計之。

☞表 6-6　國中壘球投手投球技能觀察檢核表

姓名（操作者）：　　小組長：　　總分：		
說明：請在每一個項目右邊通過、不通過的其中一個□內打「√」，以評量投球技能。		
	通過	不通過
一、投球		
(一)當主審示意play ball時，必須於20秒內將球投出。	□	□
(二)預備投球時，手套置於身體前方停留約1秒時間。	□	□
(三)不可於投球手或手臂上配帶首飾及白色物體。	□	□
(四)投球手以順時針方向垂直繞環一周後即出手。	□	□
(五)球路線以曲或直線通過本壘板上方為好球。	□	□
(六)出球點不可高於肩部。	□	□
二、站立型態		
(一)不可以單腳站立於投手板上。	□	□
(二)雙腳一前一後站立於投手板上。	□	□
(三)身體以正面面對投手板。	□	□
(四)右手投球以右腳在前，左手反之。	□	□
三、跨步方式		
(一)投球同時將一腳跨出後出手。	□	□
(二)投球時跨出的腳，必須在投手板寬距延伸至本壘板的地區落下。	□	□
(三)欲提出停止投球時，將站立於投手板上之前腳向後跨出即可。	□	□
(四)不可連續跨出二步後出手。	□	□
(五)跨步後兩腳可呈交錯方式。	□	□

貳、檢核表的編製

編製檢核表與評定量表的過程頗為相似，通常必須經過下列幾個步驟（李坤崇，1999；陳英豪、吳裕益，1991；Airasian, 1996; Linn & Miller, 2005; Miller et al., 2013）：

一、確立評量目的

教師編製檢核表宜先了解評量領域，若評量領域為行為或技能檢核則頗適於運用檢核表，若為態度或情意領域，則較適於運用評定量表。再依據教學目標、教材內涵與學生狀況來確立評量目的，目的宜具體明確，並盡可能設計雙向細目表讓評量架構更加完善。

二、條列出行為或技能標準

確立評量目的後，教師應將學生應具備的具體化、可觀察特質、行為或技能詳細分項，按照發生順序或其他邏輯規則排列，並以精簡語句來條列出行為或技能標準。如表 6-5 將三位數加法的解題歷程詳細解析，從抄錄對位、運算過程到抄錄答案，深入分析每個步驟；表 6-6 亦將壘球投手的投球技能規定動作從投球、站立型態到跨步方式，逐一詳細條列每個細部動作。

三、決定檢核者，擬定指導語與編輯檢核表

實施檢核前應先確定檢核者為教師、家長、同學或學生自己，教師應盡可能讓家長、同學、學生自己參與觀察檢核，不僅可減輕教師工作負擔，更可讓其他人從參與中了解教學歷程與相互回饋。然而讓家長、同學、學生自己參與觀察檢核，應事先擬定明確的指導語，引導其扮演適切角色，並公平、公正的實施檢核，指導語用語應顧及檢核者的語文素養，免得檢核者看不懂指導語。檢核表之編輯應以便於實施檢核為原則，通常以一頁呈現最佳，若為數頁應顧及翻頁的流暢，如兩張 A4 四頁必須用釘書機裝訂，不如一張 A3 對摺成四頁來得方便。檢核表版面安排應著重美觀大方、簡單明確，不應過於擁擠或雜亂。另外，若檢核表包含圖表應力求清晰明確。

參、檢核表的計分

檢核表之計分宜以增強學生為原則，從寬計分與解釋，因為分數是學生信心的來源，從寬給分將給學生帶來無限喜悅。一般紙筆測驗實施評量後，均會呈現一個總分，而檢核表與評定量表的結果呈現較多元化，可採呈現總分、呈現整體等級、呈現各個檢核項目對錯方式，茲說明之（李坤崇，1999；陳英豪、吳裕益，1991；Airasian, 1996; Linn & Miller, 2005; Miller et al., 2013）：

一、呈現總分

呈現總分係依據檢核表中的行為標準數目量化轉換為百分制，轉換時可分為基本分、無基本分兩類，如表 6-5 三位數加法包含十八項行為標準，採基本分方式，若基本分 28 分，則做對每項行為標準得 4 分；採無基本分方式，則將做對數除以 18 再乘以 100，經四捨五入後可得一總分。

二、呈現整體等級

呈現整體等級係教師事先設定評定學生表現的等級標準，後依據等級標準評定一整體等級。若以表 6-5 三位數加法的十八項行為標準為例，教師可定「優、良、可、劣」四個等級，標準如下：

優——做對 15 到 18 個行為標準。

良——做對 10 到 15 個行為標準。

可——做對 5 到 9 個行為標準。

劣——做對 4 或更少個行為標準。

三、呈現各個檢核項目對錯

呈現各個檢核項目對錯係教師僅檢核各個檢核項目對錯，不呈現總分或整體等級，此種未經轉換的呈現方式，讓學生將注意力置於各個項目的對錯，較不會因注意總分或整體等級而忽略個別表現。若教師檢核僅供學生自我了解檢核結果，此種呈現方式頗為適用。

肆、檢核表缺失與因應之道

檢核表主要缺失乃教師面對各個行為標準只有兩種選擇，有或無、對或錯、通過或不通過，而沒有提供中間範圍。然而頗多行為或技能難以二分，而係程度高低，使得教師難以從兩種選擇中抉擇。檢核表另一項缺失乃教師難以客觀檢核與呈現結果，雖然各個行為標準力求明確，且前述三種呈現結果方式可供教師參酌，但由於教師主觀的認定寬嚴不一，使得檢核客觀性遭受質疑。

為減少檢核過程較主觀的缺失，檢核表記錄各項特質與動作時宜注意下列事項：(1)明確辨認、敘述擬評定行為的每一項具體動作。(2)能明確界定之共同錯誤的動作，宜加列在圖表上。(3)依出現順序或相近行為排列擬評定的正確動作或可能錯誤動作。(4)設計簡易的記錄，利於記錄動作發生之順序、檢核各項動作。(5)檢核者宜兼顧教師、家長、學生，引導家長與學生共同參與評量，不僅可激發家長責任感，更可促使學生自我尊重與自我負責。(6)宜有詳細「使用說明」方能適切檢核，空有檢核表而無使用說明，檢核者可能誤用或濫用。(7)若有必要宜辦理「使用研習」，協助教師適切善用檢核表（李坤崇，1999；陳英豪、吳裕益，1991；Airasian, 1996; Linn & Miller, 2005; Miller et al., 2013）。

第四節　檢核表實例

茲以國小健康與體育領域「刷牙」、「CPR急救步驟」檢核（詳見實例6-4、實例6-5），國中數學領域「外心作圖」檢核（詳見實例6-6），國中綜合活動領域「營帳搭拆」檢核（詳見實例6-7）四例說明之。

壹、實例6-4之國小健康與體育領域「刷牙」檢核

實例6-4「貝氏刷牙法——刷牙」檢核表旨在達成九年一貫課程健康與體育學習領域「1-1-4養成良好的健康態度和習慣，並能表現於生活中」；或十二年國教課綱健康與體育領域學習表現「4a-I-2養成健康的生活習慣」。透過檢核表的每個步驟，引導學生做出正確的刷牙步驟。實施此檢核表，建議先對小組長實施檢核講習，說明檢核標準與注意事項。並先由一名小組長操作，再讓其他小組長檢核，核對檢核結果，檢討可能的差異原因。此檢核表兼具學生學習、檢核學習成果的功能。另外，提供「使用與檢核說明」，可供擬運用教師參酌。

實例 6-4　「貝氏刷牙法——刷牙」檢核表、使用與檢核說明

「貝氏刷牙法——刷牙」檢核表

姓名：　　　　班級：　　　　總分：

小朋友：

刷牙是保持口腔清潔的主要方法，正確的刷牙，對於預防和治療牙周病和齲齒等，具有重要的作用。為了了解您刷牙動作的正確性，請您做一次刷牙的動作，並由小組長檢核。

檢核項目	圖片	檢核重點	結果
1		正確握法，拇指前伸，比「讚」的手勢。	
2		將刷毛對準牙齒與牙齦交接的地方，刷上顎牙齒時，刷毛朝上；刷下顎，刷毛朝下。	
3		刷毛與牙齒呈45至60度角，刷毛涵蓋一點牙齦並向牙齒輕壓，使刷毛略呈圓弧，刷毛也與牙齒有大範圍的接觸。	
4		牙刷定位後，開始作短距離的水平運動，兩顆、兩顆刷來回約刷十次。	
5		刷牙時張嘴，頭微仰，從鏡中可以看到上排右邊最後一顆牙。然後由右後方頰側刷到左邊；然後左邊咬合面、左邊舌側再回到右邊舌側，然後右邊咬合面。	
6		刷咬合面時，也是兩顆兩顆牙，來回地刷。	
7		上顎後牙的舌側，刷毛仍對準牙齒與牙齦的交接處，刷柄要貼近大門牙。刷右邊舌側時，刷柄自然會朝向左邊，左手刷右後牙舌側。	
8		刷後牙的頰側用同側手，即刷右邊頰側用右手；左邊頰側用左手。	
9		刷完上面的牙齒，再用同樣的原則與方法，刷下面的牙齒。	

備註：

檢核結果正確者打「√」，錯誤者打「？」。

分享：

小組長簽名：　　　　教師簽名：　　　　日期：　年　月　日

「貝氏刷牙法——刷牙」檢核表
使用與檢核說明

設計者：葉淑茹、林琡琍、許展嘉

指導與修改者：李坤崇

一、達成能力指標或學習表現

達成九年一貫課程健康與體育學習領域「1-1-4 養成良好的健康態度和習慣，並能表現於生活中」；或十二年國教課綱健康與體育領域學習表現「4a-I-2 養成健康的生活習慣」。

二、學習目標

(一)做出正確的刷牙步驟。

(二)檢核刷牙方法的缺失，並立即改善。

(三)養成飲食後立刻刷牙的習慣。

三、評量項目

見檢核表。

四、評量方法

(一)本評量於單元教學中實施，採個別施測方式。

(二)檢核分為九大步驟與九項檢核項目，由小組長檢核之。

(三)各組學生依序做出檢核表的各個步驟，由小組長檢核。

(四)小組長由教師挑選班級成績優良者擔任之，於檢核前實施講習。

五、實施步驟

(一)教師針對小組長進行檢核與評量。

(二)對小組長實施檢核講習，說明檢核標準與注意事項。並先由一名小組長操作，再讓其他小組長檢核，核對檢核結果，檢討可能的差異原因。

六、檢核標準

檢核者檢核時，若被檢核者在各項檢核項目正確者打「√」，錯誤者打「？」。

七、計分方式

(一)每項檢核項目正確者得 10 分，錯誤者計 0 分。

(二)基本分為 10 分。

八、結果運用

(一)提供教師進行補救教學或個別指導之參考。

(二)檢核表得分與紙筆測驗結果，共同作為學生在該能力指標或相關單元之成績。

九、補充說明

(一)本檢核步驟參酌：

高雄市大同國小全球資訊網之健康中心——口腔保健。

(二)為了預防齲齒，應該飲食後立刻刷牙才是最理想的。

(三)牙刷的選擇：軟毛小牙刷。

(四)牙刷定期更換，保持刷毛直立、不分叉。

貳、實例 6-5 之國小健康與體育領域「CPR急救步驟」檢核

實例 6-5「SOS——CPR急救步驟」檢核表旨在達成九年一貫課程健康與體育學習領域「5-3-3 規劃並演練緊急情境的處理與救護的策略和行動」；或十二年國教課綱健康與體育領域內容「Ba-IV-3 緊急情境處理與止血、包紮、CPR、復甦姿勢急救技術」。透過檢核表的每個步驟，引導學生做出正確的CPR急救步驟。實施此檢核表，建議小組長由教師挑選班級上熟練CPR步驟者擔任之，於檢核前實施講習。此檢核表兼具學生學習、檢核學習成果的功能。另外，提供「使用與檢核說明」，可供擬運用教師參酌。

參、實例 6-6 之國中數學領域「外心作圖」檢核

實例 6-6「三角形三心——外心作圖」檢核表旨在達成九年一貫課程數學學習領域「S-4-10 能根據直尺、圓規操作過程的敘述，完成尺規作圖」、「S-4-12 能理解特殊三角形的幾何性質」、「S-4-16 能理解三角形內心、外心、重心的意義與性質」等能力指標；或十二年國教課綱數學領域學習表現「s-IV-11 理解三角形重心、外心、內心的意義和其相關性質」。檢核者檢核時，若被檢核者在各項檢核項目正確者打「√」，錯誤者打「？」。因個人使用工具不同，會造成些許誤差。故若其作圖痕跡正確，於結果欄打「△」；計分時，視為正確。此檢核表兼具學生學習、檢核學習成果的功能。另外，提供「使用與檢核說明」，可供擬運用教師參酌。

實例6-5　「SOS——CPR急救步驟」檢核表、使用與檢核說明

「SOS——CPR急救步驟」檢核表

姓名：　　　　班級：　　　　總分：

小朋友：

平時若能熟練CPR急救步驟，遇到緊急狀況時就不會驚慌失措，更可救人一命哦！為了了解您操作CPR急救步驟的正確性，請您實地演練一次急救的動作，並由小組長檢核。

檢核項目	檢核重點	結果
叫	1. 拍打患者兩邊肩膀，查看患者是否還有意識。	
叫	2. 若患者無反應，指定周圍一人撥打119求救電話。	
A	3. 維持呼吸道通暢：壓額、抬下巴。（一手掌根壓前額，另一手食、中指上抬下巴。注意不可壓到喉部。）	
B	4-1. 評估呼吸：耳朵靠近病患口鼻看「胸部起伏」聽「吐氣聲」感覺「氣吹到臉上」。（檢查時間不可超過10秒，維持呼吸道打開的姿勢。）	
	4-2. 進行人工呼吸：拇、食兩指捏住鼻子，自己深吸一口氣，口對口或口對面罩吹氣。（從發現患者到給予人工呼吸不可超過20秒，吹氣時間約2秒，吹氣量以明顯看到胸部起伏即可。）	
C	5-1. 兩膝靠近患者，跪地打開與肩同寬，兩手掌根重疊至於兩乳頭連線胸骨上，兩手肘關節打直。	
	5-2. 以身體重量垂直下壓，壓力平穩不可使用瞬間壓力。放鬆時身體不再向下用力，但手掌不可離開胸骨。（壓胸與人工呼吸比率：不論單人或雙人皆為30：2。）	
	5-3. 再評估時間：五個週期後。	
	5-4. 口述 甲：再評估沒有呼吸：繼續CPR（從壓胸步驟開始）。 乙：再評估有呼吸：擺復甦姿勢，等待救援。	

備註：
1. 檢核結果正確者打「√」，錯誤者打「？」。

分享：

小組長簽名：	教師簽名：	日期：　年　月　日

SOS——CPR急救步驟檢核表

使用與檢核說明

設計者：林易虹、賴俐文、張瓊文

指導與修改者：李坤崇

一、達成能力指標或學習內容

達成九年一貫課程健康與體育學習領域「5-3-3 規劃並演練緊急情境的處理與救護的策略和行動」；或十二年國教課綱健康與體育領域學習內容「Ba-IV-3 緊急情境處理與止血、包紮、CPR、復甦姿勢急救技術」。

二、學習目標

(一)做出正確的CPR步驟。

(二)檢核CPR缺失，並立即改善。

三、評量項目

見檢核表。

四、評量方法

(一)本評量於單元教學中實施，採個別施測方式。

(二)檢核分為五大步驟，細分為九項檢核項目，由小組長檢核之。

(三)各組學生依序做出檢核表的各個步驟，由小組長檢核。

(四)小組長由教師挑選班級上熟練CPR步驟者擔任之，於檢核前實施講習。

五、實施步驟

(一)教師針對小組長進行檢核與評量。

(二)對小組長實施檢核講習，說明檢核標準與注意事項。並由一名小組長操作、其他小組長檢核，核對檢核結果，檢討可能的差異原因。

六、檢核標準

檢核者檢核時，若被檢核者在各項檢核項目正確者打「√」，錯誤者打「？」。

七、計分方式

(一)每項檢核項目正確者得 10 分，錯誤者計 0 分。

(二)基本分為 10 分。

八、結果運用

(一)提供教師進行補救教學或個別指導之參考。

(二)檢核表得分與紙筆測驗結果，共同作為學生在該能力指標或相關單元之成績。

九、補充說明

本檢核步驟參酌：

1. CPR心肺復甦術教學影片。
2. 內政部消防署常用急救方法（停止呼吸心跳處理——心肺復甦術）。

實例 6-6　「三角形三心——外心作圖」檢核表、使用與檢核說明

「三角形三心——外心作圖」檢核表

姓名：　　　　　　班級：　　　　　　總分：

各位同學：

　　您知道三角形的外心是如何畫出？又為何稱做外心？且外心在不同的三角形中會出現在不同的位置？為了讓您了解外心是如何畫出，並可檢驗您的外心作圖是否正確，請您按以下作圖的步驟及動作，完成後由小組長幫您檢核。

檢核項目	檢核重點	結果
直尺、圓規的使用	1. 檢查個人直尺、圓規是否故障。並請小組長確認其組員是否會使用直尺、圓規。	
三種三角形的作圖	2-1.銳角三角形為其三個角皆小於90度之三角形。	
	2-2.直角三角形為其一個角等於90度之三角形。	
	2-3.鈍角三角形為其一個角大於90度之三角形。	
中垂線的作圖	3. 觀察作圖痕跡正確與否。	
三種三角形外心的位置	4-1.銳角三角形：在三角形內部。	
	4-2.直角三角形：在三角形斜邊上。（引導學生——在斜邊中點）	
	4-3.鈍角三角形：在三角形外部。	
外心到三頂點距離	5. 利用直尺或圓規測量出外心到三頂點是否等距離。	
畫出外接圓	6-1.利用畫出的外心當圓心及外心到頂點連線距離當半徑，畫出外接圓。	
	6-2.觀察各個三角形的外接圓，是否皆通過三頂點。	

備註：

1. 檢核結果正確者打「√」，錯誤者打「？」。
2. 因個人使用工具不同，會造成些許誤差。故若其作圖痕跡正確，於結果欄打「△」；計分時，視為正確。

分享：

小組長簽名：	教師簽名：	日期：　年　月　日

「三角形三心——外心作圖」檢核表

使用與檢核說明

設計者：許瓊分、劉倧君、張美月

指導與修改者：李坤崇

一、達成能力指標或學習表現

達成九年一貫課程數學學習領域「S-4-10 能根據直尺、圓規操作過程的敘述，完成尺規作圖」、「S-4-12 能理解特殊三角形的幾何性質」、「S-4-16 能理解三角形內心、外心、重心的意義與性質」；或達成十二年國教課綱數學領域學習表現「s-IV-11 理解三角形重心、外心、內心的意義和其相關性質」。

二、學習目標

(一)知道三角形的外心為三邊中垂線的交點。

(二)利用直尺、圓規做出三種特殊三角形正確的外心位置。

(三)將外心應用於一些平日會遭遇的問題。（如使用圓規時，一頭的筆心斷了，如何利用未完成的圓弧，找出正確圓心並畫出完整的圓。）

三、評量項目

見檢核表。

四、評量方法

(一)本評量於單元教學中實施，採個別施測方式。

(二)檢核分為六大步驟，細分為十一項檢核項目，由小組長檢核。

(三)各組學生依序做出檢核表的各個步驟，由小組長檢核。

(四)小組長由教師挑選班級認真負責並有意願者擔任之，於檢核前實施講習。

五、實施步驟

(一)教師針對小組長進行檢核與評量。

(二)對小組長實施檢核講習，說明檢核標準與注意事項。並由一名小組長操作、其他小組長檢核，核對檢核結果，檢討可能的差異原因。

六、檢核標準

(一)檢核者檢核時，若被檢核者在各項檢核項目正確者打「√」，錯誤者打「？」。

(二)因個人使用工具不同，會造成些許誤差。故若其作圖痕跡正確，於結果欄打「△」；計分時，視為正確。

七、計分方式

(一)每項檢核項目正確者得8分，錯誤者計0分。

(二)基本分為20分。

(三)滿分為108分。

八、結果運用

(一)提供教師進行補救教學或個別指導之參考。

(二)檢核表得分與紙筆測驗結果，共同作為學生在該能力指標或相關單元之成績。

肆、實例 6-7 之國中綜合活動領域「營帳搭拆」檢核

實例 6-7「營帳（屋式帳）搭拆」檢核表旨在達成九年一貫課程綜合活動學習領域「4-4-3 具備野外生活技能，提升野外生存能力，並與環境作合宜的互動」；或十二年國教課綱綜合活動領域學習表現「3a-IV-2 具備野外生活技能，提升野外生存能力，並與環境做合宜的互動」。透過檢核表引導學生「能正確、迅速的搭設、拆收營帳」，以及「能與小組成員分工合作達成營帳搭拆」，前者檢核為對、錯檢核，後者為小組合作的評量，兼具檢核表、評量表兩功能。此檢核表兼具學生學習、檢核學習成果的功能。另外，提供「使用與檢核說明」，可供擬運用教師參酌。

實例 6-7　「營帳（屋式帳）搭拆」檢核表、使用與檢核說明

「營帳（屋式帳）搭拆」檢核表

____年____班____號　姓名：____________小隊：____________

各位同學：

營帳（屋式帳）搭拆是露營必備的技能，教師將以組為單位，分別檢視各組在「營帳搭設」、「營帳拆收」的正確性，以評量「小組學習態度」。

「營帳搭設」、「營帳拆收」採檢核正確性的方式，檢核結果正確者打「√」，修正後正確者打「○」，省略者打「△」，錯誤打「×」。

「小組學習態度」採評定等級的方式，優者打「**A**」，佳者打「**B**」，待改進者打「**C**」。

一、營帳搭設：打「√、○、△或×」符號

項目	檢核重點	結果
1. 選地	1-1. 選擇適當地點。	
	1-2. 進行整地。	
2. 清點器材	2-1. 清點內帳、外帳與工具袋。	
	2-2. 依照器材清單檢查工具袋中橫梁數目。	
	2-3. 依照器材清檢查工具袋中營柱的數目。	
	2-4. 依照器材清檢查工具袋中營釘的數目。	
3. 架設內帳	3-1. 先關上內帳的門。	
	3-2. 鋪平地布。	
	3-3. 以地布釘垂直釘入地面，固定內帳四角。	
	3-4. 以地布釘垂直釘入地面，固定側邊營繩。	
	3-5. 正確組裝後，先穿橫梁、再撐起營柱。	
	3-6. 確實拉對主繩角度，營釘與地面成 45 度角下釘動作。（有橫梁的帳篷，免此步驟。）	
	3-7. 拉內帳角繩，營釘與地面成 45 度下釘動作。	
	3-8. 拉開內帳兩側的邊繩，將其方向與屋頂的傾斜成一直線。（營牆。）	
4. 架設外帳	4-1. 披上外帳，並將外帳兩端的套頭正確套入橫梁後，再將防雷帽套在營柱頭上。	
	4-2. 完成角繩和邊繩之營釘與地面成 45 度下釘動作。（外帳搭法與內帳同。）	
5. 整理營帳	5-1. 調整營繩，使內帳、外帳不貼帳。	
	5-2. 完成捲營門、關紗窗紗門，使帳篷內部通風之步驟。	
6. 收拾	6-1. 將營帳外袋、工具及工具袋正確收納。	

二、營帳拆收：打「√、○、△或×」符號		
項目	檢核重點	結果
1. 清理營帳	1-1. 完成營帳內清空及清潔工作。	
2. 拆除營帳	2-1. 先關上內帳門拉鍊、放下外帳帳門。	
	2-2. 扶穩營柱。	
	2-3. 鬆開外帳邊繩、拔除營釘。	
	2-4. 拔除內帳之側繩營釘後，將營柱朝同一側放下。	
	2-5. 正確拆收橫梁、營柱及營釘。	
3. 整理器材	3-1. 擦拭整理內帳、外帳，並檢查是否有損壞狀況。	
	3-2. 依正確步驟收折外帳。（對折。）	
	3-3. 依正確步驟收折內帳。（1/3 折。）	
	3-4. 依照清單清點橫梁、營柱及營釘數量。	
	3-5. 檢查登記橫梁、營柱及營釘損壞狀況。	
	3-6. 確實擦拭營釘、營柱及上油保養。（再次確認數量。）	
	3-7. 將內、外帳、工具袋一起收入營帳袋。	
4. 檢視地面	4-1. 檢視地面，並恢復四周環境。	

三、小組學習態度：打「**A**、**B**或**C**」等級		
項目	評量重點	結果
1. 分工合作	1-1. 小組分工合宜，互助合作。	
2. 團隊效率	2-1. 迅速、有秩序、有效率的達成任務。	
3. 整組態度	3-1. 小組用心學習，態度積極。	
分享：		

小組長簽名：	教師簽名：	日期：　　年　　月　　日

「營帳（屋式帳）搭拆」檢核表
使用與檢核說明

設計者：林雅琪、溫春琳、徐秀婕

指導與修改者：李坤崇

一、達成能力指標或學習表現

達成九年一貫課程綜合活動學習領域能力指標「4-4-3 具備野外生活技能，提升野外生存能力，並與環境作合宜的互動」；或十二年國教課綱綜合活動領域學習表現「3a-IV-2 具備野外生活技能，提升野生生存能力，並與環境做合宜的互動」。

二、學習目標

(一)能正確、迅速的搭設營帳。

(二)能正確、迅速的拆收營帳。

(三)能與小組成員分工合作達成營帳搭拆。

三、檢核項目

分為「營帳搭設」、「營帳拆收」及「小組學習態度」三部分，詳見檢核表。

四、實施步驟

(一)本評量於適當時機實施，採小組檢核方式。

(二)由整組實作，教師檢核。

五、檢核標準

(一)營帳搭設、營帳拆收：採檢核正確性的方式，依據小組的實際表現來檢核，檢核結果正確者打「√」，修正後正確打「○」，省略者打「△」，錯誤打「×」。

(二)小組學習態度：採評定等級的方式，依據小組的實際表現來評量，優者打「A」，佳者打「B」，待改進者打「C」。規準如下表：

	A	B	C
1. 分工合作	小組分工合宜，且互助合作。	小組分工或合作，其中一項較差。	小組分工與合作均差。
2. 團隊效率	迅速、有秩序、有效率的達成任務。	迅速、有效率的達成任務，但秩序較差。	達成任務不夠迅速、有效率，且秩序較差。
3. 整組態度	小組相當用心學習，態度積極。	小組學習與態度普通。	小組學習精神與態度均差。

六、評等或計分方式

(一)因檢核重點在改善行為，此檢核表仍以不呈現分數為原則。

(二)檢核結果，正確者打「√」，修正後正確打「○」，省略者打「△」，錯誤打「×」。

(三)評量結果，優者打「A」，佳者打「B」，待改進者打「C」。

(四)檢核及評量後，宜視需要於「分享」欄，輔以文字深入說明，並予小組適切增強。

(五)若欲計分，則檢核部分中每一項，評「√、△」得2分，「○」得1分，「×」得0.5分；評量部分，評「A」得2分，「B」得1分，「C」得0.5分。

(六)檢核表之基本分為28分。

七、結果運用

(一)提供教師進行補救教學或個別指導之參考。

(二)檢核表得分得作為學生在該能力指標或學期成績之參酌。

第七章 CHAPTER SEVEN

檔案評量理念與實例

除評定量表、檢核表、軼事記錄外，另一種在學校漸受重視、在班級被廣泛使用的實作評量乃「檔案評量」（portfolio assessment）（Airasian, 1996; Mitchell, 1992; Office of Technology Assessment, 1992; O'Neil, 1993; Wolf, 1989）。「檔案」（portfolio）並非一個全然嶄新的觀念，此名詞來自藝術家的作品集（artist's portfolio），它乃一種表現藝術家個人設計風格及領域的作品集。攝影家、畫家、音樂家、作家或建築設計師均會保留個人的成果檔案，經由檔案資料，來了解其成長歷程，或評鑑其在個人領域的技巧或成就。

第一節　檔案評量理念

因傳統以知識為主、以紙筆測驗為尊的教學與評量，不足以培育適應未來網路資訊社會的下一代，不足以培養自我負責自我反省、自我評量與自我成長的下一代，使得學習評量多元化的改革浪潮風起雲湧，實作評量為此浪潮的主流，而主流中相當受矚目者為「檔案評量」。

評量或教學方式的變革，涉及學習理論的發展。Greeno、Collins與Resnick（1996）從認知與學習觀點來分析，行為主義的評量著重學習與知識的量化呈現，期透過獨立知識或技巧的表現，來獲得學生在某個領域學會了多少，此較像傳統的紙筆測驗；認知主義的評量強調學生能否掌握某個領域內的普遍性原則，及能否運用策略以解決問題，此較像問題解決導向的實作評量；社會建構論與經驗主義的評量主張個人的發展與學習、經驗獲得是人與自然、社會環境交互作用的結果，重視社會文化脈絡對個體的發展與學習，將評量實務及評量進行的脈絡，一起視為一個整體，此較像檔案評量。檔案評量的重點除原先的教學目標外，亦顧及學生「探究過程及社會學習」的參與態度與「評量過程」的參與。

「檔案評量」旨在突破以班級為單位，改以學生個人為單位，請每個學生均設計與製作個人學習檔案，就特定主題連續蒐集資料，經綜合統整呈現，以系統的展現學生個人學習的歷程與成果。為達成教學與評量的結合，教師宜與學生充分討論以決定單元目標與檔案內容，且學生必須參與整個評量過程，方能建構出創造、有意義的數學學習，評量時除教師評量外，尚可請學生自評、家長評量及同儕互評。

壹、檔案評量的意義與特質

國內學者對「檔案評量」之譯名頗為分歧，吳毓瑩（1995）、莊明貞（1995）、陳麗華（1996）、劉淑雯（1996）均譯為「卷宗評量」，詹寶菁（1998）譯之「案卷評量」，鄒慧英（1997）稱之「檔案評量」，張美玉（1995）稱為「歷程檔案評量」，單文經（1995）稱為「學生學習成果檔案評量」，簡茂發（1995）稱為「作品集項評量」，因國內卷宗常指公文之檔案夾，為避免混淆，本文擬以「檔案評量」作為譯名。

檔案評量之定義，國內外學者亦紛紛提出見解，吳毓瑩（1995）強調具形成性評量的概念，但是更深入、系統的整理學習歷程，將每一個形成性評量的結果以兒童為中心貫穿。莊明貞（1995）認為檔案評量旨在有目的、有計畫的蒐集與組織學生的作品，以呈現作品的品質與進步情形。劉淑雯（1996）強調利用檔案蒐集管理的方式，讓學生每個人都有一個檔案，以個人為單位，利用時間上的連續，傳達個人的學習歷程。陳麗華（1996）強調此評量乃有目的地蒐集個人學習的努力、進步情形，以及在知識、技能和情意的成就證據，並有目的地匯集在資料檔案夾內，以供評量的一種評量策略。張美玉（1995）主張此評量乃根據研究目的蒐集教學資料及習作，學生在經過一段時間之後，回顧自己的學習，且隨時更改以前的資料。簡茂發（1995）主張此評量乃學生所學的各項項目中，找出重要的評量項目，做成適當的組合，進行整套的評量，而非零碎各項目的評量。詹寶菁（1998）認為此評量乃在一段時間，以個別學生為單位，有目的從各種角度和層次蒐集學生學習參與、努力、進步和成就的證明，並有組織彙整，經由師生合作根據評分標準評量學生的表現。鄒慧英（1997）指出檔案評量乃有目的地將學生資料蒐集在一起成為一個檔案，藉由作品展現學生學期或學年的學習用心、發展與成果，包括學生對選取檔案內容的參與、檔案作品選取標準、檔案評量標準，及學生自我反省等四項重點，此評量乃多次測量的評量方法，具高度內容效度。

Paulson、Paulson與Meyer（1991）認為檔案乃有目的地蒐集學生作品，系列展現出學生在一個或數個領域內的努力、進步與成就，整個檔案從內容的放入、選擇的標準、評斷的標準，均有學生參與，同時檔案還包含學生自我反省的證據。Airasian（1996）認為檔案評量係一種蒐集學生的表現或作品的評量方式，要求學生彙整一系列的表現或作品來展現其能力或進步情形，檔案內容包含足以代表學生朝向課程目標的進步或發展的作業，因此檔案乃教學與學習相結合的呈現，若教學與學習毫無關係，則檔案不具任何意義。Popham（1997）認為檔案評量是教學的一部分，而不應與教學分離，教師班級評量應係教學與評量緊密結合，學生依據教學目標與計畫，持續蒐集、評價工作成果的彙編，以展現其學習成果。

Linn與Gronlund（1995）、Linn與Miller（2005）及Miller等人（2013）提出「學生作品檔案」（portfolios of student work）乃有目的、選擇性的呈現學生學習成果進步、強度與現況的檔案，較紙筆測驗更能顯示學生成就的進步與現況；不同於一般作品資料夾，檔案並未包括學生所有作品，而是有目的、篩選、組織的作品集。Stecher與Herman（1997, p. 493）認為檔案評量係學生持續一段時間，蒐集各式各樣的代表性工作成果，以呈現其學習結果，而非突發的簡單蒐集資料，此評量具有四項特質：(1)累積，一段長時間的蒐集與擴充；(2)深耕，從計畫性、規則性教學衍生的成果，而非要求任務；(3)自我選擇，學生能從某些作品中選擇；(4)回饋，學生評論選擇的工作、品質與成果。

Tiernery、Carter與Desai（1991）比較標準化測驗評量與檔案評量的差異，認為標準化測驗評量以相同向度來評量所有學生，未將自我評量納入評量目標，將學習、測驗與教學予以區隔，難以評量學生做什麼的學習歷程，無法評量合作學習，且僅能呈現學習成就；而檔案評量針對學生個別差異來評量學生，將自我評量納入評量目標，著重結合教學與評量，能評量學生的學習歷程，能評量合作學習，且能同時呈現學習進步、努力與成就。

綜合上述定義，可將檔案評量界定為：「教師依據教學目標與計畫，請學生依特定目的持續一段時間主動系統蒐集、組織與省思學習成果的檔案，以評定其努力、進步、成長情形。」依此定義可發現檔案評量具有下列特質（李坤崇，1999；Airasian, 1996; Linn & Gronlund, 1995; Linn & Miller, 2005; Miller et al., 2013）：

一、目標化

檔案評量乃教師依據教學目標與計畫，請學生持續蒐集、評價工作成果的彙編，以展現其學習成果的歷程。可見，檔案評量具有目標化特質，而非漫無目的讓學生蒐集作品、教學資料或習作。

二、歷程化

檔案評量係學生連續一段時間的學習歷程，以呈現努力、進步、成長情形，具有形成性評量的概念，而非傳統紙筆測驗僅著重學生記憶的知識量或學習結果。檔案評量強調思考或成長改變的歷程，通常係實作性作業的全程呈現，如數學解題紀錄或實驗的設計與執行紀錄等，而非僅重視答案或結果。

三、組織化

檔案評量要求學生有計畫、有系統的累積、整理、組織與呈現整個檔案，而非突發、零碎的呈現結果。學生依據教師基本要求後，開始計畫性蒐集、累積資料，之後系統性的整理成檔案，有時必須設計導覽附錄，有時必須整理進行美化檔案工作，而非突發、零碎的呈現結果。

四、多元化

檔案評量多元化包括資料蒐集方式、資料呈現樣式、評量人員評量對象的多元化。蒐集資料的方式有學習單的實作活動、檢核表、評定量表、連續性記錄、軼事記錄、觀察或實驗等。資料呈現樣式可用各式各樣、多采多姿的靜態或動態作品，如照片、畫圖、繪畫、寫作、剪報或其他樣式，參與評量者的多元化。評量人員不僅由教師負責，尚包括學生本人、同學與家長。評量對象可以個人、小組或全班為對象，以個人為對象著重學生個人的進步、努力與成就，以小組或全班為對象重視小組或全班合作學習的成果。

五、個別化

檔案評量強調以學生為中心，讓學生更自主、更主動的掌握學習歷程，能充分符合學生個別需求，尊重學生個別差異，而非傳統紙筆測驗以相同測量工具來評量所有學生。

六、內省化

檔案評量重視學生反省與自我評量，希望學生從反省製作檔案歷程，自我評論所選擇的作品與成果的品質，不僅可讓學生更深入了解學習內涵，且促使學生成為主動的學習者。

七、溝通化

檔案評量乃良好的溝通工具，經由檔案展示學生作品的具體成果，可與家長、師長、同儕溝通教育績效；檔案亦可提供家長學生長期發展的具體成果，可以此作為溝通子女教育的有效工具。

八、整合化

檔案評量著重教學與評量的整合，強調評量本身就是教學，不應與教學分離，Maeroff（1991, p. 275）主張「評量引導教學，教學引導評量，有如四輪傳動汽車，前後輪相互牽引」，教師實施檔案評量不應將學習、測驗與教學予以區隔，應將教學與評量緊密結合。

貳、檔案評量的優缺點

檔案評量具有目標化、歷程化、組織化、多元化、個別化、內省化、溝通化、整合化等特質，茲就其優缺點說明於下（李坤崇，1999；Airasian, 1996; Linn & Gronlund, 1995; Linn & Miller, 2005; Miller et al., 2013）：

一、優點

教師若善加運用，可發揮下列優點：

(一)兼顧歷程與結果的評量

前述歷程化特質乃指與傳統過於重視結果的比較，學生呈現檔案時，必須同時呈現努力歷程與結果的訊息，作為教師評量依據。

(二)獲得更真實的評量學習結果

傳統測驗僅能測量學生記憶的能力，難以評量處理實際生活的真實能力，檔案取自日常生活或長期學習活動，評量針對日常生活或長期活動評量，當能更真實評量學生學習結果。

(三)呈現多元資料激發創意

檔案評量允許學生以各式各樣的樣式來呈現學習結果，不僅讓學生有充分抉擇權與自主權，更可充分激發學生創造力。

(四)動態歷程激發學習興趣

檔案評量擺脫以往靜態測量，採取長時間累積、蒐集、製作成品的動態歷程，學生可「做中學」，展示其學習成果或能做的事，更可激發學習興趣。

(五)兼顧認知、技能與情意的整體學習評量

設計檔案評量時，可從學生的成果看出其認知、技能的學習成果，亦可從用心、努力軌跡評量其情意領域，不像傳統測驗較限於認知領域的學習結果。

(六)培養主動積極的學習精神

傳統測驗學生只是被動考教師的題目，按照教師指示逐一完成任務，而檔案評量教師僅強調評量重點、原則、程序或截止日期，其餘均可由學生主動蒐集資料、自由創作使學生成為評量的主導者，教師僅係協助者與輔導者。

(七)培養自我負責的價值觀

檔案評量讓學生在主動、積極參與過程中，尊重學生選擇作品呈現方式，激發學生自訂成就水準，適可培養自我負責的價值觀，亦可體認終身學習的精神；學生必須負起設定目標與評鑑進展的責任。

(八)增進自我反省能力

檔案評量提供學生回顧和反映其作品及表現的機會，學生必須自己省思檔案可改善部分與著手修改，此過程可增進學生自我反省能力；鼓勵學生反省，並發展出評鑑其作品優缺點的技巧。

(九)增進各類人員的溝通

參與檔案評量的人員，除教師外，尚包括家長、學生本人與同學，兼顧教師、家長、同學、學生本人的評量意見，能增進四類人員的相互溝通；檔案是一種與家長有效溝通的工具，並可提供以學生為中心的機制與以學生為主的討論會。

(十)增進師生關係

檔案評量過程教師充分尊重學生的自主性，尊重學生間的個別差異，評量更

納入學生自我評量，與以往紙筆測驗相比，當更能增進師生關係；檔案評量提供師生共同合作與反省學生進展的機會，有益於師生關係的強化。

(十一)增強學生溝通表達與組織能力

檔案評量要求學生長時間、有系統蒐集並彙整而成一份檔案，學生必須思考如何讓教師或他人接受與了解，如何有系統整理、美化檔案，此過程可增強學生溝通表達與組織能力。

二、缺點

檔案評量雖具有上述優點，然仍有其缺點：(1)檔案評量會增加教師批閱時間，增加教師工作負擔；(2)檔案評量的製作必須投入較多經費，宜考量學生的經濟負擔或採取變通策略；(3)教師若事先未擬定明確的評分標準，評量易流於不客觀與不公平；(4)檔案評量易受學生語文程度、表達、組織能力影響，若此三項非評量目標則難以排除；(5)教師評定結果易受月暈效應，而降低評量效度；(6)若欲成為標準化的評量工具，檔案評量之信、效度不易建立或難以令人滿意；(7)若教師、家長與學生的接受程度與執行意願不高，則難以發揮檔案評量優點；(8)家長參與程度不同，影響其子女檔案的優劣，教師宜顧及家長參與造成的不公平現象；(9)若學生根據教師的看法來選取優劣作品，將喪失自我反省、自我評量的意義；(10)檔案評量不應作為評量學習結果的唯一評量工具，尚必須輔以其他評量方式或工具。

檔案評量雖然有其限制，然在教育界正逐漸發展，且廣被應用，用之學生者，以用在作文、語文、數學、社會、自然、藝術或特殊教育等科目，尤其教育部推動各項教育改革強化教師專業與學生自主學習，使檔案評量日受重視。教師為因應教師評審委員會之甄選、往後可能實施的教師分級制度或證照制度，已逐漸有教師將自己教學、研習、進修、成長資料彙整成檔案。如臺南市於87學年度實施的教務評鑑，提供教師參酌的個人檔案內容，包括下列十三項：(1)基本資料；(2)自我成長與進修紀錄；(3)教學進度規劃表、教案，或其他教學準備資料；(4)教學歷程資料或錄影帶；(5)教學資源開發、教材與教具研發、教具使用資料；(6)教學研究、著作資料；(7)參與各項比賽得獎資料；(8)指導學生參與各項比賽得獎資料；(9)班級經營資料；(10)學生輔導資料；(11)學習評量資料；(12)學生或家長回饋資料；(13)其他足以輔助說明優秀教師之資料。

參、檔案評量的類型與結構

檔案的內容可依其評量和使用目的，而有不同的蒐集重點和組織結構。檔案評量可用學生不同形式的表現和作品來呈現；如寫作、書籍閱讀清單、期刊記載、相片、音樂或戲劇表演的影片、科學實驗的報告、手稿、外語發音檔案、數學問題的解答及詩的創作。

一、檔案類型

檔案的類型，學者看法則有所不同，如Cole、Ryan與Kick（1995）將檔案分成歷程檔案（process portfolio）、成果檔案（product portfolio）兩類。Valencia與Calfee（1991）將檔案分為展示檔案（showcase or display portfolio）、文件檔案（documentation portfolio）、評量檔案（evaluation or assessment portfolio）三類。Henderson（1995）則分為五種類型：展示檔案、紀錄檔案、評鑑檔案、歷程檔案和綜合檔案（composite portfolio）。另外，Ryan（1994）強調教師專業成長的檔案。分析上述學者分類，教師專業成長檔案與班級評量關係較小，Valencia與Calfee（1991）的展示檔案、文件檔案，分別和Cole等人（1995）的成果檔案、歷程檔案頗為接近，因此，以下將用於班級學生評量的檔案分為成果檔案、歷程檔案、評量檔案、綜合檔案四類。

(一)成果檔案

成果檔案用之班級情境，乃展示學生彙整的最優秀作品或成果，展示的主題由教師與學生決定，可選擇一個主題、多個主題或一系列的核心主題。此種檔案常展示於親子座談會、家長教學參觀日，或教師在職進修的工作坊或研討會，藉以達到相互觀察與學習的效果。

教師通常先決定學生必須精熟的學習任務，學生再自行決定與選擇、彙整優秀或滿意的作品成為成果檔案，以作為達成學習任務的證明。成果檔案展現學生個人獨特本質、達成學習精熟任務或富創意的學習結果，教師僅扮演輔導者，引導學生從不同角度作更適切的思考與表達。參觀成果檔案的觀眾包括教師、家長和學生，教師宜引導學生考慮三種不同身分者的需求與觀察向度，激勵其更周詳的表達與呈現。

雖然成果檔案可讓學生展現其學習成果，表現其能力與天賦，但仍有下列兩項限制：(1)缺乏過程的作品難窺努力與成長歷程：展示檔案以呈現最優秀作品為主，使得他人未看到學生由起點到終點整個學習過程的努力與成長。(2)難以建立評量的標準和規範：展示檔案尊重個別差異與激發學生創意，使得各檔案均具特色，難以找到共通的評量標準與規範，評定檔案結果宜以文字敘述，或依據評定量表或檢核表來評定學習結果。

(二)歷程檔案

歷程檔案著重呈現學生學習歷程進步、努力與成就的觀察和記錄，如學生作文的歷程檔案會完整呈現整個寫作歷程所用的稿紙，從大綱、草稿、初稿、完稿的寫作歷程資料均予呈現，而成果檔案則著重呈現完稿的寫作成品。歷程檔案係師生依據特定目的，有計畫、有系統地蒐集學生資料或作品，只要是師生討論後認為與學習歷程有關的資料或作品均可納入，如計畫初稿、不同意見、出乎意外的結果，或連續性的各項討論紀錄。

歷程檔案可為一個單元的檔案、一個專題研究主題的檔案、系列核心主題的檔案、定期學習狀況的檔案，及整個學期或學年學習成果的檔案。教師要求學生製作歷程檔案時，應告知目標、範圍、完成期限或其他注意事項，學生方能適切製作。

歷程檔案能提供豐富、動態的歷程資料，不僅有助於深入了解學生學習過程，且具有診斷功能。學生製作歷程檔案，通常必須回答下列問題：(1)整個製作檔案過程，希望達成的目標為何？(2)製作歷程檔案的計畫或步驟為何？(3)從製作歷程檔案中獲得什麼？(4)從檢討檔案中，未來可改善之處？(5)製作整個歷程檔案後，往後應該努力做什麼？因此，學生必須省思製作歷程檔案的歷程，增進自我反省能力。決定歷程檔案的成果蒐集內涵大部分由學生決定，教師僅從中協助而不介入，學生歷程檔案可能短少某些學年欲評量的重點，因此，教師若能於剛實施過程評量時，列出參考重點供學生參酌，待學生熟練後則不需列出參考重點。

歷程檔案涉及整個學習歷程，使得評量頗為不易。欲有效評量學生成長，必須適切規範文件檔案的呈現重點，一份歷程檔案至少應包含形成觀念的初步草稿、同儕評論後修改稿，和最後定稿等三種紀錄。歷程檔案旨在評析學生的進步和成長，因此，評量重點有二：一為歷程檔案歷程的開始和結束；二為學生的反省對學習改善或進步的程度。

歷程檔案與成果檔案均難以建立評量的標準與規範，但歷程檔案的資料眾多，使得評量較成果檔案費時費力。欲克服教師費時費力限制，教師可事前設計檢核表或評定量表，可參與學生討論，用聽來評量，亦可納入學生自我評量，學生先初評後教師再複評。

(三)評量檔案

評量檔案係教師先依據教學或評量目標來設計學習內涵與評量標準，再要求學生就學習內涵與評量標準著手蒐集或製作檔案，後依據評量標準實施評量，此歷程可將檔案內涵與評量標準化，可引導學生有系統檢視、反省作品，更可提高評量的效度。教師能否設計符合學生興趣與需要的學習活動，且每個學習活動內均給學生創意發揮的空間，乃評量檔案成敗的關鍵。

成果檔案和歷程檔案最常在班級中使用，而評量檔案通常用於班級間與學區間比較，且比較易經由較標準化的程序。

評量檔案雖具有標準化衍生的優點，亦因而具有下列限制：(1)學生自主空間較成果檔案、歷程檔案小，學生創造力稍受限制；(2)學生可能依據評量標準蒐集或製作檔案，而忽略評量標準之外的重要資料；(3)學生依循教師學習內涵製作，較難以窺知學生思考歷程；(4)學生必須負擔檔案成敗的責任較成果檔案、歷程檔案小，較難以培養自主負責的精神。

(四)綜合檔案

Henderson（1995）主張綜合檔案乃包含兩類以上檔案類型，Arter與Paulson（1991）則認為綜合檔案乃團體的學習檔案。Henderson（1995）強調教師有時為了某些教學目標或評量目標，綜合兩種以上的檔案類型即為綜合檔案。綜合檔案於實際應用時雖較有彈性，但因兼顧數項目的，使得實施需花費較多時間和精神。因此，教師須先充分掌握綜合檔案的使用目的，方能有目的且有系統地蒐集學生有意義且有代表性的作品和表現，以利評量目標的達成。Arter與Paulson（1991）強調綜合檔案旨在有目的地蒐集和保存「一組學生」在某領域的作品或表現，其強調團體的學習檔案，如一個班級的學習檔案或一個學校的學習檔案。

二、檔案結構

檔案評量內涵的呈現方式可採結構式、半結構式或非結構式的方式，必須依學生的年齡、程度、經驗而定，通常學生年齡較低、程度較弱或較無製作學習檔案經驗時，採結構式較佳；然若學生年齡較大、程度較佳、已有製作學習檔案的豐富經驗，則採非結構式較佳。

(一)結構式檔案評量

「結構式檔案評量」係指教師提供學生檔案主題、檔案重點、各項重點之學習單，給予學生明確的指導，學生依據學習單內涵充分發揮、展現其學習成果，此方式的優點係教師給予學生高度指導學生依循學習單內容，逐一完成即可達到教師要求，且評量較易訂定評量標準，評量較易實施。

(二)半結構式檔案評量

「半結構式檔案評量」係指教師僅提供學生檔案主題、檔案重點，學生自行規劃呈現學習重點的內涵與形式，學生較結構式更容易發揮自己的創意，運用此方式學生必須具備設計學習單、規劃學習重點的舊經驗，否則學生將茫然無所適從。

(三)非結構式檔案評量

「非結構式檔案評量」係指教師僅告知學生檔案主題，未告知檔案重點與學習單，學生完全依據檔案重點發揮，自行決定檔案重點，自行規劃呈現學習重點的內涵與形式，學生完全依據自己的創意呈現學習結果。運用此方式學生必須具備半結構式檔案評量的舊經驗，或年齡較大、程度頗佳。

肆、檔案評量的製作與實施

鄒慧英（2000）認為檔案成功必須具備以下要件：(1)清晰鮮明的焦點：明確告知評量目的；(2)高品質的評量：乃指評鑑的目標能與評量目的搭配，及評鑑所需要的訊息都能納入檔案；(3)發展明確的使用指南：以選擇檔案中所要蒐集的資料；(4)明確的評量標準：據以衡量內容是否符合要求；(5)讓教師參與選擇放入檔案的資料；(6)要求教師定期反省自己的成就。

教師要求學生製作檔案時，必須確認學生有無必要擁有自己的檔案，若教師欲評量學生的學習內涵可用紙筆測驗、檢核表、評定量表、軼事記錄或其他評量方式評量，則不必為製作檔案而製作。因此，要求學生製作檔案前，教師應審慎思維與評量目的的關係（Popham, 1997）。

檔案評量分成成果、歷程、評量、綜合四種檔案，評量目的互異，且每個學生呈現的檔案均具特色，欲詳細規範製作檔案歷程有其困難，僅綜合Kimeldorf（1994）、Linn與Miller（2005）、Miller等人（2013）、Popham（1997）、Ryan（1994）、Seely（1994）、Winograd與Schuster（1994）等學者觀點，歸納出下列概略的製作歷程供參酌。

一、準備與規劃檔案評量

Linn與Miller（2005）強調富挑戰性的實作作業應提供學生必要的鷹架以便理解作業與期待，教師實施檔案評量時應釐清：「學生完成檔案評量，需要哪些先備知識與技巧。」

教師準備與規劃檔案評量的重點有三：(1)擬定整個檔案評量的計畫，從準備與規劃，到製作使用說明，均應詳細規劃；(2)評析學生所需先備知識與技巧，予以必要的訓練或學習，循序漸進引領學生成長。如學生無製作檔案經驗，宜先提供結構性檔案與範例；待學生逐漸熟練後，再提供非結構性的檔案；(3)準備檔案評量所需的資料、物品或相關說明，並應向學生介紹「檔案評量」的目的、內涵與製作注意事項。

二、界定檔案評量的目的

檔案評量應該納入或刪除哪些項目，其標準與判斷條件全憑評量的目的。若檔案乃呈現學生某個領域的最佳表現，檔案內容將隨著最佳表現的作品數而改變；若係呈現進步情形，則檔案必須保留早期作品以觀察其成長；若檔案僅係學生作業，則教師必須事先準備適合學生表現提示或問題。評量目的決定檔案評量的資料蒐集內涵、類型與數量，因此，進行檔案蒐集前，必須先決定評量目的。

一般班級教學情境運用檔案評量，主要在於記錄學生學習過程的努力和成長，以增進學生自我成長與自我反省能力、診斷學生的學習類型與問題，及評鑑學生學習成果，因此，檔案評量目的約可分為增進學生成長，診斷、回饋與溝通，評鑑等三項。然而檔案評量目的影響檔案的用途、結構、自主權、建構程序與評鑑，茲分項說明於下：(1)若檔案評量目的在於「增進學生自我成長」，檔案用途應以增進自我省思、自我評量與獨立學習能力，並使學生成為自發性學習者；檔案應採開放式結構，讓學生有自由發揮空間；檔案自主權應係讓學生全權決定檔案組織架構、內容、性質或數量；檔案建構應讓學生自行規劃、自行反省、評量學習狀況；檔案評鑑應由學生自我評鑑，不需他人參與。(2)若檔案評量目的旨在「診斷、回饋與溝通」，檔案用途應以診斷學生學習或教師教學成效，引導學生學習，及增進與學生、家長的學習溝通；檔案應採半開放式結構，教師依據診斷、回饋與溝通重點規定檔案項目，但採彈性做法，由學生自行選定項目內容，並鼓勵學生納入「自選」項目，給予學生適度的自由發揮空間；檔案自主權應由師生共同決定檔案組織架構、內容、性質或數量；檔案建構可由教師、學生、同儕、家長共同提供、檢視檔案資料；檔案評鑑除學生自我評鑑與教師評鑑外，尚可納入家長或同儕的參考評鑑。(3)若檔案評量目的在於「評鑑學生學習成果」，檔案用途應以檢視學生基本能力與學習成果，作為安置、分類或補救教學之參考；檔案應採結構化模式，由教師依據評鑑內涵來規劃，學生較少有自由發揮空間；檔案自主權操在教師手中，教師設計、規定檔案內容與資料性質，以利於評鑑；檔案建構係學生根據教師規定項目逐一製作、蒐集、彙整資料；檔案評鑑應由教師實施正式的評鑑。

教師實施檔案評量前，應先依據教學目標決定評量目的係增進學生成長，診斷、回饋與溝通，或評鑑。此外，學生製作的檔案，若擬開放給有興趣的觀眾，如學校教師、其他學生、家長、校長或教育局人員，因不同觀眾會從不同角度、觀點判斷、評量檔案，因此，教師應事先讓學生了解哪些觀眾，俾在達成評量目的之餘，滿足觀眾的期待與提高學生的製作興趣。

教師界定檔案評量目的後，應明確告知學生評量目的，並引導學生製作檔案應充分考量下列七項因素：(1)目的：如何達成教師評量目的，如何展現檔案凸顯自己的學習歷程或成果。(2)蒐集檔案作品的容器：用資料簿、光碟片或其他容器，大小、格式均應事先規劃，免得完成後要大幅調整資料大小規格。(3)蒐集檔案的方式或地方：採取上網搜尋、到圖書館找或其他方式，應事先考慮清楚。(4)內容選擇的考量：為呈現目的所需的內容，為呈現最佳表現，檔案應放置哪些內容均應妥善規劃。(5)如何組織及管理：選取檔案內容後，如何整理、組織、呈現或保管，宜納入考量。(6)檔案的修改、更新及刪除內容的考量：如果需要修改、更新及刪除檔案內容，應如何處理宜事先考量，不然可能修刪檔案內容造成無法完整呈現或影響架構內涵，尤其是檔案資訊化後必然影響刪修的做法。(7)個人的風格：檔案內容與呈現方式或品質，涉及學生個人風格、形象的塑造，若事先能整體規劃較能凸顯個人風格（Linn & Miller, 2005）。

三、決定檔案評量的類型

界定檔案評量目的後，宜決定檔案評量的類型，若重點在呈現結果應選取「成果檔案」；若重點係了解學習過程或診斷學習問題應選「歷程檔案」；若重點在檔案內涵與評量的標準化，或進行班級間、學區間的比較應選取「評量檔案」。另外，檔案內容數量的多寡，亦應提醒學生事先準備適切的資料夾、資料簿。

四、訂定檔案實作規準

檔案評量的表現或作品與其他評量一樣，均反映出學生達成教學目標的程度。教師應將教學目標擬用檔案評量來達成者，轉化為更明確實作規準，此實作規準乃教師教學目標的具體化，本質乃教學的行為目標。實作規準定義重要的表現或學生需要達成的學習目標，缺乏明確的實作規準，教學將茫然未知，表現或作品內涵將失去方向。因此，明確界定檔案實作規準乃檔案評量成功與否的關鍵。

教師訂定檔案實作規準的原則如下：(1)呼應評量目標：教師應依據評量目的來擬定檔案實作規準。(2)力求周延：實作規準宜盡量顧及認知、情意或技能動作等不同領域的教學行為目標。(3)著重高層次認知：實作規準的認知領域目標應著重高層次認知的學習或行為目標，若評量「記憶、了解」等低層次認知目標可採取紙筆測驗即可。(4)力求規準相互獨立：檔案內的每項實作規準必須相互獨立，方不致造成檔案評量相互混淆。每項實作規準宜條列呈現，以利於省思各項實作規準的獨立性。(5)視需要請學生參與：為讓學生參與學習歷程，可視評量目的與學生需求，選取可讓其參與者積極投入，不僅可讓其更了解評量目的，更可激發其學習興趣。

如果檔案評量目的在於「年級評鑑或學生升級評鑑」，應由全部相關老師共同合作訂定其規準，此共同規準可找出學習過程重要的表現原則，並共同建立年級間的教學目標，學生通過此規準表示其達成年級教學目標或通過升級。如果檔案評量目的在於教師增進「學生自我成長」，實作規準可由學生參酌教師的教學目標來自行決定、自我反省。如果檔案評量目的在於「診斷、回饋與溝通」，實作規準可由師生共同決定，亦可納入有關人員（家長、同儕）意見。然為求周詳，教師宜事前蒐集教科書、教學指引或教師手冊、其他文獻資料，作為教師、學生或有關人員擬定實作規準的參考，擬定過程可運用腦力激盪、辯論、二四八配對討論等方式充分研討。決定檔案實作規準後，教師應將此實作規準以書面資料告知學生或有關人員，或提供檔案範例，使其更明確了解實作規準。

五、轉換檔案實作規準為檔案項目

教師將檔案實作規準（教學行為目標）轉換為檔案項目，可直接將規準換為檔案項目，亦可將一項規準細分成數個項目，然「檔案項目多寡」應顧及學生能力、程度，所需時間、經費，家長或學校行政的配合度。若檔案實作規準過多，學生與教師負擔過重，宜精簡選取核心規準轉化為檔案項目。另外，若有些規準無法用檔案資料方式呈現者，應採實作活動取代書面的檔案，或將實作活動照相、錄影呈現於檔案之中。

檔案項目宜與資料呈現方式相配合，學習過程可留下正式紀錄者，可採「學習成果記錄」方式，如作業、圖表、測驗卷、檢核表、評定量表、作品或書面報告。實作活動或學習過程難以留下正式紀錄者，可採「複製品」方式，如活動錄影、訪談錄音、照片、討論紀錄或光碟。學習過程或成果有賴他人證明者，可採「他人證明」方式，如同儕意見、家長意見、教師意見或其他有關人員意見，參加活動證明或參觀入場卷。專門為檔案製作的書面資料，可採「檔案製作品」，如檔案目錄、檔案反省、檔案心得或檔案註解。

省思與檔案註解乃引導學生自我成長、自我負責的重要工具，教師宜盡量納入檔案項目中。省思乃學生對檔案學習或平日學習的省思，每週或每月省思一次，至於格式化或開放式省思等兩項必須視學生年齡、語文程度與省思經驗來決定。檔案省思乃學生對檔案各項資料所做的省思，如：(1)我做了什麼？為什麼？(2)我為何納入此作品？(3)我從此作品學到了什麼？(4)我最滿意或不滿意的作品為何？為什麼？(5)做完整個檔案我學到了什麼？(6)我未來的努力方向是什麼？檔案註解乃學生對其檔案內容與目的所做的說明，教師宜引導學生說明製作過程，將能深入了解學生思維或診斷學生學習問題。

若檔案評量目的在於「評鑑」學生的學習成果，檔案的類型為「成果檔案」，教師可將每個檔案項目設計成一張學習單或數張學習單，亦可將數個檔案項目合併設計成一張或系列的學習單。學習單內容可要求學生以學習成果記錄、複製品、他人證明、檔案製作品的不同資料方式來呈現。如實例 7-2「國小三上國語『我的家庭、感謝老師』學習檔案」的實作規準（學習目標）包括：(1)能自行設計、整理學習檔案；(2)能運用所學新詞撰寫「我的家庭故事」；(3)能寫一封信給家人；(4)能運用適切句子來描寫「教師上課或生活情形」；(5)能製作賀卡表達對老師的感謝；(6)能善用美術於卡片設計；(7)能自省檔案作品。經轉化的檔案項目為：(1)整理與呈現學習檔案；(2)用新詞撰寫「我的家庭故事」；(3)寫一封信給家人；(4)用句子描寫「教師上課或生活情形」；(5)製作教師賀卡；(6)善用美術設計；(7)自省檔案。最後將檔案項目再轉化為「我的家庭、感謝老師檔案目錄」、「我的家庭故事」、「給家人的一封信」、「我的老師」、「教師節賀卡」、「檔案的反省與感想」等六張學習單。

教師確定檔案項目後，向學生說明與討論檔案項目，宜引導學生建立「工作檔案」，省思如何設計與製作檔案夾，如何蒐集、彙整、保管資料，如何自我省思檔案作品，及如何整理與組織檔案。

六、擬定評量標準

檔案評量較傳統紙筆測驗的評量較難以客觀化、較花時間，然為力求客觀與省時，教師應事先擬定評量標準，若檔案評量目的在「增進學生成長」或「診斷、回饋與溝通」，僅需描述學生在每個檔案項目的表現，即足以提供必要訊息給學生本人、其他任課教師、下一年級教師或家長，不一定需要再提供檔案評量的分數或等級。若檔案評量目的在「評鑑」，教師欲鑑定學生的進步、努力與成就情形，並判斷教學是否成功，除描述學生在每個檔案項目的表現，尚必須提供檔案評量的分數或等級，甚至為學生排等第。

評分規準反映重要行為特質，需有嚴謹的建置程序，Stiggins（1987）提出建置評分規準（評量標準）的步驟如下：(1)對表現特質進行腦力激盪，列出重要特質或要素；(2)針對已列出表現特質進行分類（分為四到五個層面或類別為原則）；(3)以簡單、清楚的語言界定各層面（操作性定義）；(4)分析實作或檔案表現或成品；(5)列出不同等級行為表現的描述語，並訂定評分規準；(6)試用、修訂與改進。

評分程序反映評分規準的精確性與一致性，需有清晰完整的評分歷程說明，並視需要實施嚴謹的評分者訓練。

研定評分規準評定評量結果，可呈現「整體檔案」或「分項檔案」的結果，評分規準內涵可包括「能力」、「努力」兩個向度，結果表示可採「文字描述」、「決斷點」、「等級」或「計分」等方式。

呈現「整體檔案」結果可得一檔案的整體概括狀況，優點在於評量快速、省時省力，但較難以發揮診斷功能，如寫作的評量僅呈現整個寫作檔案的文字敘述、決斷點、等級或分數。呈現「分項檔案」結果可得檔案每個項目的結果，優點可診斷學生在每個檔案項目的優缺點或進步情形，但缺點則為費時費力，評閱速度較慢，如寫作的評量呈現下列八項分項結果：(1)組織段落分明，清晰易解；(2)善用佳句，句型富變化；(3)詞彙豐富、優美，銜接順暢；(4)善用語氣、語調強化主題；(5)用字有趣、準確、自然表達主題；(6)用字正確，很少錯別字；(7)標點符號運用適切；(8)學生的努力程度。

檔案評量內涵不應僅局限於學生「能力」評量，因天生資質或環境文化刺激差異，有些學生原屬高能力群，亦有些屬低能力群，必須輔以「努力」方能激發不同能力層的學生用心製作檔案。

「文字描述」必須具體明確，且清晰告知學生檔案優劣，有少數教師對學生檔案評定為「重做」或「檔案不知所云」，此文字敘述過於籠統且負向，應可改為更明確的文字敘述，如「參考某某同學的檔案，再做一次會更好」，「檔案的重點若放在……可能更好」。「決斷點」係教師評量前決定以某個等級或分數作為精熟與否的決斷點，若學生優於此決斷點則視為通過、接受或滿意，若劣於此決斷點則視為不通過、不接受或不滿意，因教學乃持續協助學生成長歷程，運用決斷點重點不在決定通過、接受或滿意與否，而在決斷後的補救教學或加深加廣教學計畫。「等級」係教師將檔案結果分為數個等級，如很好、不錯、加油、改進、補做或補交等五個等級，或優、良、加油等三個等級，然各等級間的區分應相當明確，方不致混淆。「計分」係教師將檔案結果以分數呈現，計分前教師應審慎思維各個項目的重要性予以加權計分，且視需要給予學生製作檔案的基本分，增強學生製作檔案的興趣。

進行檔案評量時，教師不是唯一的評分者，為提供學生自我評量機會，鼓勵家長參與子女評量，激發同儕合作學習，應可納入學生本人、家長、同儕參與評量。尤其應納入學生自我評量，鼓勵學生對自己完成的檔案以自我觀點來檢討、評價，鼓勵學生表達製作檔案的構想與歷程、檢討檔案優缺點，讓學生充分省思製作檔案前後的學習表現或成果。

有些教師於學生製作完檔案後，才將評量標準告知學生，或請哪些人員參與評量，使得學生準備與製作檔案無法與評量充分結合，故教師應將檔案評量標準或邀請哪些人員參與評量，於製作檔案前告知學生，讓學生得以充分準備。

七、製作使用說明（與製作檔案）

依據檔案項目設計學習單與擬定檔案評量標準後，為提高檔案評量的信度、效度，教師宜審慎製作「檔案使用說明」，讓學生、教師或有關人員清晰了解檔案製作過程與評量方式、標準。「檔案使用說明」包括「給學生或有關人員的檔案整體說明」、「給教師的檔案使用與評量說明」，前者應包括檔案內容、評量標準、注意事項或完成期限，若已完成整個檔案的學習單亦應發予學生，讓學生或有關人員得以了解檔案全貌；後者應包括學習目標（評量規準）、使用與評量方法、評量標準、評等或計分方式、參考答案、補救教學、補充說明或注意事項等九項。詳見如實例 7-2「國小三上國語『我的家庭、感謝老師』學習檔案」。

檔案必須與教學充分結合，以達成教師設定的教學目標，因此，學生製作檔案時，教師應可從下列幾項來提高檔案品質：(1)定期與學生討論檔案內容，提供立即回饋；(2)協助學生擬定檔案目標與設計重點；(3)定期檢核學生檔案資料蒐集情形；(4)定期與家長或有關人員就檔案內容，溝通學生學習情形，研擬協助或增強策略；(5)提高家長或有關人員參與意願，激勵學生製作檔案動機。

檔案評量通常會增加教師工作負擔，建議教師適度納入優秀小組長，或具教育理念且熱心的家長來協助初評，教師再實施複評。然對評量者應施以適切之訓練，Stiggins（1987）提出十一項評分者訓練步驟，可精簡為下列步驟：(1)告知檔案製作目標與評量重點；(2)共同討論評量標準；(3)評量者對檔案範本進行評量；(4)與評量者討論評量結果的差異與原因；(5)再分別就不同範本練習計分、比較評量結果並討論改善；(6)重複練習直到評量者與教師評量結果幾乎一致。若教師能遴選夠多的小組長或家長參與評量，且評量目的在於「評鑑」學習結果時，建議每項檔案由兩人以上直接評量。

伍、檔案評量的運用原則

檔案評量可適切評量學生應用、推理、分析、綜合、評鑑等高層次認知行為，讀、說、寫與其他實作技巧等技能，作文、各種報告、美術、音樂或其他藝術或科學作品等成果，以及學習態度、興趣、學習動機、努力情況、求知精神等情意，漸受教師的青睞與使用，然為求更適切運用，茲提出下列原則供參酌：

一、檔案評量必須與教學相結合

教師實施檔案評量不應將學習、測驗與教學予以區隔，應將教學與評量緊密結合。若檔案離開教學，僅是學生個人興趣的蒐集，對教學的意義甚低。因此，教師運用檔案評量時，必須明確指出與教學目標、教學內涵的關係。

二、檔案評量應與其他評量並行

雖然檔案評量具有目標化、歷程化、組織化、多元化、個別化、內省化、整合化等特質，可發揮兼顧歷程與結果的評量，兼顧認知、技能與情意的整體學習評量，獲得更真實的評量學習結果，呈現多元資料激發創意，動態歷程激發學習興趣，培養主動積極的學習精神與自我負責的價值觀，增進自我反省能力、溝通表達與組織能力，增進各類人員的溝通，以及增進師生關係等優點。然仍具有增加教師批閱時間，增加教師工作負擔，增加經濟負擔，評量易流於不客觀與不公平，易受學生語文程度、表達、組織能力影響，易受月暈效應以及家長參與程度不同會影響其子女檔案優劣等缺失。因此，檔案評量不應作為評量學習結果的唯一評量工具，尚必須輔以其他評量方式或工具，如傳統紙筆測驗、口試或公開展示方式，其中口試能減少學生假手他人或抄襲他人的機會，並增進學生間分享與觀摩學習機會，可多加運用。

三、檔案評量應實施多次、階段的協助或省思

檔案評量乃教師依據教學目標與計畫，請學生持續一段時間主動蒐集、組織與省思學習成果的檔案，以評定其努力、進步、成長情形。學生在一段長期的資料蒐集過程，若能分成幾個階段與討論、檢視學生的進度與狀況，階段性呈現作

品展示或交換同儕心得，並施以立即的協助或評量，當可更精確掌握學生學習歷程，診斷學習問題，提高檔案的品質，增進學生成長，及增強省思能力。

教師引導學生進行檔案檢視與省思，期程可採定期或不定期方式，省思人員除學生本人外，尚可包括小組、全班、教師、家長，省思內容可包括學習過程與技巧、改變與成長、優缺點、改進目標、作品選擇／比較、檔案內容與程序。

四、檔案評量應顧及可使用資源與學生家庭背景差異

教師實施檔案評量應了解學校、社區或網路可用資源，學生必須花費的人力、物力、經費與時間，家長、學生、學校對檔案的接受度或支持度，如有位某縣市教師設計「美的饗宴檔案」，請學生參觀文化中心的繪畫個展，但學校距離文化中心甚遠，使得家長質疑此檔案的適切性，因此，檔案內容最好能以學校鄰近社區為主，若學校電腦頗為普及則可引導學生從網路取材。另外，檔案製作與學生父母的教育程度、對子女教育關心與投入程度息息相關，若父母教育程度佳且重視子女教育者，父母通常會引導、協助檔案製作，甚至代子女完成檔案；而父母教育程度較低或不關心子女教育者，父母通常不會給予子女協助，因此，教師實施評量時應顧及學生家庭背景的差異。

五、實施檔案評量應採漸進式、引導式模式

國內中小學學生製作檔案的經驗甚少，為避免學生茫然摸索或一開始即遭受嚴重挫折，應採取漸進式、引導式的實施模式，由觀摩檔案範例、再製作小規模檔案、後製作較大規模檔案，由藝能科到主要學科的漸進式模式，但不可超出學生可運用資源或花費太多時間。學生製作檔案初期，應給予學生較多的引導、討論，最好提供書面資料講解檔案的學習目標、製作程序、製作原則、製作注意事項，及評量方法與標準，讓學生能深入了解檔案製作與評量，免於過度憂慮與不安。

教師與學生共同進行檔案檢視與分析，即針對檔案對話的期程可採定期或不定期方式，但應事前告知，並預作準備，方式宜採一對一（或小組）的方式，檢視後宜定期與家長就檔案內容，討論學生成長情形。

六、檔案評量若用之評鑑應力求慎重

檔案評量用於增進學生自我成長，診斷、回饋與溝通，因評量結果較不具關鍵性、決定性，教師謹守嚴謹編製程序應可達成增進學生了解、診斷或溝通的目標。然若用於評鑑，因評量結果具有關鍵性、決定性，誤差對學生權益影響較大，運用前應設法提高檔案評量的信度或效度，如力求評量內涵與程序標準化、提高評量標準與實作規準的配合度、明確建立評量標準與說明，或訓練協助評量者，待具有相當程度的信、效度後方運用之。

第二節　檔案評量實例

檔案評量內涵的呈現方式可採結構式、半結構式或非結構式的方式，宜依學生的年齡、程度、經驗而定。就國內學生現況而言，國小學生實施檔案評量初期宜以「結構式檔案評量」為主，待學生具備此經驗，較能自由發揮創意之後，方採用「半結構式檔案評量」。最後，學生能製作「半結構式檔案評量」後，才讓學生嘗試運用「非結構式檔案評量」，然實施期間宜留意學生的學習狀況，施以必要的協助或引導。

眾多多元化評量方式，以檔案評量可適用於各學習領域，因檔案評量乃教師依據教學目標與計畫，請學生持續一段時間主動蒐集、組織與省思學習成果的檔案，以評定其努力、進步、成長情形。

壹、實例 7-1 之綜合活動學習領域學習檔案

實例 7-1「龍鳳傳奇」學習評量單係檔案評量之實例，以達成九年一貫課程綜合活動學習領域能力指標「2-4-3 規劃並準備自己升學或職業生涯，同時了解自己選擇的理由」之「2-4-3-1 省思自己的能力、興趣、專長與學習狀況，發現自己優點」；或十二年國教課綱綜合活動領域學習表現「1c-IV-3 運用生涯規劃方法與資源，培養生涯抉擇能力，以發展個人生涯進路」。

李坤崇（2004）將「2-4-3 規劃並準備自己升學或職業生涯，同時了解自己選擇的理由」細分為下列六項：

2-4-3-1 省思自己的能力、興趣、專長與學習狀況，發現自己優點。

2-4-3-2 參與各項活動或善用各項資源，探索升學進路與職業世界。

2-4-3-3 說明社會變遷與生涯發展的關係。

2-4-3-4 規劃自己升學或職業生涯，並說明規劃理由。

2-4-3-5 與重要他人研討自己的生涯規劃，修正並確認升學或職業生涯。

2-4-3-6 說明並充實自己升學或職業生涯所必備的能力與條件。

實例 7-1 重點在於讓學生整理出一份凸顯自己的能力、興趣、專長與優點的檔案資料，並在班上展示成果。另外，提供「龍鳳傳奇」學習檔案之使用與評量說明，供教師評量之參考。

貳、實例 7-2 之國語學習檔案

實例 7-2 之「我的家庭、感謝老師」國語學習檔案、使用與評量說明，此國語學習檔案乃「結構式檔案評量」，因學生尚無製作檔案之經驗，故採此方式，若學生有此經驗後再採「半結構式檔案評量」。此學習檔案包括六項檔案重點為：(1)檔案目錄；(2)我的家庭故事；(3)給家人的一封信；(4)我的老師（寫出描寫「教師上課或生活情形」至少六個句子）；(5)教師節賀卡；(6)檔案的反省與感想。每項檔案重點均呼應一張學習單，學習單內置評量重點乃將學習單、評量單結合的模式，便於讓教師直接批閱學習成果，並讓學生了解學習單較弱或較強的向度，利於提出改善計畫。

教師若將此「結構式檔案評量」之內涵刪除六張學習單，僅呈現六項學習檔案重點，則成為「半結構式檔案評量」；若再將學習檔案重點刪除，僅告知學生學習主題為「我的家庭、感謝老師」國語學習檔案，及注意事項，則成為「非結構式檔案評量」。

六項檔案重點的學習單內置評量重點，「檔案目錄」的評量為：(1)檔案封面符合主題、美觀、富創意；(2)檔案內容呈現整齊、統一、完整；(3)檔案目錄完整，清晰扼要。「我的家庭故事」的評量為：(1)故事題目生動、富吸引力；(2)內容要切合主題，富創意；(3)段落分明，善用佳句、佳詞；(4)每課至少正確使用一個新詞；(5)注意用字、標點符號正確。「給家人的一封信」的評量為：(1)信的稱呼、署名、敬辭、日期正確；(2)信的內容要切合主題、生動；(3)段落分明，善用佳句、佳詞；(4)用字、標點符號正確；(5)善用祝福的話，包括信件格式、文章內涵兩個向度。「我的老師」的評量為：(1)描寫的句子要符合主題；(2)詞彙優美，用字、標點符號正確。「教師節賀卡」的評量為：(1)賀卡稱呼、署名、敬辭、日期正確；(2)短文要切合主題、有創意；(3)段落分明，善用佳句、佳詞；(4)用字、標點符號正確；(5)設計符合主題、有創意；(6)構圖、用色美觀大方，包括賀卡格式、卡片設計、文章內涵三個向度。「檔案的反省與感想」的評量為：(1)內容要具體反省、提出感想；(2)段落分明，善用佳句、佳詞；(3)用字、標點符號正確。上述每張學習單的評量項目在兩至六項之間，較之傳統一張學習單評一個整體向度較為具體、明確，且評量方式突破傳統僅呈現能力之「對、錯」，改為評量「能力」、「努力」兩個向度，且「能力」以符號「○、√、△、？、×」表示「很好、不錯、加油、改進、補做（交）」。「努力」以符號「＋、－」表示「進步、退步」。

實例 7-1　「龍鳳傳奇」學習評量單、使用與評量說明

「龍鳳傳奇」學習評量單

龍鳳傳奇

姓名：　　　　　班級：　　　　　座號：　　　　　日期：　　　　　組別：

各位同學：每個人都有優點，但是並不是每個人都能適切展現自己的優點，將自己的優點告訴人家。請各自利用未來「兩週」課餘時間，整理出一份凸顯自己的能力、興趣、專長與優點的檔案資料。並在班上展示成果。

一、「龍鳳傳奇」檔案至少應包括下列重點

(一)個人基本資料。

(二)成長點滴或最想告訴班上同學的一件事。

(三)介紹自己的能力、興趣或專長。

(四)介紹自己的學習狀況。

(五)其他。

二、檔案製作注意事項

(一)檔案資料可善用相機、錄音機、錄影機，或其他蒐集資料工具來蒐集。

(二)若想更了解自己的能力、興趣或專長，可訪問同學師長、自我省思或到輔導室實施心理測驗。

(三)檔案呈現方式，不限於書面文字簡介，尚可用照片、錄影、網頁等方式。

(四)製作檔案應盡量節省，善用家裡或學校現有資源，朝省錢且能凸顯特色的方式努力。

(五)檔案呈現應有條不紊，若有封面、目錄，並加以美化將更佳。

三、檔案展示將配合班會時間展覽，請事先妥善準備。

四、老師將針對下列項目評量

<table>
<tr><td rowspan="2">分享：</td><td></td><td colspan="2">簡介內涵</td><td colspan="2">蒐集策略</td><td rowspan="2">富創意</td><td rowspan="2">用心製作</td></tr>
<tr><td>評量</td><td>敘述正確</td><td>完整適切</td><td>媒材方法</td><td>蒐集過程</td></tr>
<tr><td>教師簽名：</td><td>教師</td><td></td><td></td><td></td><td></td><td></td><td></td></tr>
</table>

「龍鳳傳奇」學習檔案使用與評量說明

設計者：李坤崇

一、達成能力指標或學習表現

達成九年一貫課程綜合活動學習領域能力指標「2-4-3 規劃並準備自己升學或職業生涯，同時了解自己選擇的理由」之「2-4-3-1 省思自己的能力、興趣、專長與學習狀況，發現自己優點」；或十二年國教課綱綜合活動領域學習表現「1c-IV-3 運用生涯規劃方法與資源，培養生涯抉擇能力，以發展個人生涯進路」。

二、學習目標

(一)省思自己的能力、興趣、專長與學習狀況。

(二)發現自己優點。

(三)能自行設計、整理學習檔案。

(四)激發創意與自我表達能力。

三、使用與評量方法

(一)本學習檔案用以配合自編教材之學習評量。

(二)教師先講解學習檔案製作重點、過程與注意事項，若學生無製作檔案之經驗，宜詳細說明，適時提供必要之協助，或提供範例供學生參考。

(三)本學習檔案於單元教學中實施之形成性評量，作為單元教學後之總結性評量，或診斷學生錯誤之依據，教師宜視教學目標與需要衡量之。

(四)教師直接於學習評量單之「評量」部分評定等級或打分數，本說明之評量項目、標準、計分方式僅提供參考，教師可依教學需要調整之。

(五)教師評量後可於「分享」欄寫下「老師的話」，再由學生攜回讓家長簽名；家長亦可於「分享」欄寫下「家長的話」，最後由學生送交教師。優秀作品建議展示供同學觀摩，並予製作者獎勵。

四、評量規準

(一)教師從「能力」、「努力」兩個向度在學習評量單的「評量」欄內進行評量，「能力」以符號「○、√、△、？、×」表示「很好、不錯、加油、改進、補做（交）」。「努力」以符號「＋、－」表示「進步、退步」。

(二)各項符號與評語之評量標準如表一：評量前必須告知學生符號所代表意義。

☞表一　能力、努力兩個向度之符號、評語與代表意義

符號	評語	代表意義
能力：答案的正確或內容的完整		
○	很好	答案完全正確，或完全符合評量項目之要求，而且比一般同學有創意，或做得更好。
√	不錯	答案完全正確，或完全符合評量項目之要求。
△	加油	答案部分正確，或部分符合評量項目之要求。
?	改進	答案內容完全錯誤，或完全不符合評量項目之要求。
×	補做（交）	未作答或未交。
努力：用心或進步的程度		
＋	進步	代表比以前用心或進步。（「＋」號愈多代表愈用心、愈進步）
－	退步	代表比以前不用心或退步。（「－」號愈多代表愈不用心、愈退步）

(三)各項評量項目的評量規準：教師用以評定分數的依循規準，宜將此表告知學生，讓學生了解獲得等級的實際意涵。

評語、符號	目標層次	很好（○）	不錯（√）	加油（△）	改進（？）	補做（×）
簡介內涵						
敘述正確	認知 4.1 區辨	敘述完整且詞句優美。	敘述完全正確。	敘述少部分錯誤。	敘述大部分錯誤。	未作答或未交。
完整適切	認知 4.2 組織	檔案項目完整，且呈現邏輯清晰。	檔案項目相當完整。	缺少部分重要項目。	缺少多數重要項目。	未作答或未交。
蒐集策略						
媒材方法	技能 4.0 熟練	正確運用且呈現完整、條理分明。	媒材正確運用。	運用媒材小部分錯誤。	運用媒材大部分錯誤。	未作答或未交。
蒐集過程	技能 5.20 自動表現	過程正確且呈現完整、條理分明。	蒐集過程正確。	蒐集過程小部分錯誤。	蒐集過程大部分錯誤。	未作答或未交。
富創意	技能 7.0 獨創	比一般同學富創意。	創意和一般同學相同。	比一般同學不富創意。	抄襲或純粹模仿。	未作答或未交。
用心製作	情意 2.2 願意反應	比一般同學認真。	和一般同學相同。	比一般同學不認真。	相當草率。	未作答或未交。

(四)若評量等級亦可運用其他符號或評語，然仍須事先與學生溝通，且力求符號一致性。

五、評等或計分方式

(一)本學習領域以「不呈現分數」為原則，教師可依教學目標、工作負擔、學生或家長需要，採取「分項評定等級」、「文字敘述」的方式。

(二)教師評定分項等級後，宜視需要於「分享」欄，輔以文字深入說明，並予學生適切增強。

(三)教師若需評定整體等級，可先核算等級計分求得總分，再參酌教育部（2017）「國民小學及國民中學學生成績評量準則」第 8 條規定，若總分高於 90 分者評為「優等」，80 分以上未滿 90 分者評為「甲等」，70 分以上未滿 80 分者評為「乙等」，60 分以上未滿 70 分者評為「丙等」，未滿 60 分者則評為「丁等」。

(四)若必須採取「核算等級計分」方式，可依下列評量表中，六項評量項目逐一計分。

(五)每個評量項目之能力向度計分，如下表：

評量項目	很好（○）	不錯（√）	加油（△）	改進（？）	補做	基本分
6	10	9	6	2	0	40

(六)努力向度：「＋」出現一次加 1 分，「－」出現一次減 1 分。

(七)若檔案未交則以「0」分計算，補交則給基本分，補交時間由教師規定。

六、補救教學

(一)對學習檔案表現欠佳或未達其應有水準者，施予必要之補救教學。

(二)先呈現優秀作品供需補救教學者參考，再請小組長或志工家長協助指導，最後由教師教導。

七、補充說明

(一)本檔案評量採「半結構式檔案評量」，只提供學生重點引導，讓學生有相當大的發揮空間。係因學生初期無此經驗，待學生具此經驗後建議逐漸採「半結構式檔案評量」、「非結構式檔案評量」，激發學生自我規劃、自主學習能力。

(二)若學生無整理檔案之經驗，可能需採高度引導或規範內容的「結構式檔案評量」。待學生具彙整檔案或此學習經驗後建議逐漸採「半結構式檔案評量」、「非結構式檔案評量」，激發學生自我規劃、自主學習能力。

實例 7-2　「我的家庭、感謝老師」國語學習檔案、使用與評量說明

「我的家庭、感謝老師」

～～國小國語「我的家庭、感謝老師」學習檔案

班級：　　　　組別：　　　　姓名：　　　　座號：

小朋友，教師節快到了，請設計一份「有關家庭、學校的國語學習檔案」，作為祝賀老師「教師節快樂」的禮物。請你依據下列的「學習檔案內容」，製作一份精美的檔案，開始前，先給自己一個愛的鼓勵。

一、學習檔案內容包括下列幾項重點

(一)檔案目錄。

(二)我的家庭故事。

(三)給家人的一封信。

(四)我的老師（寫出描寫「教師上課或生活情形」至少六個句子）。

(五)教師節賀卡。

(六)檔案的反省與感想。

二、注意事項

(一)請自己製作具有創意、美觀大方、符合主題檔案的封面。

(二)事先決定檔案的大小（如A4或B5格式）。

(三)可自己製作一本檔案簿，亦可購買資料夾、資料簿。

(四)檔案的形狀、樣子可自己決定，但盡量多點變化、和別人不同。

(五)檔案內容的美化可自行發揮，但力求美觀、創意。

「我的家庭、感謝老師」檔案目錄

檔案設計評量項目（小朋友不必填寫等級）	評量
1.檔案封面符合主題、美觀、富創意。	
2.檔案內容呈現整齊、統一、完整。	
3.檔案目錄完整，清晰扼要。	

「我的家庭故事」
～「我的家庭、感謝老師檔案」學習單

小朋友，請你運用最近三課所學到的「新詞」，發揮你的創意，編一個生動有趣的家庭故事，讓我們一飽眼福。

評量項目（小朋友不必填寫等級）	評量	評量項目（小朋友不必填寫等級）	評量
1. 故事題目生動、富吸引力。		4. 每課至少正確使用一個新詞。	
2. 內容要切合主題，富創意。		5. 注意用字、標點符號正確。	
3. 段落分明，善用佳句、佳詞。			

第　　課新詞			

第　　課新詞			

第　　課新詞			

故事題目：

「給家人的一封信」
～「我的家庭、感謝老師檔案」學習單

小朋友，父母親或家裡的人每天辛苦的照顧你們，請你寫一封信，表達對父母或家人的感謝，或是最想告訴他們的事情。如果一張不夠，可影印寫第二張。

評量項目（小朋友不必填寫等級）	評量	評量項目（小朋友不必填寫等級）	評量
1. 信的稱呼、署名、敬辭、日期正確。		4. 用字、標點符號正確。	
2. 信的內容要切合主題、生動。		5. 善用祝福的話。	
3. 段落分明，善用佳句、佳詞。			

「我的老師」

～「我的家庭、感謝老師檔案」學習單

小朋友，請你仔細觀察「老師平常上課或生活的情形」，發揮你的創意和觀察力，寫出至少六句描寫「老師上課或生活的情形」。

評量項目之意義	
主題：描寫的句子要符合主題。	字詞：詞彙優美，用字、標點符號正確。

描寫：老師上課或生活的情形的句子	1.		2.		3.		4.		5.		6.		7.		8.	
項目	字詞	主題	字詞	主題	字詞	主題	字詞	主題	字詞	主題	字詞	主題	字詞	主題	字詞	主題
等級																

「教師節賀卡」
～「我的家庭、感謝老師檔案」學習單

小朋友，教師節快到了，請你製作一張卡片、並寫一篇50到100字的短文，祝老師「教師節快樂」，請你發揮你的想像力、創意，給老師一個驚喜。

評量項目（小朋友不必填寫等級）	評量	評量項目（小朋友不必填寫等級）	評量
1. 賀卡稱呼、署名、敬辭、日期正確。		4. 用字、標點符號正確。	
2. 短文要切合主題、有創意。		5. 設計符合主題、有創意。	
3. 段落分明，善用佳句、佳詞。		6. 構圖、用色美觀大方。	

※把設計好、寫好的卡片浮貼在下面的方格上※

「檔案的反省與感想」
～「我的家庭、感謝老師檔案」學習單

小朋友，這一次你很努力的做好了「我的家庭、感謝老師檔案」，最後請你寫下來你製作檔案的過程：(1)你學到了什麼？(2)你做得最好的是什麼？(3)哪些是你還要再加油的？

評量項目（小朋友不必填寫等級）	評量	評量項目（小朋友不必填寫等級）	評量
1. 內容要具體反省、提出感想。		3. 用字、標點符號正確。	
2. 段落分明，善用佳句、佳詞。			

老師的話：

簽名：

家長的話：

簽名：

國小國語「我的家庭、感謝老師」學習檔案使用與評量說明

一、達成能力指標或學習表現

達成九年一貫課程語文（國語文）學習領域能力指標「6-1-1 能經由觀摩、分享與欣賞，培養良好的寫作態度與興趣」、「6-2-4 能概略知道寫作的步驟（如：從蒐集材料到審題、立意、選材及安排段落、組織成篇），逐步豐富內容，進行寫作」；或十二年國教課綱國語文領域學習表現「6-II-3 學習審題、立意、選材、組織等寫作步驟」。

達成九年一貫課程藝術與人文學習領域能力指標「1-2-2 嘗試以視覺、聽覺及動覺的藝術創作形式，表達豐富的想像與創作力」；或十二年國教課綱藝術領域學習表現「1-II-6 能使用視覺元素與想像力，豐富創作主題」。

二、學習目標

(一)能自行設計、整理學習檔案。
(二)能運用所學新詞撰寫「我的家庭故事」。
(三)能寫一封信給家人。
(四)能運用適切句子來描寫「教師上課或生活情形」。
(五)能製作賀卡表達對老師的感謝。
(六)能善用美術於卡片設計。
(七)能自省檔案作品。

三、使用與評量方法

(一)本使用與評量說明用之達成「上述語文（國語文）學習領域能力指標」與學習目標之教學內涵。
(二)教師先講解學習檔案製作重點、過程與注意事項，若學生無製作檔案之經驗，宜詳細說明，適時提供必要之協助，或提供範例供學生參考。
(三)本學習檔案於單元教學中實施之形成性評量，作為單元教學後之總結性評量，或診斷學生錯誤之依據，教師宜視教學目標與需要衡量之。
(四)教師直接於學習單之「評量」部分評定等級或打分數，本說明之評量項目、標準、計分方式僅提供參考，教師可依教學需要調整之。
(五)教師評量後寫下「老師的話」，再由學生攜回讓家長寫下「家長的話」，最後由學生送交教師。優秀作品建議展示供同學觀摩，並予製作者獎勵。

四、評量標準

(一)教師從「能力」、「努力」兩個向度在學習單的「評量」欄內進行評量，「能力」以符號表示：「很好（○）、不錯（√）、加油（△）、改進（？）、補做（×）」。「努力」以符號「＋、－」表示「進步、退步」。

(二)若評量等級亦可運用其他符號或評語，然仍須事先與學生溝通，且力求符號一致性。

(三)「很好（○）、不錯（√）、加油（△）、改進（？）、補做（×）」各項符號之評量標準如下（評量前必須告知學生符號所代表意義）：

學習單名稱與評量重點	目標層次	很好（○）	不錯（√）	加油（△）	改進（？）	補做（×）
一、檔案設計						
1. 檔案封面符合主題、美觀、富創意。	認知4.1區辨	切合主題、美觀、富創意。	切合主題、美觀。	切合主題、美觀欠佳。	未切合主題與不美觀。	未做。
2. 檔案內容呈現整齊、統一、完整。	認知4.2組織	整齊、統一、完整。	整齊、完整。	尚完整。	不完整。	未做。
3. 檔案目錄完整，清晰扼要。	認知4.2組織	完整、清晰扼要。	大部分完整。	尚完整。	不完整。	未做。
二、我的家庭故事						
1. 故事題目生動、富吸引力。	認知6.1產生	題目生動有趣，富吸引力。	題目適切，但不夠生動有趣。	題目生動，但不適切或偶有錯字。	題目很不明確。	未做。
2. 內容要切合主題，富創意。	認知	內容主題鮮明，主題發展順暢、富創意。	切合主題、內容順暢，為一般水準。	主題發展雖順暢，但流於平常俗氣，支持立論較弱。	內容不合主題或無重點。	未做。
3. 段落分明，善用佳句、佳詞。	認知4.2組織	組織段落有條不紊，轉折流暢；能善用成語、俗語或優美句子；詞彙豐富優美，甚少重複。	組織段落分明；適切運用成語、俗語或佳句；詞彙豐富，出現較多重複。	整體組織較不完整或僵化，段落轉折不太流暢；詞彙不多、平淡。	組織凌亂無序，缺乏方向，只將觀念、論點、事件湊在一起；詞彙極少、重複甚多。	未做。
4. 每課至少正確使用一個新詞。	認知4.2組織	正確使用三課新詞。	正確使用兩課新詞。	正確使用一課新詞。	均未正確運用。	未做。

（接下頁）

學習單名稱與評量重點	目標層次	很好（○）	不錯（√）	加油（△）	改進（？）	補做（×）
5. 注意用字、標點符號正確。	認知4.1區辨	用字、標點符號完全正確，毫無錯別字。	錯別字、誤用標點符號共在兩個以下。	錯別字、誤用標點符號共在五個以下。	錯別字、誤用標點符號共在六個以上。	未做。
三、給家人的一封信						
1. 信的稱呼、署名、敬辭、日期正確。	認知4.1區辨	四項措辭與位置完全正確。	三項措辭與位置完全正確。	二項措辭與位置正確。	僅一項措辭與位置正確或全錯。	未做。
2. 信的內容要切合主題、生動。	認知6.1產生	內容主題鮮明，主題發展順暢、生動。	切合主題、內容順暢，為一般水準。	主題發展雖順暢，但流於平常俗氣，支持立論較弱。	內容不合主題或無重點。	未做。
3. 段落分明，善用佳句、佳詞。	認知4.2組織	組織段落有條不紊，轉折流暢；能善用成語、俗語或優美句子；詞彙豐富優美，甚少重複。	組織段落分明；適切運用成語、俗語或佳句；詞彙豐富，出現較多重複。	整體組織較不完整或僵化，段落轉折不太流暢；詞彙不多、平淡。	組織凌亂無序，缺乏方向，只將觀念、論點、事件湊在一起；詞彙極少、重複甚多。	未做。
4. 用字、標點符號正確。	認知4.1區辨	用字、標點符號完全正確，毫無錯別字。	錯別字、誤用標點符號共在兩個以下。	錯別字、誤用標點符號共在五個以下。	錯別字、誤用標點符號共在六個以上。	未做。
5. 善用祝福的話。	認知5.1檢查	善用祝福的話，位置正確且工整。	善用祝福的話，且位置正確。	善用祝福的話，但位置不正確。	未寫出祝福的話。	未做。
四、我的老師						
主題：描寫的句子要符合主題。	認知4.2組織	句子描述符合主題且生動。	句子描述符合主題。	句子雖符合主題，但描述凌亂。	句子不合主題或無重點。	未做。
字詞：詞彙優美，用字、標點符號正確。	認知4.1區辨	詞彙豐富優美，善用佳句，用字、標點符號完全正確。	詞彙平淡，錯別字、誤用標點符號共在兩個以下。	詞彙平淡，錯別字、誤用標點符號共在五個以下。	詞彙極少，錯別字、誤用標點符號共在六個以上。	未做。

（接下頁）

學習單名稱與評量重點	目標層次	很好（○）	不錯（√）	加油（△）	改進（？）	補做（×）
五、教師節賀卡						
1. 賀卡稱呼、署名、敬辭、日期正確。	認知4.1區辨	四項措辭與位置完全正確。	三項措辭與位置完全正確。	二項措辭與位置正確。	僅一項措辭與位置正確或全錯。	未做。
2. 短文要切合主題、有創意。	認知6.1產生	短文主題鮮明，富創意。	短文主題適切，無誤。	主題流於平常俗氣。	不合主題或無重點。	未做。
3. 段落分明，善用佳句、佳詞。	認知4.2組織	組織段落有條不紊，轉折流暢；能善用成語、俗語或優美句子；詞彙豐富優美，甚少重複。	組織段落分明；適切運用成語、俗語或佳句；詞彙豐，出現較多重複。	整體組織較不完整或僵化，段落轉折不太流暢；詞彙不多、平淡。	組織凌亂無序，缺乏方向，只將觀念、論點、事件湊在一起；詞彙極少、重複甚多。	未做。
4. 用字、標點符號正確。	認知4.1區辨	用字、標點符號完全正確，毫無錯別字。	錯別字、誤用標點符號共在兩個以下。	錯別字、誤用標點符號兩至五個之間。	錯別字、誤用標點符號共在六個以上。	未做。
5. 設計符合主題、有創意。	認知6.1產生	完全符合主題，富創意。	符合主題，但創意與一般學生相近。	符合主題，但有些缺失。	不符合主題。	未做。
6. 構圖、用色美觀大方。	認知5.1檢查	構圖相當統一、協調，用色層次、濃淡極為分明。	構圖、用色適切，為一般水準。	構圖有點雜亂，用色有些層次、濃淡之別。	非常雜亂，用色毫無層次、濃淡之別。	未做。
六、檔案的反省與感想						
1. 內容要具體反省、提出感想。	認知5.2批判	內容非常具體，能深入反省，並提出感想。	內容具體，能反省，卻不夠深入。	內容順暢，但不能指出製作檔案的優缺點。	內容不合反省或感想之主題或無重點。	未做。
2. 段落分明，善用佳句、佳詞。	認知4.2組織	組織段落有條不紊，轉折流暢；能善用成語、俗語或優美句子；詞彙豐富優美，甚少重複。	組織段落分明；適切運用成語、俗語或佳句；詞彙豐富，出現較多重複。	整體組織較不完整或僵化，段落轉折不太流暢；詞彙不多、平淡。	組織凌亂無序，缺乏方向，只將觀念、論點、事件湊在一起；詞彙極少、重複甚多。	未做。
3. 用字、標點符號正確。	認知4.1區辨	用字、標點符號完全正確，毫無錯別字。	錯別字、誤用標點符號共在兩個以下。	錯別字、誤用標點符號共在五個以下。	錯別字、誤用標點符號共在六個以上。	未做。

五、評等或計分方式

(一)教師可依教學目標、工作負擔、學生或家長需要，採取「評定等級」或「核算等級計分」的方式。

(二)教師評定等級後，宜視需要輔以文字深入說明，並予學生適切增強。

(三)若採「核算等級計分」方式，可依「學習檔案」的六項學習單逐一計分，每項學習單均以 100 分計。

(四)每個評量項目之能力向度計分，如下表：

學習單名稱	評量項目	很好（○）	不錯（√）	加油（△）	改進（？）	補做（×）	基本分
檔案設計	3	10	8	6	2	0	70
我的家庭故事	5	6	4	2	1	0	70
給家人的一封信	5	6	4	2	1	0	70
我的老師	20	4	3	2	1	0	20
教師節賀卡	6	6	4	2	1	0	64
檔案的反省與感想	3	10	8	6	2	0	70

(五)努力向度：「＋」出現一次加 1 分，「－」出現一次減 1 分。

(六)若學習單未交則以「0」分計算，補交則給基本分，補交時間由教師規定。

(七)教師評量上述六個項目後，加總除以六可以求得總平均分數。

六、參考答案

視需要提供。

七、補救教學

(一)對某學習單表現欠佳或未達其應有水準者，施予必要之補救教學。

(二)先呈現優秀作品供需補救教學者參考，再請小組長或志工家長協助指導，最後由教師教導。

八、補充說明

(一)本檔案為求簡化，乃將「使用方法」、「評量單」納入「學習檔案或學習單」中。若為求完整可將三者適切區分。

(二)本說明若係一系列相類似之說明置於一手冊，可將「使用與評量方法（一般性）」、「評量標準（一般性）」、「評等或計分方式（一般性）」、「補充說明」置於手冊前言，如納入「給家長的話」或「給小朋友的話」中。

(三)本說明可配合相關資料，僅呈現五部分：(1)學習目標；(2)使用與評量方法（特殊性）；(3)評量標準（特殊性）；(4)「評等或計分方式（特殊性）」；(5)參考答案。

(四)本檔案各學習單版面可力求活潑化、生活化。低年級則必須加註「注音」。

(五)本學習檔案採「結構式檔案評量」，係因學生初期無此經驗，待學生具此經驗後建議逐漸採「半結構式檔案評量」、「非結構式檔案評量」，激發學生自我規劃、自主學習能力。

第八章 CHAPTER EIGHT

口語評量及軼事記錄理念與實例

教師教學過程時常運用口語評量，對特殊表現的學生可運用軼事記錄，然中小學教師對此兩種評量方式並未精熟。本章將討論口語評量、軼事記錄之理念與實例。

第一節　口語評量理念

傳統評量中紙筆測驗忽略口試或問問題，使得國內學生善於文字表達，卻疏於口語表達。為改善此現象，教學過程或評量宜納入「口語評量」，而常用之口語評量有二：一為「口試」（oral examination），一為「問問題」（questions）。「口試」較常用於總結性評量，如國語可用演講、辯論、口頭報告、經驗分享故事接龍來評量，數學採放聲思考，解題經驗分享、日常應用心得分享、口頭報告、表演等方式來評量。「問問題」較常用於形成性評量，教師於教學過程以問題問學生乃常見的師生互動模式，只是較少教師將問問題納入學習評量，而將其視為學習評量的一部分。口語評量初期，學生可能不習慣或表現欠佳，若教師能持續鼓勵、容許學生犯錯，相信學生的口語表達能力必能提升。教師運用口試時，可設計評定量表以評定學生表現，且事先告知學生口試評量標準，以引導學生準備發表活動，提升教學成果（李坤崇，1999；陳英豪、吳裕益，1991；Airasian, 1996; Linn & Miller, 2005; Miller et al., 2013）。

壹、口語表達的優缺點

口語評量係經由口頭問答來評估學生的學習結果，有其優點，亦有其缺失，申述於下（李坤崇，1999；陳英豪、吳裕益，1991；Airasian, 1996; Linn & Miller, 2005; Miller et al., 2013）：

一、優點

教師於班級教學採用「問問題」的方式，Airasian（1996）認為可發揮下列功能：(1)提高參與感：教師問問題不僅可維持學生專心，亦可提高學生參與程度。(2)加深思考過程：問問題可增廣學生的思考方向，或引導學生更深入思考問題內涵。(3)增強同儕互動與學習：問問題可使學生聽到同學對問題的解釋，有助於同儕互動，亦可增進間接學習。(4)提供立即增強：學生問題答對時，教師的微笑或口頭讚賞，均為最直接、立即的增強。(5)利於掌握教學進度：教師問問題能了解學生學習現況，作為掌握教學進度的依據。(6)提供診斷資料：教師由學生對問題的回答，可診斷學生學習問題，作為施予補救教學之參考。

教師採面對面的「口試」實施總結性評量，若適切運用可發揮下列優點：(1)評估學生概念的完整性：教師可善用「即問即答」的口試方式，提出一系列樹枝狀的問題，來了解學生某一學習概念的完整性。而傳統紙筆測驗則無法如此靈活的善用樹枝狀問題，以致偵測學習概念完整性的功能較口試為弱。(2)較紙筆測驗更能評量學生的認知與情意：傳統紙筆測驗僅能評量學生的表面或低層次的知識、理解等認知能力，難以評估高層次的認知能力，且無法評量情意領域。面對面的口試方式，可覺察學生對學習內容的認知是否深入正確，亦可經由觀察學生的肢體語言來印證學生情意學習的成效與探討學生的學習態度。(3)適於評量較高層次的學習結果：口試問題大多為申論題，申論題適於評量分析、綜合和評鑑等認知領域的教育目標，且口試更能評估學生的組織、創造與批判能力。(4)立即診斷學生的學習問題：口試經由一問一答的過程，教師若發現學生可能有某方面的學習問題，可立即提出問題，教師可立即視學生的回答適切與否，再提出更深入的問題以深入而貼切的診斷學生問題核心，利於實施補救教學。(5)增進學生語言表達能力與組織能力：口試要求學生將已知的學習結果加以分析、綜合與組織，再以生動活潑的口語、貼切傳神的語彙、井然有序的表達訊息，如此訓練可增進學生的語言表達能力與組織能力。(6)改善學生的學習方法與態度：口試不僅要求學生組織學習結果，更要求學生以適切的語言表達學習結果，故學生必須放棄片斷式的學習方法，揚棄被動式的死背技巧，轉而採用分析與組織並用的學習方法，積極練習以語言傳達學習心得，以及主動思維教師可能提出的問題並事先模擬口頭回答的策略。(7)較不受作弊影響：傳統紙筆測驗會因學生作弊而無法鑑別學生學習結果，口試時教師與學生面對面溝通，教師注意學生的一舉一動，學生沒有作弊機會。

二、缺失

問問題或口試雖有其優點，然亦具有下列缺失（李坤崇，1999；陳英豪、吳裕益，1991；Airasian, 1996; Linn & Miller, 2005; Miller et al., 2013）：

1. **難以建立適切的評分標準，影響測驗的信度**：口試或問問題的評分必須顧及回答內容的正確性、組織性、完整性、綜合性與創造性，亦須評估學生的語言表達能力，因此難以建立公平、客觀、一致的評分標準，使得評分結果易呈現不穩定與不一致的現象。
2. **難以區分語言表達能力與真正學習結果，對語言表達能力較差學生不利**：口試旨在評量學生真正的學習成效，但學生口頭回答問題時，則深受語言表達能力影響。語言表達能力較差學生，雖然學習成效甚佳、擁有滿腹知識與具備通順流暢的文字技巧，由於無法適切以語言表達所知所學，致評分者常常給予較低的分數。
3. **評分者的主觀意識易造成評分結果的偏差**：教師與學生面對面口試或問問題時，學生的肢體語言（如穿著打扮、身體姿勢、表情動作）會影響教師評分，故評分難以公正客觀。
4. **口試時間耗時且需較多人員，不符經濟效益**：口試通常是一對一或多對一的方式，而且時間較長，所需人力甚多、時間頗長、經費較多，故易造成學習評量的極大負擔。

貳、運用口語評量的原則

綜合分析上述得失，若評量教學過程的問題，給予學生立即回饋，增進學生口語表達能力，宜採問問題方式。若擬評量較複雜、較具綜合性的學習結果，以及評估學生的語言表達能力，宜運用口試進行學習評量。然教師實施口語評量應遵循下列原則（李坤崇，1999；陳英豪、吳裕益，1991；Airasian, 1996; Linn & Miller, 2005; Miller et al., 2013）：

一、口語表達需與教學目標相關

教師於教學過程問問題或教學後實施口試，均應與教學目標相結合、相呼應，教師教學前的準備應將擬問的問題納入教學過程或計畫之中，方不至於口語表達與教學目標脫節。

二、避免廣泛、模糊的題目

教師問問題或口試時，問題應避免過於籠統廣泛、普遍、模糊，有些教師問學生：「大家都懂了嗎？」因有的學生害羞或怕被責罰而不敢承認不懂，有些學生實際不懂卻自認為懂了，與其問此問題，不如直接詢問需懂的觀念或技能。有些教師口試時問學生：「怎麼做種子發芽需要水的實驗？」若改為「如果你要做種子發芽需要水的實驗，你會準備哪些器材？你設計實驗的步驟為何？你會怎麼來觀察綠豆發芽的情形？」可能較為具體、明確。

三、使用直接、簡單的問題

教師所問的問題過長，將易使學生疲勞，問題過於複雜，將易使學生難以理解，使得評量結果只反映出不理解問題，而無法反映出對教學目標的精熟度。

四、允許學生充足時間回答

學生思考與組織問題答案需要足夠時間，尤其是難度較高的題目需要更多的時間，教師應允許學生短暫的沉默，讓學生充分思維後才回答問題。有些教師較不能忍受學生沉默，催促學生回答，將使得學生更為緊張、更難以回答問題。

五、候答態度應和藹，避免給學生壓力

教師候答的表情與態度會影響學生的回答，若教師眉頭深鎖、眼神凶惡、表情不耐煩，將會令學生感受到壓力，衍生緊張反應。若教師面帶微笑、表情和藹、眼神支持、點頭鼓勵，將會增強學生信心，勇於說出自己的答案。

六、審慎衡量運用時機

問問題於教學過程中，可立即了解學生問題施予適切補救，且可增進學生語言表達；口試可用來評量高層次的認知、情意與態度，增進學生語言表達與組織溝通能力。問問題較適於增進學生覺察學習現況、診斷學生立即問題，或與學生立即回饋，口試較適於正式的評鑑，然因口試、問問題均耗時費力，且較不客觀，若其他評量方式能達成口試的評量目標時，宜採其他評量方式，若紙筆測驗、評定量表或檢核表可達成者，則不採口試較佳。

七、事前建立公正客觀的口試評量標準

口試或問問題最令人詬病者為「評分者的主觀意識易造成評分結果的偏差」，為克服此問題，不宜將教學歷程的問問題納入學習評量，而實施口試前宜建立公正客觀的評分標準，如內容與主題的符合、組織流暢程度、內容生動程度、姿勢、音量、速度、發音或時間，若能於事前確立評量項目、評量標準或計分方式，且逐一條列，當可建立較公正客觀的評量標準，且精簡評量時間。

八、事先讓學生了解口試程序與評量標準

學生對口試程序的未知與評量標準的茫然，會增加未知的壓力，若能於事前告知口試程序與評量標準，將可讓學生減少壓力，更可讓學生有努力方向而全力衝刺。

九、同時請兩位以上受過訓練的優秀人員擔任口試主試

受過訓練的優秀人員係指受過口試評量訓練，具有評量專業素養，且能公平、客觀、認真實施評量者。口試評量訓練應循下列步驟：(1)告知口試的標準與評量重點；(2)共同討論評量標準；(3)參與訓練者對口試範本（如口試學生之影片）進行評量；(4)與參與訓練者討論評量結果的差異及原因；(5)再分別就不同範本練習計分、比較評量結果並討論改善；(6)重複練習直到參與訓練者與教師評量結果幾乎一致。經受過訓練的優秀人員，盡可能由兩人以上同時共同評量，將會使評量結果更為客觀。

第二節　口語評量實例

中小學各學習領域或學科經常引導學生將學習結果用於日常生活，而日常生活的人際溝通以口語表達最為直接便利，因此，各學習領域或學科評量宜納入「口語評量」。常用口語評量乃「口試」和「問問題」，「口試」較常用於綜合活動學習領域之總結性評量，如用演講、辯論、口頭報告、經驗分享、故事接龍來評量，或採放聲思考、日常應用心得分享、口頭報告、表演等方式來評量。「問問題」較常用於各學習領域或學科形成性評量，教師於教學過程以問題問學

生乃常見的師生互動模式，只是較少教師將問問題納入學習評量，將其視為學習評量的一部分。

實例 8-1 之「美夢成真」學習評量單係口語評量之實例，旨在達成九年一貫課程綜合活動學習領域「2-4-3-5 規劃自己升學或職業生涯」；或十二年國教課綱綜合活動領域「1c-IV-3 運用生涯規劃方法與資源，培養生涯抉擇能力，以發展個人生涯進路」。請學生用 5 分鐘來發表一下自己的抱負，以及如何讓美夢成真，教師依據「演講內涵與組織」、「演講技巧」來評量學生的口語表現。

本評量分成「演講內涵與組織」、「演講技巧」兩項，均由教師評量。教師可依據「評量使用說明」直接於學習單上實施評量，評定學習成果。評量後寫下「老師的話」，再由學生攜回讓家長寫下「家長的話」，最後再由學生送交教師。評量時，教師從「能力」、「努力」兩個向度在學習單的「評量」欄內進行評量，「能力」以符號「○、√、△、？、×」表示「很好、不錯、加油、改進、補做（交）」。「努力」以符號「＋、－」表示「進步、退步」。各項符號與評語之評量標準，除下列評量項目外，餘均參酌表 1-2「能力、努力兼顧之各項符號與評語」之評量標準。

實例 8-1　「美夢成真」學習評量單、使用與評量說明

「美夢成真」學習評量單

<table>
<tr><td colspan="2">美夢成真
姓名：　　班級：　　座號：　　日期：　　組別：
各位同學：經過一系列的自我探索活動後，相信你一定更深入了解自己如何規劃未來，請你用5分鐘來發表一下自己的抱負，以及如何讓美夢成真。
準備演講應注意與評量事項</td></tr>
<tr><td colspan="2">一、演講內涵與組織：</td></tr>
<tr><td>評量</td><td>此部分包含下列的重點</td></tr>
<tr><td></td><td>1. 內容符合主題，且清晰簡要。</td></tr>
<tr><td></td><td>2. 組織分明善用佳句或成語。</td></tr>
<tr><td></td><td>3. 內容生動有趣富創意。</td></tr>
<tr><td colspan="2">二、演講技巧：</td></tr>
<tr><td>評量</td><td>此部分包含下列的重點</td></tr>
<tr><td></td><td>1. 以姿勢或肢體語言來強調重點。</td></tr>
<tr><td></td><td>2. 以聲量或速度變化、停頓來強調重點。</td></tr>
<tr><td></td><td>3. 發音、咬字清晰。</td></tr>
<tr><td></td><td>4. 儀態端莊大方，態度相當誠懇。</td></tr>
<tr><td></td><td>5. 眼神注視聽眾，展露自信笑容。</td></tr>
<tr><td></td><td>6. 精確掌握時間（每多或少30秒降一等級）。</td></tr>
<tr><td colspan="2">分享：</td></tr>
<tr><td colspan="2">注意事項：
(一)演講時間 5 分鐘，4 分 30 秒按一聲鈴，5 分鐘按兩聲鈴，5 分 30 秒鐘按三聲鈴，再來每隔 30 秒按一聲鈴。
(二)演講前如果先就重點逐一整理內容，再私下練習，效果可能會更好。一般人報告 5 分鐘約需整理 800 個字，你可試試看。
(三)演講前將此學習評量單交給老師評定等級或成績。</td></tr>
</table>

註：此學習評量單旨在達成九年一貫課程「2-4-3-5 規劃自己升學或職業生涯」。

「美夢成真」演講學習評量單之使用與評量說明

設計者：李坤崇

一、達成能力指標或學習表現

達成九年一貫綜合活動學習領域「2-4-3-5 規劃自己升學或職業生涯」；或十二年國教課綱綜合活動領域「1c-IV-3 運用生涯規劃方法與資源，培養生涯抉擇能力，以發展個人生涯進路」。

二、學習目標

(一)說出自己升學或職業生涯。

(二)能學習演講技巧。

(三)能增進師生互動。

三、使用與評量方法

(一)本學習評量單配合綜合活動學習領域課程實施。

(二)教師先講解「演講學習評量單」的重點，並請學生提出問題，予以解答。

(三)本評量分成「演講內涵與組織」、「演講技巧」兩項，均由教師評量。

(四)教師依據「評量使用說明」直接於學習評量單上實施評量，評定學習成果。

(五)教師評量後寫下「老師的話」，再由學生攜回讓家長寫下「家長的話」，最後再由學生送交教師。

四、評量標準

(一)教師從「能力」、「努力」兩個向度在學習評量單的「評量」欄內進行評量，「能力」以符號「○、√、△、？、×」表示「很好、不錯、加油、改進、補做（交）」。「努力」以符號「＋、－」表示「進步、退步」。

(二)各項符號與評語之評量標準，除下列評量項目外，餘均參酌表 1-2「能力、努力兼顧之各項符號與評語」之評量標準。

評語、符號	目標層次	很好（○）	不錯（√）	加油（△）	改進（？）	補做（×）
一、演講內涵與組織						
1. 內容符合主題，且清晰簡要。	認知 4.1 區辨	內容主題鮮明，主題發展順暢，且清晰扼要。	內容主題符合主題，清晰扼要。	內容主題雖清晰扼要，但流於平常俗氣，支持立論較弱。	內容無重點或不合主題，題目訊息有限或不清晰。	未出席或未上臺。

評語、符號	目標層次	很好（○）	不錯（√）	加油（△）	改進（？）	補做（×）
2. 組織分明善用佳句或成語。	認知4.2組織	組織分明善用佳句或成語。	組織相當分明。	組織不夠分明。	組織相當紊亂。	未出席或未上臺。
3. 內容生動有趣富創意。	認知6.1產生	內容生動有趣富創意。	內容相當活潑生動。	內容不夠活潑生動。	內容枯燥乏味。	未出席或未上臺。
二、演講技巧						
1. 以姿勢或肢體語言來強調重點。	技能4.0熟練	以姿勢與肢體語言來適切強調重點。	以姿勢或肢體語言來適切強調重點。	運用姿勢或肢體語言但未能強化重點。	未運用姿勢或肢體語言，相當呆板。	未出席或未上臺。
2. 以聲量或速度變化、停頓來強調重點。	技能4.0熟練	善用聲量、速度變化及停頓來強調重點。	善用聲量、速度變化或停頓其中一項，來強調重點。	善用聲量、速度變化或停頓，但未能強化重點。	聲量速度毫無變化。	未出席或未上臺。
3. 發音、咬字清晰。	技能4.0熟練	發音、咬字清晰，且相當流暢。	發音、咬字正確。	發音、咬字不太清晰，稍可理解。	咬字不清難以理解。	未出席或未上臺。
4. 儀態端莊大方，態度相當誠懇。	技能5.2自動的表現	儀態非常端莊，且態度非常誠懇。	儀態端莊大方，態度相當誠懇。	儀態平凡，態度平淡。	儀態不整，態度傲慢或輕佻。	未出席或未上臺。
5. 眼神注視聽眾，展露自信笑容。	技能5.2自動的表現	眼神充分注視聽眾，展露高度自信笑容。	眼神或笑容均頗佳。	眼神或笑容其中一項欠佳。	眼神不看聽眾，無笑容。	未出席或未上臺。
6. 精確掌握時間。	技能4.0熟練	誤差在30秒以內。	誤差在30秒至1分鐘之間。	誤差在1至2分30秒之間。	誤差在2分30秒以上。	未出席或未上臺。

五、評等或計分方式

(一)本學習領域以「不呈現分數」為原則，教師可依教學目標、工作負擔、學生或家長需要，採取「評定等級」、「文字敘述」的方式。

(二)教師評定等級後，宜視需要於「分享」欄，輔以文字深入說明，並予學生適切增強。

(三)若必須採取「核算等級計分」方式，可依下列評量表中，六項評量項目逐一計分。

(四)每個評量項目之能力向度計分，如下表：

評量項目	很好（○）	不錯（√）	加油（△）	改進（？）	補做（×）	基本分
9	8	7	5	2	0	28

(五)努力向度：「＋」出現一次加1分，「－」出現一次減1分。

(六)若學生未上臺以0分計，若上臺未開口則給基本分，教師宜視情況斟酌。

六、補救教學

對演講表現欠佳或未達其應有水準者，針對其缺失，先請小組長或志工家長協助指導，最後由教師教導。

第三節　軼事記錄理念

Linn與Miller（2005）強調軼事記錄乃教師觀察到有意義插曲與事件的事實性描述，即教師觀察學生日常生活表現，詳細寫下重要而有意義的偶發個人事件和行為的紀錄。軼事記錄通常作為評量佐證資料，而非評量的唯一依據，因學生日常生活的點點滴滴難以在教師設計的評定量表、檢核表、檔案資料，或紙筆測驗中完全呈現，若能以教師在班級情境的直接觀察作為佐證資料，當能提高評量結果的效度。

壹、記錄的內涵

教師的日常觀察可提供學生學習與發展的豐富資訊，但不一定每個日常生活行為均有意義，教師選取重要、有意義的插曲或事件來做軼事記錄。由於重要、有意義的插曲或事件通常是偶發性的，教師平常應準備一張張個別的卡片作為立即記錄偶發事件之用。卡片可選取坊間出售的資料卡，不必重新設計，教師可在卡片的左上角寫下學生姓名、觀察地點，右上角寫下觀察日期與時間、觀察者，再於卡片內容詳細記錄事件的發生過程，並盡可能記下語言、非語言訊息，最後寫下教師對此事件的解釋。

Linn與Miller（2005）提出軼事記錄的撰寫原則有五：(1)敘述簡單、具體：依據插曲或事件扼要具體描述，切勿流於冗長。(2)描述事件情境：簡明描述學生所說或所做及事件發生的情境，如今天在遊戲場，甲生和乙生正在選擇加入壘球隊的哪一隊，丙說：「我想加入甲那一隊，守一壘，否則我就不參加」。(3)勿撰寫類推性的描述軼事：教師應用一般話語來描述具體行為，避免月暈效應，如今天在遊戲場，丙生又表現出她總是堅持她自己的方式。(4)勿撰寫評鑑式的軼事：教師不應進行價值判斷，逕行判斷該行為可接受或不可接受、好或壞，如丙生今天在遊戲場的表現是自私的和愛搗亂的。(5)勿撰寫解釋型的軼事：教師應描述具體的事件情境，不應解釋行為的原因，如丙生無法和他人玩得很好，因為她是被過度保護的獨生女。可見，軼事記錄應先客觀描述事件，不宜直接對事件予以類推、價值判斷或解釋原因。

軼事記錄應將客觀描述的事件、行為意義的解釋分開敘述，可作為補充或證實較客觀方法所獲得的資料。每一項軼事記錄應分開記錄於不同卡片，便於往後教師依據學生行為發生的順序或類別整理。

詳見表 8-1「大雄的創意造詞紀錄」，教師由此紀錄發現李大雄雖然國語成績欠佳，但在造詞則頗具創意。

☞表 8-1　大雄的創意造詞紀錄

姓名：李大雄		時間：○年5月1日10時
地點：教室		觀察者：王老師
事件	上課時，出了一題「□天□地」的填字遊戲，同學均興高采烈的唸出自己的答案，胖虎唸出「謝天謝地」、靜香唸著「驚天動地」、小夫大叫「歡天喜地」，而大雄相當小聲的說「天天掃地」。大雄唸完後，其他同學捧腹大笑，他露出相當尷尬的表情，此時，我引導學生思考「天天掃地」是否通順，是否合理，學生發現大雄的答案相當有創意後，全班給他一個愛的鼓勵，大雄露出自信的笑容。	
解釋	大雄平時國語成績不佳，使得他在造詞顯得沒有信心，唸出造詞時相當小聲，且面對同學大笑更顯退縮，當澄清後方重拾信心，此事件顯示大雄造詞頗具創意。	

貳、軼事記錄的優缺點

軼事記錄具有下列優點：(1)能評量自然情境的實際行為表現，具有絕對真實性。(2)可覺察學生未曾出現卻相當重要的佐證資料，如學業成績甚低的學生，表露出學習興趣。(3)可增加教師對獨特行為的敏感性，增進教師的覺察能力。(4)頗適用於國小低年級學生或語文表達能力較差學生。此法的缺失為：(1)覺察能力較低的教師難以發揮此法優點。(2)記錄費時費力，教師已承擔頗多教學與行政負擔，幾乎無法適切運用此法。(3)觀察記錄難以完全保持客觀態度，難以呈現「語文攝影」的效果。(4)難以取得充分、具代表性的行為樣本，學生行為隨時間、情境而異，教師甚難掌握重要、有意義的偶發事件。(5)教師對偶發事件的解釋，仍易受個人價值觀、事件情境的影響，較其他實作評量難以避免月暈效應（Airasian, 1996; Cartwright & Cartwright, 1984; Gronlund, & Linn, 1990; Linn & Gronlund, 1995; Linn & Miller, 2005）。

軼事記錄雖然能提供詳細的評量佐證資料，但因其主觀性，以及隨著時間走、隨時準備立即記錄學生行為的難度甚高，故僅適用於特別重要，且無法用其他方法來評量的事件或行為（Airasian, 1996; Cartwright & Cartwright, 1984; Gronlund, & Linn, 1990; Linn & Gronlund, 1995; Linn & Miller, 2005; Miller et al., 2013）。

參、軼事記錄的改善原則

軼事記錄若能針對缺點予以改善，仍能提供有效的佐證資料以提高評量的效度。茲綜合李坤崇（1999）、陳英豪與吳裕益（1991）、Linn與Gronlund（1995）、Linn與Miller（2005）提出的改善原則，闡述於下：

一、事先決定擬觀察行為，並對異常行為提高警覺

教師應依據教學目標、評量目的與評量行為，選擇適切的評量方法，若難以用其他評量方法的偶發行為，必須採取直接觀察時，則可採取軼事記錄。教師記錄前，應事先決定可直接觀察的具體行為，當出現偶發行為之後，立即在卡片上詳細記錄事件。教師在實際觀察時，必須保持彈性與警覺性，若出現異常的有意義行為亦應予以記錄。

二、分析與避免觀察記錄的可能偏見

教師實施軼事記錄前，應詳細分析觀察記錄的可能偏見，如性別、種族、少數族群的先入為主刻板印象，對學生先前認知的月暈效應，因人格特質衍生的個

人偏見，或將無關特質相連的邏輯謬誤。教師可針對上述偏見，逐一提出改善策略，以避免偏見造成觀察的誤差。

三、詳細記錄有意義行為的情境資料

因學生行為隨著情境而改變，若僅敘述行為而無具體的情境資料，將難以闡述行為的意義。如甲生推乙生的動作，可能是好玩、吸引注意、憤怒或敵對的行為，判斷的依據必須從發生地點、兩生的平日互動、動作的時機、動作後的後續反應等情境資料，方能正確解讀動作的意義。

四、盡可能事件發生後立即記錄

教師在教室或校園時，看到學生有意義的行為，通常無法馬上記下所有細節，然而時間拖得愈久，遺忘的重要細節內容就愈多。較適切的做法乃事件發生時，做簡短扼要的摘記，尤其是重要細節（如語言訊息或肢體語言），待有空、下課空檔或放學後再詳細、完整的記錄。

五、記錄事件應力求簡單明確

簡單明確的扼要記錄不僅可減少教師記錄時間，亦可節省閱讀時間，而簡單明確必須包括事件發生地點、學生說了什麼、學生做了什麼，不必記錄概括、沒有顯著特點的典型或習慣性的行為，且解釋事件不宜過度解釋推論，或加入情緒字眼。

六、事件描述與解釋必須分開記錄

事件描述時教師僅忠實的記錄事件時間、地點、學生語言、非語言訊息或其他具體情境，而不做任何的解釋、推論，必須做到精確、客觀，不加任何判斷字詞，避免使用愉快、害羞、傷心、具企圖心、敵意、固執等詞彙來敘述。事件解釋則可納入教師個人判斷，雖然教師不一定要對每一事件均加以解釋，但若欲解釋時，必須將事件描述與解釋分開，方不致混淆不清。

七、正面、負面行為事件均應記錄

教師通常較容易留意課堂違規的負向行為，而較忽略安靜守秩序的正向行

為，使得軼事記錄較常出現消極負向的事件。教師觀察學生行為時，應特別留意積極正向行為，並給予學生立即增強，不僅可鼓勵學生表現正向行為，更可提醒表現負向行為學生的努力方向。因為，鼓勵學生正向行為可壓抑負向行為，而壓抑負向行為則同時讓表現正向行為學生遭受壓抑。

八、推論學生典型行為前應蒐集足夠的軼事記錄

單一偶發行為難以解釋學生的學習結果，學生常因情境改變而表現出極端不同的行為反應，如學生有時高興有時悲傷，有時滿懷自信有時自我懷疑，僅從單一事件無法正確評量。欲推論學生的典型行為或評定學習結果，應累積足夠的軼事記錄或其他佐證資料，方能對學生學習與發展狀況正確評量。

九、記錄前應有充分練習的機會

大部分教師在選擇、判斷重要偶發事件，抉擇事件意義，客觀與簡潔扼要描述事件均必須經過充分練習歷程，甚少教師不經練習即能運用自如。教師記錄前應接受適當的訓練，在有經驗教師或專家的指導下練習，並就練習結果逐一檢討改善，則將隨著練習次數的增加而漸熟練。

第四節　軼事記錄實例

軼事記錄乃教師觀察到有意義插曲與事件的事實性描述。軼事記錄通常作為評量佐證資料，而非評量的唯一依據。教師若能在班級情境的直接觀察作為佐證資料，當能提高評量結果的效度。

實例 8-2 之國小三年級「小華報告」軼事記錄，適足以說明九年一貫綜合活動學習領域能力指標細項「3-2-2-2 在團體能主動明確表達自己的想法和感受」之學習結果；或十二年國教課綱綜合活動領域學習表現「2a-II-1 覺察自己的人際溝通方式，展現合宜的互動與溝通態度和技巧」。此種軼事記錄通常用於學生偶發行為的記錄，以作為其他評量方式的佐證資料，故均不予計分。記錄時，應寫下學生姓名、觀察地點、觀察日期與時間、觀察者。另外要詳細記錄事件的發生過程，並盡可能記下語言、非語言訊息，再者寫下教師對此事件的解釋。

實例 8-2　國小三年級「小華報告」軼事記錄

<table>
<tr><td colspan="2">姓名：李小華</td><td>時間：○年9月27日10時</td></tr>
<tr><td colspan="2">地點：三甲教室</td><td>觀察者：歐老師</td></tr>
<tr><td>事件</td><td colspan="2">上課時，老師請各組討論班級公約的內容，討論後各組都派一名代表報告。小華代表該組報告，他遲疑的說：「要遵守校規，要遵守班級規定，……」。其他組同學紛紛提出質疑，詢問小華：「報告內容應該是公約的內容，而不是校規、規定。」小華站在臺上開始覺得不知所措，一片空白，接不下話。老師此時及時伸出援手，先讚美小華遵守校規、班規，也算是班級公約的一種，請他繼續說出小組內討論的內容，小華繼續慢慢的說：「愛惜公物、友愛同學、尊敬師長、準時不遲到、遵守規定，……」。他逐漸露出得意與自信笑容，報告完後面帶笑容的坐下。</td></tr>
<tr><td>解釋</td><td colspan="2">小華平時上課發言的機會不多，很少主動發表意見，小組討論參與度也不高，今天難得被小組指派代表上臺報告，他顯得遲疑與自信心不夠，所以當其他組同學提出質疑時，站在臺上就有點退縮，不敢繼續說下去。經老師鼓勵增強，開始慢慢說出組內討論內容，重新在臉上露出笑容。此事件顯示小華逐漸能明確表達團體或自己的想法和感受。</td></tr>
<tr><td colspan="3">分享：</td></tr>
</table>

「小華報告」軼事記錄之使用與評量說明

一、達成能力指標或學習表現

達成九年一貫綜合活動學習領域「3-2-2-2 在團體能主動明確表達自己的想法和感受」；或十二年國教課綱綜合活動領域學習表現「2a-II-1 覺察自己的人際溝通方式，展現合宜的互動與溝通態度和技巧」。

二、學習目標

(一)訂定班級公約。

(二)分享組內同學意見。

(三)主動說出表達自己的想法和感受。

三、使用與評量方法

(一)本軼事記錄乃偶發行為之記錄，用以輔助其他評量。

(二)本評量於單元教學中實施之形成性評量，用以輔助其他評量，作為深入或診斷學生學習結果之依據。教師宜視教學目標與需要，及情境衡量之。

(三)軼事記錄乃輔助功能，不直接用於學習評量，故不評定等級，更不打分數。

(四)軼事記錄不直接用於學習評量，故不擬定評量規準。

(五)教師解釋軼事行為後，若家長、學生願意分享，則可於「分享」欄寫下「意見或想法」。

四、補救教學

(一)若軼事記錄出現學生表現欠佳或未達其應有水準者，施予必要之補救教學。

(二)若數次軼事記錄，學生出現同樣問題，教師宜了解其因，施以適切之輔導。

第九章 CHAPTER NINE

系列實作評量理念與實例

第一節　系列實作評量理念

第二節　系列實作評量實例

隨著課程改革的落實，多元評量漸受重視，國中小紛紛辦理過關評量、分站評量、踩地雷、猜猜看、填空高手，因其較傳統測驗更具遊戲化，因此有些教師稱之為「遊戲化評量」。然而分析其評量方式，不外乎評定量表、檢核表、口語評量或檔案評量，可見常見的遊戲化評量其實均為系列的實作評量。本書以系列實作評量泛稱國中小常用之過關評量、分站評量、遊戲化評量或其他系列的實作評量。

第一節　系列實作評量理念

一般學生聽到評量就想到紙筆測驗，想像自己在一張白紙上奮鬥的情景，如果教師告訴學生「我們來玩遊戲」，學生必定眼睛一亮、表情欣喜若狂。因此，教師若能設計遊戲化評量，不僅能激發學生參與興趣，更能讓學生在遊戲中評量、在遊戲中成長（李坤崇，1999）。

對語文程度較低、語言表達能力較弱的學生，難以從紙筆測驗、專題報告或檔案評量來評量時，系列實作評量（如遊戲化評量）相當適用。如國小低年級學生較難以實施紙筆測驗、專題報告或檔案評量，可採活動化、遊戲化的系列實作評量方式，設計過關遊戲或分站活動，從實作活動、遊戲中來評量學生達成預期學習目標的程度。系列實作評量讓學生參與實作活動，身歷其境通常對學生均極具吸引力，從小學到研究所的學生均喜歡以系列實作活動取代呆板的紙筆測驗或其他評量方式。

壹、系列實作評量優點

系列實作評量乃突破僵化呆板的傳統評量模式，在追求人性化、生動化、適切化的教學趨勢下，系列實作評量因具有下列優點而漸受教師喜愛與運用（李坤崇，1999）。

一、提高參與興趣

傳統評量方式給人的印象是死氣沉沉、敬而遠之，而系列實作評量提供生動活潑、多元有趣、實作參與的方式，讓學生喜歡活動或遊戲、忘卻評量的可怕經驗，必能提高學生參與興趣與意願。有些教師變化月考考卷應考模式，將考卷各大題轉化成動態的過關遊戲或分站活動，如踩地雷、猜猜看、填空高手、娃娃屋，讓學生感受過關或分站的遊戲，相當具有創意。

二、提供真實情境評量

傳統評量常出現與日常生活的真實情境脫節現象，學生死背很多知識、記憶甚多觀念，卻無法在實際生活應用、難以在真實情境活用。系列實作評量的活動大多取自日常生活的真實情境，如數學設計到福利社購物活動、自然設計觀察風向或判斷天氣的活動，學生必須將記憶的知識轉化為能力後，方可能用於真實情境。

三、兼顧認知、技能、情意的活潑生動評量過程

傳統評量對評量高層次認知、技能、情意較為困難，而系列實作評量能輕易的將認知、技能、情意領域的教學目標納入各項活動中。讓學生在實作活動中評量認知、技能或情意，將注意力導引到生動活潑的活動，而非嚴肅考核的評量，讓學生幾乎忘了正在評量，僅感受到實作活動或遊戲過程的喜悅。教師或協助評量者將會看到學生評量過程的歡笑與興奮，可謂是「寓教於樂、寓評於樂」。

四、引導合作學習的機會

國內數十年來強調升學競爭，使得學生個別競爭能力增強，而合作學習的能力正逐漸減弱，為使學生往後能順利邁入社會、進入公司組織，合作學習能力亟待加強。系列實作評量的過關評量或分站評量，通常採分組競賽方式，讓學生在小組競賽的潛移默化過程，強化小組團隊精神，同時培養學生合作學習的能力。

五、增進學生間的間接學習

傳統評量學生埋首於書桌專心填寫考卷，且教師極力防止學生作弊，而系列實作評量則鼓勵學生於實作歷程相互觀摩。有些教師以大壁報紙畫 1 至 100 的格子來考九九乘法，將全班分成五組，每組約八人且均在地上置大壁報紙，由組長出題，組員跳到答案的數字格中，一名組員對五個過關，其他組員在旁觀察，此種評量應試組員在學習，其他組員亦在間接學習的方式頗具意義。

貳、系列實作評量缺點

雖然系列實作評量漸受歡迎，但在運用前應深入了解其可能缺失，方能避免缺點、發揮系列實作評量的功能。

一、難以建立適切的評分標準

系列實作評量採取比較動態、多元的活動方式，與紙筆測驗相較，較難以要求施測標準程序，也難以要求統一的答案，希望學生能提出更富創意的答案，能將知識活用於生活真實情境，使此評量較傳統紙筆測驗難以建立適切的評量標準。

二、評量人員的公正客觀較受質疑

系列實作評量無法由一名教師全部進行評量，必須其他教師參與，每個教師的看法、人格特質或答案嚴謹性不同，評量難以客觀。尤其是此評量通常需要家長或小組長支援，未接受評量專業訓練的家長或小組長如何掌握評量標準適切評量，且家長面對自己子女、小組長面對自己好友，能否絕對公正、公平、客觀，亦頗受質疑。因此，協助評量者的講習相當重要，教師必須於講習過程，澄清評量的意義與目的，告知標準化的評量程序與激發公正客觀的評量態度。

三、嚴謹規劃遊戲費時費力

教師從擬定系列實作評量實施計畫呈閱校長核定實施，到徵求志願協助人員、進行工作分工、準備器材、勘查場地完成準備工作，再到實作活動前說明、進行系列實作評量、善後處理完成系列實作評量，通常至少必須花費兩週時間，且動員人力可能包括主任、其他教師、志願家長或小組長，如何適切分工、發揮團隊效率，均頗為費心費力。教師實施前應體認「系列實作評量係老師比較勞累、學生比較喜愛；傳統紙筆測驗是老師比較輕鬆、學生比較討厭」的事實。

四、有賴家長高度配合

系列實作評量最大的阻力乃來自家長的疑惑，家長可能質疑評量的公正客觀，可能質疑系列實作評量的有效性，可能不喜歡活動費時費力而不支持系列實作評量。若此評量無家長高度配合，將引發評量客觀、公正之問題。因此，教師如何於評量前，做好溝通工作，乃家長配合或支持的關鍵。

五、活動危險性較高

教學過程的意外事件乃教師揮之不去的陰影。傳統紙筆測驗在教室內靜態考試，學生發生危險意外事件的比率微乎其微，然而系列實作評量通常在戶外舉辦，且動態活動或遊戲學生可能玩過頭而忽略潛藏的危機，使得平日不會出現的意外均可能出現，如酒精燈在正常操作下不會出問題，但若學生玩酒精燈可能就相當危險。因此，教師實施系列實作評量應特別注意活動的危險性，並於評量計畫中納入安全性評估與預防。

參、實施系列實作評量的原則

為發揮系列實作評量的功能，減少可能缺失，建議教師實施系列實作評量時，注意下列原則：

一、實作活動（遊戲）不可與教學目標脫節

系列實作評量較其他評量方式容易出現與教學目標脫節的現象，教師設計時偶爾為提高實作活動（遊戲）效果而未能與教學目標環環相扣。若實作活動（遊戲）與教學目標脫節，將只是純粹遊戲，無法發揮學習評量功能，教師設計系列實作評量時，應指出與教學目標、評量的關係，以避免與教學目標分離。

二、以安全為最重要原則

系列實作評量較其他評量易出現因活動場地、器材設備、同學玩耍、活動本身而產生的危險狀況，教師應以實作活動的安全為最重要原則，必須在無安全顧慮的情境下進行實作活動，針對可能出現的危險狀況進行模擬與防治，若仍有安全顧慮必須更換活動內容或方式。設計實作活動（遊戲）教師應多徵詢其他教師、主任、校長對活動安全性的意見與評估，待確認安全方實施系列實作評量。然為求預防萬一，應有護理人員在活動場地待命，甚至成立緊急事故的危機處理

小組以因應，若仍有顧忌，則可考慮保險。

三、擬定嚴謹實施計畫，執行確實與預留人力，用心檢討

凡是豫則立，不豫則廢。教師實施系列實作評量前應擬定完整的實施計畫，計畫內容應至少包括實施目的、評量範圍、評量日期與時間、評量方法、成績計算方式、工作分配、活動位置圖、危機處理以及經費等九項，待簽請校長核定後方可實施。遊戲進行時，宜盡量按照計畫實施，並預留一、兩個支援人員處理意外事件，讓原先負責工作者不必分心處理其他意外事件，讓活動得以順利進行執行。系列實作評量後，宜召開檢討會議，針對缺失提出改善之道，並做成紀錄，彙整成一份系列實作評量資料檔，作為往後實施之參考。

四、因年齡不同選用適合的活動

不同年齡學生的體能、身心發展互異，教師設計系列實作評量應顧及年級差異，如國小低年級學生可能較適宜大肌肉活動，高年級學生可用小肌肉活動。年齡愈低的學生，可規劃動態、活潑生動的活動；年齡較高的學生，可規劃靜態、邏輯思考的活動。設計教師宜善用同理心，設身處地的站在系列實作評量對象的角度，來設計屬於該年齡層的活動，而非設計教師喜歡的活動。

五、學校、家庭、學生之溝通與分工合作

系列實作評量因活動內容、型態不同，可能涉及的學校、家庭或學生互異，教師設計時，應考慮活動牽涉人員，並事前做好溝通或分工的工作。尤其是系列實作評量若視為月考成績，家長可能會相當重視，溝通時應詳細告知評量目的、範圍、時間、日期、評量方法與成績計算方式，並以調查問卷彙整家長意見，或利用適當時機對家長說明，以減少其疑惑，並獲得支持。更具體的做法乃事前應發予家長「系列實作評量通知單」，讓家長了解評量方式改變，俾協助學生調整因應評量策略；活動應公開徵求願意協助之家長，通知單宜附家長意見表，徵詢家長意見，且通知單宜同時徵求願意協助之家長，通告協助時間、地點，及報名方式與報名對象。教師運用此評量，利用學校場地或設備，且可能需要安全協助或維護，必須知會學校主任、校長，並盡可能尋求必要的協助或支持。若全學年所有班級均參與系列實作評量，應列出教師分工表，如活動設計組、器材組、場

地組、總務組、聯絡組或安全組，讓全年級教師共同參與、分工合作。

六、說明以室內或書面資料為主，輔以戶外或口頭說明

系列實作評量的關鍵乃學生是否了解實作活動規則、程序與注意事項，然學生參與系列實作評量通常會興高采烈，致無心聽教師講解遊戲規則、程序與注意事項，使得系列實作評量易出現亂成一團，甚至危機四伏的窘境。教師講解若能於教室以書面資料講解，學生較易於了解，若無法於室內講解，於戶外講解時仍宜輔以書面資料為佳。有些教師較希望用口頭說明，不願意將口頭說明形諸文字，使得說明效果大打折扣。若將口頭說明形諸文字，撰寫「系列實作評量說明單」，內容包括活動項目與名稱、活動順序、活動起訖時間、活動評量方式或其他注意事項，不僅讓學生不會因吵雜漏聽而不知如何進行遊戲，亦可留下說明資料作為往後辦理系列實作評量的參考。

七、活動單設計力求美觀大方

教師通常限於經費，將系列實作評量的活動單盡量濃縮減少頁數，但將造成學生閱讀吃力，評量者評閱不易的現象。活動單應以美觀大方易於閱讀、評量為原則，且活動說明、評量的位置盡量統一在學習單的固定位置。活動單宜盡量一項活動一頁，若為節省篇幅，應以線條或符號明顯區隔，學生較不會遺漏活動。活動單若涉及選擇題、是非題、填充題、配合題、解釋性練習題者，應遵守各試題類型的編製原則。活動單不宜太呆板、僵化，應適度利用插圖美化，尤其是國小低年級學生更需活潑生動的插圖，然插圖不可喧賓奪主，占太大版面，讓學生誤以為是考插圖。

八、協助活動或評量者的行前講習

系列實作評量必須仰賴其他教師、家長或小組長，協助活動進行或評量學生表現，因此事前的講習相當重要。教師應發予協助活動者「活動說明單」，內容包括活動名稱、地點、時間、活動安全性，或其他注意事項。教師亦應發予協助評量者「活動評量說明單」，包括評量活動名稱、地點、活動標準答案或操作程序、評分標準、評分位置，或其他注意事項。若協助活動者即為評量者，此兩項說明單可以合併為一，然仍須集合協助活動或評量者，輔以口頭說明並針對協助

者疑惑一一解答。

九、教師或協助者宜事前模擬遊戲

為求周詳，教師或協助者宜事前模擬實作活動過程，實際走過一次流程，了解可能問題或危險性，作為修改活動或納入活動說明單的依據。通常事前模擬實作活動所發現的問題，在正式實作活動時均會出現，故設計系列實作評量教師應克服困難，做好事前模擬，切實檢討改善工作，將可能問題降到最低。

十、循序漸進、累積經驗、自我增強

系列實作評量乃國內教師較缺乏的評量經驗，教師必須循序漸進，由小規模實作活動到大規模實作活動，由一班擴及到全學年，切勿好高鶩遠。教師剛開始實施系列實作評量，設計欠周詳、活動出狀況、其他教師或家長質疑未盡完善乃正常現象，教師可視遭遇挫折乃累積經驗、出現問題乃完美動力，從挫折中不斷成長、從問題中追求完美，終將破繭而出。累積系列實作評量經驗的歷程，教師應隨時自我增強，鼓勵自己勇於創新，提供學生活潑快樂的評量環境，增強自己突破限制、跨出嘗試步伐；亦應將心得與經驗與其他教師分享，尋求寶貴意見，在檢討、分享中共同喜悅成長、相互激勵學習。

第二節　系列實作評量實例

實例 9-1 乃臺南市勝利國民小學○○學年度第一學期三年級自然科第三次段考實施的「過關評量」，由吳思穎老師設計。過關評量應研擬具體的實施辦法、明確的計分表，以及各關詳細的說明與計分方式，方能免於學生在遊戲中忘了學習的本質。

實例 9-1

臺南市勝利國民小學○○學年度第一學期
三年級自然科第三次段考過關評量實施辦法

設計者：吳思穎　修改者：李坤崇

一、實施目的：突破傳統紙筆測驗，採取活潑化、生動化、生活化的過關評量。

二、評量範圍：三年級上學期自然科第五、六單元（含課本、習作、探討）。

三、評量日期、時間：○○年1月21日（星期四）上午9：35～11：10。

四、評量方法：採「過關評量」，即設站過關考（每班請三位爸爸或媽媽當站主）。

五、成績計算方式：詳見「臺南市勝利國小過關評量計分卡」。

六、評分標準：立即答對者給滿分，暗示或協助而答對者給一半分數，基本分數22分。

七、工作分配：

1. 課務組：

吳思穎老師：出題設計，站主爸爸媽媽訓練（1月21日上午8：45～9：25）。
協助六至七關器材準備及布置，當天疑難問題諮詢。

鄭美春老師：協助一至三關器材準備及布置，當天疑難問題諮詢。

王明雄老師：協助四至五關器材準備及布置，當天疑難問題諮詢。

2. 器材與場地布置組：

王清順老師：準備一至三關站主爸爸媽媽桌椅（9：25以前）。

曾榮輝老師：準備一至三關站主爸爸媽媽桌椅（9：25以前）。

陳瑞娥老師：準備衛生冰塊300塊（用保冰桶放自然教室）（9：25以前）。

楊碧燕老師：準備衛生冰塊300塊（用保冰桶放自然教室）（9：25以前）。

宋澎華老師：準備碎冰20元×6包×3班（9：25以前給301、302、303）。

鄭　理老師：準備碎冰20元×6包×3班（9：25以前給304、305、306）。

余華瓏老師：準備碎冰20元×6包×3班（9：25以前給307、308、309）。

林婉清老師：準備碎冰20元×6包×4班（9：25以前給310、311、312、313）。

陳貴琴老師：規劃設站地點及布置（一至三關）。

黃勝發老師：規劃設站地點及布置（四至五關）。

張錦花老師：準備鹽（每班六包）。

3. 總務組：

張梅芬老師：準備茶水。

張麗鳳老師：經費收支。

八、經費：由各班班親費平均分擔之。

九、本計畫經主任、校長同意後實施，修正亦同。

校長：

主任：

計畫人：黃勝發、宋澎華、張錦花、鄭　理、曾榮輝、張梅芬、陳瑞娥、王清順、余華瓏、張麗鳳、陳貴琴、楊碧燕、林婉清、鄭美春、王明雄、吳思穎

臺南市勝利國小過關評量「計分卡」

三年　　班　　號姓名：

註：「臺南市勝利國小三年級學生過關評量說明單」詳見下一頁。

關別	第一關		第二關		第三關	
主題	天氣有哪些變化		晴、陰、雨的觀測與記錄		氣溫的觀測	
站別	第一站（8）	第二站（4）	第一站（8）	第二站（6）	第一站（4）	第二站（6）
得分						
小計						

****

關別	第四關				第五關	
主題	風向和風力的觀測				衣服曬乾了	
站別	第一站（2）	第二站（2）	第三站（4）	第四站（4）	第一站（5）	第二站（5）
得分						
小計						

****

關別	第六關		第七關		基本分數　22 ＋實得分數 總分：
主題	水蒸氣還能再變為水嗎？		水和冰		
站別	第一站（5）	第二站（5）	第一站（5）	第二站（5）	
得分					
小計					

註：（　）內數字代表分鐘數。

闖關勇士：三年　　班　　號　姓名：

第一關

地點：前庭的樟樹下

天氣有哪些變化

第一站

小朋友：請你先從站主爸媽的袋子裡抽出一張「天氣預報」，黏貼在下表後，仔細看看，這份「天氣預報」包含了哪些項目？請在（　）內打「○」，打完「○」後交給站主爸媽評分。

（　　）晴、陰、雨等天氣概況
（　　）氣溫
（　　）紫外線指數
（　　）風向
（　　）風力
（　　）溼度
（　　）降雨機率
（　　）舒適度

＊＊ ＊＊＊＊＊＊＊＊＊＊＊＊＊＊＊＊＊＊＊＊＊＊＊＊＊＊＊＊＊＊＊

第二站

依據上面的「天氣預報」——

臺南市當天的「**最高**氣溫」是幾度？　（　　）℃

臺南市當天的「**最低**氣溫」是幾度？　（　　）℃

＊ ＊＊＊＊＊＊＊＊＊＊＊＊＊＊＊＊＊＊＊＊＊＊＊＊＊＊＊＊＊＊＊＊

第一關評分表（立即答對者給滿分，經由暗示或協助者給一半分數）				
		所占分數	實得分數	站主爸媽簽名
站別	第一站	1 分×8 題		
	第二站	2 分×2 題		

第二關

地點：前庭的斑葉橡膠樹下

晴、陰、雨的觀測與記錄

第一站

我認為今天是晴天、陰天或是雨天？（　　）天。

因為：

雲量		請填多或少
陽光		請填強或弱
影子		請填清楚或不清楚

* *

第二站

請以簡單的記錄符號來表示晴、陰、雨等天氣狀況：

天氣	晴	陰	雨
符號			

* *

第二關評分表（立即答對者給滿分，經由暗示或協助者給一半分數）				
		所占分數	實得分數	站主爸媽簽名
站別	第一站	2 分×4 題		
	第二站	2 分×3 題		

第三關

地點：百葉箱前

氣溫的觀測

	草地上	水泥地
地面（°C）	25°C	27°C
一人高（°C）	25°C	25°C

小朋友：左表是三年某班所做的實驗記錄，請依照實驗記錄回答下列問題。

本關的作答方法：請將正確答案寫在（　）內。

第一站

1. 哪一種地面測得的氣溫差異較小？（水泥地或草地）（　　　）
2. 哪一種高度測得的氣溫差異較小？（地面或一人高）（　　　）

＊＊＊＊＊＊＊＊＊＊＊＊＊＊＊＊＊＊＊＊＊＊＊＊＊＊＊＊＊＊＊＊＊

第二站

仔細觀察百葉箱的構造及放置地點：

3. 什麼「顏色」？（　　）色
4. 什麼「材料」？（鐵片、木頭或塑膠）（　　）
5. 門朝向哪個方位？朝（　　）方
6. 在什麼地面上？（草皮或水泥地）（　　）
7. 離地面的高度約幾公分？（　　）公分
8. 現在氣溫是幾度？（　　）°C

＊＊＊＊＊＊＊＊＊＊＊＊＊＊＊＊＊＊＊＊＊＊＊＊＊＊＊＊＊＊＊＊＊

<table>
<tr><td colspan="5">第三關評分表（立即答對者給滿分，經由暗示或協助者給一半分數）</td></tr>
<tr><td colspan="2"></td><td>所占分數</td><td>實得分數</td><td>站主爸媽簽名</td></tr>
<tr><td rowspan="2">站別</td><td>第一站</td><td>2 分×2 題</td><td></td><td></td></tr>
<tr><td>第二站</td><td>1 分×6 題</td><td></td><td></td></tr>
</table>

第四關

地點：升旗臺前

風向和風力的觀測

第一站

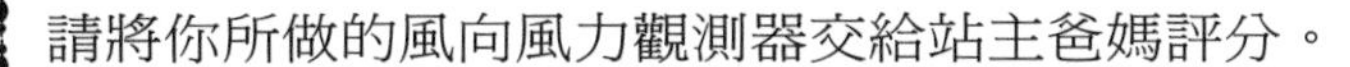
請將你所做的風向風力觀測器交給站主爸媽評分。

****

第二站

請將風向風力觀測器平放在跑道上，並拿出你的指南（北）針對準方位。

****

第三站

請再抬頭看旗桿上的布條和地上的指南（北）針，看看布條的飄向，仔細思考後將觀測的結果，畫在下列表格內：

	舉例	繪圖
風向	北 東 西 南	
風力		

第四站

請你左手指著太陽升起的東方，右手指著太陽落下的西方，那麼：

1. 你的「臉」面對著的是哪個方位？（　　）方。
2. 你的「背」面對著的是哪個方位？（　　）方。

****

第四關評分表（立即答對者給滿分，經由暗示或協助者給一半分數）				
		所占分數	實得分數	站主爸媽簽名
站別	第一站	2 分×1 題		
	第二站	2 分×1 題		
	第三站	2 分×2 題		
	第四站	2 分×2 題		

第五關

地點：榕樹下

衣服曬乾了

第一站

小朋友：請問甲、乙兩條抹布，哪一條較快乾？為什麼？
（請將答案告訴站主爸媽）

* *

第二站

給你半瓶蓋的水，請你設計證明水會蒸發變成水蒸氣。
（請將設計構想告訴站主爸媽）

* *

第五關評分表（立即答對者給滿分，經由暗示或協助者給一半分數）				
		所占分數	實得分數	站主爸媽簽名
站別	第一站	5 分×1 題		
	第二站	5 分×1 題		

第六關

地點：自然教室八

水蒸氣還能再變回水嗎？

第一站

哪一杯水是冰水？哪一杯水是溫水？哪一杯水是熱水？你怎麼知道？
（請將答案告訴站主爸媽）

* *

第二站

我會使用酒精燈（正確操作酒精燈給站主爸媽看）。

* *

第六關評分表（立即答對者給滿分，經由暗示或協助者給一半分數）				
		所占分數	實得分數	站主爸媽簽名
站別	第一站	5 分×1 題		
	第二站	5 分×1 題		

第七關

地點：自然教室九

水和冰

第一站

小朋友：給你一塊「衛生冰塊」，請設計實驗證明「冰遇熱會化為水」。

* *

第二站

我會做搖搖冰

這個實驗請全組小朋友共同設計，在沒有冰箱的情況下，如何使常溫下的飲料變得「透心涼」。

建議：由各班班親會準備每組八瓶罐裝飲料，過關完後每位小朋友飲用一瓶，其餘請老師和站主爸媽飲用。

* *

第七關評分表（立即答對者給滿分，經由暗示或協助者給一半分數）				
		所占分數	實得分數	站主爸媽簽名
站別	第一站	5 分×1 題		
	第二站	5 分×1 題		

恭喜你，完成闖關遊戲。再仔細檢查一下，若有遺漏趕快補做。

第十章 CHAPTER TEN

學期學習評量理念與實例

中小學教師於職前教育階段幾乎均接受「教學單元活動設計」的基本訓練，而修習學習評量接受紙筆測驗編製訓練者已少，至於接受整學期學習評量的訓練者更少。

第一節　學期學習評量理念

教師規劃整學期某學習領域的學習評量，可呼應某學習領域課程計畫的學期目標與各單元目標，研擬適切的評量方式於適切時機實施，可提高教學目標的達成程度。

規劃整學期學習評量的優點係目標性、整體性、計畫性、階段性、多元性、鼓勵性的實施學習評量，對學校而言，可更有效檢核學生學習結果，提出更有效的課程、教材、教學與補救教學策略，更可提升教師評量專業素養，營造學校專業形象。對教師而言，可讓教師更有計畫的實施教學目標，提升學習評量成效；依據更有效的學習評量結果適切實施補救教學。對學生而言，可讓學生充分了解整個學期學習領域的評量狀況，便於準備與計畫；讓學生獲得更精確的學習評量結果，檢核自己的學習績效。對家長而言，可讓家長更信服教師對評量結果的信心，更易於與家長溝通學生各階段、各項教學目標的學習績效。

規劃整學期學習評量的缺點為：會增加教師教學評量負擔、學校行政同仁的工作負擔，亦可能因計畫明確但教師未依計畫執行，衍生學生、家長疑惑。另外，若教師評量專業素養不足，可能暴露評量缺失。因此，教師宜考量自己的教學負擔、行政支援、專業素養後，適切規劃整學期學習評量。

壹、規劃目標

規劃學期學習評量的主要目標如下：(1)呼應領域教學目標：為呼應領域課程計畫，研訂整學期的學習評量計畫。(2)整體思維：將整學期各次段考、平時考之各種評量方式與內涵整體思維，避免偏離教學目標或過於偏重或忽略某一教學目標。(3)周延計畫：詳細完整的計畫各項評量的方式、內涵、時機與注意事項，讓計畫貼近實際實施狀況。(4)階段設計：通常中小學教師會分兩次或三次定期評量，在二或三次定期評量的期間，教師可階段設計多元評量的實施方式、內涵與時機，進行更精緻化設計。(5)多元運用：教師善用各種評量方式於整個學期，在整體規劃下更能呼應教學目標、善用各種評量方式，避免過於集中或疏忽某些評量方式。(6)積極鼓勵：規劃整學期學習評量應本著鼓勵學生、增強學生的立場，引導學生積極向學，評量切勿淪為打擊學生的工具。

貳、規劃原則

依據筆者 2001 年至今帶領國中小教師研議綜合活動學習領域學期學習評量的經驗，提出中小學教師規劃整學期學習評量的原則如下：

一、規劃整體化

規劃某學習領域整學期學習評量計畫，宜包括下列九項：(1)計畫目標；(2)評量目標（含達成能力指標、教學目標類別與層次）；(3)評量範圍（以學期為範圍）；(4)評量方式、計分（包括各單元學習單評量、主題總結性評量）；(5)各類評量方式、內容所占比例；(6)評量運用方法；(7)補救教學；(8)補充說明；(9)學習評量通知單。尤其是，整學期某學習領域規劃段考幾次與平時考幾次，採用何種評量方式與評量範圍，均應整體規劃實施。

二、目標明確化

評量目標應呼應學期的學習領域課程計畫與整學期學習領域各單元的能力指標。在某學習領域各單元能力指標的導引下，將促使整個學期的評量目標更為明確，避免失焦或茫然。

三、目標多元化

評量目標應兼顧認知、技能、情意的教學目標，評析整學期認知學習評量目標中「1.0 記憶、2.0 了解、3.0 應用、4.0 分析、5.0 評鑑、6.0 創作」的配置狀況，技能學習評量目標中「1.0 感知、2.0 準備狀態、3.0 引導反應、4.0 機械化、5.0 複雜性的外在反應、6.0 適應、7.0 獨創」的配置狀況，情意學習評量目標中「1.0 接受、2.0 反應、3.0 評價、4.0 重組、5.0 形成品格」的配置狀況。若能剖析認知、技能、情意教學目標的各層次配置，除讓目標多元化外，亦可讓教學目標更明確化。

四、方式多元化

運用多元化評量方式於整學期的學習評量，可引導學生正確學習方向。教師可善用紙筆測驗、行為或態度評量、行為或態度檢核、觀察評量、觀察檢核、口語評量、系列實作評量、檔案評量、軼事記錄、動態評量等評量方式，適切評量學生整學期的學習成果。

五、知識生活化

整學期學習評量應引導學生將知識活化為能力，並能在生活中實踐。評量的方式、內涵應能充分達成知識生活化的理念，避免學生只是死記硬背教材內涵的知識，避免學生陷於知識象牙塔無法應用。

六、能力努力兼顧化

整學期學習評量應兼顧能力、努力的評量結果。若僅著重呈現能力，將對一些能力欠佳，但努力學習的學生產生挫折，因為有些學生再怎麼努力也是班上的倒數幾名。評量若能納入努力，將更能鼓勵能力較差的學生積極學習，激勵能力較佳的學生更努力學習。

七、質量兼顧化

整學期學習評量應兼顧質化、量化的結果呈現。量化結果呈現簡略分數或等第，強調客觀比較，較難以適切闡述學習情況或進步狀況。質化結果呈現文字描述，可適切闡述學習情況或進步狀況，但可能較為主觀。質化、量化的結果均有其優劣，若能兼顧呈現，將可取兩家之長。

八、評分透明化

教師提出某學習領域學期學習評量計畫，將整個學期各單元評量、主題評量、學習行為或其他學習內涵的評量方式、內涵與計分呈現，可讓整個評量過程透明化，讓學生知道如何表現可獲得好成績，讓家長知道其子女如何獲得好成績並知道成績優劣之原因。

九、評量專業化

研議整學期學習評量應有充分的評量專業素養，方能掌握學習評量理念、善用各種評量方式、適切實施學習評量與評估學生學習成效。可見，研議整學期學習評量可凸顯自己的專業素養，亦可暴露自己的專業素養缺失，教師應審慎為之。

十、溝通效率化

整學期學習評量從研議計畫、實際執行到呈現評量結果，均經完整、審慎規劃，呈現上述資訊可完整呈現學生獲得學期成績的歷程、結果，便於與家長、學生溝通，提升溝通效率。

參、實施策略

學期學習評量若遵循上述原則，可充分發揮學習評量功能，檢核學生學習績效，然為減輕教師負擔，或可遵循下列實施策略。

一、先模仿再創作

由於中小學教師具備學期學習評量規劃理念與經驗者不多，若教育行政機關未施以在職進修，則教師宜自我進修成長。進修過程切莫好大喜功，建議先研習學習評量專業書籍，再模仿一些實例，後創作屬於自己的學期學習評量。

二、循序漸進實施

前述規劃某學習領域整學期學習評量計畫宜包括九項，然教師依據九項全面實施可能開始負擔相當沉重，建議教師先分析自己學習評量現況，選取邁向理想過程中立即可做的部分，能做多少算多少，先往前走不要期盼立即完美。教師若能堅持理想、循序漸進邁向目標，雖然無法速成，卻會逐漸接近理想。

三、採取策略聯盟

中小學教師習於單打獨鬥，但面對知識衰退期愈來愈短，家長與社會各界期盼愈來愈殷切，教師必須以高度專業來展現實力。若能採取策略聯盟方式，與志同道合的教師協同成長、分工合作，則可眾志成城提升專業素養。學期學習評量可結合同領域教師一起計畫、實施與評估，不僅腦力激盪讓學習評量的信效度更佳，更可分工合作減輕負擔。

四、善用資訊科技

累積經驗與資訊可減少重新摸索、重新整理的時間與精力。教師若能提升資訊科技運用能力，將每學期的領域學習評量計畫、實施與評估的資料，均予以資訊化，可逐學期累積評量資料，逐學期去蕪存菁，不斷提升學習評量品質。另外，學期學習評量資訊化後，可將電子檔與他人交流，更利於進行教師間的經驗分享。

五、著重溝通協調

雖然學期學習評量理念頗佳，但若溝通不良亦可能造成反效果。教師擬定學期學習評量計畫後，若呈給學校行政人員檢核行政的支援或其他可能遭遇問題，可減少缺失；若以書面或口頭向學生、家長說明，可讓其了解教師的目的與用心，更可傾聽其意見或可能執行問題，事先防範。因此，溝通協調功夫是規劃學期學習評量的基本功。

第二節　學期學習評量實例

實例 10-1「臺南市後甲國中○○學年度第一學期七年級『綜合活動』學習領域多元評量實施計畫」乃由臺南市輔導團經作者指導設計初稿與實施後，並予以修正，隨著評量理念的逐漸成熟，由作者持續修改而成。

此「綜合活動」學習領域多元評量實施計畫包括九項：(1)計畫目標；(2)評量目標；(3)評量範圍；(4)評量方式、計分；(5)各類評量方式、內容所占比例；(6)評量運用方法；(7)補救教學；(8)補充說明；(9)學習評量通知單。除計畫外，附上各單元評量所需的學習或評量單，及其使用說明。

此「綜合活動」學習領域多元評量實施計畫，充分遵循「規劃整體化」、「目標明確化」、「目標多元化」、「方式多元化」、「知識生活化」、「能力努力兼顧化」、「質量兼顧化」、「評分透明化」、「評量專業化」、「溝通效率化」等規劃，教師可參酌循序漸進採用實施。

實例 10-1

臺南市後甲國中○○學年度第一學期
七年級「綜合活動」學習領域多元評量實施計畫

初稿設計與實施者：臺南市輔導團

修改與指導者：李坤崇

壹、計畫目標

一、運用多元化評量方式於整學期的學習評量，引導學生正確學習方向。

二、兼顧認知、技能、情意的評量內涵，激勵學生多元成長。

三、兼顧能力、努力的評量結果，鼓勵學生努力學習。

四、兼顧質化、量化的結果呈現，多元展現學生學習成果。

五、力求將知識活化為能力，並能在生活中實踐。

六、促進教師專業對話，增進教師評量專業成長。

貳、評量目標

一、達成能力指標

	單元	達成的能力指標
第一主題：新鮮人話題	1. 新兵報到	3-4-1 體會參與各類團體活動的意義，並練習改善或組織團體活動的知能。 2-1-2 分享自己如何安排時間、金錢及個人生活的經驗。（複習） 3-2-1 參與各類團體自治活動，並養成負責與尊重紀律的態度。（複習）
	2. 有你真好	3-4-1 體會參與各類團體活動的意義，並練習改善或組織團體活動的知能。 1-3-1 欣賞並接納他人。（複習）
	3. 校內校外任我行	4-4-1 分析各種人為和環境可能發生的危險與危機，擬定並執行保護與改善環境之策略與行動。 3-3-3 熟悉各種社會資源及支援系統，並幫助自己和他人。（複習）
第二主題：學習新主張	1. 競技擂臺	1-4-2 透過各式各類的活動或方式，展現自己的興趣與專長。 3-4-1 體會參與各類團體活動的意義，並練習改善或組織團體活動的知能。
	2. 有效學習	1-4-2 透過各式各類的活動或方式，展現自己的興趣與專長。 1-3-5 了解學習與研究的方法，並實際應用於生活中。（複習） 2-3-3 規劃改善自己的生活所需要的策略與行動。（複習）
	3. 創意工作坊	1-4-2 透過各式各類的活動或方式，展現自己的興趣與專長。 4-2-4 舉例說明保護與改善環境的活動內容。（複習）

	單元	達成的能力指標
第三主題：活力行動派	1. 校園安全總動員	4-4-2 分析各種人為和環境可能發生的危險與危機，擬定並執行保護與改善環境之策略與行動。（複習） 3-4-2 學習關懷世人與照顧弱勢團體。
	2. 小鬼當家	2-4-1 分享自己與家人溝通方式，並體驗經營家庭生活的重要。 2-3-1 參與家事，分享維持家庭生活的經驗。（複習）
	3. 少年事件簿	3-4-1 體會參與各類團體活動的意義，並練習改善或組織團體活動的知能。 3-3-1 認識參與團體自治活動應具備的知能，並評估自己的能力。（複習）

二、教學目標類別與層次

		認知						技能							情意				
	單元	1.0 記憶	2.0 了解	3.0 應用	4.0 分析	5.0 評鑑	6.0 創作	1.0 感知	2.0 準備狀態	3.0 引導反應	4.0 機械化	5.0 複雜性的外在反應	6.0 適應	7.0 獨創	1.0 接受	2.0 反應	3.0 評價	4.0 重組	5.0 形成品格
第一主題：新鮮人話題	1. 新兵報到										◎	◎				◎			
	2. 有你真好					◎					◎					◎			
	3. 校內校外任我行				◎												◎		
	主題評量					◎								◎					
第二主題：學習新主張	1. 競技擂臺											◎		◎		◎	◎		
	2. 有效學習				◎							◎		◎		◎			
	3. 創意工作坊				◎						◎					◎			
	主題評量				◎									◎		◎			
第三主題：活力行動派	1. 校園安全總動員				◎											◎			
	2. 小鬼當家				◎						◎					◎			
	3. 少年事件簿				◎							◎		◎		◎			
	主題評量				◎	◎										◎			
	上課行為態度											◎				◎			

參、評量範圍

一、使用教科書版本：康軒版。

二、參考教科書版本：各出版社。

三、康軒出版社「綜合活動」學習領域第一冊所有單元。

肆、評量方式、計分

一、各單元學習單評量一覽表

單元名稱	活動次序	評量方式	學習或評量單	備註或附件
新兵報到	1. 新兵時鐘 2. 新兵任務 3. 新兵晚課	行為評量 觀察評量	時間規劃	附件2-1
有你真好	1. 朋友相見歡 2. 鮮師放大鏡 3. 焦點人物	口語評量 觀察評量 檔案評量（檔案呈現）	教師專訪	附件2-2
校內校外任我行	1. 你要去哪裡 2. 發現之旅 3. 請跟我來	低層次認知紙筆測驗 觀察評量	我知道要去哪裡	附件2-3
競技擂臺	1. 班級凹凸相 2. 大家動動腦 3. 好戲開鑼 4. 迴響與掌聲	行為評量 觀察評量	我們的小隊歌	附件2-4
有效學習	1. 天賦的禮物 2. 摺紙的體驗 3. 誰是資源高手 4. 資源分享站	行為、態度評量 觀察評量 口語評量 檔案評量	資源分享站	附件2-5
創意工作坊	1. 變身大行動 2. DIY 俱樂部 3. 分享時刻	行為評量 觀察評量 口語評量	DIY 評量單	附件2-6
校園安全總動員	1. 小心點兒 2. 安全百分百	高層次認知紙筆測驗 行為評量 口語評量	校園安全總動員	附件2-7
小鬼當家	1. 大人不在家 2. 愛的任務	行為評量 觀察評量 高層次認知紙筆測驗	小鬼當家	附件2-8
少年事件簿	1. 班級頭條 2. 我們這一班	高層次認知紙筆測驗 行為評量 觀察評量	少年事件簿	附件2-9

註：1. 若教師認為單元評量可直接運用課本習作，可直接運用，然仍須附上該習作之評量使用說明。
2. 直接引用課本習作者標「◎」。
3. 課堂觀察於各單元進行。

二、主題總結性評量一覽表

主題名稱	活動次序	評量方式	備註
第一主題 新鮮人話題	1. 新兵報到 2. 有你真好 3. 校內校外任我行	高層次認知紙筆測驗	學習單： YOUNG YOUNG的憶（附件 3-1）
第二主題 學習新主張	1. 競技擂臺 2. 有效學習 3. 創意工作坊	實作評量或檔案評量	學習單： YOUNG YOUNG的憶（附件 3-2）
第三主題 活力行動派	1. 校園安全總動員 2. 小鬼當家 3. 少年事件簿	高層次認知紙筆測驗	學習單： YOUNG YOUNG的憶（附件 3-3）

註：平時、段考成績比例由學校自訂。

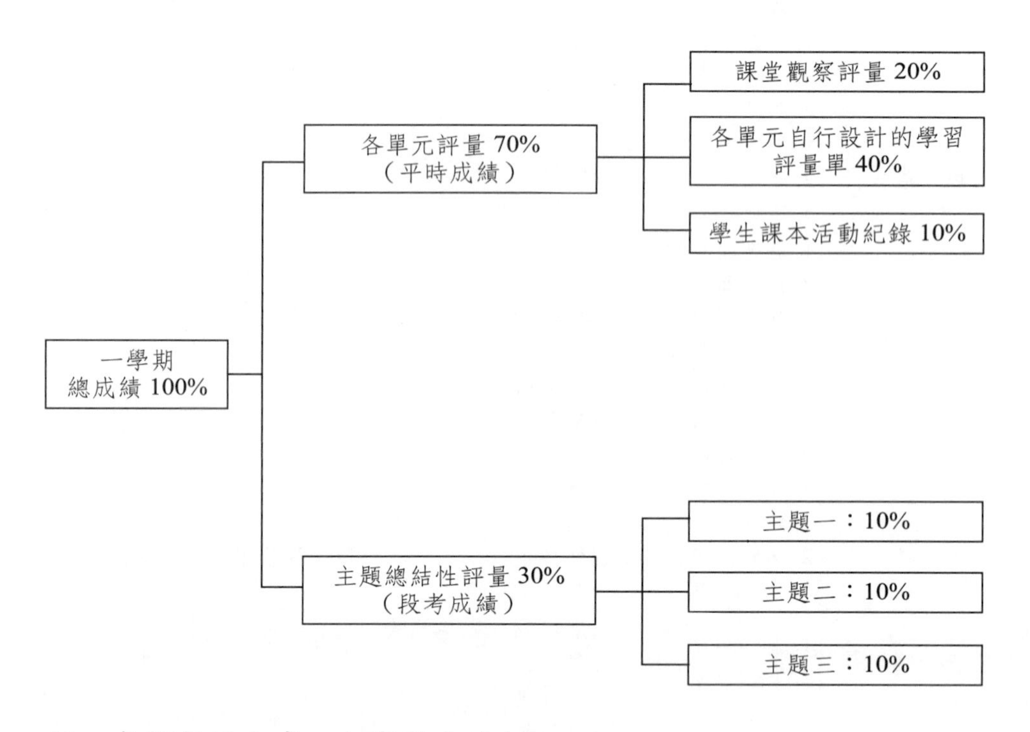

伍、各類評量方式、內容所占比例

茲將評量方式、內涵、配分闡述於下：

一、課堂觀察評量（情意）

(一)評量內涵：上課學習行為與態度內涵（評量表詳見附件 1）。

(二)評量配分：占學期成績 10%。

(三)評量標準：依據上課學習行為與態度評量表（詳見附件 1）。

二、各單元學習單評量

(一)評量內涵：進行各單元學習單評量（詳見附件2-1至2-9）。

(二)評量配分：占學期成績40%，除「學習單：我們的小隊歌（附件2-4）」、「學習單：資源分享站（附件2-5）」、「學習單：校園安全總動員（附件2-7）」、「學習單：少年事件簿（附件2-9）」等四項學習單配分5分外，餘四項學習單配分4分。

(三)評量標準：依各學習單之評量標準評定，詳見各評量說明。

1. 以符號「A、B、C、D、E」表示「很好、不錯、加油、改進、補做（交）」。

2. 各項符號與評語之評量標準如下：評量前必須告知學生符號所代表意義，且學期中符號意義不宜隨意更改。

符號	評語	代表意義
A	很好	答案完全正確，或完全符合評量項目之要求，而且比一般同學有創意，或做得更好。
B	不錯	答案完全正確，或完全符合評量項目之要求。
C	加油	答案部分正確，或部分符合評量項目之要求。
D	改進	答案內容完全錯誤，或完全不符合評量項目之要求。
E	補做（交）	未作答或未交。
努力的程度		
＋	進步	代表比以前用心或進步。「＋」號愈多代表愈用心、愈進步。
－	退步	代表比以前不用心或退步。「－」號愈多代表愈不用心、愈退步。

3. 評等或計分方式：

(1)本學習領域以「不呈現分數」為原則，教師可依教學目標、工作負擔、學生或家長需要，採取「評定等級」、「文字敘述」的方式。

(2)教師評定等級後，宜視需要於「分享」欄，輔以文字深入說明，並予學生適切增強。

(3)若必須採取「核算等級計分」方式，可依各學習評量單的說明轉換。

三、學生課本記錄情形

(一)評量內涵：康軒出版社「綜合活動」第一冊所有單元的課本活動內容紀錄。

(二)評量配分：占學期成績10%。

(三)評量標準：詳見各單元課本內容紀錄，由教師決定。

四、主題總結性評量

(一)評量內涵：三次定期考查依序於第一主題、第二主題、第三主題結束後實施，日期由任課教師自訂。

(二)評量配分：每次成績占學期成績 10%。

(三)評量標準：各依三次評量單之評量標準評定（詳見附件 3-1 至 3-3）。

陸、評量運用方法

(一)本計畫各項評量用結合課本教材之學習評量。

(二)教師直接於學習評量單之「評量」部分評定等級，本說明之評量項目、標準、計分方式僅提供參考，教師可依教學需要調整之。

(三)教師可依據自己的教學需要，調整觀察檢核單之程序或內容。

柒、補救教學

(一)對學習檔案表現欠佳或未達其應有水準者，施予必要之補救教學。

(二)先呈現優秀作品供需補救教學者參考，再請小組長或志工家長協助指導，最後由教師教導。

捌、補充說明

(一)本學習評量採「半結構式檔案評量」，只提供學生重點引導，讓學生有相當大的發揮空間。係因學生初期無此經驗，待學生具此經驗後建議逐漸採「非結構式檔案評量」，激發學生自我規劃、自主學習能力。

(二)若學生無整理檔案之經驗，可能需採高度引導或規範內容的「結構式檔案評量」。待學生具彙整檔案或此學習經驗後建議逐漸採「半結構式檔案評量」、「非結構式檔案評量」，激發學生自我規劃、自主學習能力。

玖、學習評量通知單

依據三次主題學習結果，研擬呼應其能力指標之內涵，分三次通知學生家長（詳見附件 4-1 至 4-3）。

拾、本計畫經組長、主任、校長同意後實施，修正亦同。

校長：　　　　教務主任：　　　　教學組長：　　　　教學者：

附件 1

臺南市後甲國中七年級綜合活動上課學習行為與態度評量表

設計者：李坤崇

七年　　班　　號，第　　組，姓名：

	單元	上課日期	學生自評等級	小組長複評等級	教師總評等級（或評語）
第一主題：新鮮人話題	1. 新兵報到	年　月　日			
		年　月　日			
	2. 有你真好	年　月　日			
		年　月　日			
	3. 校內校外任我行	年　月　日			
		年　月　日			
第二主題：學習新主張	1. 競技擂臺	年　月　日			
		年　月　日			
	2. 有效學習	年　月　日			
		年　月　日			
	3. 創意工作坊	年　月　日			
		年　月　日			
第三主題：活力行動派	1. 校園安全總動員	年　月　日			
		年　月　日			
	2. 小鬼當家	年　月　日			
		年　月　日			
	3. 少年事件簿	年　月　日			
		年　月　日			

註：一、自評與複評等級標準與符號

符號	A	B	C	D	E
配分	5	4	3	2	0
上課行為態度	專心聽講、積極參與、遵守班規、帶齊學用品	專心聽講、遵守班規、未帶齊學用品	專心聽講	不遵守班規或請假缺席	無故缺席

二、各單元上課分數說明：

1.基本分數＝100－上課次數 ×5。

2.學生上課分數＝每次教師總評得分的總和＋基本分數。

臺南市後甲國中七年級綜合活動上課學習行為與態度評量表

使用與評量說明

設計者：李坤崇

一、評量標準

自評與複評等級標準與符號：

符號	目標層次	A	B	C	D	E
配分		5	4	3	2	0
上課行為態度	技能 5.20 自動表現 情意 2.2 願意反應	專心聽講、積極參與、遵守班規、帶齊學用品	專心聽講、遵守班規、未帶齊學用品	專心聽講	不遵守班規或請假缺席	無故缺席

二、評等或計分方式

各單元上課分數說明：

(一)基本分數＝ 100 －上課次數 ×5。

(二)學生上課分數＝每次教師總評得分的總和＋基本分數。

三、注意事項

(一)評等或計分以教師總評為準。

(二)教師總評宜參酌學生自評、小組長複評，若差異甚大時宜徵詢學生或小組長觀點。

附件 2-1

第一主題　單元 1　時間規劃學習評量單

姓名：__________　班級：______　座號：______

請同學把上學以外的時間，做妥善規劃（也可以跟家長一起規劃），然後誠實的做自我檢核，有做到的在「檢核欄」中打「√」，沒做到的打「？」，晚上請家長簽名，一星期後交給老師。

時間	安排項目	檢核	時間	安排項目	檢核	時間	安排項目	檢核	時間	安排項目	檢核
家長簽名：			家長簽名：			家長簽名：			家長簽名：		
分享：											

評量項目	準備功課時間恰當	整理家務時間恰當	休閒時間恰當	認真規劃
教師評量				

第一主題　單元1　「時間規劃」學習評量單使用與評量說明

設計者：吳美慧　　修改與指導者：李坤崇

一、評量標準

(一)教師從「能力」、「努力」兩個向度在學習評量單的「評量」欄內進行評量。「能力」以符號「A、B、C、D、E」表示「很好、不錯、加油、改進、補做（交）」。「努力」以符號「＋、－」表示「進步、退步」。

(二)評量項目的評量標準如下表：

評語、符號	目標層次	很好（A）	不錯（B）	加油（C）	改進（D）	補做（E）
1. 準備功課時間	技能4.0機械化	所有準備功課時間運用恰當且比一般同學妥善。	大部分準備功課時間運用恰當。	許多準備功課時間運用不恰當。	大部分準備功課時間運用不恰當。	沒安排或未交。
2. 整理家務時間	技能5.20自動表現	所有整理家務時間運用恰當且比一般同學妥善。	大部分整理家務時間運用恰當。	許多整理家務時間運用部分不恰當。	大部分整理家務時間運用不恰當。	沒安排或未交。
3. 休閒時間	技能5.20自動表現	所有休閒時間運用恰當且比一般同學妥善。	大部分休閒時間運用恰當。	許多休閒時間運用不恰當。	大部分休閒時間運用不恰當。	沒安排或未交。
4. 認真規劃	情意2.2願意反應	時間規劃詳細且比一般同學妥善。	時間規劃詳細。	時間規劃不詳細且比一般同學不認真。	時間規劃很不詳細。	沒安排或未交。

(三)學生若「做到」該天檢核項目的行為，則在檢核單該天該項目方格內打「√」。

(四)若評量等級亦可運用其他符號或評語，然仍須事先與學生溝通，且力求符號一致性。

二、評等或計分方式

(一)本學習領域以「不呈現分數」為原則，教師可依教學目標、學生或家長需要，採取「評定等級」、「文字敘述」的方式。

(二)教師評定等級後，可視需要於「分享」欄，輔以文字深入說明，並予學生適切增強。

(三)若必須採取「核算等級計分」方式，可依下列評量表中，四項評量項目逐一計分。

(四)每個評量項目之能力向度計分，如下表：

評量項目	很好（A）	不錯（B）	加油（C）	改進（D）	補做（E）	基本分
4	15	10	8	5	0	40

(五)努力向度：「＋」出現一次加 1 分，「－」出現一次減 1 分。

(六)若未交則以「0」分計算，補交則給基本分，補交時間由教師規定。

(七)因檢核重點在改善行為，此檢核部分以不計算分數為原則。

附件 2-2

第一主題　單元 2　「教師專訪」學習評量單

姓名：__________　班級：______　座號：______　日期：____年____月____日

各位同學，開學已經有一段時間了；面對這些新老師，你們想不想更進一步去認識他們呢？現在讓我們準備出發去專訪這些老師。除了熟悉彼此之外，就專訪完畢後的內容與心得，於課堂上分組報告及成果展現。

一、專訪內容應包括的重點

(一)決定專訪的老師（一位）。
(二)小組工作分配。
(三)專訪時應準備的東西。
(四)共同決定專訪的內容及方法。

二、注意事項

(一)小組討論決定後，一定要跟老師先預約時間。
(二)請注意專訪時的禮節，注意服裝儀容、態度及團隊紀律。
(三)準備東西要齊全，家中若有錄音機或照相機可善加利用。

三、經過這次的參與過程，你是否有話要說？

(一)參與小組分工合作的過程中，我的經驗是：
(二)訪問教師的過程中，我感受是：
(三)在這一次的訪談與各組的報告中，我的收穫有：
(四)你覺得師生之間應該縮短距離還是保持距離好呢？又要如何做呢？

評　量	事前規劃	積極參與	具體行動	省思具體適切
自　評				
小組長				
教　師				

第一主題　單元2　「教師專訪」學習評量單使用與評量說明

設計者：簡明美

修改與指導者：李坤崇

一、評量標準

(一)教師從「能力」、「努力」兩個向度在學習評量單的「評量」欄內進行評量，「能力」以符號「A、B、C、D、E」表示「很好、不錯、加油、改進、補做（交）」。「努力」以符號「＋、－」表示「進步、退步」。

(二)各項符號與評語之評量標準如下：評量前必須告知學生符號所代表意義。

評語、符號	目標層次	很好（A）	不錯（B）	加油（C）	改進（D）	補做（E）
事前規劃	技能4.0 機械化	規劃具體非常適切。	規劃具體適切。	規劃具體但不適切。	規劃不具體不適切。	未做規劃。
積極參與	情意2.2 願意反應	比一般同學認真。	和一般同學相同。	比一般同學不認真。	相當草率。	未交。
具體行動	情意2.2 願意反應	參與態度比一般同學積極。	參與態度和一般同學一樣積極。	參與態度比一般同學消極。	參於態度非常消極。	未做。
省思具體適切	認知5.1 檢查	省思相當多元完整，且相當具體。	省思相當具體，但不夠完整。	省思相當粗略。	幾乎沒有省思。	未作答或未交。

二、評等或計分方式

(一)若必須採取「核算等級計分」方式，可依下列評量表中，四項評量項目逐一計分。

(二)分數以教師複評為主，教師複評宜參酌學生自評與小組長初評。每個評量項目之能力向度計分，如下表：

評量項目	很好（A）	不錯（B）	加油（C）	改進（D）	補做（E）	基本分
4	15	12	8	5	0	40

(三)努力向度：「＋」出現一次加1分，「－」出現一次減1分。

(四)若未交則以「0」分計算，補交則給基本分，補交時間由教師規定。

附件 2-3

第一主題　單元 3　我知道要去哪裡

七年______班______號　姓名________　　設計者：陳艷芬

各位同學：在小組確實走訪校園之後，相信對學校有更深入的認識，現在，我們就來進行小小的測試！

一、請在甲項的（　　）中填入乙項中適當的處室代碼。（50%）

例：（4）生病了要請假

甲（　　）A. 想更了解智力測驗的結果
（　　）B. 作業抽查
（　　）C. 投稿《今日甲中》
（　　）D. 資源回收
（　　）E. 報名校慶田徑比賽
（　　）F. 補發學生證
（　　）G. 在校時，不小心受傷了
（　　）H. 教室電視壞了
（　　）I. 頭髮複檢
（　　）J. 報名「親職講座」

乙 1. 教務處教學組
2. 教務處註冊組
3. 教務處設備組
4. 學務處生教組
5. 學務處訓育組
6. 學務處衛生組
7. 學務處體育組
8. 輔導室資料組
9. 輔導室輔導組
10. 健康中心

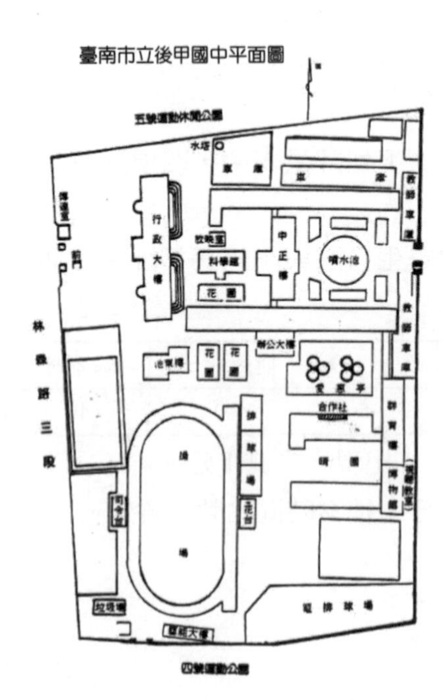

二、請將下列地點代碼填入地圖中正確的位置。（30%）

1.智育樓　　2.德育樓
3.圖書館　　4.健康中心
5.進德堂　　6.教務處
7.學務處　　8.總務處
9.輔導室　　10.校長室
11.美育樓　　12.樂育樓
13.游泳池　　14.童軍營地
15.家政館

評量	正確	用心彩繪
一		
二		
分享：請學生於測驗後寫下自己的心得或改進的做法。		

第一主題　單元3　「我知道要去哪裡」學習評量單使用與評量說明

設計者：陳艷芬

修改與指導者：李坤崇

一、評量標準

(一)教師從「能力」、「努力」兩個向度在學習評量單的「評量」欄內進行評量，「能力」以符號「A、B、C、D、E」表示「很好、不錯、加油、改進、補做（交）」。「努力」以符號「+、−」表示「進步、退步」。

(二)各項評量項目的評量規準：教師用以評定分數的依循規準，宜將此表告知學生，讓學生了解獲得等級的實際意涵。

評語、符號	目標層次	很好（A）	不錯（B）	加油（C）	改進（D）	補做（E）
正確	認知4.1 區辨	80分	70-79分	50-69分	20-49分	20分以下
用心彩繪	情意3.2 價值的喜好	比一般同學用心	和一般同學相同	比一般同學不用心	相當草率	未作答或未交

二、評等或計分方式

若必須採取「核算等級計分」方式，可依下列評量表中兩項評量項目逐一給分。

評量項目	很好（A）	不錯（B）	加油（C）	改進（D）	補做（E）
正確					
用心彩繪	20	18	12	10	0

附件 2-4

第二主題　單元 1　我們的小隊歌（小隊呼、小隊旗……）紀錄

班級：______第____隊　日期：____年____月____日

經過我們絞盡腦汁、七嘴八舌的討論之後，總算把小隊歌給「生」出來了，雖然稱不上完美，但請相信它是舉世唯一的。以下就是它的出生資料：

一、隊名

二、隊員

三、隊歌旋律與歌詞

四、隊呼

五、評量

教師評量或小隊互評，以五隊為例。

符號說明：A＝很好，B＝不錯，C＝加油，D＝改進，E＝補做

隊別					
創意					
隊員參與度					
流暢度					
臺風禮貌					

文字描述：____

____

評量人簽名：__________

第二主題　單元1　「我們的小隊歌」學習評量單使用與評量說明

設計者：呂佳容

修改與指導者：李坤崇

一、評量標準

(一)教師以符號「A、B、C、D、E」表示「很好、不錯、加油、改進、補做（交）」進行評量。

(二)各項符號與評語之評量標準如下：評量前必須告知學生符號所代表意義。

符號	評語	代表意義
能力：答案的正確或內容的完整		
A	很好	完全符合評量項目之要求。
B	不錯	大部分符合評量項目之要求。
C	加油	小部分符合評量項目之要求。
D	改進	完全不符合評量項目之要求。
E	補做（交）	未作答或未交。

(三)各項評量項目的評量規準：教師用以評定分數的依循規準，宜將此表告知學生，讓學生了解獲得等級的實際意涵。

評語、符號	目標層次	很好（A）	不錯（B）	加油（C）	改進（D）	補做（E）
創意	技能7.0 獨創	比一般同學富創意。	創意和一般同學相同。	比一般同學不富創意。	抄襲或純粹模仿。	未做或未表演。
隊員參與度	情意2.2 願意反應	全隊熱烈參與。	大部分熱烈參與。	少數熱烈參與。	全隊草率應付了事。	未做或未表演。
流暢度	技能5.20 自動表現	表演一氣呵成，無中斷。	表演完成，有一、二處中斷不順。	表演有多處中斷，勉強完成。	表演一半，無法完成。	小組未做或未表演。
臺風禮貌	情意3.1 價值的接受	全隊一致具備。	大部分具備。	少數具備。	全隊草率應付了事。	小組未做或未表演。

(四)若評量等級亦可運用其他符號或評語，然仍須事先與學生溝通，且力求符號一致性。

二、評等或計分方式

(一)本學習領域以「不呈現分數」為原則，教師可依教學目標、工作負擔、學生或家長需要，採取「評定等級」、「文字敘述」的方式。

(二)本項評量，亦可由學生或小組長參與評量。

(三)教師評定等級後，宜視需要於「分享」欄，輔以文字深入說明，並予學生適切增強。

(四)若必須採取「核算等級計分」方式，可依下列評量表中，四個評量項目逐一計分。

(五)每個評量項目之能力向度計分，如下表：

評量項目	很好（A）	不錯（B）	加油（C）	改進（D）	補做（E）	基本分
創意	10	8	5	3	0	10
隊員參與度	20	15	10	5	0	10
流暢度	20	15	10	5	0	10
臺風禮貌	10	8	5	3	0	10

(六)未表演則暫以基本分 40 分計算，補交則再加分，由教師自行規定。

(七)整個系列實作評量結果若由分數轉換為優、甲、乙、丙、丁五個等第，則依教育部（2017）「國民小學及國民中學學生成績評量準則」第 8 條規定標準轉換之：優等：90 分以上；甲等：80 分以上未滿 90 分；乙等：70 分以上未滿 80 分；丙等：60 分以上未滿 70 分；丁等：未滿 60 分。

附件 2-5

第二主題　單元 2　「資源分享站」學習評量單

姓名：______　班級：______　座號：______

請拿出你的作品，和同學互相觀摩後，分享彼此的心得。

我的作品

(一)運用的學習資源有哪些？

(二)特色、困難、收穫、改進？

我的喝采

(一)最欣賞的作品是哪一件？為什麼？

(二)觀摩分享後最值得學習的是？

評量項目	學習資源內容豐富	作品有創意	製作用心	懂得觀察和欣賞
教師評量				

分享：

第二主題　單元2　「資源分享站」學習評量單使用與評量說明

設計者：吳美慧

修改與指導者：李坤崇

一、評量標準

(一)教師從「能力」、「努力」兩個向度在學習評量單的「評量」欄內進行評量，「能力」以符號「A、B、C、D、E」表示「很好、不錯、加油、改進、補做（交）」。「努力」以符號「＋、－」表示「進步、退步」。

(二)評量項目的評量標準如下表：

評語、符號	目標層次	很好（A）	不錯（B）	加油（C）	改進（D）	補做（E）
1. 學習資源內容豐富	認知4.2組織	學習資源內容豐富且高於一般同學。	學習資源內容豐富。	學習資源內容欠佳。	內容與主題無關。	未作答或未交。
2. 作品有創意	技能7.0獨創	比一般同學富創意。	創意和一般同學相同。	比一般同學不富創意。	抄襲或純粹模仿。	未作答或未交。
3. 製作用心	情意2.2願意反應	比一般同學認真。	和一般同學相同。	比一般同學不認真。	相當草率。	未作答或未交。
4. 懂得觀察和欣賞	技能5.10解決模糊的順序	觀察與欣賞能力高於一般同學。	能正確觀察與適切欣賞。	其中一項能力欠佳。	兩項均不佳。	未作答或未交。

(三)若評量等級亦可運用其他符號或評語，然仍須事先與學生溝通，且力求符號一致性。

二、評等或計分方式

(一)本學習領域以「不呈現分數」為原則，教師可依教學目標、學生或家長需要，採取「評定等級」、「文字敘述」的方式。

(二)教師評定等級後，可視需要於「分享」欄，輔以文字深入說明，並予學生適切增強。

(三)若必須採取「核算等級計分」方式，可依下列評量表中，四項評量項目逐一計分。

評量項目	很好（A）	不錯（B）	加油（C）	改進（D）	補做（E）	基本分
4	15	10	8	5	0	40

(四)努力向度：「＋」出現一次加1分，「－」出現一次減1分。

(五)若未交則以「0」分計算，補交則給基本分，補交時間由教師規定。

附件 2-6

第二主題　單元 3　「DIY」學習評量單

姓名：______　班級：______　座號：________　日期：____年____月____日

各位同學，在你的成長過程中，我想一定鮮少自己動手縫製各種不同的飾物，那麼現在就讓我們一齊動手做。完成之後和同學分享，欣賞你的精心傑作。

※自己動手做的過程感覺如何？當作品完成時的心情如何？

評量	縫法正確	整潔美觀	作品完成
自評			
小組長			
教師			

第二主題　單元3　「DIY」學習評量單使用與評量說明

設計者：簡明美

修改與指導者：李坤崇

一、評量標準

(一)教師從「能力」、「努力」兩個向度在學習評量單的「評量」欄內進行評量，「能力」以符號「A、B、C、D、E」表示「很好、不錯、加油、改進、補做（交）」。「努力」以符號「＋、－」表示「進步、退步」。

(二)各項符號與評語之評量標準如下：評量前必須告知學生符號所代表意義。

評語、符號	目標層次	很好（A）	不錯（B）	加油（C）	改進（D）	補做（E）
縫法正確	認知4.1 區辨	縫法正確、整齊。	縫法正確。	縫法較不正確。	縫法草率。	未做。
整潔美觀	技能4.0 機械化	比一般同學整潔美觀。	和一般同學相同。	比一般同學較差。	相當草率。	未做。
作品完成	情意2.2 願意反應	做法正確、100%完成。	100%完成、做法有一點差異。	70%完成、做法正確。	50%完成、做法正確。	未交。

二、評等或計分方式

(一)若必須採取「核算等級計分」方式，可依下列評量表中，三項評量項目逐一計分。

(二)分數以教師複評為主，教師複評宜參酌學生自評與小組長初評。每個評量項目之能力向度計分，如下表：

評量項目	很好（A）	不錯（B）	加油（C）	改進（D）	補做（E）	基本分
3	20	16	12	6	0	40

(三)努力向度：「＋」出現一次加1分，「－」出現一次減1分。

(四)若未交則以「0」分計算，補交則給基本分，補交時間由教師規定。

附件 2-7

第三主題　單元 1　「校園安全總動員」學習評量單

七年＿班＿號　組別：第＿組　姓名：＿＿＿＿＿＿日期：＿月＿日

請同學在所附學校平面圖，以紅色◎標示較易發生危險或意外傷害的地點。每個小隊觀察及討論後，至少標示出兩棟樓以上易發生危險或意外傷害之地點。亦可以圖例標示不同傷害種類與易發生地點，並將討論記錄於下表。各小隊並於討論完後派代表上臺報告小隊討論結果。

一、討論在校園中最容易發生的意外事故與傷害有哪些？

二、如何避免發生意外事故或傷害？

三、若發生意外事故或傷害該如何處理？請小組討論後寫下不同事故傷害之處理方法。

四、針對小隊報告內容與小隊製作成品，請為他們打打分數吧。

隊別	第一隊	第二隊	第三隊	第四隊	第五隊	第六隊
分數						

分享：	評量	積極討論記錄詳實	方法正確、具體	評分認真
小組長簽名：	小組長			
教師簽名：	教師			

附件 2-7-1　「校園安全總動員」學校平面圖

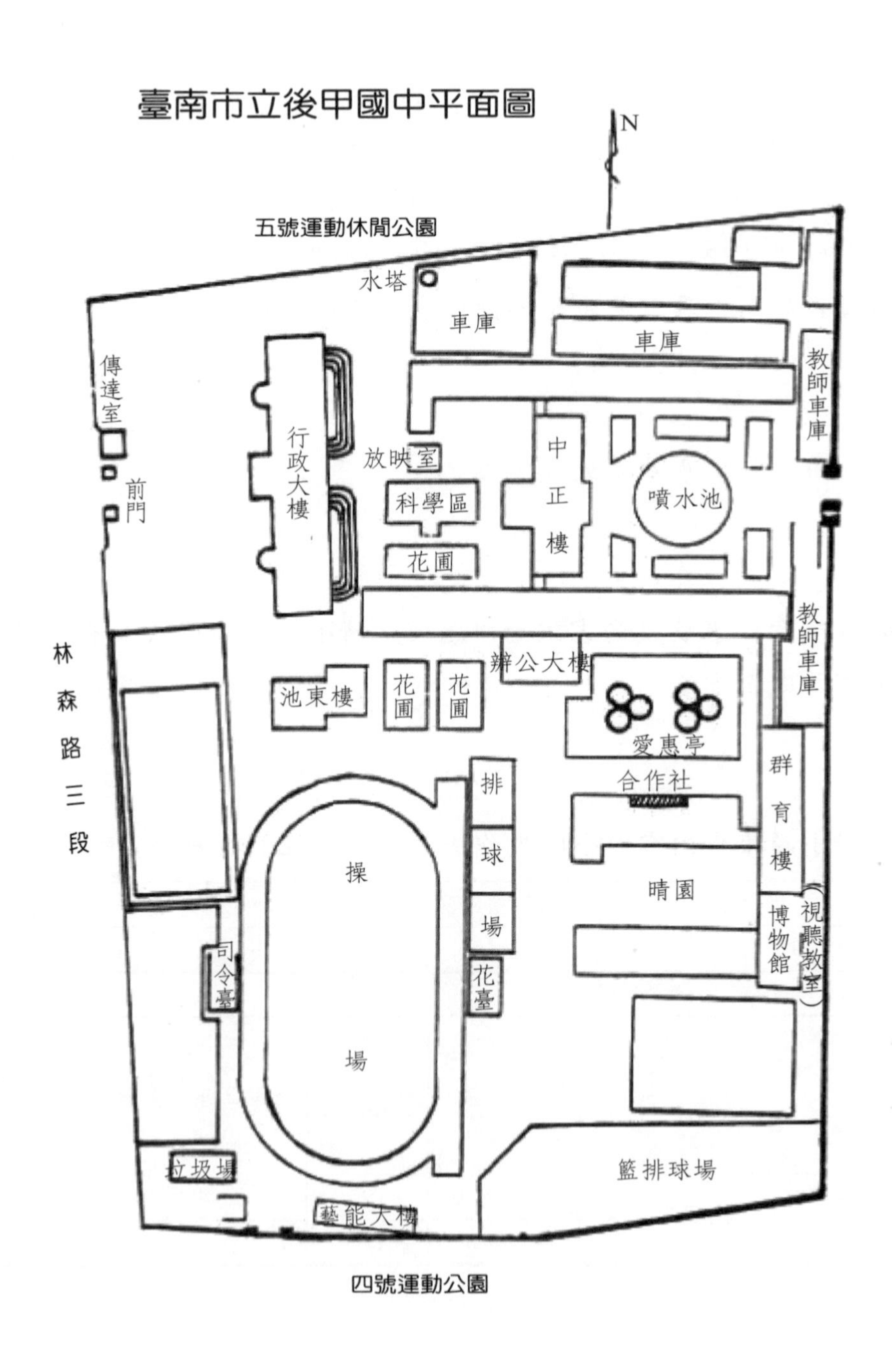

第三主題　單元1　「校園安全總動員」學習評量單使用與評量說明

設計者：李耀斌

修改與指導者：李坤崇

一、評量標準

(一)教師從「能力」、「努力」兩個向度在學習評量單的「評量」欄內進行評量，「能力」以符號「A、B、C、D、E」表示「很好、不錯、加油、改進、補做（交）」。「努力」以符號「＋、－」表示「進步、退步」。

(二)評量項目的評量標準如下表：

評語、符號	目標層次	很好（A）	不錯（B）	加油（C）	改進（D）	補做（E）
積極討論記錄詳實	情意2.2願意反應	記錄內容豐富且高於一般同學。	記錄內容豐富。	記錄內容欠佳。	內容與主題無關。	未作答或未交。
方法正確、具體	認知4.1區辨	方法比一般同學具體正確。	方法正確。	有些方法不正確。	絕大多數方法不正確。	未作答或未交。
評分認真	情意2.2願意反應	比一般同學認真。	和一般同學相同。	比一般同學不認真。	相當草率。	未作答或未交。

(三)若評量等級亦可運用其他符號或評語，然仍須事先與學生溝通，且力求符號一致性。

二、評等或計分方式

(一)本學習領域以「不呈現分數」為原則，教師可依教學目標、學生或家長需要，採取「評定等級」、「文字敘述」的方式。

(二)教師評定等級後，可視需要於「分享」欄，輔以文字深入說明，並予學生適切增強。

(三)若必須採取「核算等級計分」方式，可依下列評量表中，三項評量項目逐一計分。

評量項目	很好（A）	不錯（B）	加油（C）	改進（D）	補做（E）	基本分
3	15	10	8	5	0	55

(四)努力向度：「＋」出現一次加1分，「－」出現一次減1分。

(五)若未交則以「0」分計算，補交則給基本分，補交時間由教師規定。

附件 2-8

第三主題　單元2　「小鬼當家」學習評量單

班級：＿＿年＿＿班＿＿號　姓名：＿＿＿＿＿＿　組別：第＿＿組

作為一個主人，要能親切招呼「人客」，你有過這種經驗嗎？我們將以此次活動讓各位來做一次主人，泡茶請客。但為讓各項工作進行順利，必須事先完成計畫，才能讓客人有賓至如歸的感覺。

一、首先請各位先做好工作分配，每一位隊員皆須在事前及活動中擔任不同工作，請各位討論後將職務登記在下表

事前工作分配（負責同學）	活動進行中（負責同學）	善後工作（負責同學）
採購	小隊長	清洗餐具
採購	大廚	清洗餐具
製作邀請卡	招待客人	清洗工作臺、水槽
製作邀請卡	招待客人	清洗工作臺、水槽
準備器具	火伕、水伕	倒垃圾
準備器具	事務	掃地
準備器具	副小隊長	清理桌面

二、準備物品材料及器具

負責同學	準備物品或攜帶物品	備註
本次活動經費預估　　　　　元，每人分擔　　　　　元		

三、你喜歡這次活動嗎？這次活動讓你學到了什麼？

分享：	評量	事前準備	活動時分工合作	善後清理	呈現成果
小組長簽名：	小組長				
教師簽名：	教師				

第三主題　單元2　「小鬼當家」學習評量單使用與評量說明

設計者：李耀斌

修改與指導者：李坤崇

一、評量標準

(一)教師從「能力」、「努力」兩個向度在學習評量單的「評量」欄內進行評量。「能力」以符號「A、B、C、D、E」表示「很好、不錯、加油、改進、補做（交）」。「努力」以符號「＋、－」表示「進步、退步」。

(二)評量項目的評量標準如下表：

評語、符號	目標層次	很好（A）	不錯（B）	加油（C）	改進（D）	補做（E）
事前準備	情意2.2 願意反應	準備充分且積極參與度高於一般同學。	準備充分有參與。	有準備但有遺漏。	準備不足或大部分未做。	未準備或未做。
活動時分工合作	認知4.1 區辨	分工仔細且積極參與。	分工仔細有參與。	有分工但未充分合作。	分工不明。	未分工小隊不合作。
善後清理	技能4.0 熟練	清理確實。	和一般同學相同。	比一般同學不認真。	清理相當草率。	未清理。
呈現成果	認知4.2 組織	成果豐富、省思切合主題且富創意。	成果豐富、省思切合主題。	有成品、省思部分切合主題。	應付了事、省思不切合主題。	未做。

(三)若評量等級亦可運用其他符號或評語，然仍須事先與學生溝通，且力求符號一致性。

二、評等或計分方式

(一)本學習領域以「不呈現分數」為原則，教師可依教學目標、學生或家長需要，採取「評定等級」、「文字敘述」的方式。

(二)教師評定等級後，可視需要於「分享」欄，輔以文字深入說明，並予學生適切增強。

(三)若必須採取「核算等級計分」方式，可依下列評量表中，四項評量項目逐一計分。

評量項目	很好（A）	不錯（B）	加油（C）	改進（D）	補做（E）	基本分
4	15	10	8	5	0	40

(四)努力向度：「＋」出現一次加1分，「－」出現一次減1分。

(五)若未交則以「0」分計算，補交則給基本分，補交時間由教師規定。

附件 2-9

第三主題　單元3　「少年事件簿」學習評量單

班級：______　座號：______　日期：____年____月____日　組別：____

各位同學在一學期的小組活動中，是不是發生了一些讓你難忘的事，請你把它寫下來，並在小組中分享，最後再製作出屬於你們這一小組的海報，並上臺報告。

一、請寫下令你難忘的事。

二、請設計出屬於你們這一組的海報，簡單畫出之後，和組員共同討論出最能代表本小組的海報。

三、在看了各組的海報介紹及報告之後，請你給其他組別評量。

組別 項目	第一組	第二組	第三組	第四組	第五組	第六組
海報內容豐富						
富創意						
用心製作						
口頭報告						

分享：

教師簽名：

第三主題　單元3　「少年事件簿」學習評量單使用與評量說明

設計者：徐錦治

修改與指導者：李坤崇

一、評量標準

(一)各項評量項目的評量標準：教師用以評定分數的依循規準，宜將此表告知學生，讓學生了解獲得等級的實際意涵。

評語、符號	目標層次	很好（A）	不錯（B）	加油（C）	改進（D）	補做（E）
海報內容豐富	認知4.2組織	海報內容豐富且高於他組。	海報內容豐富。	海報內容欠佳。	海報內容與主題無關。	未作答或未交。
富創意	技能7.0獨創	比他組富創意。	創意和他組相同。	比他組不富創意。	抄襲或模仿。	未作答或未交。
用心製作	情意2.2願意反應	比他組認真。	和他組相同。	比他組不認真。	相當草率。	未作答或未交。
口頭報告	技能5.20自動表現	口頭報告相當流暢。	口頭報告和他組相同。	口頭報告比他組不佳。	口頭報告相當草率。	未作答或未交。

(二)若評量等級亦可運用其他符號或評語，然仍須事先與學生溝通，且力求符號一致性。

二、評等或計分方式

(一)本學習領域以「不呈現分數」為原則，教師可依教學目標、工作負擔、學生需要，採取「評定等級」、「文字敘述」的方式。

(二)教師評定等級後，宜視需要於「分享」欄，輔以文字深入說明，並予學生適切增強。

(三)若必須採取「核算等級計分」方式，可依下列評量表中，四項評量項目逐一計分。

(四)每個評量項目之能力向度計分，如下表：

評量項目	很好（A）	不錯（B）	加油（C）	改進（D）	補做（E）	基本分
4	15	12	8	5	0	40

(五)努力向度：「＋」出現一次加1分，「－」出現一次減1分。

(六)若檔案未交則以「0」分計算，補交則給基本分，補交時間由教師規定。

附件 3-1

第一主題　「YOUNG YOUNG的憶」評量單

班級：________　座號：________　姓名：________

※開學至今，同學應該已逐漸習慣國中的生活了吧？不論如何，在你上過三個單元的綜合活動之後，請靜下心來，問問自己真實的感受……

◎ 校園中我最喜歡的地方是：

◎ 我將它命名為：

◎ 我將用（文字、照片、素描或其他方式）來介紹它的特色：

符號說明：A＝很好，B＝不錯，C＝加油，D＝改進，E＝補做

評量項目	用心省思並記錄	創意
評量結果		

評量老師簽名：__________　家長簽名：__________

第一主題　「YOUNG YOUNG的憶」學習評量單之使用與說明

設計者：呂佳容　　修改與指導者：李坤崇

一、評量標準

(一)教師以符號「A、B、C、D、E」表示「很好、不錯、加油、改進、補做（交）」進行評量。

(二)各項符號與評語之評量標準如下：評量前必須告知學生符號所代表意義。

符號	評語	代表意義
A	很好	完全符合評量項目之要求。
B	不錯	大部分符合評量項目之要求。
C	加油	小部分符合評量項目之要求。
D	改進	完全不符合評量項目之要求。
E	補做（交）	未作答或未交。

(三)各項評量項目的評量規準：教師用以評定分數的依循規準，宜將此表告知學生，讓學生了解獲得等級的實際意涵。

評語、符號	目標層次	很好（A）	不錯（B）	加油（C）	改進（D）	補做（E）
用心省思並記錄	認知5.1檢查	比一般同學用心省思。	和一般同學相同。	比一般同學不用心省思。	相當草率。	未做或未交。
創意	技能7.0獨創	比一般同學有創意。	和一般同學相同。	比一般同學不具創意。	抄襲。	未做或未交。

二、評等或計分方式

(一)本學習領域以「不呈現分數」為原則，教師可依教學目標、工作負擔、學生或家長需要，採取「評定等級」、「文字敘述」的方式。

(二)教師評定等級後，宜視需要於「分享」欄，輔以文字深入說明，並予學生適切增強。

(三)若必須採取「核算等級計分」方式，可依下表計分。

評量項目	很好（A）	不錯（B）	加油（C）	改進（D）	補做（E）	基本分
2	20	15	10	5	0	60

(四)若學習單未交則以基本分「60」分計算，補交則再加分，由教師自行規定。

(五)評量結果若由分數轉換為優、甲、乙、丙、丁五個等第，則依教育部（2017）「國民小學及國民中學學生成績評量準則」第8條規定標準轉換之：優等：90分以上；甲等：80分以上未滿90分；乙等：70分以上未滿80分；丙等：60分以上未滿70分；丁等：未滿60分。

附件 3-2

第二主題　「YOUNG YOUNG的憶」

上了這一個多月的綜合活動課程，現在你心中有什麼想法？請用剪刀、膠水及彩筆，拼貼出自己心中第二主題的內容或製作一個檔案吧！可利用生活中再回收的物品，例如：包裝紙、糖果紙……等，或可直接剪下第二主題的課本頁面。

我幫這份作品命名：＿＿＿＿＿＿　七年＿＿班＿＿號　姓名＿＿＿＿＿

分享：	評量項目	切合主題	富創意	用心製作
	自評			
	教師			

第二主題　「Young Young的憶」學習評量單使用與評量說明

設計者：陳艷芬

修改與指導者：李坤崇

一、評量標準

(一)教師從「能力」、「努力」兩個向度在學習評量單的「評量」欄內進行評量，「能力」以符號「A、B、C、D、E」表示「很好、不錯、加油、改進、補做（交）」。「努力」以符號「＋、－」表示「進步、退步」。

(二)各項評量項目的評量規準：教師用以評定分數的依循規準，宜將此表告知學生，讓學生了解獲得等級的實際意涵。

評語、 符號	目標 層次	很好 （A）	不錯 （B）	加油 （C）	改進 （D）	補做 （E）
切合主題	認知 4.1區辨	比一般同學更切合主題。	能切合主題。	缺乏重點。	與主題無關。	未作答或未交。
富創意	技能 7.0獨創	比一般同學富創意。	創意和一般同學相同。	比一般同學不富創意。	抄襲或純粹模仿。	未作答或未交。
用心製作	情意2.2 願意反應	比一般同學認真。	和一般同學相同。	比一般同學不認真。	相當草率。	未作答或未交。

(三)若必須採取「核算等級計分」方式，可依下列評量表中，三項評量項目逐一計分。

評量項目	很好（A）	不錯（B）	加油（C）	改進（D）	補做（E）	基本分
3	20	16	12	6	0	40

附件3-3

第三主題　「Young Young的憶」

姓名：______ 班級：______ 座號：____ 日期：__年__月__日　組別：____

一、請寫出上過綜合活動之前的你和之後的你有何不同（100字以內）。

<table>
<tr><td>分享：</td><td>評量</td><td>內容切合主題</td><td>省思適切</td><td>用心書寫</td></tr>
<tr><td>教師簽名：</td><td>教師</td><td></td><td></td><td></td></tr>
</table>

第三主題　「Young Young的憶」學習評量單使用與評量說明

設計者：徐錦治

修改與指導者：李坤崇

一、評量標準

(一)教師從「能力」、「努力」兩個向度在學習評量單的「評量」欄內進行評量，「能力」以符號「A、B、C、D、E」表示「很好、不錯、加油、改進、補做（交）」。「努力」以符號「＋、－」表示「進步、退步」。

(二)各項評量項目的評量規準：教師用以評定分數的依循規準，宜將此表告知學生，讓學生了解獲得等級的實際意涵。

評語、符號	目標層次	很好（A）	不錯（B）	加油（C）	改進（D）	補做（E）
內容切合主題	認知4.1 區辨	內容相當切合主題。	內容大部分切合主題。	內容大部分不切合主題。	缺少大部分內容。	未作答或未交。
省思適切	認知5.1 檢查	省思相當多元完整。	省思不夠完整多元。	省思相當粗略。	幾乎沒有省思。	未作答或未交。
用心書寫	情意2.2 願意反應	比一般同學認真。	和一般同學相同。	比一般同學不認真。	相當草率。	未作答或未交。

(三)若評量等級亦可運用其他符號或評語，然仍須事先與學生溝通，且力求符號一致性。

二、評等或計分方式

(一)本學習領域以「不呈現分數」為原則，教師可依教學目標、工作負擔、學生或家長需要，採取「評定等級」、「文字敘述」的方式。

(二)教師評定等級後，宜視需要於「分享」欄，輔以文字深入說明，並予學生適切增強。

(三)若必須採取「核算等級計分」方式，可依下列評量表中，三項評量項目逐一計分。

(四)每個評量項目之能力向度計分，如下表：

評量項目	很好（A）	不錯（B）	加油（C）	改進（D）	補做（E）	基本分
3	20	16	12	8	0	40

(五)努力向度：「＋」出現一次加1分，「－」出現一次減1分。

(六)若檔案未交則以「0」分計算，補交則給基本分，補交時間由教師規定。

附件 4-1

臺南市後甲國中綜合活動學習領域學習通知單

七年級　第一學期　第一次（一學期三次）

姓名：＿＿＿＿＿＿　班級：＿＿＿＿　年＿＿＿＿班　組別：＿＿＿＿＿組

各位同學：經過幾週的學習後，請完成下列題目，再請小組長、老師、家長評量或簽名。

一、請針對下列項目逐一檢討、評量	自評	小組長評量	老師複評
1. 體會參與各類團體活動的意義，並練習改善或組織團體活動的知能。			
2. 分享自己如何安排時間、金錢及個人生活的經驗。			
3. 參與各類團體自治活動，並養成負責與尊重紀律的態度。			
4. 欣賞並接納他人。			
5. 分析各種人為和環境可能發生的危險與危機，擬定並執行保護與改善環境之策略與行動。			
6. 熟悉各種社會資源及支援系統，並幫助自己和他人。			
7. 能參與分組合作學習，增進人際溝通能力。			
8. 增進獨立思考與自我省思的能力。			
9. 整個活動的學習興趣、學習態度。			
二、經過整個學習過程，你最大的收穫是什麼？ （例如：人際溝通的能力、表達能力、自省能力或其他）			
三、經過整個學習過程，你覺得還有哪些地方可以做得更好，可以再努力？			
四、整個活動的感想： 簽名：			
家長的話：			
老師結語：			
中華民國　　年　　月　　日			

附件 4-2

臺南市後甲國中綜合活動學習領域學習通知單

七年級　第一學期　第二次（一學期三次）

姓名：__________　班級：______　年______　班　組別：________組

各位同學：經過幾週的學習後，請完成下列題目，再請小組長、老師、家長評量或簽名。

一、請針對下列項目逐一檢討、評量	自評	小組長評量	老師複評
1. 透過各式各類的活動或方式，展現自己的興趣與專長。			
2. 體會參與各類團體活動的意義，並練習改善或組織團體活動的知能。			
3. 了解學習與研究的方法，並實際應用於生活中。			
4. 規劃改善自己的生活所需要的策略與行動。			
5. 舉例說明保護與改善環境的活動內容。			
6. 能參與分組合作學習，增進人際溝通能力。			
7. 增進獨立思考與自我省思的能力。			
8. 整個活動的學習興趣、學習態度。			
二、經過整個學習過程，你最大的收穫是什麼？ （例如：人際溝通的能力、表達能力、自省能力或其他）			
三、經過整個學習過程，你覺得還有哪些地方可以做得更好，可以再努力？			
四、整個活動的感想： 簽名：			
家長的話：			
老師結語：			
中華民國　　年　　月　　日			

附件 4-3

臺南市後甲國中綜合活動學習領域學習通知單

七年級　第一學期　第三次（一學期三次）

姓名：＿＿＿＿＿　班級：＿＿＿　年＿＿＿班　組別：＿＿＿＿組

各位同學：經過幾週的學習後，請完成下列題目，再請小組長、老師、家長評量或簽名。

一、請針對下列項目逐一檢討、評量	自評	小組長評量	老師複評
1. 分析各種人為和環境可能發生的危險與危機，擬定並執行保護與改善環境之策略與行動。			
2. 學習關懷世人與照顧弱勢團體。			
3. 分享自己與家人溝通方式，並體驗經營家庭生活的重要。			
4. 參與家事，分享維持家庭生活的經驗。			
5. 體會參與各類團體活動的意義，並練習改善或組織團體活動的知能。			
6. 認識參與團體自治活動應具備的知能，並評估自己的能力。			
7. 能參與分組合作學習，增進人際溝通能力。			
8. 增進獨立思考與自我省思的能力。			
9. 整個活動的學習興趣、學習態度。			
二、經過整個學習過程，你最大的收穫是什麼？ （例如：人際溝通的能力、表達能力、自省能力或其他）			
三、經過整個學習過程，你覺得還有哪些地方可以做得更好，可以再努力？			
四、整個活動的感想： 簽名：			
家長的話：			
老師總評等第：□優　□甲　□乙　□丙　□丁 老師結語：			
中華民國　　年　　月　　日			

第十一章 CHAPTER ELEVEN

學習評量通知單

學生學習告一段落，教師應評定其學習結果，並呈現結果、提出報告。評定學習結果歷程有顧及能力者、有兼顧能力與努力者，呈現結果有採等第者、有採百分制者，如何呈現有待教師深思。教師教學必須運用各種方法蒐集有關學生學習的歷程與表現，依據歷程與表現評斷學生學習成果，再將評斷成果轉化成分數、等級或文字告知家長，此經轉化評斷結果的書面資料，稱之學習評量通知單或成績通知單。

第一節　呈現學習結果

評定學生學習結果乃教師定期予學生回饋的必要任務，如何評定結果已於前述章節討論，本節主要討論如何呈現學習結果。

壹、評定學習結果的範圍

依據教育部 2017 年 10 月 24 日公布的「國民小學及國民中學學生成績評量準則」第 3 條規定：國民中小學學生成績評量，應依學習領域及日常生活表現，分別評量之；其評量範圍如下：(1)學習領域評量：依能力指標、學生努力程度、進步情形，兼顧認知、情意、技能及參與實踐等層面，並重視各領域學習歷程與結果之分析；(2)日常生活表現評量：學生出席情形、獎懲、品德言行表現、團體活動表現、公共服務及校內外特殊表現等（教育部，2017）。

教育部 2019 年 6 月 18 日公布的「高級中等學校學生學習評量辦法」第 3 條指出：「學校學生學習評量，包括學業成績評量及德行評量。」第 4 條指出：「學業成績評量，採百分制評定，並得註記質性文字描述。學業成績評量，按學生身心發展及個別差異，兼顧科目認知、技能及情意之教學目標，採多元評量方式，並於日常及定期為之；其各科目日常及定期學業成績評量之占分比率，由學校定之。」（教育部，2019）

可見，中小學評定學習結果的範圍包括學習領域（學科學業）、日常生活表現（德行）兩類，前者乃學生所修習學習領域或學科學業的表現，後者乃學生在日常生活與德行的表現。

「國民小學及國民中學學生成績評量準則」第 7 條強調評量分學習領域和日

常生活表現，教育部（2017）公布的評量準則指出：學習領域評量內涵依能力指標、學生努力程度、進步情形，兼顧認知、情意、技能及參與實踐等層面，並重視各領域學習歷程與結果之分析。可見，呈現結果應顧及能力、努力與進步等因素，兼顧認知、技能、情意等層面。可惜「高級中等學校學生學習評量辦法」並未強化上述理念。

貳、呈現學習結果的方式

呈現學習結果不限於等第或百分制，Linn與Miller（2005）提出更多元的呈現方式。

一、百分制

「國民小學及國民中學學生成績評量準則」第8條規定：「國民中小學學生學習領域之平時及定期成績評量結果，應依評量方法之性質以等第、數量或文字描述記錄之。」數量記錄通常以百分制分數或等第計之。「高級中等學校學生學習評量辦法」第3條規定：學校學生學習評量，包括學業成績評量及德行評量。學業成績採百分制評定，並得註記質性文字描述，德行評量依學生行為事實作綜合評量，不評定分數及等第。可見，國內中小學成績評量採數量（百分制）、等第制並行，而高中學業成績採百分制評定。

百分制雖較等第制可更精確指出學生學習結果的落點，具備精確簡潔、可直接加總計算、可預測學生成就等三項優點。但仍具有下列缺失：(1)精準度仍有疑慮：學生學習領域或學業表現，以現今教師的評量專業、方式與作為，實難以精準的解釋分數間些微的差距；(2)客觀性仍受質疑：中小學教師研擬整學期學習評量計畫者不多，使得評定分數的客觀性、周延性受到家長質疑；(3)明確性不足：百分制無法明確指出學習領域（學科學業）具體的優點或缺失。

二、等第

「國民小學及國民中學學生成績評量準則」第8條指出：各學習領域之成績評量應以優、甲、乙、丙、丁之等第，呈現各學習領域學生之全學期學習表現，其等第與分數之轉換如下：(1)優等：90分以上。(2)甲等：80分以上未滿90

分。(3)乙等：70分以上未滿80分。(4)丙等：60分以上未滿70分。(5)丁等：未滿60分。顯示，國中小學學習領域評量、日常生活表現期末成績以「優、甲、乙、丙、丁」五等第方式呈現。

「高級中等學校學生學習評量辦法」第21條規定：德行評量依行為事實作綜合評量，不評定分數及等第；第4條指出：學習成績採百分制評定。

國中小呈現學期成績等第採「優、甲、乙、丙、丁」五等第方式，然而教師於平時或定期評量呈現等第，則未必均採上述五等第，可採二等第、三等第、四等第或其他等第，應依教師的教學目標與需求而定。二等第者，如滿意、不滿意；精熟、不精熟。三等第者，如滿意、普通、不滿意；精熟、尚可、不精熟。四等第者，如非常滿意、大部分滿意、小部分滿意、非常不滿意；進階、精熟、部分精熟、未達部分精熟；傑出、精熟、見習、生手；優異、精熟、基本、基本以下。

等第制雖不比百分制精確，仍具備簡潔扼要、可直接加總計算、可預測學生成就等三項優點。但仍具有下列缺失：(1)分派比例因人而異：學生分派到各等第的比例會隨教師而異，若無明確規範，會出現有些教師高等第者偏多或偏少的現象；(2)客觀性仍受質疑：因中小學教師多未擬學期學習評量計畫，較難以說明家長評定的客觀性；(3)明確性不足：等第制仍無法明確指出學習領域（學科學業）具體的優點或缺失。

三、通過或失敗

「高級中等學校學生學習評量辦法」第8條指出：「學業成績以一百分為滿分，其及格基準規定如下：(1)一般學生：以六十分為及格。(2)依各種升學優待辦法規定入學之原住民學生、重大災害地區學生、政府派赴國外工作人員子女、退伍軍人、僑生、蒙藏學生、外國學生、境外優秀科學技術人才子女及基於人道考量、國際援助或其他特殊身分經專案核定安置之學生：一年級以四十分為及格，二年級以五十分為及格，三年級以後以六十分為及格。(3)依中等以上學校技藝技能優良學生甄審及保送入學辦法規定入學之學生：一年級、二年級以五十分為及格，三年級以後以六十分為及格。(4)依中等以上學校運動成績優良學生升學輔導辦法規定入學之學生：一年級、二年級以四十分為及格，三年級以後以五十分為及格」。可知，高中學業成績有及格基準，一般學生達60分者及格，反之不及格。

通過或失敗等第又較等第制更不精確，客觀性、明確性均較不足。Linn與Miller（2005）強調通過或失敗等第較適用於精熟學習教導的課程，教師針對學生必須精熟學習的課程，評定是否通過。運用通過或失敗等第時，除非證明精熟某課程，否則學生在學校的紀錄不會留下任何紀錄；即學校給予學生精熟課程目標的足夠時間，學校紀錄保留空白，直到學生已通過該課程為止。

四、目標評量表或檢核表

為提供學習結果更多的訊息，有些學校已逐漸採用目標檢核表或評量表，來取代或補充百分制、等第制、通過或失敗制。目標檢核表或評量表常用於國中小，如學科表現方面，國小國語包括寫字、發表、閱讀、創作等四項，數學包括理解、計算能力、解決問題能力；生活行為表現方面，國小學習態度包括專心學習、分組合作、創意思考、主動學習，日常行為包括帶齊學用品、會舉手發言、整理抽屜、打掃環境、用餐、作業繳交。教師可針對上述目標項目予以檢核或評量，通常二分的行為技能採取檢核，如通過或不通過；二分以上的技能情意採評量，如「優、甲、乙、丙、丁」五等第或「非常滿意、大部分滿意、小部分滿意、非常不滿意」四等第。

Linn與Miller（2005）認為目標檢核表或評量表可詳細分析學生學習結果的優缺點，可採取建設性行動以協助改善學習，更可以學校目標提醒學生、家長或他人。然設計目標檢核表或評量表主要的困境在於如何選取重要、少數的目標項目，如何以簡潔扼要的方式來敘述目標。

五、文字描述

「國民小學及國民中學學生成績評量準則」第8條規定：「國民中小學學生學習領域之平時及定期成績評量結果，應依評量方法之性質以等第、數量或文字描述記錄之。」「高級中等學校學生學習評量辦法」第21條規定：「德行評量，依學生行為事實作綜合評量，不評定分數及等第。」而依行為事實作綜合評量即採文字描述方式，可見，中小學學期成績應含「文字描述」。

文字描述應力求具體呈現事實，尤其是負向文字描述更應謹慎呈現，不宜以簡單成語或敘述進行負向評述。擔任校務評鑑委員時，發現十年級學生的導師評語為「性情乖僻，難以造就」，更記錄下列訊息：「3 月 24 日無故遲到，口頭訓誡；3 月 25 日儀容不整，口頭訓誡；3 月 27 日亂丟垃圾，口頭訓誡；4 月 12 日無故遲到多次，記警告一次。」國內為因應「國民小學及國民中學學生成績評量準則」、「高級中等學校學生學習評量辦法」規定要進行質性文字描述，便發展出文字描述的「詞庫」，此種方式或可供教師參酌。但家長或學生通常更想要知道具體事實、事蹟的描述，而不是八股式的詞庫用詞。

六、給家長的信

有些學校或教師以信件直接向家長說明學習結果，信件內容可能包括學生的優點、缺點、學習需求或明確的改善建議，亦可呈現有關學習領域（學科學業）、日常生活表現（德行）中較詳細的內涵。

給家長的信可作為百分制、等第制、通過或失敗制之補充訊息，但必須審慎處理，因豐富且深思熟慮的內涵需要相當多的時間與技巧，描述學生優缺點甚易被家長誤解，且信件無法作為有效的累積紀錄。Linn與Miller（2005）強調信件應局限於補充角色，且僅在需要「澄清」時使用。

Linn與Miller（2005, p. 372）提出「向家長報告的巧妙註解」，如下：「一位教師巧妙地向家長報告其子女在校的四項不良行為：(1)說謊：呈現出有趣的口頭報告但難以分辨事實或想像的材料。(2)作弊：使用所有可能的資源獲得答案，但需要幫忙方能決定何時取得其他學生的協助是適當的或不適當的。(3)欺凌弱小：有領導特質，但需要導向較具建設性的活動。(4)懶惰：當給予充分監督時會做學校作業，但需要發展出獨立工作的習慣。」

七、學生作品檔案

學生作品檔案可藉由檔案內涵的學習成就進展與目前水準，來說明學習結果，並予家長具體的報告。Linn與Miller（2005）主張有效的檔案並非放置一堆學生作品的資料夾，而是有目的挑選的作品集，以凸顯學習結果。尤其，學生作品檔案通常包含教師、學生對檔案項目的評論，更包括以某學習目的為主的成長歷程之作品內涵展現。

八、親師座談會

為克服書面資料的限制，建立與家長更佳的夥伴關係，有些學校採取定期安排親師座談會的方式，來呈現學習結果。此種方式常用於小學階段，尤其是低年級學生。

親師座談會可使學校與家庭雙向溝通，除學校向家長說明學生在校學習成果外，家長亦可提供學生在校外生活的訊息。座談會中教師與家長共同討論問題，共同關心與協助學生發展，不僅有助於提出更好的協助計畫，更可避免雙方對學生學習結果的誤解。

Linn與Miller（2005）強調檔案可作為學生、家長、教師對學習結果溝通的基礎，親師座談會若能結合學生作品檔案展示，將更能明確的呈現學生成就與進展情況，更能增進教師與家長的溝通。親師座談會可作為呈現學生學習結果的「補充」資訊，卻具有需要大量時間與技巧、不能提供學生學習進展的系統記錄等缺失。

參、多元化的呈現學習結果

呈現學生學習結果若能採多元化呈現，提供更豐富訊息，將更能說明學生學習結果。

一、多元化呈現學習結果

呈現學生學期學習結果的方式，至少有百分制、等第、通過或失敗、目標評量表或檢核表、文字描述、給家長的信、學生作品檔案、親師座談會等八種方式。前四種可單獨作為呈現學習結果的方式，後四種宜作為前四種的補充說明。

百分制、等第、通過或失敗可提供保存學生成就紀錄的簡化方法；目標評量表或檢核表、文字描述可提供學生學習與發展優缺點的詳細報告；學生作品檔案可提供學生學習進展與成就水準的具體範例；給家長的信、親師座談會有助於學校與家庭間的溝通與合作。八種方式各有其優劣與適用時間，教師宜權衡善用。

二、呈現學習結果應注意事項

Linn與Miller（2005）認為沒有一種呈現學習結果的方式或報告，可令所有學校滿意，學校應發展出切合其特殊需求與環境的方法。Linn與Miller（2005）提出呈現學習結果應注意事項如下：

1. **以服務對象為中心**：呈現學習結果宜了解學生、家長、教師、輔導人員、行政人員使用學習結果的需求，雖然不可能滿足所有服務對象，但應尋求較佳的折衷方案。將課程目標的學習成就、努力、進步或成長狀況、個人或社會特徵，及習慣或態度分開呈現，並依其屬性採取適切的呈現方式，乃較佳的作為。
2. **共同研發充分徵詢**：呈現學習結果的方式與報告應由學生、家長、教師、輔導人員、行政人員共同研發，若能組織委員會，包括學生組織、家長團體、教師、輔導人員、學校行政的代表，透過代表於委員會研討初稿後，各自帶回所屬團體研議修正後再帶回委員會研討，將更為周延。
3. **清晰敘述教育目標**：呈現學習結果與報告應具體明確的呼應教育目標，方不致造成教學與評量脫節，因此，清晰敘述學校和課程的教育目標乃呈現學習結果的核心內涵。
4. **標準一致**：呈現學習結果與報告的標準應與學校標準一致，方不致造成多種標準的混淆。呈現學習結果與報告的標準應是支持、呼應學校標準，而非破壞學校已實施的標準。若認為學校已實施的標準欠佳，宜提出修正，並與呈現學習結果與報告的標準同時修正。
5. **適切的信效度**：呈現學習結果與報告應有適切的信度與效度，從擬定評量計畫、實施評量到呈現學習結果與報告，應有嚴謹歷程與適切的信效度，方能確保呈現學習結果可信有效。
6. **兼顧豐富性與實用性**：呈現學習結果與報告希望是詳細豐富到足以診斷，但卻又希望精簡扼要易於實用，兩者宜尋求平衡。因此，呈現學習結果與報告應兼顧「準備和使用報告所需的時間」，「學生、家長、學校人員希望了解的報告內容」及「報告易於摘要成學校紀錄」三個向度，尋求豐富性與實用性的折衷方案。
7. **適時召開親師座談會**：國中小已時常辦理定期性的親師座談會，高中職因家長關心教育程度逐漸增加，宜視需要辦理。學校可善用學生作品檔案或各項活動，結合親師座談會來適切呈現學生學習結果，強化學校與家庭的合作關係。但是座談會只是「補充」呈現學習結果，而非「取代」呈現學習結果。

第二節　學習評量通知單的功能與困境

欲設計、運用學習評量通知單必須先剖析其功能、困境，方能協助教師善用此通知單。

壹、功能

教育部2017年10月24日公布的「國民小學及國民中學學生成績評量準則」第2條指出：「國民小學及國民中學（以下簡稱國民中小學）學生成績評量，以協助學生德智體群美五育均衡發展為目的。」此外，綜合Airasian（1996）、Hubelbank（1994）、Linn與Miller（2005）、Simon與Bellanca（1976）等觀點，學習評量通知單常具有下列功能：

1. **教學**：通知單可澄清教學目標、指出學生學習優缺點、提供學生個人與社會發展訊息及提高學習動機，更可改善學生的學習狀況。
2. **行政**：學校在行政上有責任整理學生的學習結果，作為改善教學與提升學習績效的依據；亦有義務運用學習評量通知單，告知家長其子女的學習成果。
3. **家長**：家長有權利了解子女在學校學習的狀況，亦可經由學習評量通知單了解學校想要什麼，便於與學校充分配合協助子女發展；更可經由學習評量通知單呈現子女的成功、失敗或特殊問題等訊息，來協助子女做更適切的駕馭或生涯規劃。
4. **資訊**：學習評量通知單代表教師對學生整學期或數個階段學習表現的總評，呈現的資訊內容包括學生在知識、技能、情意的學習成果，與團體的比較，個人前後學習成果的比較，以及教師對學生的滿意程度。
5. **激勵**：學習評量通知單有如雙面刃，運用不當學生易受傷害，若能掌握「激勵」原則，適度給予學生鼓勵與增強，將可提高學生學習動機，減弱其學習挫折。教師宜具體闡述學生的正向行為、進步情形，明確告知團體的相對位置，及努力的方向，若學生成績退步應予適切引導其努力方向，避免一味苛責或全盤否定其能力或努力。

6. **引導**：學習評量通知單對教師、學生、家長均具有引導功能，教師必須針對學生學習成果，協助其選擇適合的課程、程度，實施後續教學、輔導或補救教學。學生根據學習成果擬定未來努力目標，家長依據子女學習表現擬定協助策略，教師填寫通知單應注意引導學生、家長之努力目標與方向，不宜僅消極告知學習成果，應發揮更積極的引導成長功能。

貳、困境

學習評量通知單係重要而專業的溝通媒介，基於教師專業倫理，教師必須客觀、公正的激勵、引導學生，不應作為懲罰學生或侮辱學生的工具。然而，因下列困境，使得學習評量通知單難以充分發揮功能（Airasian, 1996; Brookhart, 1991; Gullickson, 1986; Hubelbank, 1994; Lortie, 1975; Schafer & Lissitz, 1987; Slavin, 1994）：

1. **學校制式表單難以激發教師創意**：教師所使用的學習評量通知單通常沿用學校制式表單，雖然對表單不滿意或不接受，但為避免更改制式表單引起不必要的困擾，加以學校不積極引導改善，使得教師趨向消極守成難以激發教師創意。
2. **教育行政機關、學校未積極改善通知單**：數十年臺灣教育由於教育部中央集權的領導方式，致使各縣市難以發揮地方教育特色，遑論學校本位發展。教育行政機關、學校行政部門近年來雖力行教育改革，但對改善學習評量之努力似較消極，改進國中國小之學期成績通知單更未受重視。教師面對教育行政機關、學校行政部門的消極與漠視，乃採多一事不如少一事之態度。
3. **少數教師學習評量的專業知能不足**：少數教師於職前教育階段所受學習評量教育常偏於理論而忽略實務，側重概念而輕忽實作；教育行政機關辦理之研習亦甚少以學習評量為主，使得在職教育階段難以增強專業知能。在專業不足情況下，教師採取墨守成規的方式乃人之常情。
4. **教師因家長過於在意評量結果而衍生壓力**：國內家長深受升學主義影響，對子女的學業成績或學習表現分分計較，對成績通知單之內涵更為重視。曾有一名教師對學生評語為「資質平庸」，招致家長透過民意代表對學校施壓，要求改善評語，因家長認為孩子說謊、偷竊，老師都被騙得團團轉，怎可說是「資質平庸」。教師若無學習評量專業知能與信心，無學校行政的強烈支持，無同儕的共同改善，將採取保守的沿用制式表單方式。

5. **教師球員兼裁判的角色模糊**：教師在學習評量的角色既是評分者，也是教導和幫助者，一方面要教導學生所需的知識、技能與態度，另一方面要評量學生的學習表現，因此遭遇球員兼裁判的角色模糊，難免對學生的刻板印象而流於主觀，亦難免因學生某方面強勢的表現而影響評量結果的公平性和客觀性。
6. **評量結果影響學生權益的兩難困境**：華人社會向來重視「人情」，若評量結果影響學生權益時，通常會陷入「公平客觀」或「幫忙學生」的兩難困境。曾聽聞有些教師為學生參加推薦甄試，因應學生的甄試需要打兩種以上版本的成績，可見，民族性亦為影響學習評量通知單客觀的因素之一。

第三節　日本中小學評量通知單的實例與解析

茲就參觀訪問日本幾所國中、國小所索取的學習評量通知單，前往臺南市勝利國小調閱國外轉學回國學生資料中的學習評量通知單，及蒐集有關文獻資料，分別針對學習評量通知單實例解析之。

壹、日本打瀨中學的通知單

日本打瀨中學的通知單（見實例 11-1）在第一頁呈現學校教育目標「養成富人性、創造力、健康、朝氣的學生」，目標內涵包括：(1)有豐富、體貼心；(2)會欣賞自然和美的物品；(3)自動不斷上進，努力向學；(4)有豐富創造力及明確表達力；(5)注意自身的健康、安全，鍛鍊身心；(6)尊重、勞動、服務，喜愛學校社區。第二頁呈現各科的學習紀錄與各項行為的行為紀錄，各科學習紀錄均包含各科的學習重點項目，如國語的重點項目為：對國語的關心、興趣、態度；表達能力；理解能力；言語有關的知識、理解、技能等四項。社會為：對社會現象的關心、興趣、態度；社會思考、判斷；活用資料的技能、成就；有關社會現象的知識、理解等四項。各項行為紀錄包括：基本的生活習慣，開朗、快樂，自主、自律，上進心，責任感，創意，體貼，寬容、合作，愛護自然，勤勞、工作，公正、公平，公共心等十二項，每項行為紀錄均具體的說明，如基本的生活習慣之說明為「具有健康、安全、正確禮儀及規律的生活習慣」，自主、自律之說明為「能自主自制，自己思考、判斷及自律」，上進心之說明為「關心未來生活，擬定目標、計畫，並有毅力去完成」。

學習紀錄分成評定學習優劣、學習狀況兩大項，評定學習優劣分成五個等級：「 5為特優，4為優，3為普通，2為要努力，1為要特別努力」，評量學習狀況分成三個等級：「完全達到打『○』，部分達到打『△』，幾乎沒做到則空著」。行為紀錄依據學生行動紀錄分成三個等級：「優打『○』，要努力打『△』，幾乎沒做則空著」。

第三頁為特別活動紀錄、出席紀錄、綜合意見，特別活動為學級會、學生會、部活動、其他等社團活動紀錄，出席紀錄包括上課日數、喪假日數、必須出席日數、缺席日數、出席日數，遲到、早退等項目。此綜合意見乃讓教師針對學生學期整體表現給予綜合評語與建議。

第四頁為修習證書，內容包括學生姓名、出生年月日、第幾學年、評定日期，校長、級任教師、家長或監護人之蓋章。

日本打瀨中學的通知單之學習紀錄、行為紀錄的內涵與評量方式，頗為具體、周詳，可供國內國中國小之參考。

實例 11-1

平成 9 年度

通　知　單

學　校　教　育　目　標

養成富人性、創造力、健康、朝氣的學生
○有豐富、體貼心
○會欣賞自然和美的物品
○自動不斷上進，努力向學
○有豐富創造力及明確表達力
○注意自身的健康、安全，鍛鍊身心
○尊重、勞動、服務，喜愛學校社區

千葉市打瀨中學

學習紀錄		1		2		3	
教科	觀點 （評定乃評定等級，狀況指學習狀況）	評定	狀況	評定	狀況	評定	狀況
國語	對國語的關心、興趣、態度。						
	表達能力。						
	理解能力。						
	言語有關的知識、理解、技能。						
社會	對社會現象的關心、興趣、態度。						
	社會思考、判斷。						
	活用資料的技能、成就。						
	有關社會現象的知識、理解。						
數學	對數學的關心、興趣、態度。						
	數學評量的技巧。						
	數學的表達、問題處理能力。						
	有關數量、圖形的知識及理解。						
理科	對自然現象的關心、興趣、態度。						
	科學思考。						
	觀察、實驗的技能、表現。						
	有關自然現象的知識及理解。						
音樂	對音樂的關心、興趣、態度。						
	對音樂的感受。						
	表現技能。						
	鑑賞能力。						

行為紀錄			
項目及評定	1	2	3
基本的生活習慣 具有健康、安全、正確禮儀及規律的生活習慣。			
開朗、快樂 具有朝氣、健康的生活態度。			
自主、自律 能自主自制，自己思考、判斷及自律。			
上進心 關心未來生活，擬定目標、計畫，並有毅力去完成。			
責任感 自覺到本身的責任，且不推諉，肯負責。			
創意 探索知識態度，尋找新思考模式，培養自己的性格。			
體貼 具有體貼、感恩的心，且生活得更好。			

學習紀錄		1		2		3	
教科	觀點（評定乃評定等級，狀況指學習狀況）	評定	狀況	評定	狀況	評定	狀況
美術	對美術的關心、興趣、態度。						
	想像、構想能力。						
	創造技能。						
	鑑賞能力。						
健康體育	對運動、健康、安全的關心、興趣、態度。						
	對運動、健康、安全的思考、判斷。						
	運動技能。						
	對運動和健康、安全的知識、理解。						
技術家庭	對生活和技術的關心、興趣、態度。						
	生活和技術的能力。						
	生活和技術的技能。						
	有關生活和技術的知識、理解。						
英語	對英語的關心、興趣、態度。						
	表達能力。						
	理解能力。						
	語言和文化的知識、理解。						

行為紀錄			
項目及評定	1	2	3
寬容、合作 尊重和自己不同的意見，關心團體生活。			
愛護自然 愛護自然，關懷生命。			
勤勞、工作 體認服務重要，具有職業觀，努力於未來的工作。			
公正、公平 判斷是非，拒絕引誘，以公正的態度處事，對他人不存偏見或歧視。			
公共心 能具有國際意識，重視傳統文化，建立國際視野，為公共利益而努力。			

選修科目名稱	評等	評等說明
		1. 二、三年級實施選修科目。 2. 評等標準依據學習意願、研究精神、表現成果來綜合評定。等級分成 A、B、C 三個等級。

特別活動紀錄		
學級會、學生會	前期	後期
部活動		
其他		

出席紀錄							
學期	上課日數	喪假日數	必出席日數	缺席日數	出席日數	遲到	早退
1							
2							
3							
合計							

綜合意見		
1 學期	2 學期	3 學期

各科任課教師

國語	
社會	
數學	
理科	

音樂	
健康體育	
美術	
技術家庭	
英語	

學習紀錄	行為紀錄
◎「評定優劣」分成五個等級： 5 特優　4 優　3 普通 2 要努力　1 要特別努力 ◎「學習狀況」分成三個等級： 完全達到打「○」，部分達到打「△」，幾乎沒做到則空著。	依據學生行動紀錄分成三個等級：優打「○」，要努力打「△」，幾乎沒做則空著。

修習證書

學生姓名：＿＿＿＿＿＿

出生年月日：＿＿年＿＿月＿＿日

本校第＿＿學年的課程修習結束

平成 10 年 3 月＿＿日

千葉市立打瀨中學校

校長　渡邊昭

簽名（蓋章）		姓名	1	2	3
	校長	渡邊昭			
	級任教師				
	家長、監護人				

貳、日本打瀨小學的通知單

參訪日本打瀨小學時，校長特別強調該校的學期學習評量通知單分為高年級（見實例 11-2）、低年級（見實例 11-3）兩種版本，茲分別說明之。

一、高年級通知單

日本打瀨小學的「高年級」學生的學期學習評量通知單（見實例 11-2）在第一頁呈現學校教育目標「閃耀：寬宏的心、理想、閃閃發光的孩子」，即昭示學生要培養具有寬宏的心、理想，成為閃閃發光的孩子。此頁請學生貼上照片或得意照片，引導學生注意周遭生活美好的一面，將其選取後挑選一張貼在第一頁，頗具創意。

第二頁呈現各科學習狀況，每科均詳列重點項目，如國語的重點項目為下列六項：(1)自己喜愛國語，並自動看書；(2)會視狀況使用正確語詞，並說出正確語詞；(3)會依題材加入自己看法，並寫出符合題目文章；(4)正確明白語言及文章的內容；(5)書寫時，會留意到字形、大小、排列；(6)了解聲音、文字、語句、文章等基本事項。評定學習狀況分為三個等級：很好、尚可、要努力等三項，教師採打勾方式。

第三頁以活潑的邁向太空圖案呈現，內涵為家長、學生、教師的話。請學生先定「自己的目標」，再寫出「努力過的事」，此部分引導學生自訂目標，並激勵學生努力歷程，而非結果的觀念，頗能鼓勵學生努力。家長的話係請家長寫些子女的優良具體表現，給予子女增強。教師的話雖為綜合評語，但仍要求教師多予學生鼓勵與增強。

第四頁請學生針對成為「閃耀：寬宏的心、理想、閃閃發光的孩子」逐項自評，自評分三個等級：做得好打「○」，尚可或有努力打「△」，幾乎都沒做好則空著。「寬宏的心」包括：(1)會和任何人有禮貌地打招呼；(2)會和同儕一同活動、談話；(3)愛護自然，尊重生命；(4)愛惜、整理公物；(5)工作時不偷懶，自動自發；(6)會分辨場合、善惡等六項。「有理想、夢想」包括：(1)開朗、健康的生活；(2)有目標，不輕易放棄等兩項。「閃閃發光學生」包括：(1)自定計畫，並執行計畫；(2)能和同學、低年級學生合作；(3)在生活和學習中作各種努力等三項。

第四頁還包括特別活動的情況、出缺席狀況，及學校對此通知單的呼籲。此呼籲內容為：「我們希望孩子成為未來菁英，活躍在自己國家、世界舞臺，培養出有創造力、想像力、夢想的孩子，即寬宏的心、夢想、閃耀的孩子。不僅希望孩子在學校學習、生活中，能表現出自己閃耀的一面，更鼓勵孩子朝著夢想快樂前進。通知單納入孩子努力狀況，家人鼓勵的話，希望孩子、家長將此視為重要『寶物』。」最後為修習證書。

二、低年級通知單

日本打瀨小學的「低年級」學生的學期學習評量通知單（見實例 11-3）的第一頁與高年級的通知單相同，均呈現學校教育目標並請學生貼上照片或得意照片。

第二頁呈現各科學習狀況，每科亦均詳列重點項目，然各科重點項目依據高低年級學習狀況差異而異，如國語的重點項目為下列六項：(1)自動對國語有興趣，且去讀國語；(2)能清楚明白地表達；(3)對自身經驗及身旁的事，能有條不紊的說寫；(4)能大致明白語言及文章的內容；(5)會注意到字形，並工整的書寫；(6)會明白文字的讀、寫及簡單短文的大意。評定學習狀況與高年級相同，亦分為三個等級：很好、尚可、要努力等三項，教師採打勾方式。

第三頁以溫馨的田園圖案呈現，內涵為家長、學生、教師的話。請學生先寫出「自己的學期目標」，再寫出「自己努力的地方」，此部分頗能引導目標訂定與激勵學生努力。家長的話、教師的話均要求家長、教師多鼓勵、增強。

第四頁亦與高年級相同，請學生針對成為「閃耀：寬宏的心、理想、閃閃發光的孩子」逐項自評，然各項目標的細目不盡相同，「寬宏的心」包括：(1)不任性，和任何人都感情好；(2)對有困難者能懇切相助；(3)做好自己的事；(4)會與別人打招呼回應等四項。「有理想、夢想」包括：(1)開朗、健康的生活；(2)不放棄，努力到最後等兩項。「閃閃發光的學生」包括：(1)向自己挑戰更好的事；(2)仔細想，好好下功夫等兩項。其餘均與高年級相同。

日本打瀨小學的學期學習評量通知單可供國內借鏡之處為：(1)針對年齡與發展差異分成高年級、低年級兩種方式；(2)請學生貼上得意照片，增進學生自我肯定，強化自信心；(3)昭示學校教育目標，請學生自訂目標與自評達到學校目標的自省；(4)請學生專注於「努力過的事」，而非學習成果，鼓勵重視努力學習的歷程；(5)家長、教師對學生的回饋，請家長、教師多予學生增強與鼓勵；(6)學科學習狀況與學校教育目標的自省均詳細列舉重要項目，不致過於籠統；(7)評量參與人員多元化，教師、家長、學生均參與評量；(8)依據年級差異設計兩種不同類型的圖案，使通知單不致流於呆板；(9)請孩子、家長將通知單視為「寶物」頗具意義與創意。

實例 11-2

平成 9 年度

閃 耀

寬宏的心

理想

閃閃發光的孩子

照片或得意照片

第______學年______組______號

兒童姓名：________（高年級）

千葉市立打瀨小學

校長　劉昭代

級任教師：________

【學習狀況】：高年級		1 學期			2 學期			3 學期		
教科	目標	很好	尚可	要努力	很好	尚可	要努力	很好	尚可	要努力
國語	自己喜愛國語，並自動看書。									
	會視狀況使用正確語詞，並說出正確語詞。									
	會依題材加入自己看法，並寫出符合題目文章。									
	正確明白語言及文章的內容。									
	書寫時，會留意到字形、大小、排列。									
	了解聲音、文字、語句、文章等基本事項。									
社會	自知是社會中的成員，並關心社會事情。									
	會深思社區特色及發生的事，並做適當的判斷。									
	會活用觀察、蒐集的資料，表現出個體多樣化。									
	能了解社會的構造、狀況、相互關係等。									
算數	對數量、圖形有興趣，知道用數理處理的好處。									
	會預測並有條理的思考。									
	具有處理量、圖有關的問題。									
	理解有關數量及圖形的概念及性質。									
理科	對自然現象產生興趣，會比較並愛護自然。									
	能抓住自然的真相，並解決問題。									
	觀察、實驗，正確的呈現過程及結果。									
	能了解自然的特性、關聯性及規則性。									
音樂	對音樂有興趣，自動進行音樂活動。									
	能知道樂曲表現的方式，及樂曲的形成。									
	隨著音樂的響起而發聲並獻唱。									
	知道音色的特性，及演奏樂器。									
	會聽辨曲調、樂器，且欣賞音樂的美妙。									
圖書和手工	依自己的想法，愉快的完成作品。									
	考慮形狀、顏色，表現出具自己風格的作品。									
	會選擇適當的材料、用具來做。									
	會注意到作品的好、美，及賞析。									
家庭	自覺為家中一員，能對家中的食、衣、住關心。									
	能規劃未來家居生活，以創造更好生活為目標。									
	具備和衣、食、住有關的基本技能。									
	能明白和衣、食、住相關的基本事項及家庭生活的意義。									
體育	自動運動，且知道要有健康、安全的生活。									
	能依據安全、健康來判斷做任何一種運動。									
	能具備喜愛運動，享受運動所須的技能。									
	能知道自己生活中，什麼是健康、安全的。									

學生、家長、教師的話

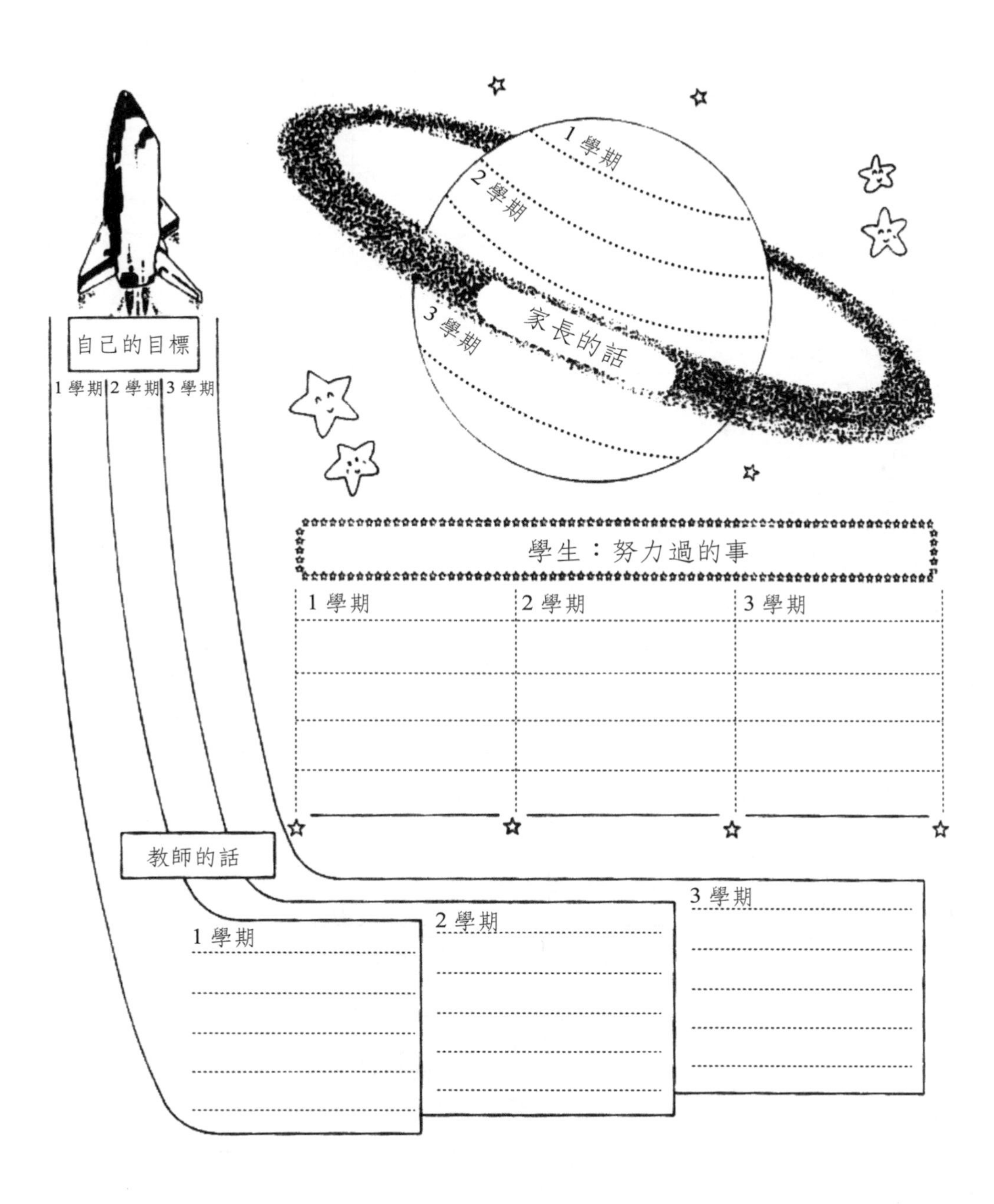

1 學期
2 學期
家長的話
3 學期
自己的目標
1 學期
2 學期
3 學期
學生：努力過的事
1 學期
2 學期
3 學期
教師的話
1 學期
2 學期
3 學期

打瀨學生自評

（做得好打「○」，尚可或有努力打「△」，幾乎都沒做好則空著。）

學生自己回顧、自評	學期	1	2	3
◎寬宏的心				
1. 會和任何人有禮貌地打招呼。				
2. 會和同儕一同活動、談話。				
3. 愛護自然，尊重生命。				
4. 愛惜、整理公物。				
5. 工作時不偷懶，自動自發。				
6. 會分辨場合、善惡。				
◎有理想、夢想				
1. 開朗、健康的生活。				
2. 有目標，不輕易放棄。				
◎閃閃發光學生				
1. 自定計畫，並執行計畫。				
2. 能和同學、低年級學生合作。				
3. 在生活和學習中作各種努力。				

【特別活動的情況】

1 學期	2 學期	3 學期
前期　委員會	後期　委員會	
前期　社團	後期　社團	

【缺席喪假的日數，若有臨時停課等，上課日數會更改】

	1 學期	2 學期	3 學期
授業日數	81 日	86 日	57 日（六年級 55 天）
缺席日數	（　）	（　）	（　）

	校長	級任教師	監護人
1 學期			
2 學期			
3 學期			

我們希望孩子成為未來菁英，活躍在自己國家、世界舞臺，培養出有創造力、想像力、夢想的孩子，即寬宏的心、夢想、閃耀的孩子。不僅希望孩子在學校學習、生活中，能表現出自己閃耀的一面，更鼓勵孩子朝著夢想快樂前進。通知單納入孩子努力狀況，家人鼓勵的話，希望孩子、家長將此視為重要「寶物」。

修習證書

第　學年的課程修習證書

平成 10 年 3 月 24 日

千葉市立打瀨小學校長

劉昭代

實例 11-3

平成 9 年度

閃　耀

寬宏的心

理想

閃閃發光的孩子

照片或得意照片

第______學年______組______號

兒童姓名：________（低年級）

千葉市立打瀨小學

校長　劉昭代

級任教師：________

【學習狀況】：低年級		1 學期			2 學期			3 學期		
教科	目標	很好	尚可	要努力	很好	尚可	要努力	很好	尚可	要努力
國語	自動對國語有興趣，且去讀國語。									
	能清楚明白地表達。									
	對自身經驗及身旁的事，能有條不紊的說寫。									
	能大致明白語言及文章的內容。									
	會注意到字形，並工整的書寫。									
	會明白文字的讀、寫及簡單短文的大意。									
數學	對數量、圖形有興趣，而會運用其知識、技能。									
	能活用知識、技能，會考慮順序。									
	會做簡單的計算測量及觀察基本圖形。									
	能了解有關數及計算、量、圖形的基本事物。									
生活	能關心自然及社會，做有意義的活動。									
	對活動與體驗，能有自己的想法及坦率的表現。									
	透過活動與體驗，關心附近環境及自己的生活。									
音樂	不排斥音樂，自動欣賞，享受音樂。									
	能感受到樂曲的意境及旋律，身體可隨之律動。									
	注意到歌聲、音樂，且跟著唱。									
	可感受到曲的意境及節奏，能欣賞音樂的美妙。									
圖書和手工	依自己的想像、享受造型活動。									
	由身旁的材料、顏色、形狀，來擴展想像力，而做作品。									
	會選擇材料、用具，依自己的想法完成作品。									
	享受畫畫、製作作品。									
體育	注意健康、安全、自動享受活動。									
	考慮到基本運動及遊戲的方法，而去運動。									
	能具備各種運動的技能。									

學生、家長、教師的話

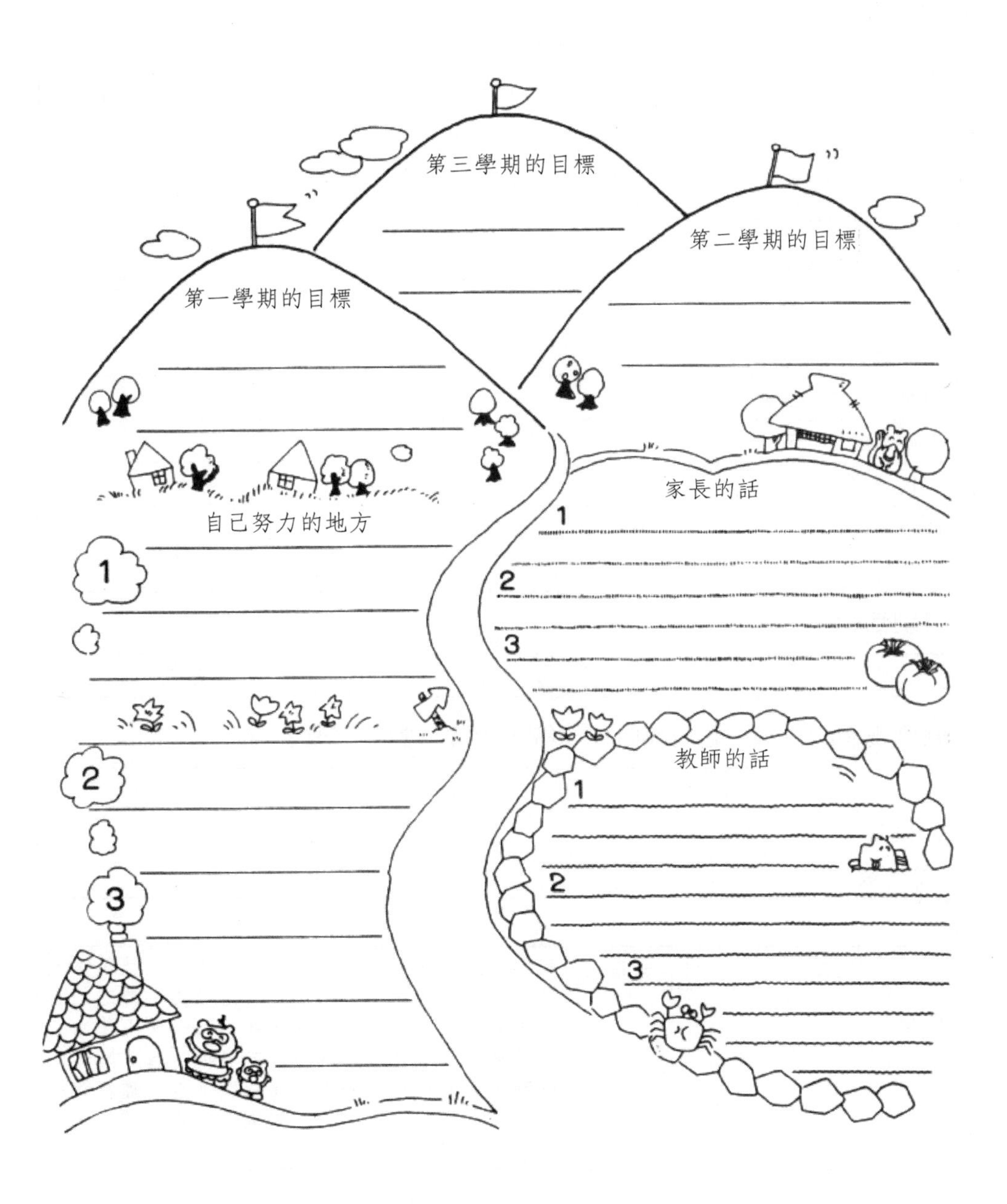

打瀨學生自評

（做得好打「○」，尚可或有努力打「△」，幾乎都沒做好則空著。）

自己反省	1	2	3
◎寬宏的心			
1. 不任性，和任何人都感情好。			
2. 對有困難者能懇切相助。			
3. 做好自己的事。			
4. 會與別人打招呼回應。			
◎有理想、夢想			
1. 開朗、健康的生活。			
2. 不放棄，努力到最後。			
◎閃閃發光的學生			
1. 向自己挑戰更好的事。			
2. 仔細想，好好下功夫。			

【特別活動的情況】

1 學期	2 學期	3 學期

【缺席喪假的日數，若有臨時停課等，上課日數會更改】

	1 學期	2 學期	3 學期
授業日數	81 日（一年級 79 天）	86 日	57 日
缺席日數	（　）	（　）	（　）

	校長	級任教師	監護人	我們希望孩子成為未來菁英，活躍在自己國家、世界舞臺，培養出有創造力、想像力、夢想的孩子，即寬宏的心、夢想、閃耀的孩子。不僅希望孩子在學校學習、生活中，能表現出自己閃耀的一面，更鼓勵孩子朝著夢想快樂前進。通知單納入孩子努力狀況，家人鼓勵的話，希望孩子、家長將此視為重要「寶物」。
1 學期				
2 學期				
3 學期				

修習證書

第　學年的課程修習證書

平成 10 年 3 月 24 日

千葉市立打瀨小學校長

劉昭代

參、日本緒川小學的通知單

參訪日本緒川小學時，校長提供平成 9 年一至六年級的通知單及平成 10 年五年級的通知單，為節省篇幅僅呈現平成 9 年一年級通知單（見實例 11-4）。

日本緒川小學平成 9 年一年級通知單（見實例 11-4），第一頁指出通知單「為可喜的成長及發展的聯絡簿」，強調學校著重「學生的快樂學習」。第二頁呈現國語、算數、音樂、圖工、體育等各科的學習狀況與綜合觀察的「意見看法」，並指出「創造活動的狀況」，記錄參與家鄉工作活動的狀況。各科學習狀況詳細列解重點項目，如國語為能主動說、寫、讀；能說出或描述事情；能抓出概略大意；注意字形，且正確書寫等四項。算數為自動尋找或編擬問題；由學習中找問題、解問題；會計算、測量、畫形狀；能知道數的組成、計算方法、形狀特徵等四項。評定時，做得很好打「◎」，好打「⊙」，須努力打「○」。

第三頁為綜合學習「朝氣」的學習狀況、生活狀況、出缺席紀錄，以及有關人員簽章。緒川小學平成 9 年全校的綜合學習為「朝氣」，其中一年級主題為「興奮、難以想像的一年：學習和四季變化、與自身生活有相關的事物，並透過集會活動培養同心協力的態度」。教師記錄學生在三個學期的綜合學習結果。生活狀況包括整理自身的物品；會打招呼；和大家和睦相處；熱心參與輪值的事情；不會忘記東西；正確的態度來聽話等六項。

第四頁呈現學校教育目標與目的，及修習證明。目標為培養「能自動自發的孩子」，目的包括：會玩會學；好好和同伴合作工作；有忍耐力的鍛鍊等三項。

實例 11-4

平成 9 年度

通　知　單

為可喜的成長及發展的聯絡簿

第 1 學年	組

校長	伊藤勝昭
級任教師	

愛知縣知多郡東浦町立緒川小學校

一、教科學習的狀況

◎做得很好　◉好　○須努力

【學習狀況】：低年級		1學期			2學期			3學期		
教科	目標	很好	尚可	要努力	很好	尚可	要努力	很好	尚可	要努力
國語	能主動說、寫、讀。									
	能說出或描述事情。									
	能抓出概略大意。									
	注意字形，且正確書寫。									
算數	自動尋找或編擬問題。									
	由學習中找問題、解問題。									
	會計算、測量、畫形狀。									
	能知道數的組成、計算方法、形狀特徵。									
音樂	享受唱、演奏。									
	會隨韻律、曲調遊玩、律動。									
	會愉快的歌唱、演奏樂器。									
	會欣賞音樂、品味音樂的美好。									
圖工	快樂的畫、做。									
	會利用各種表現方法及製作方法。									
	會用各種物品、畫圖、製作東西。									
	欣賞自己及朋友的作品。									
體育	注意安全和同伴同樂運動。									
	能知道運動及遊戲的方法。									
	正確地運動做遊戲。									
綜合觀察										

二、創造活動的狀況

參與家鄉的工作活動	
1學期	
2學期	
3學期	

三、綜合學習「朝氣」的狀況

主題名：興奮、難以想像的一年

學習和四季變化、與自身生活有相關的事物，並透過集會活動培養同心協力的態度。

四、生活的狀況

觀點	所見		
	1 學期	2 學期	3 學期
整理自身的物品。			
會打招呼。			
和大家和睦相處。			
熱心參與輪值的事情。			
不會忘記東西。			
正確的態度來聽話。			

月 / 日數	4	5	6	7	8	9	10	11	12	1	2	3	計
授業日數													
缺席日數													
出席日數													

簽章	第 1 學期			第 2 學期			第 3 學期		
	校長	級任	監護人	校長	級任	監護人	校長	級任	監護人

本校的目標、目的

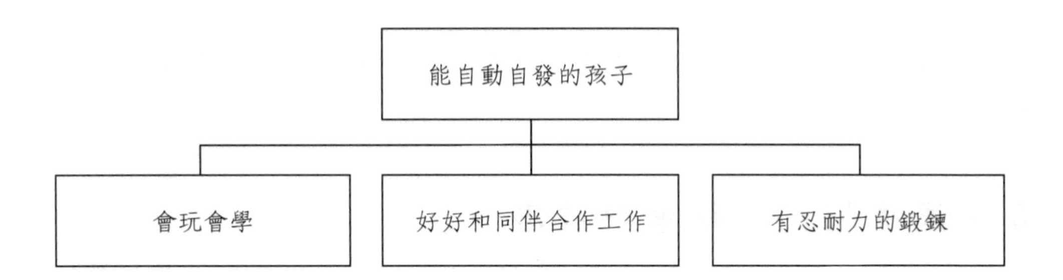

修　習　證

證明已修完小學第一年的課程

平成 10 年 3 月 24 日

愛知縣知多郡東浦町立緒川小學校長
伊藤勝昭

第四節　國內學習評量通知單的實例與省思

國內成績通知單由傳統制式格式，到最近一些學校力求改善成績通知單，茲簡述於下：

壹、傳統制式通知單與省思

國內傳統的制式成績通知單向以德育、智育、體育、群育、美育為主軸，各育再依據國中、國小學科性質細列幾個學科或重要項目，如實例 11-5 為國內國小最常見的通知單，此表之德育分為生活與倫理、道德與健康、操行三項，智育分為國語、數學、社會、自然科學四項，體育分為體育或音樂、健康教育兩項，群育不再細分，美育分為音樂、美勞兩項，其他包括電腦、英語兩項。通知單除五育外，通常包括輔導獎勵事實、勤惰紀錄、導師評語及建議、家長意見、各科成績考查說明，及評量人員簽名等內容。

實例 11-5 中呈現「輔導獎勵事實」予學生積極鼓勵、增強，頗能激發其成就感，「導師評語及建議」與「家長意見」對增進親師溝通頗有助益，成績以「等第法」表示優於呈現分數的方式。國內傳統的制式成績通知單除上述優點外，尚可斟酌下列幾個向度：

一、僅呈現學科等第過於籠統

學校教師告知家長其子女的學科等第為「優、甲、乙、丙、丁」，家長只籠統知道學科優劣，卻未能深入了解學科重要項目的優劣，致使家長難以針對子女學科施以適切的補救策略。因此，通知單呈現學科等第應呈現學科重要項目等第，國語或許可包括聽、說、讀、寫等重要能力，亦可包含對國語的興趣或態度。如日本千葉市打瀨小學的學期成績通知單，國語包括：(1)自己喜愛國語，並自動看書；(2)會視狀況使用、說出正確語詞；(3)會依題材加入自己看法，並寫出符合題目文章；(4)正確明白話及文章的內容；(5)書寫時，會留意到字形、大小、排列；(6)了解聲音、文字、語句、文章等基本事項。算數包括：(1)對數量、圖形有興趣，知道用數理處理的好處；(2)會預測並有條理的思考；(3)能具

實例 11-5

○○縣市○○國民小學○○學年度第○學期成績通知單

<table>
<tr><td colspan="7">年級　　班　　學生</td></tr>
<tr><td colspan="2">項目</td><td colspan="2">等第</td><td colspan="3">輔導獎勵事實</td></tr>
<tr><td rowspan="3">德育</td><td>生活與倫理</td><td></td><td></td><td>月　日</td><td>事由</td><td>獎勵方式</td></tr>
<tr><td>道德與健康</td><td></td><td></td><td></td><td></td><td></td></tr>
<tr><td>操行</td><td></td><td></td><td></td><td></td><td></td></tr>
<tr><td rowspan="4">智育</td><td>國語</td><td></td><td></td><td></td><td></td><td></td></tr>
<tr><td>數學</td><td></td><td></td><td></td><td></td><td></td></tr>
<tr><td>社會</td><td></td><td></td><td></td><td></td><td></td></tr>
<tr><td>自然科學</td><td></td><td></td><td></td><td></td><td></td></tr>
<tr><td rowspan="2">體育</td><td>體育或音樂</td><td></td><td></td><td></td><td></td><td></td></tr>
<tr><td>健康教育</td><td></td><td></td><td colspan="3">勤惰紀錄</td></tr>
<tr><td colspan="2">群育</td><td></td><td></td><td colspan="2">本學期應出席日數</td><td></td></tr>
<tr><td rowspan="2">美育</td><td>音樂</td><td></td><td></td><td colspan="2">事假日數</td><td></td></tr>
<tr><td>美勞</td><td></td><td></td><td colspan="2">病假日數</td><td></td></tr>
<tr><td rowspan="2">其他</td><td>電腦</td><td rowspan="2"></td><td rowspan="2"></td><td colspan="2">曠課日數</td><td rowspan="2"></td></tr>
<tr><td>英語</td><td colspan="2">缺席日數</td></tr>
</table>

<table>
<tr><td>導師評語及建議</td><td></td><td>各科成績考查說明</td><td colspan="7">1.國民小學學生成績考查分德育、智育、體育、群育、美育五項。
2.各科成績一律以等第法表示之。
3.等第說明：
「優」：90～100分。
「甲」：80～89分。
「乙」：70～79分。
「丙」：60～69分。
「丁」：60分以下。</td></tr>
<tr><td>家長意見</td><td></td><td>校　長</td><td></td><td>教務主任</td><td></td><td>級任導師</td><td></td><td>家　長</td><td></td></tr>
</table>

有處理和量、圖有關的問題；(4)能理解有關數量及圖形的概念及性質。社會包括：(1)自知是社會中的成員，並關心社會事情；(2)會深思社區特色及發生的事，並做適當的判斷；(3)會活用觀察、蒐集的資料，表現出個體多樣化；(4)能了解社會的構造、狀況、相互關係等。

二、五育目標過於一致化

國內國中國小似乎缺乏自己的學校目標，只見「禮義廉恥」或「德智體群美」等一致化或教條化的目標。日本平成 10 年（1998 年）12 月 14 日公告的「中、小學校學習指導要領」（兒島邦宏，1999a、1999b），以下列四項為基本願景：(1)養成豐富的人性、社會觀及生活在國際社會中身為日本人的自覺能力；(2)養成自我學習和思考的能力；(3)展開寬廣的教育同時，也能兼顧基本知識的確實獲得，及充實可讓學生個性得以發揮之教育方式；(4)各個學校可自創見解，發揮自我特色之教育，並促進發展各有特色的學校。日本在政策引導下，幾乎每所中小學均有其自訂之「學校教育目標」，小學方面，如愛知縣緒川小學以培養「心靈豐富、健康、富判斷力、執行力的孩子」為學校目標，期望學生能自動自發學習、會玩會讀、互助合作、堅毅不拔；橫濱市本町小學以培養「作自己主人的孩子」為學校目標，具體目標為心靈豐富、自主學習、健康。國中方面，如千葉市打瀨中學強調培養「富人性、創造力、活力」的學生，使學生具備「信賴、敬愛、自主、創造、鍛鍊、陶冶」等六項特質，此六項特質的具體意義為：(1)有豐富、體貼心；(2)會欣賞自然和美的物品；(3)自動不斷上進，努力向學；(4)有豐富創造力及明確表達力；(5)注意自身的健康、安全，鍛鍊身心；(6)尊重、勞動、服務，喜愛學校社區。愛知縣北部中學以培養「剛健、治學、誠實」為學校目標，即鍛鍊身心健康、深切省思與自動自發學習、遵守禮節與體貼他人的心。

三、重視能力忽略努力

澳洲小學成績報告書強調將「能力、努力分開」，能力分「成就」與「勝任能力」兩項，成就分為很高、高、還不錯、接近不錯、有困難等五個等級，勝任能力分為高度勝任、能勝任、正在發展中、有困難等四個等級；努力分成令人讚賞、令人滿意、不一致等三個等級。而國內制式通知單仍以能力為主要考量的做法，或許可稍加修正。

四、缺乏學生自評

國內學期成績通知單向以教師為主，家長回饋意見，至於學生則幾乎無發言空間。日本千葉市打瀨小學的學期成績通知單由學生自評、家長評量、教師評量組成，不僅充分尊重學生意見，且要求學生寫出自己正向的優良具體事蹟，頗值得參酌。

貳、力求突破的成績通知單

國內近年實施開放教育與小班教學精神之學校日多，茲以臺北市龍安國小（實例 11-6）、臺北市吳興國小（實例 11-7）、新北市莒光國小（實例 11-8）為例說明之。

一、臺北市龍安國小成績通知單

臺北市龍安國小學習狀況通知單（實例 11-6）乃實施學習評量改進班的成果，包括在校狀況、學習情形、學科表現、自我評量、老師與家長的話；評量方式分為做得很好、已經做到、已有進步、繼續努力等四個等級。在校狀況分為帶齊學用品、會舉手發言、整理抽屜、注意禮貌、同學互動情形、打掃環境、用餐情形、其他等八項，學習情形分為專心情形、分組合作、創意思考、主動態度、其他等五項。學科表現均係分為幾項重點項目，自我評量分為聽爸爸媽媽的話、尊敬師長、和同學和睦相處、喜歡自己、不怕困難的事、自動做好該做的事等六項。

臺北市龍安國小學習狀況通知單已較傳統通知單改善甚多，此通知單具有下列優點：(1)兼顧學科表現、在校生活狀況與學習情形；(2)各科呈現重點關鍵能力，如國語呈現寫字、發表、閱讀、創作等關鍵能力；(3)等級之敘述改為「做得很好、已經做到、已有進步、繼續努力」較能增強學生；(4)兼顧教師、家長、學生之評量，尤其是納入學生自評；(5)註明評量起訖時間，讓評量時間具有彈性，不一定局限於學期末。

為求精益求精，此通知單或可再納入下列幾項：(1)呈現學生「努力」指標，評量學生在評量期間的努力情形；(2)自我評量若納入文字說明，並引導學生說明正向具體事實當更佳；(3)為強化親師互動，可納入教師是否要求家長面談或家長是否要求與教師面談；(4)昭示學校教育目標，設計具體的目標分項，並引導學生自評達到學校教育目標的程度，教師、家長再實施複評；(5)納入註明勤惰紀錄，或許可供了解學生學習狀況；(6)納入輔導獎勵事實，或許更能增強學生正向行為；(7)若學校規劃主題探索活動或學習檔案，亦可將此學習成果納入評量；(8)能同時評量學科重點項目、整體學科狀況，將可兼顧分項與整體學科學習狀況；(9)若評量的四個等級以代碼表示，可將原先四個等級打勾的四格位置，轉化為四次的評量，或許更能發揮持續評量與相互比較的效果；(10)學校與家長溫馨的溝通，或許能讓家長珍惜此通知單，如日本打瀨小學請家長將通知單視為「寶物」。

二、臺北市吳興國小成績通知單

臺北市吳興國小的學習概況通知單（實例 11-7）包括學科學習狀況、生活態度、老師與家長的話。各學科均係分幾項重點項目，如國語為六項：(1)能用正確的語句敘述；(2)能用通順的句子寫出短文；(3)能將字寫得正確及端正；(4)能傾聽且了解他人說話內容；(5)能閱讀課內外的文章並理解；(6)能具有聽寫能力。評量除針對各學科重點項目的結果逐一評量外，並針對各學科的學習狀況實施整體的狀況記錄。評量學科重點項目的標準分為做得很好、已經做到、已有進步、要繼續努力、需加強輔導等五個等級，評量學科狀況的標準分為能做得非常好、大部分有做到、再努力會更好等三個等級。

臺北市吳興國小的學習概況通知單能兼顧生活態度、學科表現，並同時評量學科重點項目、整體學科狀況，以及能納入家長意見，均為不錯之構想。然此通知單，若能納入學生自評將更佳，其餘可改善部分參酌臺北市龍安國小學習狀況通知單之精益求精部分。

三、新北市莒光國小學習手冊

新北市莒光國小學習手冊（實例 11-8）係以一學期為單位，將整學期各科的主要單元均設計一張學習放大鏡，國語分成六大單元，數學分成九大單元，自然分成八大單元，社會分成三大單元，生活與倫理及健康教育分成兩大單元，共

28 張學習放大鏡。28 張學習放大鏡前，先以一頁感性的「給家長的話」，告知家長如何使用學習手冊，並積極引導家長多予孩子鼓勵、增強。每張學習評量單內容包括大單元學習紀錄（學習放大鏡）與反省紀錄（學習加油站）兩大部分，學習放大鏡紀錄內涵因學科性質、單元內容而異，通常留下空白的幾格，讓教師、家長針對學生或班級需要納入，此種大同小異的做法頗具彈性。評量分為優、良、可、待加強等四個等級；學習加油站反省分為滿意、困難、還想加油等項，協助學生誠實自我省思。

新北市莒光國小學習手冊具有下列優點：(1)以學期為單位彙整成冊，利於整理收藏；(2)兼顧學生學習記錄與學生自省，養成學生自我負責態度；(3)「給家長的話」不僅能引導家長如何做，更能引起家長參與熱忱；(4)強調家長多給予孩子鼓勵、打氣，增進自我肯定；(5)兼顧教師、家長、學生之參與評量。運用此學習手冊，教師必須花費相當多的時間，且此手冊僅限於學習部分未包括生活狀況，若納入生活狀況將更完整，至於其餘可改善部分亦參酌臺北市龍安國小學習狀況通知單之精益求精部分。

實例 11-6

臺北市龍安國小〇〇學年度第二學期
學習評量改進班學習狀況通知單

班級：　　　年　　班　　姓名：

評量起訖時間：

在校狀況	做得很好	已經做到	已有進步	繼續努力
1.帶齊學用品	☐	☐	☐	☐
2.會舉手發言	☐	☐	☐	☐
3.整理抽屜	☐	☐	☐	☐
4.注意禮貌	☐	☐	☐	☐
5.同學互動情形	☐	☐	☐	☐
6.打掃環境	☐	☐	☐	☐
7.用餐情形	☐	☐	☐	☐
8.其他＿＿＿＿＿	☐	☐	☐	☐

學習情形	做得很好	已經做到	已有進步	繼續努力
1.專心情形	☐	☐	☐	☐
2.分組合作	☐	☐	☐	☐
3.創意思考	☐	☐	☐	☐
4.主動態度	☐	☐	☐	☐
5.其他	☐	☐	☐	☐

學科表現	做得很好	已經做到	已有進步	繼續努力
1. 國語：				
寫字	☐	☐	☐	☐
發表	☐	☐	☐	☐
閱讀	☐	☐	☐	☐
創作	☐	☐	☐	☐
2. 數學：				
理解	☐	☐	☐	☐
計算	☐	☐	☐	☐
解決問題能力	☐	☐	☐	☐
3. 社會：				
資料蒐集	☐	☐	☐	☐
生活報告	☐	☐	☐	☐
發表	☐	☐	☐	☐
日常實踐	☐	☐	☐	☐

學科表現	做得很好	已經做到	已有進步	繼續努力
4. 自然：				
觀察	☐	☐	☐	☐
發問	☐	☐	☐	☐
記錄	☐	☐	☐	☐
實驗態度	☐	☐	☐	☐
好奇心	☐	☐	☐	☐
5. 唱遊：				
韻律	☐	☐	☐	☐
節奏感	☐	☐	☐	☐
體能活動	☐	☐	☐	☐
欣賞	☐	☐	☐	☐
6. 美勞：				
繪圖	☐	☐	☐	☐
剪貼	☐	☐	☐	☐
創意	☐	☐	☐	☐
鑑賞	☐	☐	☐	☐
欣賞	☐	☐	☐	☐

自我評量	做得很好	已經做到	已有進步	繼續努力
1. 聽爸爸媽媽的話	☐	☐	☐	☐
2. 尊敬師長	☐	☐	☐	☐
3. 和同學和睦相處	☐	☐	☐	☐
4. 喜歡自已	☐	☐	☐	☐
5. 不怕困難的事	☐	☐	☐	☐
6. 自動做好該做的事	☐	☐	☐	☐

老師的話：

家長的話：

校長：　　　　教務主任：　　　　級任導師：　　　　家長簽名：

實例 11-7

臺北市吳興國小○○學年度第二學期
一年級學習概況通知單

班級：　　　　年　　　　班　　　　姓名：

科目		評量結果	狀況記錄
國語	1. 能用正確的語句敘述。		
	2. 能用通順的句子寫出短文。		
	3. 能將字寫得正確及端正。		
	4. 能傾聽且了解他人說話內容。		
	5. 能閱讀課內外的文章並理解。		
	6. 能具有聽寫能力。		
數學	1. 熟練 10 以內加減法的計算。		
	2. 對 1-20 各數有正確的認知。		
	3. 能認識鐘錶上的時刻。		
社會	1. 能樂意參與活動並遵守規則。		
	2. 能說出班上同學姓名。		
	3. 能主動完成自己該做的事。		
	4. 認識學校的設備和場所。		
	5. 能遵守學校作息時間。		
	6. 能蒐集資料並剪輯。		
自然	1. 能運用感官辨識物體的特徵。		
	2. 有細心觀察合作的態度。		
	3. 會愛護自然物。		
	4. 能蒐集資料並剪輯。		
道德與健康	1. 能注意保持儀表整潔。		
	2. 會注意自己的安全。		
	3. 對人有禮貌、能和睦相處。		
美勞	1. 會善用材料、工具創作。		
	2. 色彩能多樣化呈現。		
	3. 能用心欣賞他人作品並發表想法。		
音樂	1. 能辨別四分、八分音符、休止符的形狀和長短關係。		
	2. 能認識ㄌㄚ、ㄙㄛ、ㄇㄧ在五線譜上的位置。		
	3. 能演奏三種節奏樂器。		
	4. 能欣賞音樂並作律動。		
體育	1. 運動技能。		
	2. 學習態度。		
	3. 安全常識。		

<table>
<tr><td>科目</td><td></td><td>評量結果</td><td>狀況記錄</td></tr>
<tr><td rowspan="3">英語</td><td>1. 能跟著老師說出正確的語音。</td><td></td><td rowspan="3"></td></tr>
<tr><td>2. 上課能配合活動進行。</td><td></td></tr>
<tr><td>3. 會勇敢主動發表。</td><td></td></tr>
<tr><td rowspan="8">生活態度</td><td>1. 會把自己的物品整理整齊。</td><td></td><td rowspan="8"></td></tr>
<tr><td>2. 會用合理的態度處理問題。</td><td></td></tr>
<tr><td>3. 上課能專心聽別人說話，不玩弄物品。</td><td></td></tr>
<tr><td>4. 對該完成的事情能按時做好。</td><td></td></tr>
<tr><td>5. 對同學能和顏悅色、輕聲說話。</td><td></td></tr>
<tr><td>6. 能用正確的語言主動地打招呼。</td><td></td></tr>
<tr><td>7. 會舉手發言、不搶著說話。</td><td></td></tr>
<tr><td>8. 對學習具有積極、主動思考的態度。</td><td></td></tr>
<tr><td>評量標準</td><td>5：做得很好　2：要繼續努力
4：已經做到　1：需加強輔導
3：已有進步</td><td colspan="2">◎：能做得非常好
○：大部分有做到
△：再努力會更好</td></tr>
<tr><td>老師的話</td><td colspan="2"></td><td>導師簽章</td></tr>
<tr><td>爸媽的話</td><td colspan="2"></td><td>家長簽章</td></tr>
<tr><td colspan="2">校長：</td><td colspan="2">主任：</td></tr>
</table>

實例 11-8

新北市莒光國民小學學習手冊（三下）

給家長的話

（學習手冊怎樣使用呢？）

親愛的家長：您好！

時間過得真快，轉眼間新的學期又開始了。這學期，為了培養孩子自動自發的學習態度，三年級全體教師設計了這本「學習手冊」，期盼在你我的配合努力下，協助孩子更加了解自我的學習狀況，學會自我評量，解決學習困難，並且由其中獲得學習的成就感。

我們按照課程單元進度，在「學習放大鏡」中表列出孩子們應學習的紀錄，請你能陪伴孩子共同反省、評量，以圖示在「學生」一欄指導孩子自行劃記，然後，您可以利用「備註欄」寫上一句給孩子鼓勵的話。

在「學習加油站」中，我們希望孩子能養成對自己負責的態度，誠實記錄自己的優、缺點，願家長也能隨時鼓勵、支持您的寶貝，寫下祝福、打氣的話，相信，在親師共同的關懷、灌溉下長大的孩子，會成長得更健康、更肯定自己。

最後，祝福您

永保「心」鮮陪伴孩子
快快樂樂的長大

全體教師　敬上

新北市莒光國民小學學習手冊（三下）

目　錄

學習放大鏡

科目：國語　單元名稱：春天的景色

學生、老師以下列符號標示評量結果：

優「☆」；良「○」；可「√」；待加強「△」

本單元學習紀錄	學生自評	老師評量	備註
1. 會欣賞、觀賞周遭景物。			
2. 會描寫景物。			
3. 會摘述大意。			
4. 會辨別遊記、新詩等體裁的文章。			
5. 會發表（報告）自已旅遊所觀賞到的景物。			
6. 能了解休閒旅遊的重要。			
7.			
8.			
9.			
10.			

學習加油站（自我反省，自我超越）

針對上面紀錄結果：

1. 我感到「滿意」的是第幾項？（　　　）
2. 我感到「困難」的是第幾項？（　　　）
3. 我還想加油的是（或我想說的是）：

(1)

(2)

(3)

老師的話：

家長的話：

家長簽名：　　　　　　　老師簽名：

參、改善學習評量通知單的省思

學習評量通知單乃一項困難、耗時且專業的評量過程，不僅需要老師勞心勞力，更要有改革的魄力與決心，方能竟其功。茲綜合日本中小學、國內實際情形、教師工作負擔，及家長配合度，提出實例 11-9 與下列改善學習評量通知單的淺見。

一、兼重學科表現、生活行為表現

學習評量不應局限於學科學習，應包含生活行為評量，方能落實全人教育，導引國內重視智育與升學主義之偏差。實例 11-9 中，學科表現包括國語、數學、社會、自然、音樂、美勞、體育、英語等學科，教師可視需要斟酌加減科目，亦可參酌九年一貫課程之七大領域作為學科表現之分類。生活行為表現分為學習態度、日常行為、團體行為、師長互動、肯定自己等向度，教師亦可視需要調整表現的分類。

二、將學科或生活行為表現具體化、細分化

學科表現或生活行為表現若未具體化、細分化，學生、家長將難以了解真正的意涵與如何改善，如籠統呈現國語不好，而未告知是寫字、發表、閱讀或創作不好，將無法提出具體的改善策略。實例 11-9 中，學科表現或生活行為表現均力求具體化、細分化，但不一定符合多數教師，教師必須依據學生的學習內涵、學習與生活狀況適度修改，方能適用於任教班級學生。

三、兼含等級評定、文字補充說明

學習評量之結果宜兼顧量化、質化結果，通知單應兼含等級評定的量化結果，以及補充說明的質化結果。實例 11-9 中，將評定等級分為五個等級，且均以符號表示，評等意義與符號為：「很好」打「○」，「不錯」打「√」，「加油」打「△」，「改進」打「？」，「需輔導」打「×」。此評等意義與符號乃力求配合本書之其他章節，評等等級數目（分數）、意義與符號，教師均可與學生或家長研討改善之，如國中教師可將五個等級之符號以「A、B、C、D、E」

表示之。

四、呈現階段性結果

有些家長抱怨一學期發一次學習評量通知單，無法及時覺察子女問題，一般家長通常希望教師隨時告知子女的學校表現，俾利於實施及時輔導與提出改善策略。教師限於班級學生數過多、教學與行政負擔過重，無法將通知單發太多次，一般學校教師一學期發一次學習評量通知單。家長、教師的角度造成兩難，若各退一步或許較佳，如實例 11-9 教師發通知單由一學期一次增加為期中、期末各一次，或為漸進做法；待班級學生數再降低、教學與行政負擔再減輕後，再增加通知次數。

五、兼顧能力、努力

澳洲成績報告書納入努力向度乃值得借鏡之處，因有些學生再怎麼努力，能力難以提升；有些學生雖不努力，能力卻甚強，能力、努力分開乃較適切之做法。實例 11-9 中，除評定五個等級表示「能力指標」，亦納入「努力指標」。當學生「努力或進步」時，在評等符號右上角打「＋」，「不努力或退步」時，則打「－」。

六、兼含教師、家長、學生

學習評量人員應多元化，教師實施評量不應視為自己的專利，應參酌學生意見，尊重家長的回饋。教師讓學生自評後再複評，亦可培養學生自我省思、負責的態度。家長回饋意見可作為教師輔導學生之參考，必要時教師可與家長實施面談。實例 11-9 中兼含教師、家長、學生的做法可供參酌，另外，教師亦可納入「教師是否請家長面談？家長是否想跟教師面談？」以增進親師互動。

七、發展學校教育目標與評量項目

日本打瀨小學訂定自己的學校教育目標，研擬評量項目，並請學生自評的做法，應可供國內參酌。實例 11-9 中未納入係因國內國中國小幾乎無自己的學校教育目標，遑論擬定評量項目，故發展學校教育目標與評量項目或可納入學校未來計畫之中。

實例 11-9

○○縣（市）○○國小○○學年度第○學期學習評量通知單

班級：　　　年　　　班　姓名：

◆評等意義與符號：「很好」打「○」，「不錯」打「√」，「加油」打「△」，「改進」打「？」，「需輔導」打「×」。

◆若「努力或進步」在評等符號右上角打「＋」，「不努力或退步」則打「—」。

	學科表現	學期中		學期末	
		評等	補充說明	評等	補充
國語	寫字				
	發表				
	閱讀				
	創作				
數學	理解				
	計算能力				
	解決問題能力				
社會	知識理解				
	生活實踐				
	積極蒐集資料				
自然	知識理解				
	實驗操作觀察				
	科學態度				
音樂	韻律				
	節奏感				
	欣賞				
美勞	創作構思				
	善用工具或色彩				
	欣賞				
	創意				
體育	運動技能				
	運動態度				
	安全知識				
英語	正確發音				
	簡單會話				
	學習興趣				
主題探索名稱、重點		自評等級	複評等級	自評等級	複評等級

	生活行為表現	學期中		學期末	
		評等	補充說明	評等	補充
學習態度	專心學習				
	分組合作				
	創意思考				
	主動學習				
日常行為	帶齊學用品				
	會舉手發言				
	整理抽屜				
	打掃環境				
	用餐				
	作業繳交				
團體行為	注意禮貌				
	同學相處和睦				
	遵守團體約定				
	熱心參與團體活動				
師長互動	聽父母的話				
	幫忙做家事				
	尊敬師長				
	幫忙教師處理班務				
肯定自己	喜歡自己				
	發現自己的優點				
	不怕困難的事				
	自動做好該做的事				

	省思或鼓勵：學期中	學期末
學生		
教師	整體表現（努力情形）	
家長		

應出席日數	學期中		學期末		缺席日數	學期中		學期末	

校長：　　　　教務主任：　　　　級任導師：　　　　家長簽名：

八、納入出缺席紀錄

青少年犯罪的主體為中輟學生，若能掌握學生出缺席狀況，不僅有益於及早研擬防治措施，且可確實了解學習行為。實例 11-9 中，限於篇幅僅扼要呈現期中、期末應出席日數、缺席日數，未納入事假、病假、喪假或曠課日數，教師可視需要斟酌增加。

九、引導主題探索與自省

2001 年實施九年一貫課程之後，學校為增進學生自主學習能力當會納入主題探索或學習檔案之教學，因此，學習評量通知單納入主題探索或學習檔案乃未來趨勢。實例 11-9 中，呈現主題探索之名稱或重點可由教師規範或由學生自行訂定，教師可視學生年齡、學習經驗、學習能力權衡之。主題探索亦要求學生自評等級，教師再實施複評等級，此種量化方式可視需要改為質化之補充說明。

十、著重激發成就、給予鼓勵

日本近年教育改革強調激發學生成就感、榮譽感，且具體落實到學習評量通知單內，此種做法應可參酌。實例 11-9 中，生活行為表現之肯定自己項下「喜歡自己、發現自己的優點」乃引導學生自我肯定。另外，明確指出「省思或鼓勵」欄，提醒教師、家長多予學生鼓勵、增強。教師運用時必須告知自己與家長，此欄之鼓勵必須以具體事實為依據，切不可天馬行空流於浮濫失去意義。

十一、共同研發充分徵詢

呈現學習結果的方式與報告應由學生、家長、教師、輔導人員、行政人員共同研發，若能組織委員會，包括學生組織、家長團體、教師、輔導人員、學校行政的代表，透過代表於委員會研討初稿後，各自帶回所屬團體研議修正後再帶回委員會研討，將更為周延。

Linn 與 Miller（2005）、Miller 等人（2013）強調呈現學習結果宜了解學生、家長、教師、輔導人員、行政人員使用學習結果的需求，雖然不可能滿足所有服務對象，但應尋求較佳的折衷方案。呈現學習結果的方式採取百分制、等第、通過或失敗、目標評量表或檢核表、文字描述、給家長的信、學生作品檔案或親師座談會等方式；學習評量通知單（報告）如何呈現與記錄，如何兼顧豐富性與實用性，均應由學生、家長、教師、輔導人員、行政人員共同研發，組織包括學生組織、家長團體、教師、輔導人員、學校行政等代表的委員會，共同研議，並透過充分徵詢程序，期使學習評量通知單更為周延。

上述對學習評量通知單改善之管見與實例，僅供教師參酌。改善必須視學校行政支持、教師自己工作負擔與身體狀況、家長參與及重視程度、學生能力與需求，以及教育改革趨勢等因素權衡，穩健成長、循序漸進或為較佳之改善策略。

參考文獻

一、中文部分

田耐青（1999）。由多元智慧理論的觀點談教學評量：一些臺灣的實例。教師天地，99期，頁32-37。

余民寧（1991）。試題反應理論的介紹（一）：測驗理論的發展趨勢。研習資訊，8卷6期，頁13-17。

余民寧（1992a）。試題反應理論的介紹（二）：基本概念和假設。研習資訊，9卷1期，頁5-9。

余民寧（1992b）。試題反應理論的介紹（三）：試題反應模式及其特性。研習資訊，9卷2期，頁6-10。

余民寧（1992c）。試題反應理論的介紹（七）：訊息函數。研習資訊，9卷6期，頁5-9。

余民寧（1993）。試題反應理論的介紹（十三）：試題偏差的診斷。研習資訊，10卷6期，頁7-11。

余民寧（1997）。教育測驗與評量。臺北：心理出版社。

吳毓瑩（1995）。開放教室中開放的評量：從學習單與檢核表的省思談卷宗評量。載於國立台北師範學院（主編），開放社會中的教學（頁93-100）。臺北：國立臺北師範學院。

吳毓瑩（1996）。效度從實證觀點到脈絡觀點的發展。國民教育，37卷2期，頁12-20。

吳毓瑩（2004）。九年一貫數學分數與小數能力指標的詮釋子計畫四：分數與小數數學能力檢核題庫之建置。國科會計畫編號：NSC92-2522-S-152-004。

吳裕益（1992）。傳統題目分析方法。載於陳英豪（主編），教學評量（頁121-166）。臺南：國立臺南師範學院。

吳鐵雄、洪碧霞（1998）。實作評量問與答。測驗與輔導雙月刊，149期，頁3102-3103。

李坤崇（1998）。人性化、多元化教學評量——從開放教育談起。載於高雄市政府公教人力資源發展中心（主編），多元教學評量（頁91-134）。高雄：高雄市政府公教人力資源發展中心。

李坤崇（1999）。多元化教學評量。臺北：心理出版社。

李坤崇（2001a）。教學評鑑與學習評量實例導讀。載於教育部（主編），國中學校經營研發輔導手冊（6）：教學評鑑與學習評量實例（頁I-XII）。臺北：教育部。

李坤崇（2001b）。綜合活動學習領域教材教法。臺北：心理出版社。

李坤崇（2001c）。九年一貫課程國中綜合活動學習領域多元評量方式與策略之發展與實施研究（I）。國科會專案研究報告：NSC 89-2413-H-006-014-FB。

李坤崇（2002a）。國民中小學成績評量準則之多元評量理念。載於教育部（主編），國中小校長與督學培訓手冊（頁137-154）。臺北：教育部。

李坤崇（2002b）。多元化教學評量理念與推動策略。教育研究月刊，91期，頁24-36。

李坤崇（2003a）。能力指標解讀轉化的理念。載於教育部委託林生傳（主編），九年一貫課程理論基礎叢書二：理念篇（頁78-103）。臺北：教育部。

李坤崇（2003b）。綜合活動學習領域能力指標與評量。載於教育部（主編），綜合活動學習領域研習手冊（頁132-173）。臺北：教育部。

李坤崇（2004）。綜合活動學習領域概論。臺北：心理出版社。

李坤崇（2006）。教學評量。臺北：心理出版社。

李坤崇（2011）。綜合活動學習領域概論（第二版）。臺北：心理出版社。

李坤崇、劉文夫、黃順忠（2001）。國中學校本位課程發展與課程計畫之歷程、實例分析。載於南一書局（主編），國中學校本位課程發展與課程計畫之歷程、實例分析（頁5-144）。臺南：南一書局。

林世華（2003）。九年一貫課程能力指標與評量。九十二年南區九縣市國中校長課程領導進階研習手冊講義。

林永豐（2012）。核心素養／能力。教育大辭書。取自http://terms.naer.edu.tw/detail/1453916/

林清山（1992）。心理與教育統計學。臺北：東華書局。

施紅朱（2003）。綜合活動學習領域「能力指標」的再概念化以第四學習階段為例。高雄市教育局主辦之高雄市教育論壇。

洪碧霞（1992）。題目分析及測驗編製時irt能幫上什麼忙？。載於陳英豪（主編），**教學評量**（頁167-1744）。臺南：國立臺南師範學院。
高雄市公立高級中等學校八十七學年度聯合招生委員會（1998）。**高雄市公立高級中等學校八十七學年度聯合招生委員會研究報告**。高雄：作者。
國家教育研究院課程及教學研究中心、核心素養工作圈（2015）。**十二年國民基本教育領域課程綱要核心素養發展手冊**。新北市：國家教育研究院。
張春興（1991）。**現代心理學：現代人研究自身問題的科學**。臺北：東華書局。
張美玉（1995）。歷程檔案評量在建構教學之應用：一個科學的實徵研究。**教學科技與媒體，27期**，頁31-46。
張稚美（2000）。落實多元智慧評量是心智習性的一大挑戰。載於郭俊賢、陳淑惠（譯），**落實多元智慧評量**（頁1-16）。臺北：遠流出版公司。
張蘭畹（1996）。**建構主義的評量**。建構主義教學研討會。國立臺中師範學院。
教育部（2005）。**九十五年國民中學學生寫作測驗試辦實施方案**。臺北：作者。
教育部（2008）。**國民中小學九年一貫課程綱要**。臺北：作者。
教育部（2014）。**十二年國民基本教育課程綱要總綱**。臺北：作者。
教育部（2017）。**國民小學及國民中學學生成績評量準則**（106年10月24日公布）。臺北：作者。
教育部（2019）。**高級中等學校學生學習評量辦法**（108年6月18日公布）。臺北：作者。
教育部全球資訊網（2018）。**訊息公告之常見問答：新課綱強調核心素養，這與能力指標在教學實際上的運用有何不同？素養導向的課程如何轉化成實際可執行的課程？如何落實素養導向的課程設計與評量，各校在觀念與方法上都極需要協助，是否有相關配套措施？**（2018年3月更新）。取自https://www.edu.tw/News_Content.aspx?n=BA5E856472F10901&sms=5588FE86FEB94225&s=DF8A2EBD88679100
莊明貞（1995）。在國小課程的改進與發展——真實性評量。**教師天地，79期**，頁21-25。
許擇基、劉長萱（1992）。**試題作答理論簡介**。臺北：中國行為科學社。
郭生玉（1988）。**心理與教育測驗**（三版）。臺北：精華書局。
陳李綢（1997）。**教育測驗與評量**。臺北：五南圖書公司。

陳明印（2002）。國民中小學學生成績評量準則介評及參考用書。載於教育部（主編），國中小校長與督學培訓手冊（頁121-136）。臺北：教育部。

陳英豪、吳裕益（1991）。測驗與評量（修訂一版）。高雄：復文書局。

陳新轉（2002）。社會學習領域能力指標之「能力表徵」課程轉化模式。教育研究月刊，100期，頁86-100。

陳麗華（1996）。反省性教學的概念與實施方法——以國小社會科為例。師資培育的理論與實務學術研討會。國立臺灣師範大學教育研究中心。

單文經（1995）。美國加州小學推動「真實情境的教學評量」。台灣教育，534期，頁18-21。

曾朝安（2001）。能力指標轉換教學活動設計。載於「學校課程計畫」百面通（頁32-34）。臺北：康軒文教事業。

黃安邦（1991）。心理測驗。臺北：五南圖書公司。

楊榮祥（1992a）。克拉斯霍爾的情意領域教育目標分類。載於陳英豪（主編），教學評量（頁69-84）。臺南：國立臺南師範學院。

楊榮祥（1992b）。技能領域教育目標分類。載於陳英豪（主編），教學評量（頁85-95）。臺南：國立臺南師範學院。

溫明麗（2002）。皮亞傑與批判性思考教學。臺北：洪葉文化公司。

葉重新（1992）。心理測驗。臺北：三民書局。

詹寶菁（1998）。國小教師在社會科實施案卷評量之詮釋性研究：評量革新與教師改變。臺北市立師範學院國民教育研究所碩士論文（未出版）。

鄒慧英（1997）。實作型評量的品管議題——兼談檔案評量之應用。教育測驗新近發展趨勢學術研討會。國立臺南師範學院。

鄒慧英（2000）。國小寫作檔案評量應用之探討。國立臺南師範學院初等教育學報，13期，頁141-181。

劉淑雯（1996）。溶解刻板印象：兩性角色課程對國小學生性別角色刻板印象的影響。國立臺北師範學院國民教育研究所碩士論文（未出版）。

簡茂發（1995）。學習評量的新趨勢。教育研究雙月刊，45期，頁9-13。

簡茂發（1999）。多元化評量之理念與方法。教師天地，99期，頁11-17。

簡茂發、李琪明、陳碧祥（1995）。心理與教育測驗發展的回顧與展望。測驗年刊，42輯，頁1-12。

二、日文部分

日本千葉市打瀨小學（1999）。通知單。千葉市：作者。

日本千葉市打瀨中學（1999）。通知單。千葉市：作者。

日本愛知縣緒川小學（1999）。通知單。愛知縣：作者。

兒島邦宏（1999a）。「中學校學習指導要領」解說。日本：時事通訊社。

兒島邦宏（1999b）。「小學校學習指導要領」解說。日本：時事通訊社。

三、英文部分

Ackerman, T. A. (1989). Unidimensional IRT calibration of compensatory and noncompensatory multidimensional litems. *Applied Psychological Measurement*, *13*, 113-127.

Airasian, P., & Madaus, G. F. (1972). Functional type of student evaluation. *Measurement and Evaluation in Guidance*, *4*, 221-233.

Airasian, P. W. (1989). Classroom assessment and educational improvement. In L. W. Anderson (Ed.), *The effective teacher* (pp. 333-342). New York: Random House.

Airasian, P. W. (1996). *Assessment in the classroom*. New York: McGraw-Hill.

Anastasi, A. (1988). *Psychological testing* (5th ed.). New York: Macmillan.

Anastasi, A., & Urbina, S. (1997). *Psychological testing* (9th ed.). Upper Saddle River, NJ: Prentice-Hall.

Anderson, L. W., & Krathwohl, P. W. (2001). The revised taxonomy structure: The taxonomy table. In L. W. Anderson & D. R. Krathwohl (Eds.), *A taxonomy for learning, teaching, and assessing: A revision of Bloom's taxonomy of educational objectives* (pp. 27-37). New York: Addison Wesley Longman.

Anderson, L. W., Krathwohl, D. R., Airasian, P. W., Cruikshank, K. A., Mayer, R. E., Pintrich, P. R., Raths, J., & Wittrock, M. C. (2001). Summary of the changes from the original framework. In L. W. Anderson & D. R. Krathwohl (Eds.), *A taxonomy for learning, teaching, and assessing: A revision of Bloom's taxonomy of educational objectives* (pp. 263-270). New York: Addison Wesley Longman.

Applebee, A. N., Langer, J., & Mullis, I. V. S. (1994). *NAEP 1992: Writing report card.* Washington, DC: US Government Printing Office (065-000-00654-5).

Arter, J. A., & Paulson, P. (1991). *Composite portfolio work group summaries*. Lake Oswego, OR: Northwest Evaluation Association.

Aschbacher, P. R. (1991). Performance assessment: State activity, interest, and concerns. *Applied Measurement in Education, 4*(4), 275-288.

Berk, R. A. (Ed.) (1982). *Handbook of methods for detecting test bias*. Baltimore, MD: Johns Hopkins University Press.

Bloom, B. S., Englhart, M. D., Furst, E. J., Hill, W. H., & Krathwohl, D. R. (1956). *Taxonomy of educational objectives. Handbook 1. Cognitive domain*. New York: McKay.

Borich G. D. (1993). *Observation skills for effective teaching*. Columbus, OH: Charles E. Merrill.

Brookhart, S. M. (1991). Grading practices and validity. *Educational Measurement: Issues and Practice, 10*(1), 35-36.

Carey, L. M. (1988). *Measuring and evaluating school learning*. Boston, MA: Allyn & Bacon.

Cartwright, C. A., & Cartwright, G. P. (1984). *Developing observational skills* (2nd ed.). New York: McGraw-Hill.

Cizek, G. J. (1996). Standard setting guidelines. *Educational Measurement: Issues and Practice, 15*(1), 13-21.

Clandinin, D. J., & Connelly, F. M. (1995). Teachers' professional knowledge landscape: Secret, scared, cover stories. In D. J. Clandinin & F. M. Connelly (Eds.), *Teachers' professional knowledge landscapes* (pp. 3-15). New York: Teachers College Press.

Cole, D. J., Ryan, C., & Kick, F. (1995). *Portfolio across the curriculum and beyond.* Thousand Oaks, CA: Corwin Press.

Cranton, P. (1994). *Understanding and promoting transformative learning: A guide for educators of adults*. San Francisco, CA: Jossey-Bass.

Cronbach, L. J. (1988). Five perspectives on validation argument. In H. Wainer & H. Braun (Eds.), *Test validity* (pp. 3-17). Hillsdale, NJ: Lawence Erlbaum.

Ebel, R. L., & Frisby, D. A. (1991). *Essentials of educational measurement* (5th ed.). Englewood Cliffs, NJ: Prentice-Hall.

Fan, C. T. (1952). Item analysis table. Princeton, NJ: Educational Testing Service.

Fitzpatrick, R., & Morrison, E. J. (1971). Performance and product evaluation. In R. L.

Thorndike (Ed.), *educational measurement* (pp. 237-270). Washington, DC: American Council on Education.

Flavell, J. H. (1985). *Congitive development* (2nd ed.). Englewood Cliffs, NJ: Prentice-Hall.

Frisby, C. L., & Braden, J. P. (1992). Feuerstein's dynamic assessment approach: A semantic, logical, and empirical critique. *The Journal of Special Education*, *26*, 281-301.

Gardner, H. (1993). *Multiple intelligence: The theory in practice*. New York: Basic Books.

Gardner, H. (1999). *Intelligence reframed: Multiple intelligence for the 21st century*. New York: Basic Books.

Gearhart, M., Herman, J. L., Baker, E. L., & Whittaker, A. K. (1994). *Writing portfolios at the elementary level: A study of methods for writing assessment* (CSE Technical Report 337). Los Angeles: University of California, Center for Research on Evaluation, Standards, and Student Testing. Avaliable: http://www.cse.ncla.edu.

Greeno, J. G., Collins, A. M., & Resnick, L. B. (1996). Cognition and learning. In D. C. Berliner & R. C. Calfee (Eds.), *Handbook of educational psychology*. New York: Simon & Schuster Macmillan.

Gronlund, N. E. (1982). *Constructing achievement tests* (3rd ed.). Englewood Cliffs, NJ: Prentice-Hall.

Gronlund, N. E. (1993). *How to make achievement tests and assessments* (5th ed.). Boston, MA: Allyn & Bacon.

Gronlund, N. E., & Linn, R. L. (1990). *Measurement and evaluation in teaching* (6th ed.). New York: MacMillan..

Guba, E. G., & Lincoln, Y. S. (1989). *Fourth generation evaluation*. Newbury Park, CA: Sage.

Guerin, G. R., & Maier, S. (1983). *Informal assessment in education*. Palo Alto, CA: Mayfield.

Guion, R. M., & Ironson, G. H. (1983). Latent trait theory for organizational research. *Organizational Behavior and Human Performance*, *31*, 54-87.

Gullickson, A. R. (1986). Teacher education and teacher-perceived needs in educational measurement and evaluation. *Journal of Educational Measurement*, *23*(8), 347-354.

Habermas, J. (1984). *The theory of communicative action*. Vol. 1: Reason and the rationalization of society (T. McCarty, trans.). Boston, MA: Beacon Press.

Hambleton, R. K. (1989). Principles and selected applications of item response theory. In R. L. Linn (Ed.), *Educational measurement* (3rd ed., pp. 147-200). New York: Macmillan.

Hambleton, R. K., Swaminathan, H., & Rogers, H. J. (1991). *Fundamentals of item response theory*. Newburry Park, CA: Sage.

Harrow, A. J. (1972). *A taxonomy of psychomotor domain*. New York: D. Mckay.

Henderson, J. (1995). *An inside look at portfolio assessment*. Paper presented at Interface 95, Lake Ozark, MO.

Herman, J. L., Aschbacher, P. R., & Winters, L. (1990, November). *Issues in developing alternative assessments*. Paper presented at the annual meeting of the California Educational Research Association, Chicago.

Herman, J. L., Aschbacher, P. R., & Winters, L. (1992). *A practical guide to alternative assessment*. Alexandria, VA: Association for Supervision and Curriculum Development.

Hubelbank, J. H. (1994). *Meaning of elementary school teachers'grades*. Unpublished doctoral dissertation, Boston College, Chestnut Hill, MA.

Kimeldorf, M. (1994). *Creating portfolios for success in schools, work and life*. Minneapolis, MN: Free Siprit Publishing.

Krathwohl, D. R., Bloom, B. S., & Masia, B. B. (1964). *Taxonomy of educational objectives*. Handbook II: Affective domain. New York: McKay.

Kubiszyn, T., & Borich, G. (1987). *Educational testing and measurement: Classroom application and practice* (2nd ed.). Glenview, IL: Scott, Foreman and Company.

Lazear, D. (1999). *Multiple intelligence approaches to assessment*. Tucson, AZ: Zephyr Press.

Linn, R. L., & Gronlund, N. E. (1995). *Measurement and assessment in teaching* (7th ed.). Englewood Cliffs, NJ: Prentice-Hall.

Linn, R. L., & Miller, M. D. (2005). *Measurement and assessment in teaching* (9th ed.). Englewood Cliffs, NJ: Prentice-Hall.

Lord, F. M. (1980). *Applications of item response theory to practional testing problems*. Hillsdale, NJ: Lawrence Erlbawn Associates.

Lortie, D. C. (1975). *School teacher*. Chicago, IL: University of Chicago Press.

Maeroff, G. I. (1991). Assessing alternative assessment. *Phi Delta Kappan*, *73*, 272-281.

Mayer, R. E., & Wittrock, M. C. (2001). The revised taxonomy structure: The cognitive process dimension. In L. W. Anderson & D. R. Krathwohl (Eds.), *A taxonomy for learning, teaching, and assessing: A revision of Bloom's taxonomy of educational objectives* (pp. 63-92). New York: Addison Wesley Longman.

McLoughlin, J. A., & Lewis, R. B. (1990). *Assessing special students*. Columbus, OH: Merrill.

Mehrens, W. A., & Lehmann, I. J. (1991). *Measurement and evaluation in education and rsychology* (4th ed.). New York: Holt, Rinehart & Winston.

Messick, S. (1980). Test validity and the ethics of assessment. *American Psycholoist*, *35*, 1012-1027.

Mezirow, J. (1991). *Transformative dimensions of adult learnin*. San Francisco, CA: Jossey-Bass.

Miller, M. D., Linn, R. L., & Gronlund, N. E. (2013). *Measurement and assessment in teaching* (11th ed.). Boston, MA: Pearson.

Mitchell, R. (1992). *Testing for learning*. New York: Free Press.

Noll, V. H., Scannell, D. P., & Craig, R. C. (1979). *Introduction to educational measurement* (4th ed.). Boston, MA: Houghton Mifflin.

Office of Technology Assessment (1992). *Testing in American schools-Asking the right questions*. Washington, DC: Government Printing Office.

O'Neil, J. (1993). The promise of portfolios. *ASCD Update*, *35*(7), 1-5.

Paulson, F. L., Paulson, P. R., & Meyer, C. A. (1991). What makes a portfolio a portfolio? *Educational Leadersnip*, *48*, 60-63.

Pintrich, P. R., & Wittrock, M. C. (2001). The revised taxonomy structure: The knowledge dimension. In. L. W. Anderson, D. R. Krathwohl, P. W. Airasian, K. A. Cruikshank, R. E. Mayer, P. R. Pintrich, J. Raths, & M. C. Wittrock (Eds.), *A taxonomy for learning, teaching, and assessing: A revision of Bloom's taxonomy of educational objectives* (pp. 38-62). New York: Addison Wesley Longman.

Popham, W. J. (1995). *Classroom assessment: What teachers need to know*. Needham Heights, MA: Allyn & Bacon.

Popham, W. J. (1997). *Classroom assessment: What teachers need to know* (2nd ed.). Boston, MA: Allyn & Bacon.

Quellmaz, E. S. (1991). Developing criteria for performance assessment: The missing link. *Applied Measurement in Education*, *4*(4), 319-331.

Ryan, C. D. (1994). *Authentic assessment*. Westminster, CA: Teacher Created Materials.

Sax, G. (1989). *Principles of educational and psychological measurement and evaluation* (3rd ed.). Belmont, CA: Wadsworth.

Schafer, W. D., & Lissitz, R. W. (1987). Measurement training for school personnel: Recommendations and reality. *Journal of Teacher Education*, *38*(3), 57-63.

Seely, A. E. (1994). *Portfolio assessment*. Westminster, CA: Teacher Created Materials.

Shulman, L. S. (1986). Those who understanding: Knowledge growth in teaching. *Educational Researcher*, *15*(2), 4-14.

Simon, S. B., & Bellanca, J A. (1976). *Degrading the grading myths: Primer of alternatives to grades and marks*. Washington, DC: Association for Supervision and Curriculum Development.

Simpson, E. J. (1972). *The classification of educational objectives in the psychomotor domain*. The Psychomotor Domain (Vol. 3.). Washington, DC: Gryphon House.

Slavin, R. E. (1994). *Educational psychology: Theory and practice*. Boston, MA: Allyn & Bacon.

Stecher, B. M., & Herman, J. L. (1997). Using portfolios for large-scale assessment. In G. D. Phye (Ed.), *Handbook of classroom assessment: Learning, achievement, and adjustment* (pp. 491-517). New York: Academic Press.

Stiggins, R. J. (1987). Design and development of performance assessments. *Educational Measurement: Issues and Practice*, *6*(3), 33-42.

Thissen, D., & Steinberg, L. (1986). A taxonomy of item response models. *Psychometrika*, *51*, 567-577.

Tiernery, R. J., Carter, M. A., & Desai, L. E. (1991). *Portfolio assessment in the reading-writing classroom*. Norwood, MA: Chistopher-Gordon.

Valencia, S., & Calfee, R. (1991). The development and analysis of literacy portfolios for student, classes and teachers. *Applied Measurement in Education*, *4*, 333-345.

Wiggins, G. (1989). A ture test: Toward more authentic and equitable assessment. *Phi Delta Kappan*, *70*, 703-712.

Wiggins, G. (1992). Creating tests worth taking. *Educational Leadership*, *49*(8), 26-33.

Wiggins, G. (1998). *Education assessment: Designing assessment to inform and improve student performance*. San Francisco, CA: Jossey-Bass.

Winograd, P., & Schuster, K. S. (1994). Impact on curriculum and instruction reform. In T. R. Guskey (Ed.), *High stakes performance assessment* (pp. 19-36). Thousand Oaks, CA: Corwin Press.

Wolf, D. P. (1989). Portfolio assessment: Sampling student work. *Educational Leadership*, *46*(7), 35-36.

Wolf, D. P., Bixby, J., Glen, J., & Gardner, H. (1991). To use their minds well: Investigating new forms of student assessment. In G. Grant (Ed.), *Review of research in education, Vol. 17* (pp. 31-74). Washington, DC: American Educational Research Association.

Yorks, L., & Marsick, V. J. (2000). Organizational learning and transformation. In J. Mezirow (Ed.), *Learning as transformation: Critical perspectives on a theory in progress* (pp. 3-34). San Francisco, CA: Jossey-Bass.

國家圖書館出版品預行編目（CIP）資料

學習評量／李坤崇著. --二版. -- 新北市：心理,
2019.08
面；　公分. --（教育研究系列；81044）
ISBN 978-986-191-874-7（平裝）

1. 教育測驗　2. 學習評量

521.3　　108011817

教育研究系列 81044

學習評量（第二版）

作　　者：李坤崇
執行編輯：林汝穎
總 編 輯：林敬堯
發 行 人：洪有義
出 版 者：心理出版社股份有限公司
地　　址：231 新北市新店區光明街 288 號 7 樓
電　　話：(02) 29150566
傳　　真：(02) 29152928
郵撥帳號：19293172 心理出版社股份有限公司
網　　址：http://www.psy.com.tw
電子信箱：psychoco@ms15.hinet.net
駐美代表：Lisa Wu（lisawu99@optonline.net）
排 版 者：辰皓國際出版製作有限公司
印 刷 者：辰皓國際出版製作有限公司
初版一刷：2006 年 6 月
二版一刷：2019 年 8 月
I S B N：978-986-191-874-7
定　　價：新台幣 600 元